U0656154

北京市职业教育在线精品课程配套教材

高等职业教育土木建筑类专业新形态系列教材

建筑信息模型（BIM）实用教程

主　编　张莉莉

副主编　陈小荣　刘婷婷　林梦圆

参　编　周芬　李晖　李宏

机械工业出版社

本书共设计6个教学项目、22个工作任务，以任务驱动教学，教学合一、理实合一；内容依据1+X建筑信息模型（BIM）职业技能等级证书考评大纲，与我国BIM应用的实践相结合，与用人企业的实际需求相结合，结合工程项目实践，侧重提升学生的BIM知识与技术实际应用能力。

　　本书配套资源丰富，有微课视频电子课件、习题库、试卷等数字化教学资源及精品在线课程。可视化的教学内容，平台化的教学模式，构建了全新的学习生态系统，实现线上、线下混合式教学，提升教学效果。在丰富教材内容的同时，本书注重对学生工匠精神、爱岗敬业、沟通合作等职业素质的培养。

　　本书可作为职业院校土建类相关专业的教学用书，也可作为土建类专业技术人员和自学者的参考与学习用书。

图书在版编目（CIP）数据

建筑信息模型（BIM）实用教程 / 张莉莉主编.
北京：机械工业出版社，2024. 7. -- (高等职业教育土
木建筑类专业新形态系列教材). -- ISBN 978-7-111
-77591-1

　　 I. TU201.4
　　中国国家版本馆CIP数据核字第2025ZR7630号

机械工业出版社（北京市百万庄大街22号　邮政编码100037）
策划编辑：常金锋　　　　　　　责任编辑：常金锋　高凤春
责任校对：潘　蕊　张亚楠　　　封面设计：马精明
责任印制：邓　博
北京中科印刷有限公司印刷
2025年9月第1版第1次印刷
184mm×260mm • 17印张 • 420千字
标准书号：ISBN 978-7-111-77591-1
定价：55.00 元

电话服务　　　　　　　　　　网络服务
客服电话：010-88361066　　机　工　官　网：www.cmpbook.com
　　　　　010-88379833　　机　工　官　博：weibo.com/cmp1952
　　　　　010-68326294　　金　书　网：www.golden-book.com
封底无防伪标均为盗版　　机工教育服务网：www.cmpedu.com

前　言

本书较为完整地阐述了建筑信息模型（BIM）技术的基础知识和国内外发展历程，依托校企合作项目，以实际工程项目和1+X建筑信息模型（BIM）职业技能等级证书考试真题为载体，以培养学生应用能力为目标，将理论知识和工程实例相结合，培养书证融通型技术技能人才，真正做到了校企融合、书证融通，有效推进1+X证书制度改革及教育教学改革，促进人才培养质量的提升，满足培养高素质技术技能人才的要求。

本书面向企业实际岗位需求，培养学生具备创建建筑系统模型、创建体量和族、创建暖通系统模型、创建水系统模型、创建电气系统模型等方面的专业技能和职业素养。

本书的主要特点有：

1）本书在编写过程中坚决贯彻党的二十大精神，以立德树人为根本任务，以学生的全面发展为培养目标，有效融入课程思政内容。教材内容面向智能建筑领域，对接相关专业教学标准要求，融合1+X建筑信息模型（BIM）职业技能等级证书和建筑信息模型技术员国家职业技能标准要求，使学生能够运用BIM相关软件创建建筑和机电模型，具有规范和节能、环保意识以及民族、工匠精神和社会公德。

2）本书内容落实标准，对接岗位需求，通过信息化手段与"建筑信息模型（BIM）技术"精品慕课相结合，将在线课程中的微视频、题库等内容通过二维码嵌入本书，读者可以通过手机或移动设备扫描二维码，将线上、线下学习资源有效衔接。同时通过更新在线课程资源，实现教学内容的及时更新。

3）本书可以使读者不受时空限制，随时随地学习了解丰富的教学内容及行业发展新动态。

本书编写团队都是长期从事专业教学的教师，在教改方面取得了突出的成就，分别获得过全国职业院校教学能力比赛一等奖及二等奖。教学团队为北京市专业教学创新团队，具有丰富的教学实践经验。本书由张莉莉担任主编，陈小荣、刘婷婷和林梦圆担任副主编，具体编写分工如下：项目二、项目三和项目六的任务二由张莉莉编写；项目六的任务一由陈小荣编写；项目四的任务二和任务三由刘婷婷编写；项目一由林梦圆编写；项目五的任务一和任务二由周芬编写；项目四的任务一由李晖编写；项目五的任务三由李宏编写。全书由张莉莉统稿。

由于编者水平有限，书中难免存在疏漏和不妥之处，恳请读者批评指正。

编　者

目　录

项目一　学习 BIM 基础知识

任务一　了解 BIM 技术的特点及其应用情况

知识目标：了解 BIM 的由来；掌握 BIM 的特点；了解 BIM 在国内外的应用情况。
能力目标：能够说出 BIM 的特性；能够说出常用的 BIM 软件。
素质目标：树立文化自信，具备民族精神。

【大国工匠之敬畏自己从事的行业】

过去，木匠敬鲁班，造纸敬蔡伦，每个行业都有自己的行业精神。从拿到材料就开始敬畏，他们相信万物有灵，对材料运用就变得慎重、负责。这种责任心其实就是敬畏，只是，敬畏比责任心更多了一些精神敬仰。所以，一个手艺人首先要有责任心，然后才能从精神层面去追求更高层次的信仰。这个不仅是匠人才有，而是所有人都要有。

一、任务描述

了解 BIM 在国内外的发展及应用，能够说出 BIM 的概念及特点，了解常用的 BIM 软件。

二、课前准备

学生扫码查看预习内容。

预习内容：
视频 1 认识
BIM 技术

三、相关知识点

1. BIM 的概念

BIM 是建筑信息模型（Building Information Modeling）的英文首字母缩写，是建筑物真实信息的数字化表达，并在创建和使用该数字化表达过程中实现对建筑物的设计、建设和运维管理。国际标准化组织设施信息委员会对 BIM 的定义是：建筑信息模型是利用开放的行业标准，对设施的物理和功能特性及其相关的项目生命周期信息进行数字化形式的表现，从而为项目决策提供支持，有利于更好地实现项目的价值。

在项目的不同阶段，项目各相关方均可以在 BIM 中提取、更新或者修改信息，从而进行协同工作。BIM 技术贯穿项目的全生命周期，为其各个决策者提供了可靠的项目信息，所以，BIM 技术在降低项目建设成本、提高项目设计和建设质量等方面起到了非常积极的作用。

2. BIM 在国内外的发展与应用

（1）BIM 在国外的发展　BIM 技术的概念最早是由美国提出的。从概念的提出到发展，再到工程建设行业的普遍认知，经历了几十年的时间。如今，BIM 技术在美国、英国等国家均已得到快速的发展。

作为 BIM 技术的发源地，美国在 BIM 上的研究和应用都走在世界前列。美国建筑师协会（AIA）于 2018 年提出全面以 BIM 为主整合各项作业流程，并针对 BIM 所带来的专业垂直整合之整合项目交付作业模式，与美国总承包商协会（AGC）分别制定了与整合项目交付所相关的契约条文，彻底改变独立思考传统建筑设计的思维。

在英国，政府要求强制使用 BIM。2011 年 5 月，英国内阁办公室发布了"政府建设战略"文件，其中有一整个关于建筑信息模型（BIM）的章节，这章节中明确要求，到 2016 年，政府要求全面协同 3D BIM，并将全部的文件以信息化管理。其运用公共工程采用 BIM 应用技术，创造出推动 BIM 的合适环境，并同时提高技术能力，形成群聚效应。

新加坡也是以公共工程来引导应用 BIM 技术的。为了鼓励早期的 BIM 应用者，新加坡建筑管理署（BCA）在 2010 年成立了一个 600 万新币的 BIM 基金项目，任何企业都可以申请，政府部门带头在所有新建项目中明确提出 BIM 需求。此外，BCA 还鼓励新加坡的大学开设 BIM 课程，为毕业的学生组织 BIM 培训课，为行业专业人士建立 BIM 专业学位。

（2）BIM 在我国的发展　2011 年 5 月，我国在《2011—2015 年建筑业信息化发展纲要》中将 BIM 纳入第十二个五年计划，明确提出要加快发展 BIM 应用技术。2015 年住房和城乡建设部（简称"住建部"）发布的《关于推进建筑信息模型应用的指导意见》提出了 BIM 应用的目标：2020 年年末，建筑行业甲级勘察、设计单位以及特级、一级房屋建筑工程施工企业应掌握并实现 BIM 与企业管理系统和其他信息技术的一体化集成应用，新立项项目勘察设计、施工、运营维护中，集成应用 BIM 的项目比率达到 90%。2016 年 8 月，我国发布了《2016—2020 年建筑业信息化发展纲要》，对工程建设与监管、信息技术应用、标准建设等方面的 BIM 应用均提出了具体细致的要求。2017 年，《国务院办公厅关于促进建筑业持续健康发展的意见》文件中提出：加快推进建筑信息模型（BIM）技术在规划、勘察、设计、施工和运营维护全过程的集成应用，实现工程建设项目全生命周期数据共享和信息化管理，为项目方案优化和科学决策提供依据，促进建筑业提质增效。

（3）BIM 在国内外的应用　在国外，不再是将 BIM 应用于建筑工程局部环节，而是将 BIM 广泛应用于项目的设计、施工及运维和管理阶段，并且 BIM 技术已经成为设计和施工单位承接项目具备的必要能力。

在国内，虽然我国的 BIM 应用刚刚起步，但发展速度很快，BIM 技术已经渗透到咨询公司、设计单位、施工企业、科研院校等建筑相关的企业和机构。在设计企业，BIM 技术主要应用于方案设计、初步设计、施工图设计等阶段。在施工企业中，BIM 技术主要用来做碰撞检查、模拟施工、三维渲染以及信息的保存与管理等。在项目的运维阶段，BIM 技术主要用来做空间管理、设施管理、隐蔽工程管理等。业主、设计和施工等建筑企业、BIM 咨询公司以不同形式的合作来完成 BIM 项目的实施。

随着建筑行业人才需求量增大，BIM 人才培养的相关课程和培训也已经启动实施。在 2019 年，教育部等部门联合印发《关于在院校实施"学历证书 + 若干职业技能等级证书"制度试点方案》，部署启动"学历证书 + 若干职业技能等级证书"（简称 1+X 证书）制度试点工作。BIM 职业技能等级证书成为首批 1+X（BIM）职业技能等级证书。2019 年，人力资源社会保障部发布了"建筑信息模型技术员"新工种。

3. BIM 的特点

使用 BIM 技术可以提高项目生产效率，提高建筑质量，缩减建设工期，降低建造成本，提高项目的信息化管理水平。BIM 技术的特点主要有以下几个方面：

（1）可视化　可视化是 BIM 的一个固有特性。BIM 的工作过程和结果就是建筑物的实际形状，加上构件的规则信息和属性信息。利用 BIM 的可视化特性可以进行项目的汇报和展示，更重要的是，项目的设计、施工、运维等过程均可在可视化的状态下进行。

（2）协调性　在工程建设中，涉及的各专业信息多，管道错综复杂，经常会出现各专业信息不兼容现象，或者由于管道和结构冲突，从而引起房间出现冷热不均、预留的洞口尺寸不对等情况。通过使用 BIM 软件建模，可以有效协调各专业信息，进行协调综合，从而减少不必要的变更。

（3）模拟性　使用 BIM 软件，不仅可以对建筑物进行 3D 画面的模拟，同时还可以实现在 3D 的基础上，增加时间（或进度）的 4D 模拟，以及造价（或成本）控制的 5D 模拟。除以上 3D、4D 和 5D 模拟外，还可以进行能效、紧急疏散、日照、热传导等的模拟，以及对地震人员逃生及消防人员疏散等处理方式的模拟。

（4）优化性　整个工程建设全生命周期就是一个不断优化的过程，由于 BIM 模型可以提供建筑物的几何信息、物理信息和规则信息，所以利用 BIM 技术，可以帮助我们更好地实现优化。

（5）可出图性　对建筑物进行可视化三维建模展示、协调、模拟及优化后，通过碰撞检查及参数修改，利用 BIM 技术可以出具综合管线图、预留洞口图、碰撞检查报告及建议改进方案等。

4. 常用的 BIM 软件

BIM 技术的实施需要不同软件来实现，目前，常用的 BIM 软件有几十种甚至上百种，其中，美国总承包商协会（AGC）将 BIM 软件分为八大类。

（1）概念设计和可行性研究软件　常用的概念设计和可行性研究软件见表 1-1。

表 1-1　常用的概念设计和可行性研究软件

软件名称	厂家	用途
Revit Architecture	Autodesk	创建和审核三维模型
Bentley Architecture	Bentley	创建和审核三维模型
SketchUp	Google	3D 概念建模
ArchiCAD	Graphisoft	3D 建筑建模
Tekla Structures	Tekla	3D 概念建模

（2）BIM 核心建模软件　常用的 BIM 核心建模软件见表 1-2。

表 1-2　常用的 BIM 核心建模软件

软件名称	厂家	用途
Revit Architecture	Autodesk	建筑和场地建模
Revit Structure	Autodesk	结构建模
Revit MEP	Autodesk	机电建模
SketchUp	Google	多专业建模
ArchiCAD	Graphisoft	建筑、机电和场地建模
Tekla Structures	Tekla	结构建模

（3）BIM 分析软件　常用的 BIM 分析软件见表 1-3。

表 1-3　常用的 BIM 分析软件

软件名称	厂家	用途
Robot	Autodesk	结构分析
Fluent	ANSYS	空气流动 /CFD
FloVENT	Mentor Graphics	空气流动 /CFD

（4）加工图和预制加工软件　常用的加工图和预制加工软件见表 1-4。

表 1-4　常用的加工图和预制加工软件

软件名称	厂家	用途
Revit MEP	Autodesk	加工图
Tekla Structures	Tekla	加工图
Fabrication for AutoCAD MEP	East Coast CAD/CAM	预制加工

（5）施工管理软件　常用的施工管理软件见表 1-5。

表 1-5　常用的施工管理软件

软件名称	厂家	用途
Navisworks Manage	Autodesk	碰撞检查
ProjectWise Navigator	Bentley	碰撞检查
Digital Project Designer	Gehry Technoligies	模型协调
Synchro Professional	Synchro Ltd.	施工计划
Tekla Structures	Tekla	施工管理

（6）算量和预算软件　常用的算量和预算软件见表 1-6。

表 1-6　常用的算量和预算软件

软件名称	厂家	用途
QTO	Autodesk	工程量
DProfiler	Beck Technology	概念预算
Vico Takeoff Manager	Vico Software	工程量
Visual Applications	Inovaya	预算

（7）计划软件　常用的计划软件见表 1-7。

表 1-7　常用的计划软件

软件名称	厂家	用途
Navisworks Manage	Autodesk	计划
ProjectWise Navigator	Bentley	计划
Tekla Structures	Tekla	计划
Vico Control	Vico Software	计划
Visual Simulation	Inovaya	计划

（8）文件共享和协同软件　常用的文件共享和协同软件见表 1-8。

表 1-8　常用的文件共享和协同软件

软件名称	厂家	用途
Buzzsaw	Autodesk	文件共享
Constructware	Autodesk	协同
SharePoint	Microsoft	文件共享、存储、管理
Project Center	Newforma	项目信息管理
FTP Sites	各种供应商	文件共享

在这八大类 BIM 软件中，Autodesk、Bentley、Graphisoft 为国外的四大主流平台，旗下开发了多种主流 BIM 软件。

在 Autodesk 平台中，Revit 作为建模主流软件，其以 Revit Architecture 建模为核心，与 Revit Structure、Revit MEP 搭配使用，可进行结构分析及管线设计。

Navisworks 多用于漫游动画，可以分析多种格式的三维设计模型，用来进行模型模拟和可视化。

Tekla Structures 又称为钢结构专家，其厂家 Tekla 是一家专业钢结构的软件开发公司，拥有钢结构的设计、绘图及制造的丰富经验。

在国内，主流 BIM 软件及厂家主要有广联达旗下的 MagiCAD、BIM 5D、BIM 算量等，鲁班旗下的 iBan、Luban PDS、Luban MC 等，鸿业旗下的 BIM 建筑设计软件、水暖电设计软件等，以及 PKPM 旗下的建筑节能系列、结构计算类、绿色建筑系列和 PKPM

绿建等。

5. Revit Architecture 简介

（1）图元 Revit Architecture 是 Autodesk 公司专为建筑信息建模开发的。其在创建项目时，可以向设计中添加 Revit 参数化的建筑构件，构件的最小单位是图元。

图元的分类方式有两种：一种是按照类别、族和类型对图元分类，称为纵向分类，其主要强调图元的谱系和属性继承，如图 1-1 所示；另一种是按照应用特点和属性对图元进行分类，称为横向分类，如图 1-2 所示。

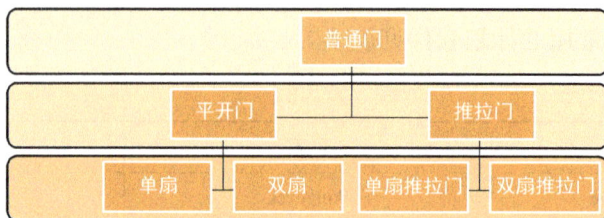

图 1-1 纵向图元分类示意图

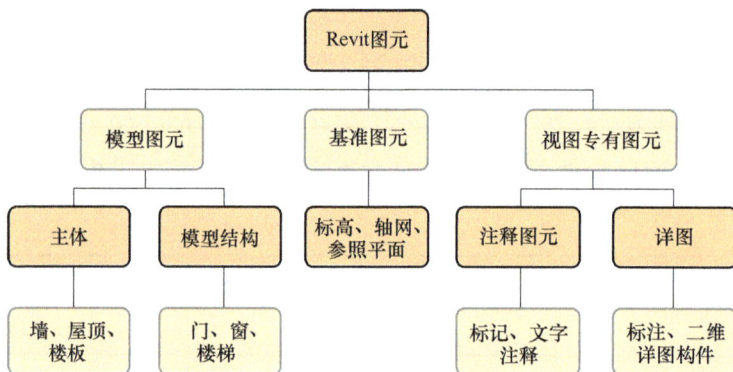

图 1-2 横向图元分类示意图

在工程项目中，Revit 中的图元主要分为以下三种：

1）基准图元：主要用来定义项目的上下文，如标高、轴网、参照平面都属于基准图元。

2）模型图元：用来表示建筑的实际三维几何图形，它们一般显示在项目的视图中，如墙、屋顶、地板、门和窗等。

3）视图专有图元：只显示在当前视图中，可以帮助对模型进行说明或归档，如标注、二维详图构件等。

（2）类别 类别是一组对建筑设计进行记录或者建模的图元，如 Revit 软件中的墙、柱等。

（3）族 族是某一类别中图元的类。一个族中不同图元的全部或者部分属性可能不同，但其属性设置（名称和含义）是相同的。如单扇门为一个族，但可能会有不同尺寸和材质的门构成该族。族根据属性（参数）的共用、使用上的相同和图形表示的相似对图元进行分组。

（4）类型 每一个族可以有多个类型。类型可以是样式，也可以是族的特定尺寸。

（5）实例 实例是放置在项目中的单个图元。它们在建筑或图纸中都有特定的位置。

四、课后训练

扫码完成本任务作业。

课后作业 1

任务二　熟悉 Revit 建模环境

知识目标：熟悉 Revit 建模环境；了解 Revit 常用命令使用方法。

能力目标：能够准确进行 Revit 软件基础操作；能够进行 Revit 软件的软、硬件环境设置，并能够进行基础的软件操作。

素质目标：具有民族自豪感和民族自信心；具有创新意识，培养工匠精神。

【社会需要工匠精神】

为工匠者，必静其心，细其意，专于行，略于身外，乃成事业也。工匠精神，是专注，是细心，是认真，更是一种忽略身外事物而把工作求精求秒的精神。当今时代的喧闹沉浮之中，太需要如此一种沉静的"工匠精神"了。做一个工匠，就如同在繁华红尘中做一棵最自然质朴的大树，扎根于地，顶立于天，默然生长，把中华民族精神发扬光大。

一、任务描述

根据计算机上已安装好的 Revit 2019 软件，启动并打开软件，熟悉软件操作界面，了解 Revit 常用文件类型，并能够熟练运行软件中各修改编辑工具。

二、课前准备

学生扫码查看预习内容。

三、任务实施

1. 启动与关闭

Revit 2019 安装完成后，与其他软件类似，会在"开始"菜单栏和桌面分别创建快捷方式，以 Revit 启动图标显示，其图标分别如图 1-3 和图 1-4 所示。

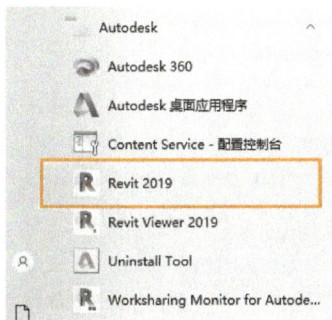

预习内容：视频 2 Revit 建模环境介绍

图 1-3　Revit 启动方式

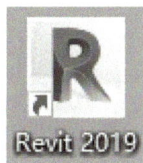

图 1-4　Revit 快捷方式

单击"开始"菜单栏中的 Revit 2019 图标或者双击桌面上的 Revit 2019 快捷方式，即可以启动 Revit 2019 软件（即 Revit 软件），如图 1-5 所示。

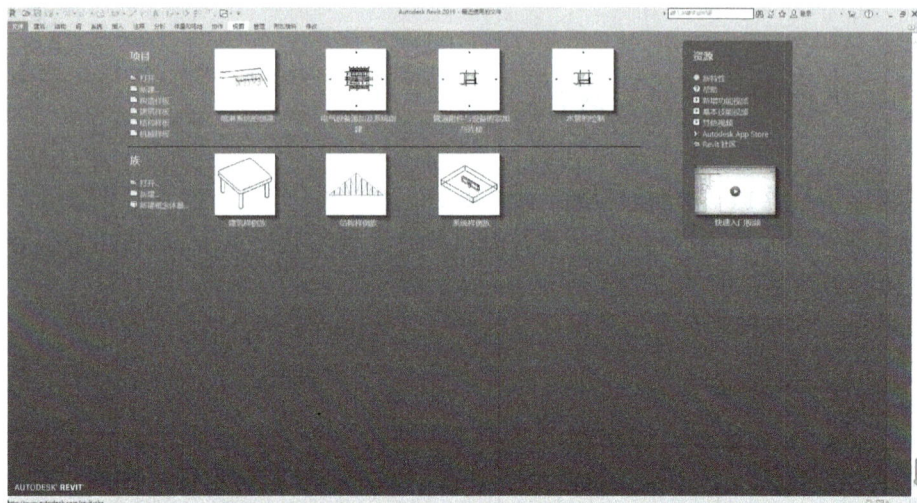

图 1-5　Revit 软件界面

单击已打开软件右上角的"关闭"按钮，即可关闭 Revit 2019 软件。

2. Revit 2019 软件界面

Revit 2019 软件界面主要有以下功能区，如图 1-6 所示。

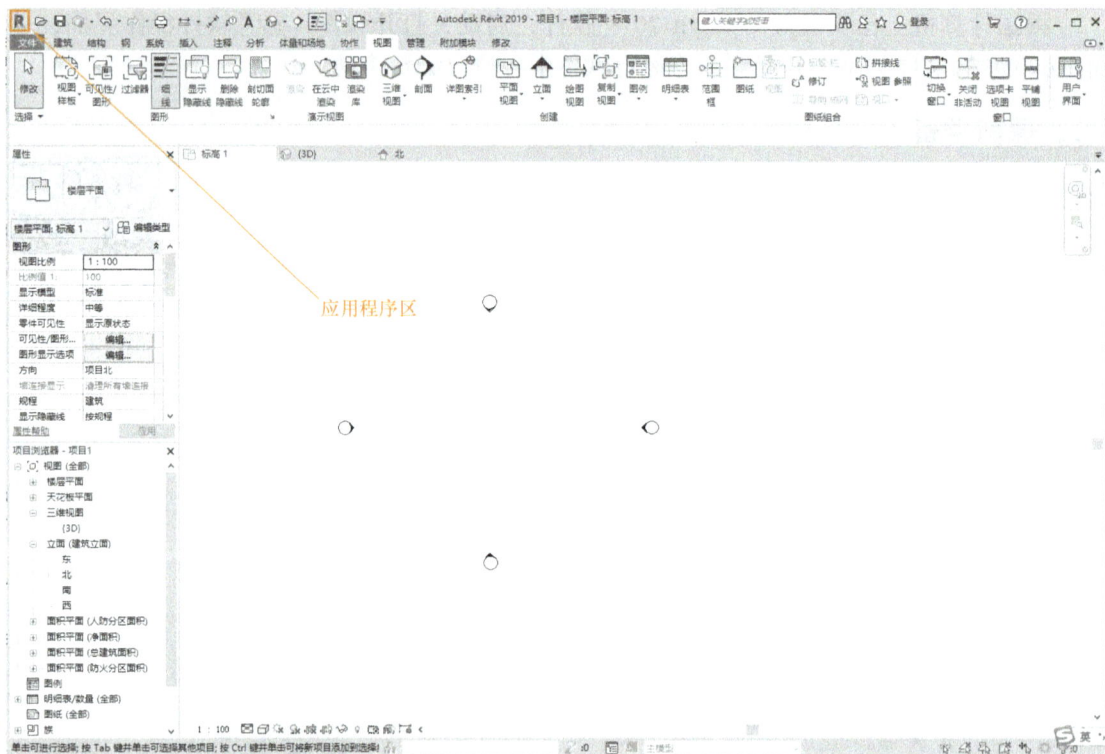

图 1-6　Revit 应用程序区

（1）应用程序区　主要用于对文件的操作。对于已打开的 Revit 2019 软件，单击软件界面左上角的"文件"按钮，即可打开应用程序区，如图 1-7 所示。在该应用区中，可以"新建"Revit 文件，也可以"打开"本地 Revit 文件，还可以对当前已打开的文件进行"保存""另存为"等操作。通过该应用区中的"导出"命令，可以将 Revit 文件导出为 CAD、DWF、FBX、IFC、图像和动画等其他格式的文件。

在应用程序区，单击"选项"按钮（图 1-8），会弹出"选项"对话框，在该对话框下，可以设置图形背景颜色、修改文件位置、设置文件保存的时间间隔等，如图 1-9 所示。

图 1-7　Revit 应用程序区工具栏

图 1-8　单击"选项"按钮

图 1-9　"选项"对话框

（2）快速访问工具栏　　单击快速访问工具栏（图 1-10）中的任一工具，即可快速选取并使用该工具功能。右击，弹出图 1-11 所示对话框，在该对话框中，可以将该工具从快速访问工具栏中删除，同时还可以调整快速访问工具栏的位置。

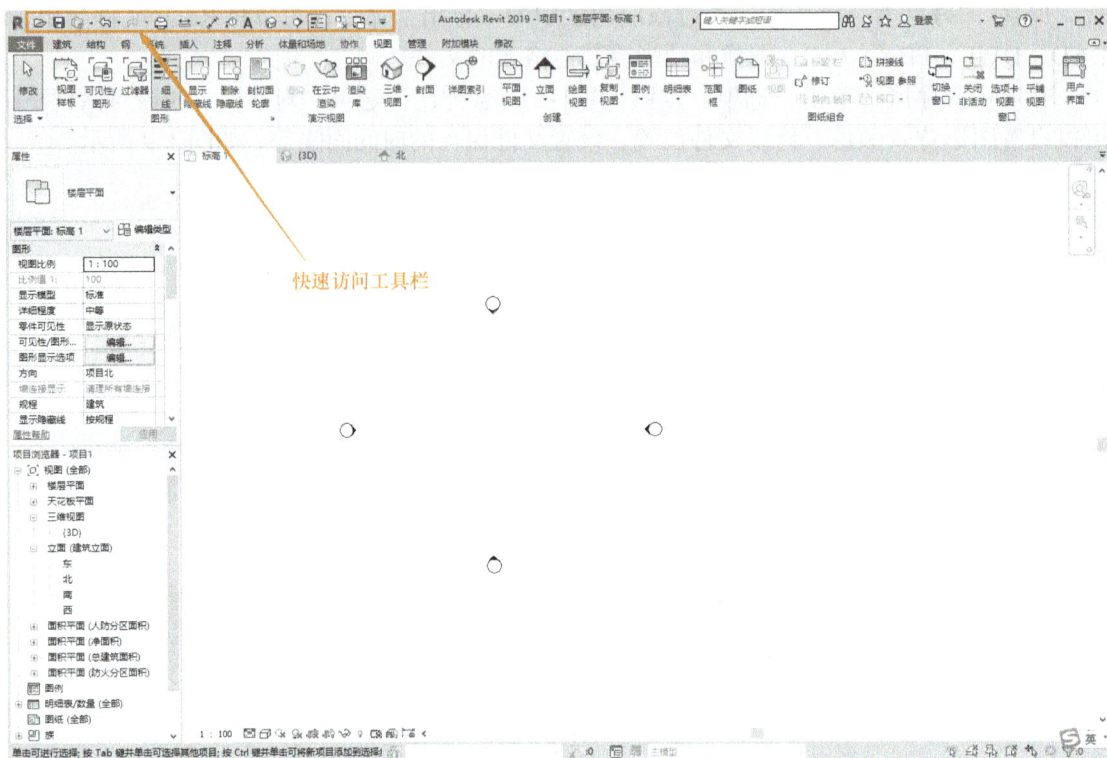

图 1-10　Revit 快速访问工具栏

【注意】如果想把某一工具添加到快速访问工具栏中，则将指针放置在该工具上，右击，弹出图 1-12 所示对话框，单击即可实现。

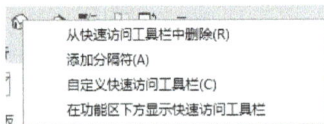

图 1-11　快速访问工具栏

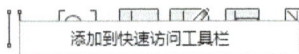

图 1-12　添加工具至快速访问工具栏

（3）帮助与信息中心　　主要用于访问联机帮助和其他资源。在该功能区，通过单击"搜索" 🔍 和"帮助" ❓ 命令，可以直接打开 Revit 2019 的帮助主页，如图 1-13 所示。

单击该功能区中的"通讯中心" 命令，可以显示提供产品更新和通告的"通讯中心"面板。

单击该功能区中的"收藏夹" ☆ 命令，可以显示用于访问已保存主题的"收藏夹"面板。

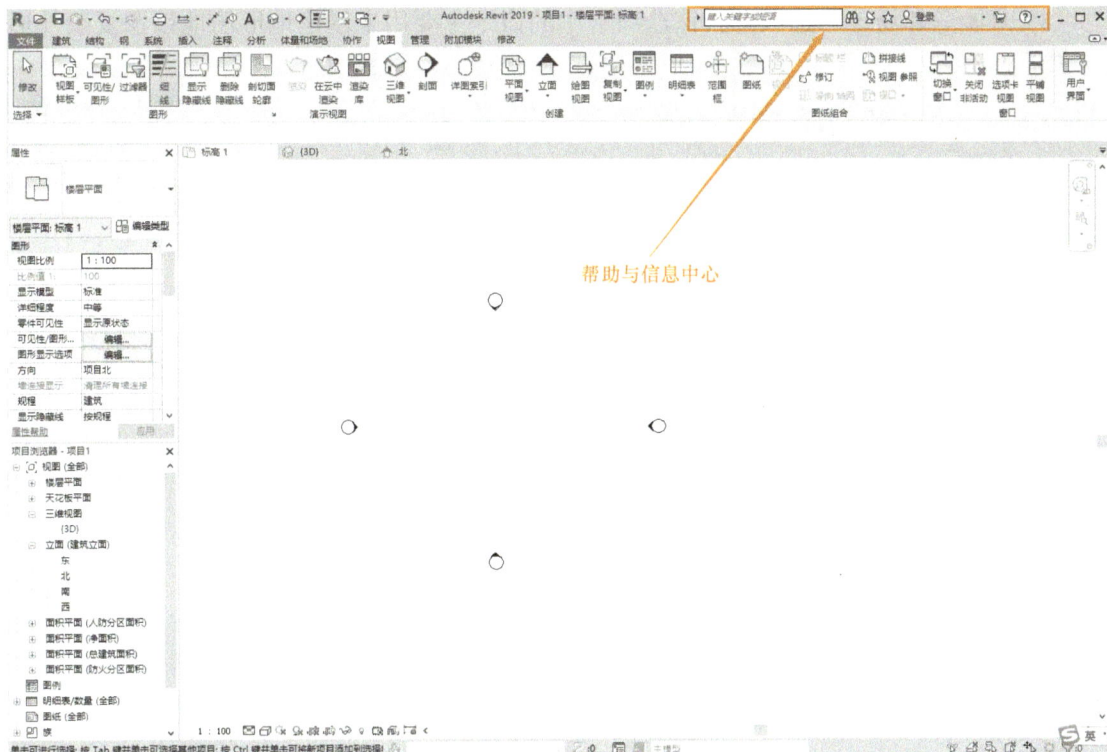

图 1-13 帮助与信息中心

【注意】在该功能区，在搜索框中输入要查询的内容，按 <Enter> 键，同样可以直接打开 Revit 2019 的帮助主页，如图 1-14 所示。

图 1-14 搜索打开帮助主页

（4）选项卡 在该功能区，将 Revit 2019 中众多的工具按类别进行了划分，分别为：建筑、结构、钢、系统、插入、注释、分析、体量和场地、协作、视图、管理、附加模块和修改，每个类别中均集中了与该选项卡相关的命令，通过切换不同的选项卡实现在不同类别中切换，便于快速找到所需要的命令，如图 1-15 所示。

其中：

1）"建筑"选项卡：该选项卡中集中了大部分创建建筑专业模型所需要的命令。

2）"结构"选项卡：该选项卡中集中了大部分创建结构专业模型所需要的命令。

3）"钢"选项卡：该选项卡中集中了大部分创建钢筋模型所需要的命令。

4）"系统"选项卡：该选项卡中集中了大部分创建机电专业模型所需要的命令。

5）"插入"选项卡：该选项卡中的命令主要用来添加和管理外部文件，例如导入 CAD 文件和其他的 Revit 文件等。

6）"注释"选项卡：该选项卡中的命令可以用来添加信息，例如标注、文字、标记等。

7）"分析"选项卡：该选项卡中的命令主要用来进行模型、能量等的分析。

8）"体量和场地"选项卡：该选项卡中的命令主要用来创建地形场地以及复杂外形的建筑等。

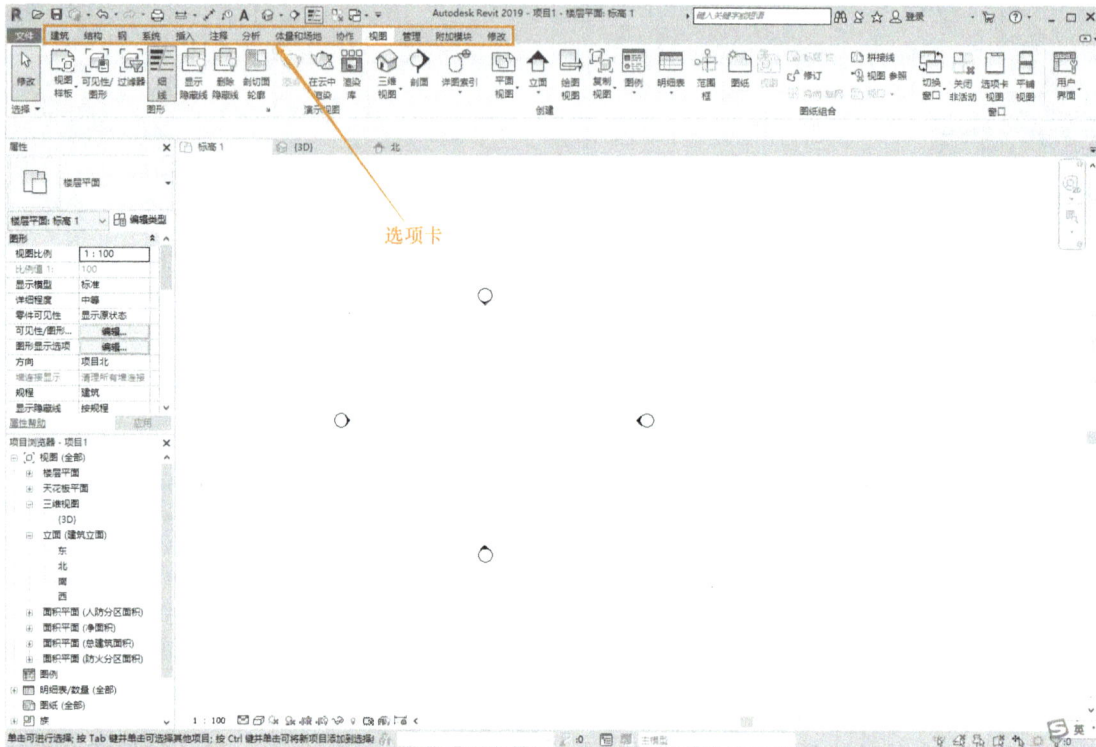

图 1-15　选项卡

9）"协作"选项卡：该选项卡中的命令主要用来管理工作集及模型等。

10）"视图"选项卡：该选项卡中的命令主要用来创建、管理视图以及图形显示等。

11）"管理"选项卡：该选项卡中的命令主要用来管理、设置系统和项目的相关参数。

12）"附加模块"选项卡：该选项卡中的命令主要用来检查和管理 Revit 模型。

13）"修改"选项卡：该选项卡中的命令主要用来管理、修改和编辑模型中的图元、数据等。

在上述选项卡中，建筑、结构和系统三个选项卡分别对应建筑工程设计中的建筑、结构和机电专业。

（5）上下文选项卡　当选中某个图元或者激活某些工具时，会出现上下文选项卡，该选项卡集中了与选中的图元相关的修改命令，如果取消选择，则选项卡将会关闭，如图 1-16 所示。

（6）工具栏　单击任一选项卡，在其下方显示的即为该选项卡的工具栏面板，集合了所属该选项卡类别的相关操作命令，如图 1-17 所示。

（7）选项栏　其位于工具栏下方，如图 1-18 所示。在选中图元时，选项栏会出现相应的提示，并可以提供相应的选项，从而可以对所选中的图元进行编辑，如图 1-19 所示。

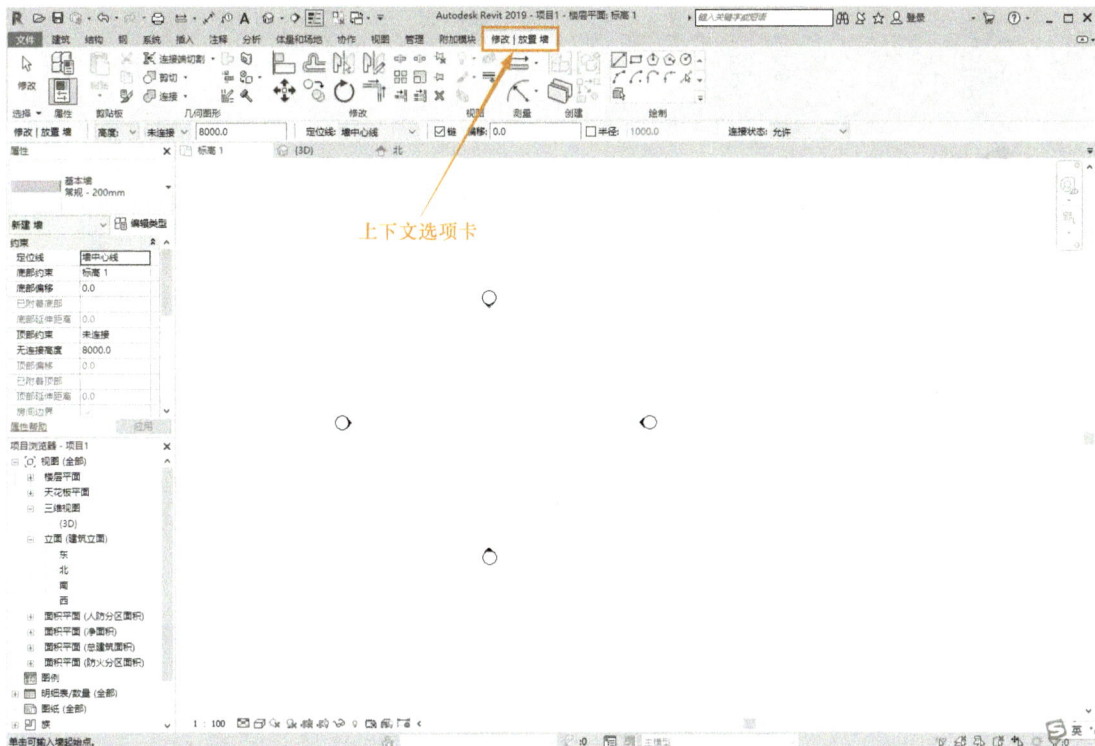

图 1-16　上下文选项卡

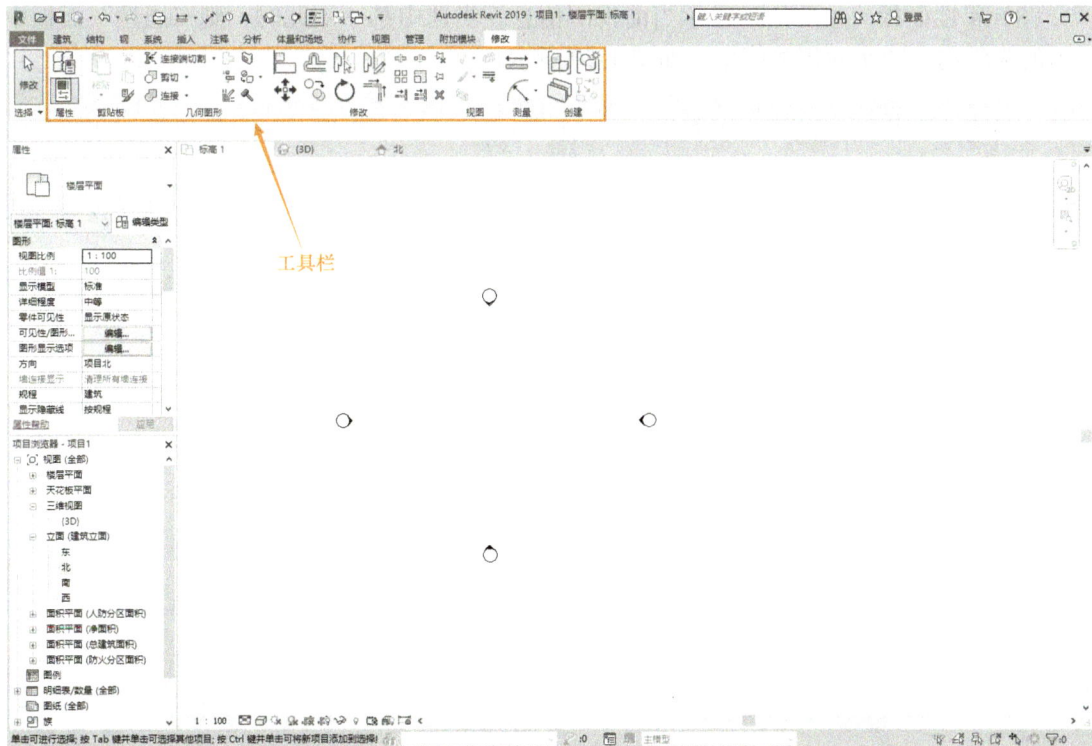

图 1-17　工具栏

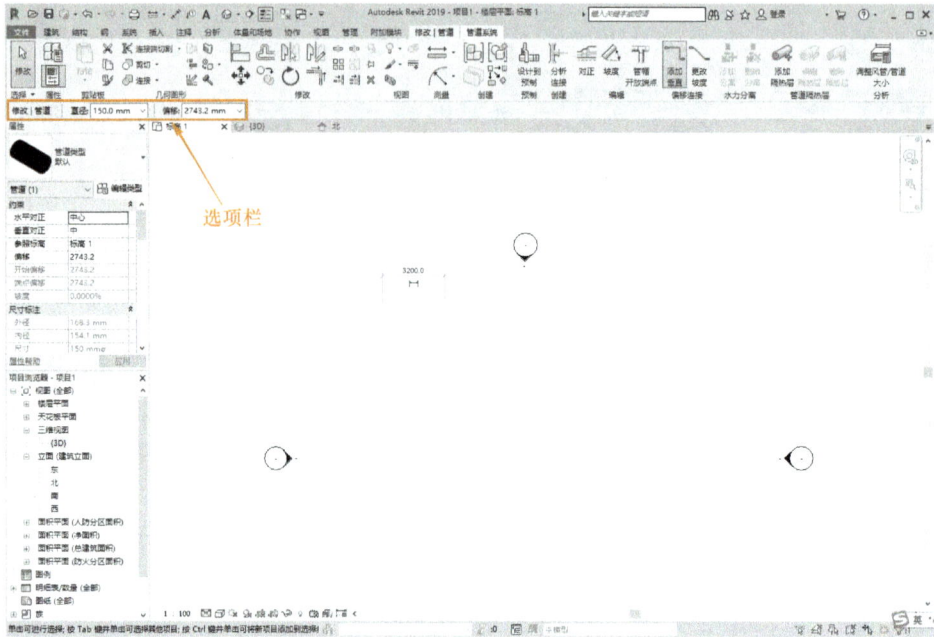

图 1-18　选项栏

图 1-19　选项栏提示框

（8）属性面板　主要用于显示当前视图信息。当选中某一图元时，则"属性"面板中显示的为所选中图元的相关信息，如图 1-20 所示。

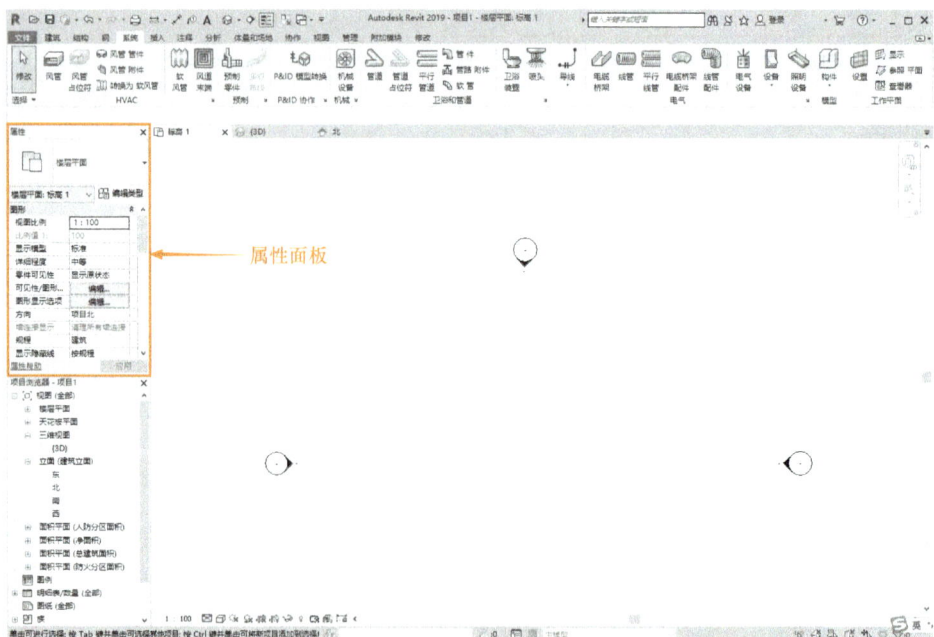

图 1-20　属性面板

"属性"面板的位置并不是固定不变的，在"属性"面板顶部按住鼠标左键不松开，移动鼠标位置即可将其拖动到相应位置。其既可以放置在绘图窗口的侧面，也可以浮动于绘图窗口之上。

属性可以分为类型属性和实例属性，类型属性主要是针对一类图元来说的，是一类图元的属性，所以当我们在创建模型时，如果修改了图元的类型属性，则与之类型相同的所有图元的类型属性都会随着变化。实例属性是针对一个图元来说的，是单个图元的属性。所以如果我们修改了图元的实例属性，则仅有当前图元的属性发生变化，而与该图元同一类型的其他图元的实例属性将不会发生变化。

在"属性"面板中我们还可以修改所选中的图元的类型，当选中某一图元时，单击"属性"面板中的类型选择器下拉小三角，通过在下拉列表中选择相应的类型就可以将该图元的当前类型改为其他类型，如图1-21所示。

【注意】

1）单击"属性"面板右上角的"关闭"按钮 ✕ 时，即可以关闭"属性"面板，此时通过单击"视图"选项卡，在该选项卡下，单击"用户界面" 下拉小三角，调出图1-22所示窗口，在该窗口中，勾选"属性"前面的复选框，即可重新打开"属性"面板，使其显示在视图中，如图1-22所示。

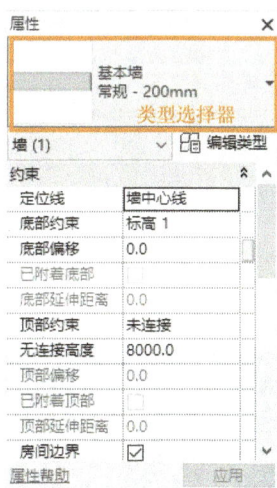

图1-21　类型选择器

图1-22　勾选"属性"复选框

2）将视图界面最大化，此时在"属性"面板顶部按住鼠标左键不松开，移动鼠标位置至视图最左/右侧，当"属性"面板四周出现蓝色框时，即可将"属性"面板固定在视图左/右侧，如图1-23所示。同样地，在"属性"面板顶部按住鼠标左键不松开，移动鼠标位置至视图最上/下侧，当"属性"面板四周出现蓝色框时，即可将"属性"面板固定在视图上/下侧，如图1-24所示。

（9）项目浏览器　项目浏览器中包括视图、图例、明细表/数量、图纸、族、组和Revit（链接），如图1-25所示。其中：

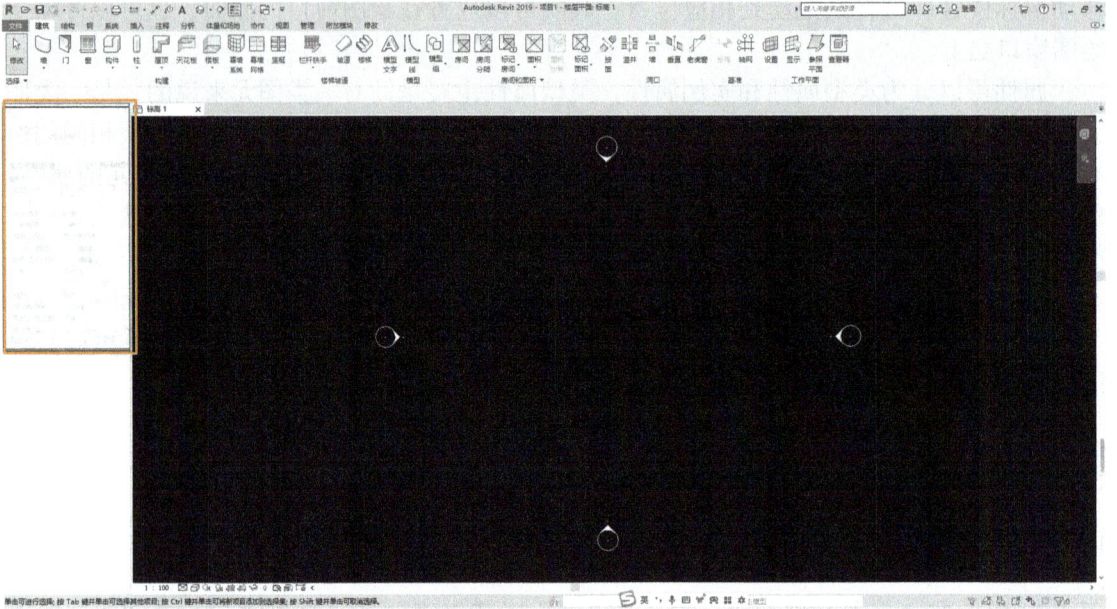

图 1-23　将"属性"面板固定在视图界面左侧

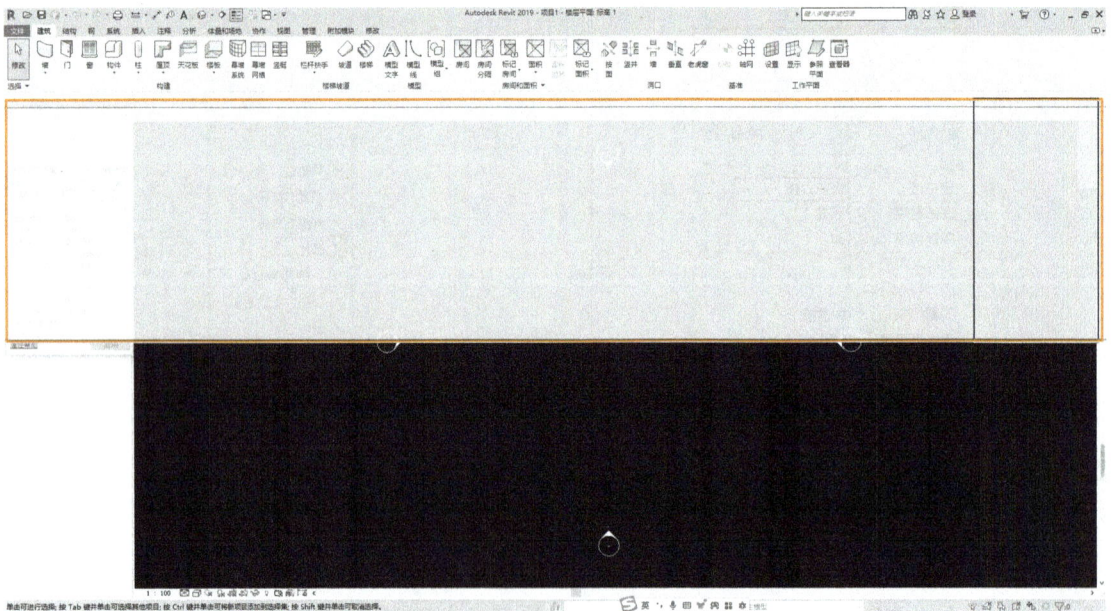

图 1-24　将"属性"面板固定在视图界面上侧

1）视图：包含了各层平面图、立面图、剖面图和三维视图等，在模型建立过程中，通过双击相应视图的名称可以在项目浏览器中实现不同视图间的切换。

2）图例：用于创建图纸中的图例，图例的形式可以是用表格表示的，也可以是用色彩填充的。

3）明细表 / 数量：可以用来创建模型中图元的各类数据信息统计表，如可以生成各个图元的规格、型号、数量等的列表。

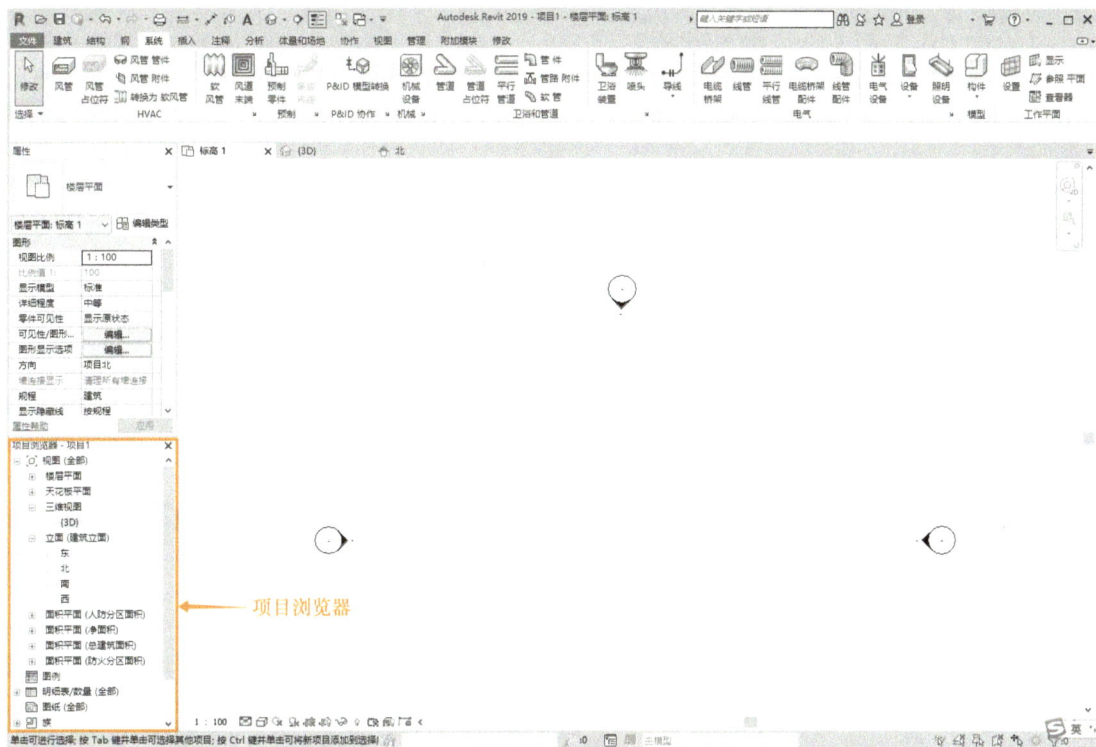

图 1-25　项目浏览器

4）图纸：用来创建所需要的可用于分布的图纸，可将图纸加入图框、编辑图号、名称等。

5）族：在该目录下列出了软件内预定义的系统族，如墙、门窗等。

6）组：在该目录下列出了多个详图或者图元组合在一起而组成的组。

7）Revit（链接）：在该目录下列出了链接过来的外部 Revit 文件。

【注意】

1）"项目浏览器"面板的位置和"属性"面板类似，既可以放置在绘图窗口的侧面，也可以浮动于绘图窗口之上。其位置的移动、面板窗口的打开与关闭等都与"属性"面板类似。

2）在"项目浏览器"面板中，在相应的图例、明细表 / 数量、图纸等上右击可以创建新的图表，除此方法之外，在"视图"选项卡下的工具栏中同样可以创建新的图例、明细表 / 数量和图纸等。

（10）视图控制栏　在视图控制栏中，我们可以修改当前视图比例、详细程度、视觉样式、临时隐藏 / 隔离图元以及类别等，如图 1-26 和图 1-27 所示。

1）视图比例：通过修改数据可以更改当前视图比例。

2）详细程度：有"粗略""中等""精细"三种形式，不同的形式，视图呈现的效果不同。

3）视觉样式，如图 1-28 所示：

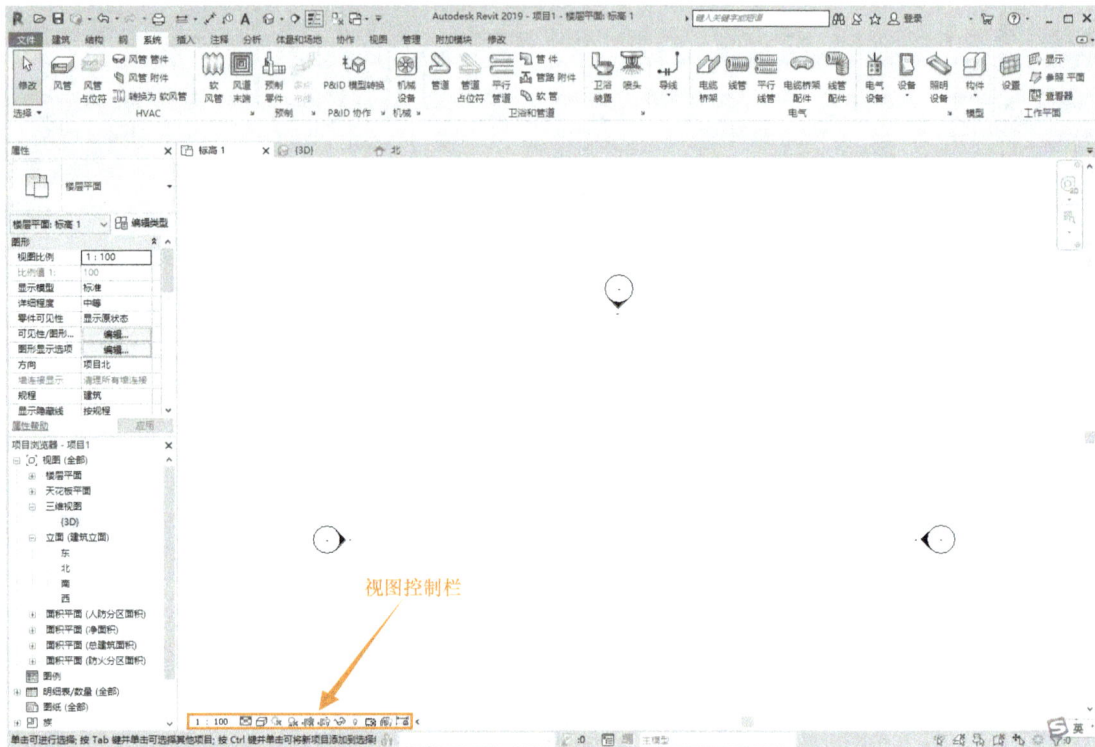

图 1-26　视图控制栏

图 1-27　视图控制栏各功能

● 线框：在该模式下，仅显示模型的轮廓线，能看到视图表面的图像，但无法显示图元材质。

● 隐藏线：视图仅显示模型的边线（被表面遮挡部分的边线无法显示）。

● 着色：该模式可以显示图元设置的表面颜色，并且在该模式下，还可以选择设置是否显示边缘线（通过选择"图形显示选项"即可）。该模式下可以看到阴影等其他光源影响效果。

● 一致的颜色：该模式下模型表面的颜色均按照其材质的颜色进行着色显示，其无法看到光源影响效果。

● 真实：该模式不仅可以按照材质的颜色对模型进行着色，还可以看出光源对其影响效果。

4）临时隐藏/隔离：在模型创建中，当模型体量较大，系统图元比较复杂时，为便于建模分析，有时需要使用临时"隐藏/隔离"命令将一些图元或系统隐藏起来，如图 1-29 所示。

● 将隐藏 / 隔离应用到视图：将当前的临时隐藏 / 隔离操作转变成永久隔离 / 隐藏。

图 1-28　视觉样式

图 1-29　临时隐藏 / 隔离

● 隔离类别：当前视图仅显示与选中图元同类别的所有图元，其余图元被隐藏。
● 隐藏类别：当前视图中与选中图元同类别的所有图元将被隐藏不显示。
● 隔离图元：当前视图仅显示所选中的图元，其余图元均被隐藏。
● 隐藏图元：所选中的图元在当前视图中被隐藏。
● 重设临时隐藏 / 隔离：临时隐藏或隔离的操作均被取消，视图恢复至默认状态。

（11）状态栏　在我们选中某一图元时，在软件界面的底部会显示该图元的类型名称等信息，或者在我们使用某一工具命令时，在状态栏中会显示一些技巧，如图 1-30 所示。

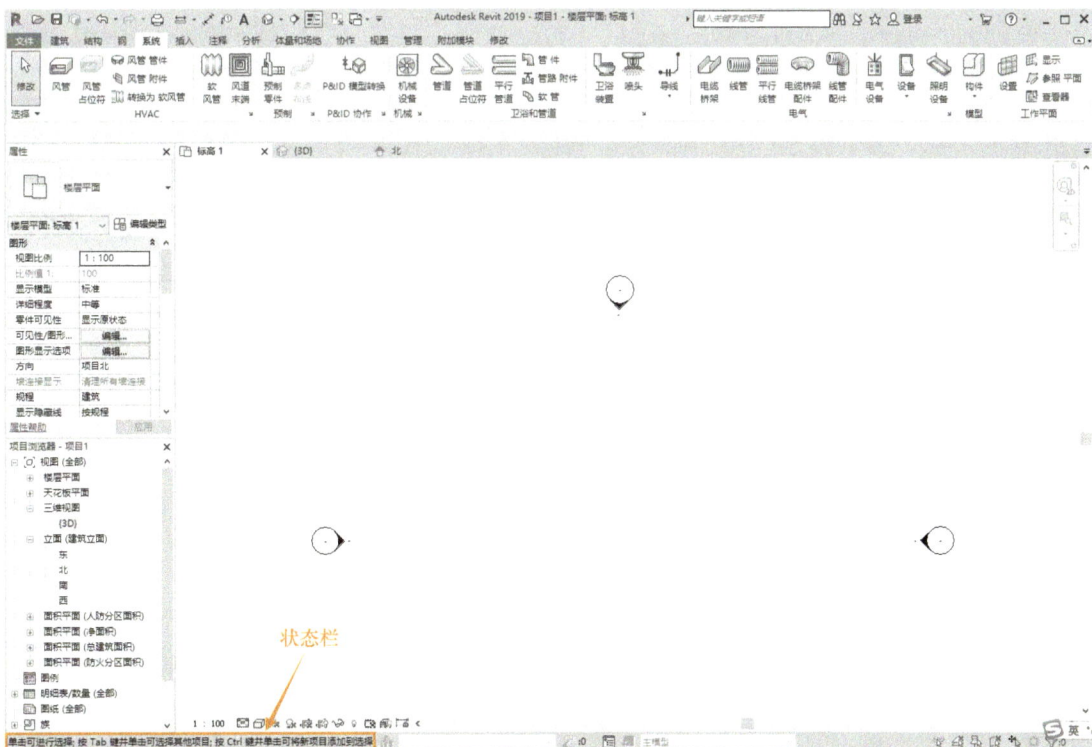

图 1-30　状态栏

（12）工作集状态栏　显示当前工作集的状态，如图 1-31 所示。
（13）绘图区域　在该区域，我们可以进行模型创建，如图 1-32 所示。

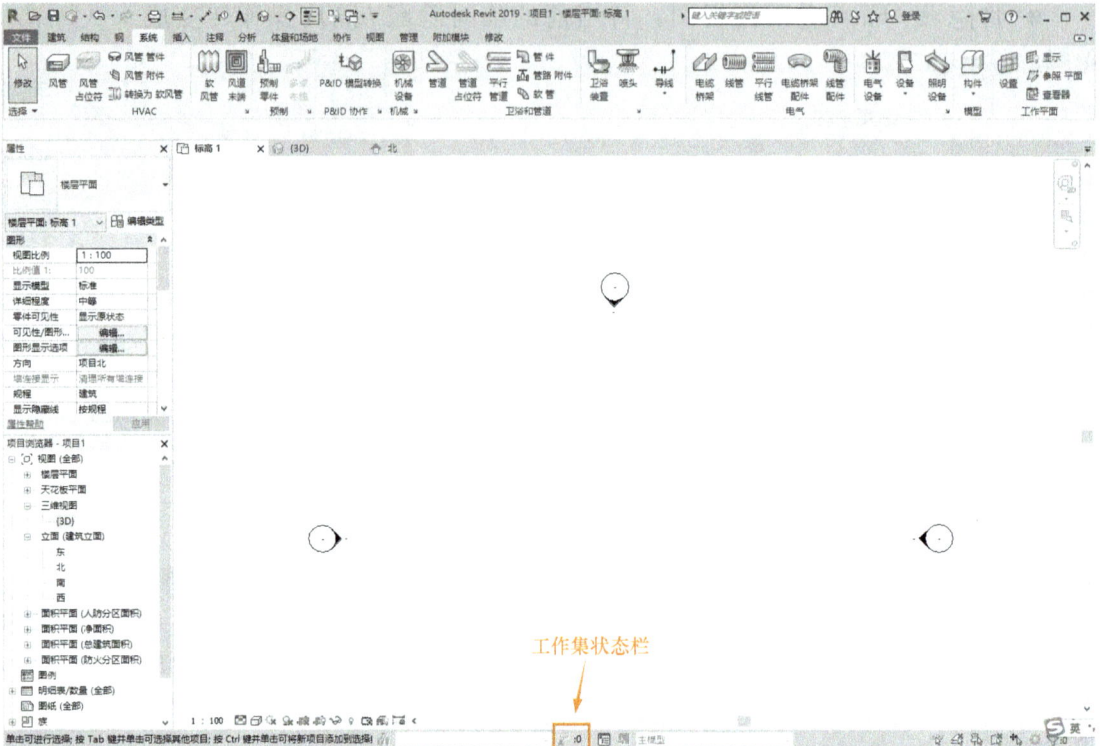

图 1-31　工作集状态栏

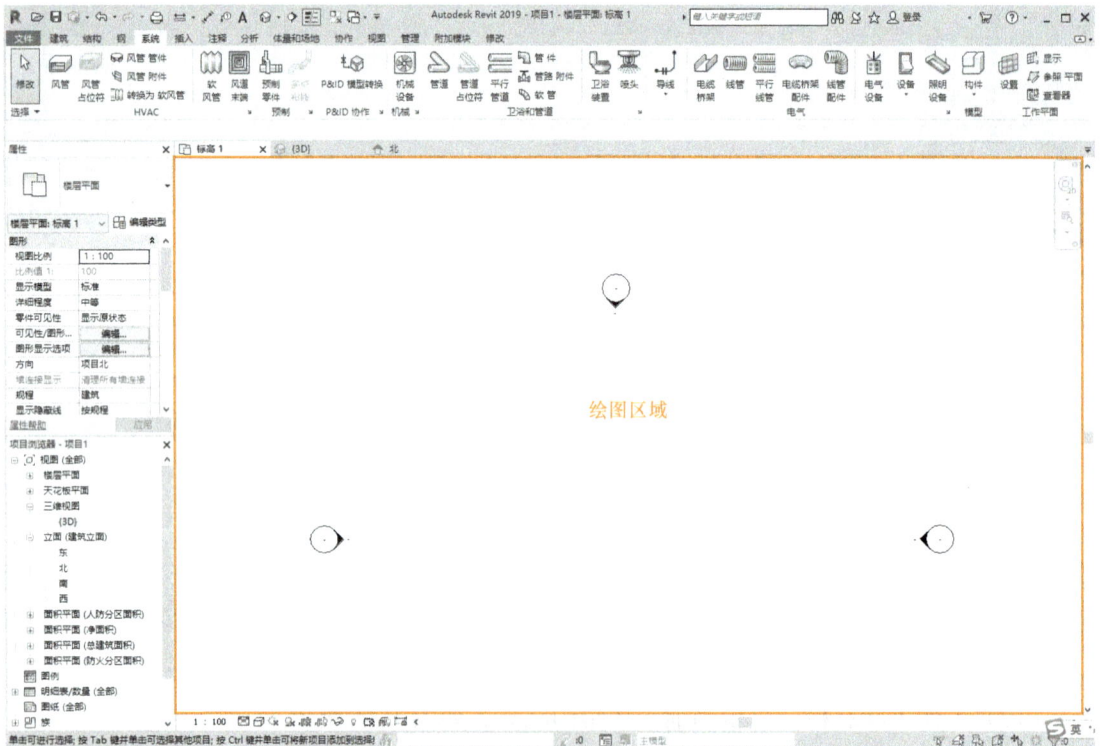

图 1-32　绘图区域

3. Revit 文件类型

在 Revit 软件中，文件的类型主要有 4 种，分别是项目文件、族文件、样板文件和族样板文件。

（1）项目文件 在 Revit 软件中，项目文件的后缀为 ".rvt"，我们所创建的模型、信息以及视图等都是以项目文件的方式进行保存的，其也是 BIM 模型的存储文件。

启动 Revit 软件后，单击软件界面左上角的"文件"按钮，打开应用程序区。在该应用区中，将指针放在"新建"处，即可出现"创建一个 Revit 项目文件。"对话框，如图 1-33 所示。单击"项目"，弹出"新建项目"对话框，在"样板文件"中选择所需要的样板类型，单击"确定"按钮即可新建一个项目文件，如图 1-34 所示。

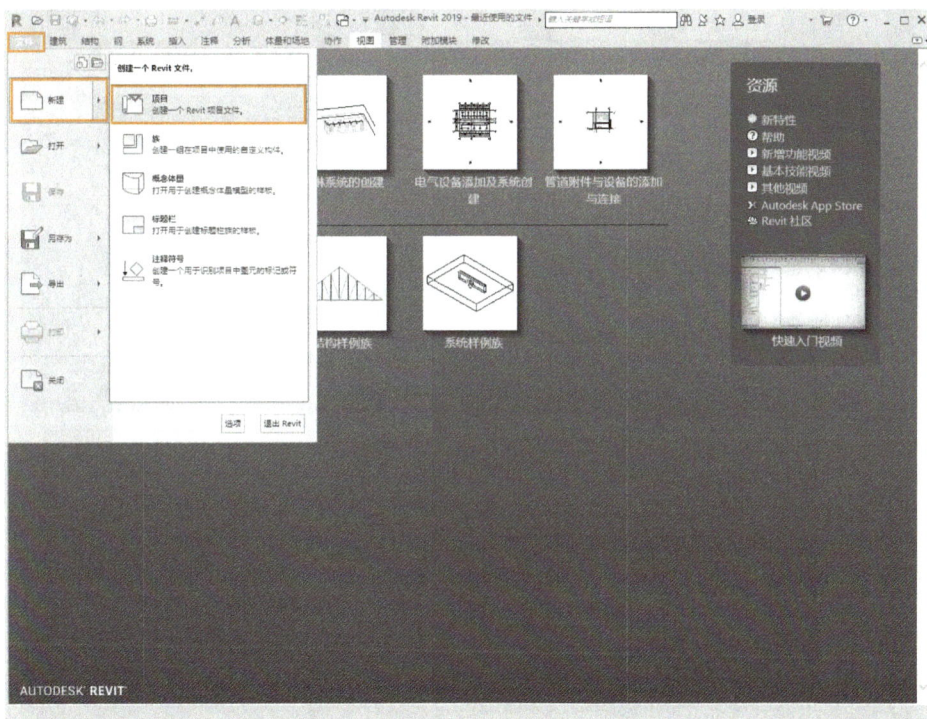

图 1-33 新建项目

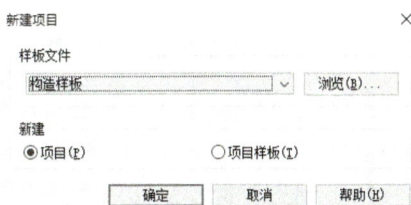

图 1-34 选择样板文件

【注意】项目文件的创建，除上述方法外，还可以通过以下方法实现：

1）启动 Revit 软件后，在软件主界面上，可以看到有"项目"和"族"两大文件类型，在"项目"目录下，单击"新建"，弹出"新建项目"对话框，在"样板文件"中选择所需要的样板类型，单击"确定"按钮也可新建一个项目文件，如图 1-35 所示。

2）启动 Revit 软件后，在软件主界面上的"项目"目录下，单击想要创建项目所需要的样板文件，同样可以新建一个项目文件，如图 1-36 所示。

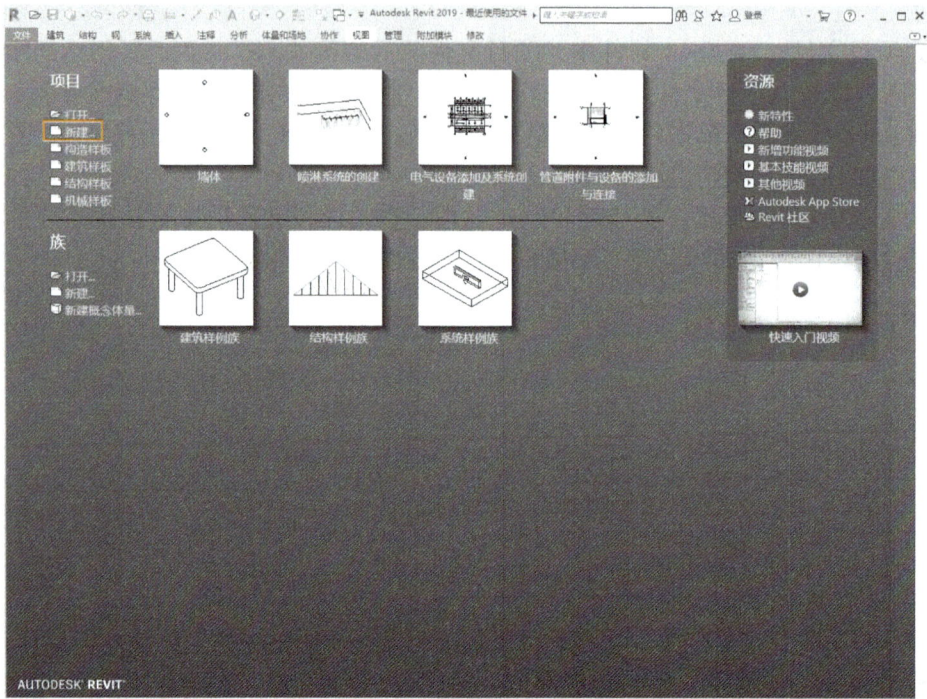

图 1-35　新建项目文件

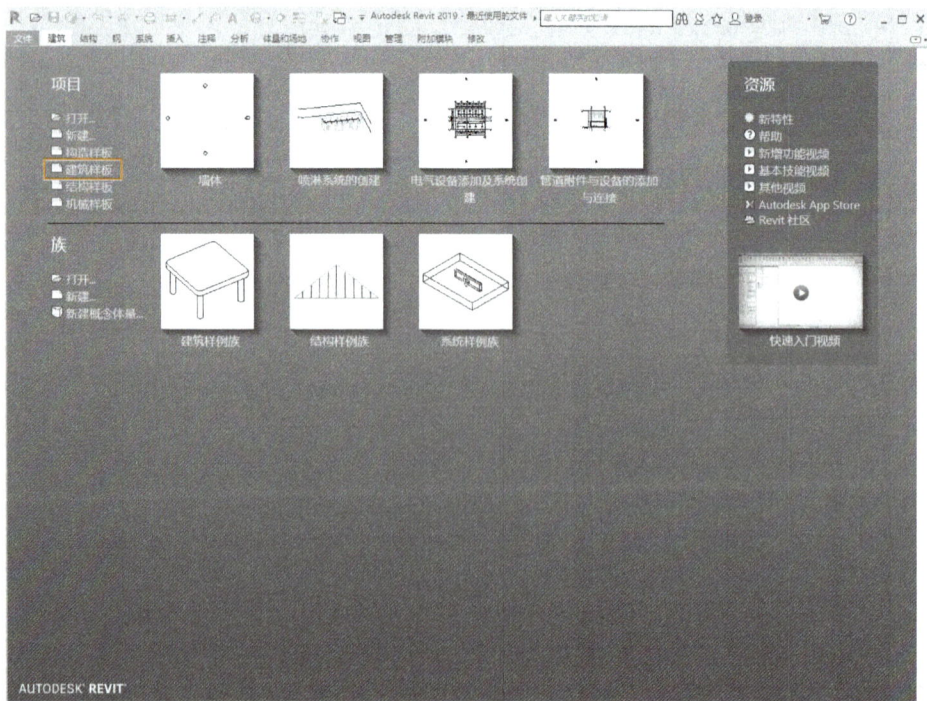

图 1-36　通过样板文件新建项目

（2）族文件　Revit 软件中，族文件的后缀名为 ".rfa"。在 Revit 软件中，建模所使用的墙、门窗等都是族文件，属于系统族。

Revit 软件自带有系统族，称为族库。族库的放置位置系统默认为：C：\ProgramData\Autodesk\RVT 2019\Libraries，对于系统中没有的族，则需要在实际应用中根据需要自行创建。

族文件的创建方法与项目文件类似，启动 Revit 软件后，单击软件界面左上角的"文件"按钮，打开应用程序区。在该应用程序区中，将指针放在"新建"处，即可出现"创建一个 Revit 项目文件。"对话框，单击"族"（图 1-37），弹出"新族"对话框，在该对话框中选择所需要的族样板类型，单击"打开"按钮即可新建一个族文件，如图 1-38 所示。

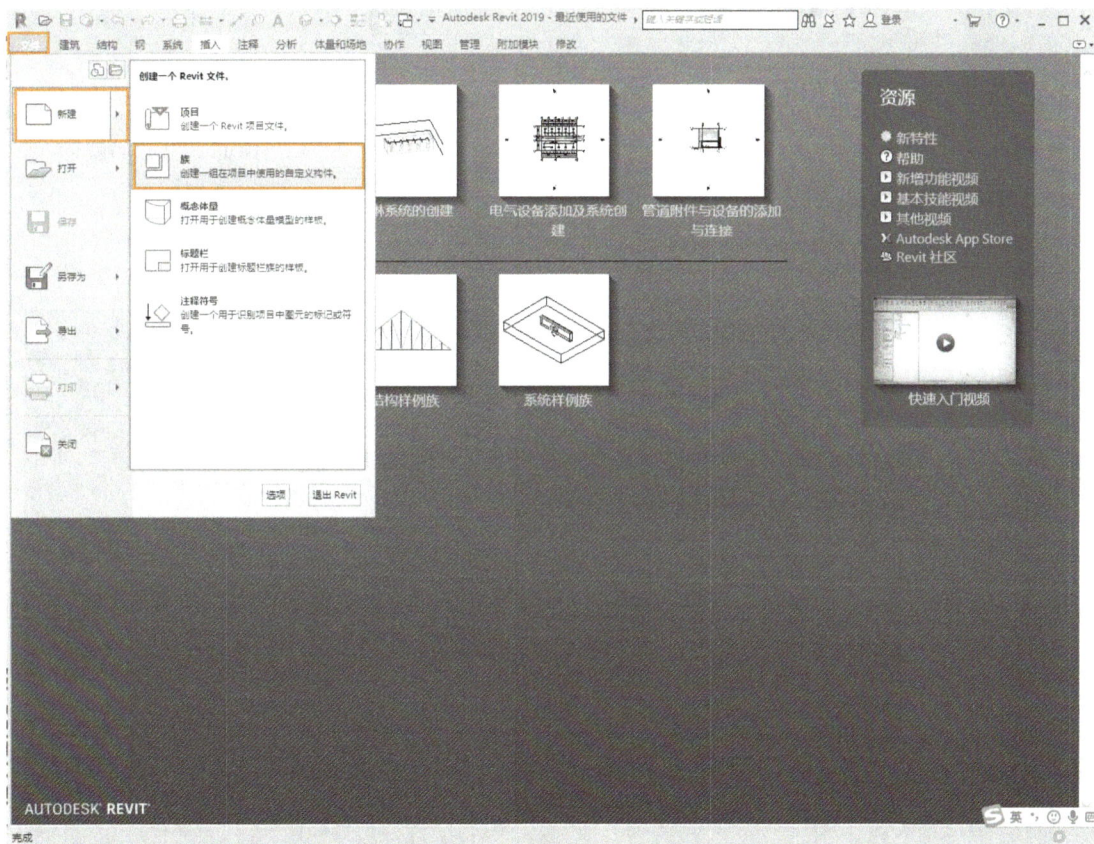

图 1-37　新建族文件（一）

【注意】

1）与项目文件类似，除上述方法外，族文件也可以通过以下方法实现：启动 Revit 软件后，在软件主界面上，可以看到有"项目"和"族"两大文件类型，在"族"目录下，单击"新建"（图 1-39），弹出"新族"对话框，在该对话框中选择所需要的样板类型，单击"打开"按钮也可新建一个族文件。

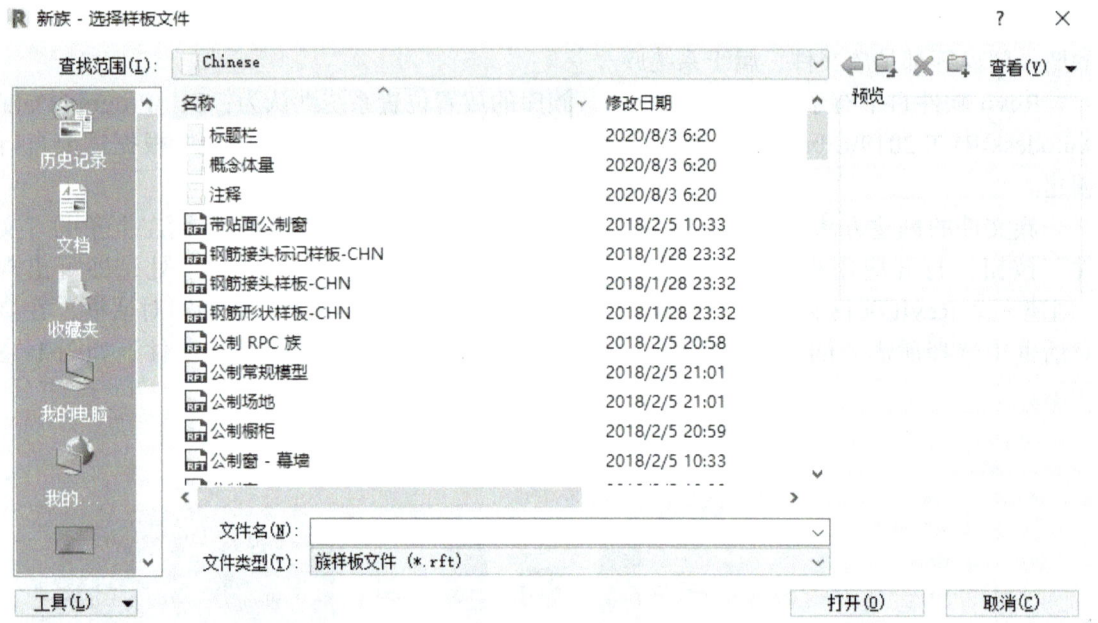

图 1-38　选择族样板文件

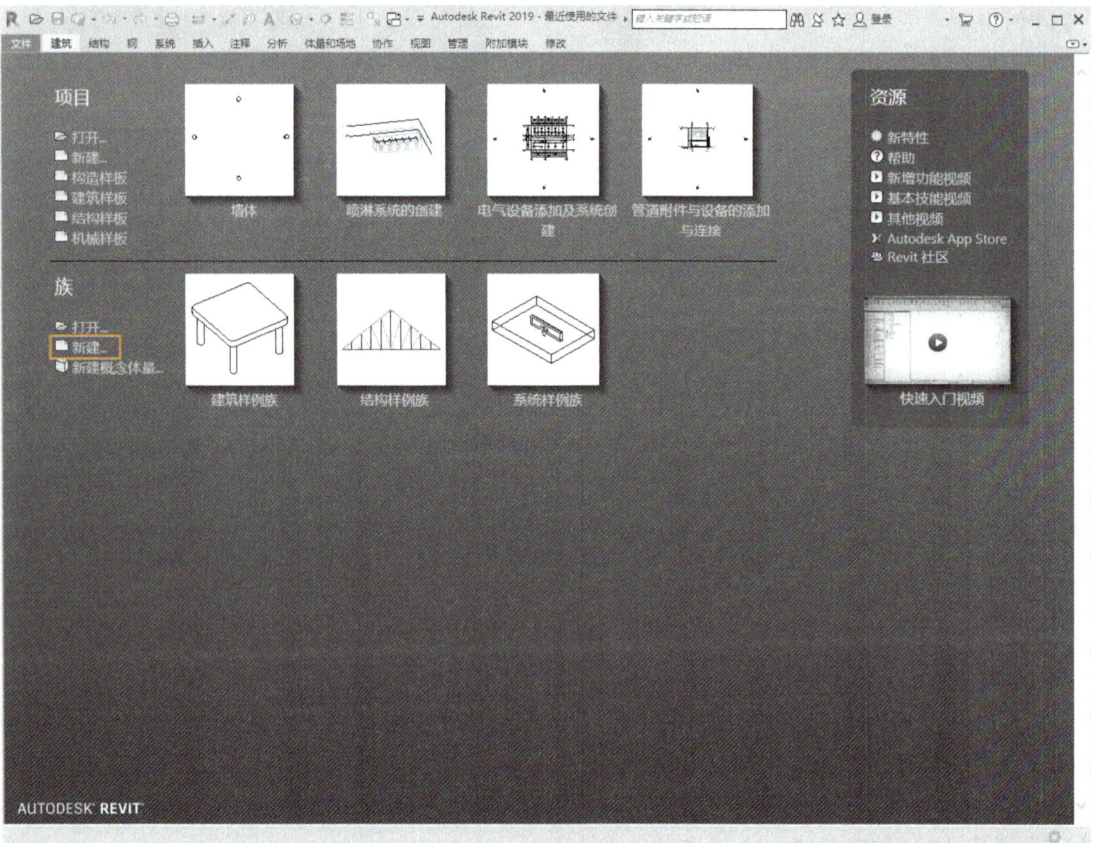

图 1-39　新建族文件（二）

2）启动 Revit 软件后，在软件主界面上的"族"目录下，我们还可以看到"新建概念体量"（图 1-40），单击可弹出"新概念体量"对话框，在该对话框下，选择相应的样板文件，单击"打开"按钮可以创建一个新的体量文件，如图 1-41 所示。该体量文件也是一个族文件。

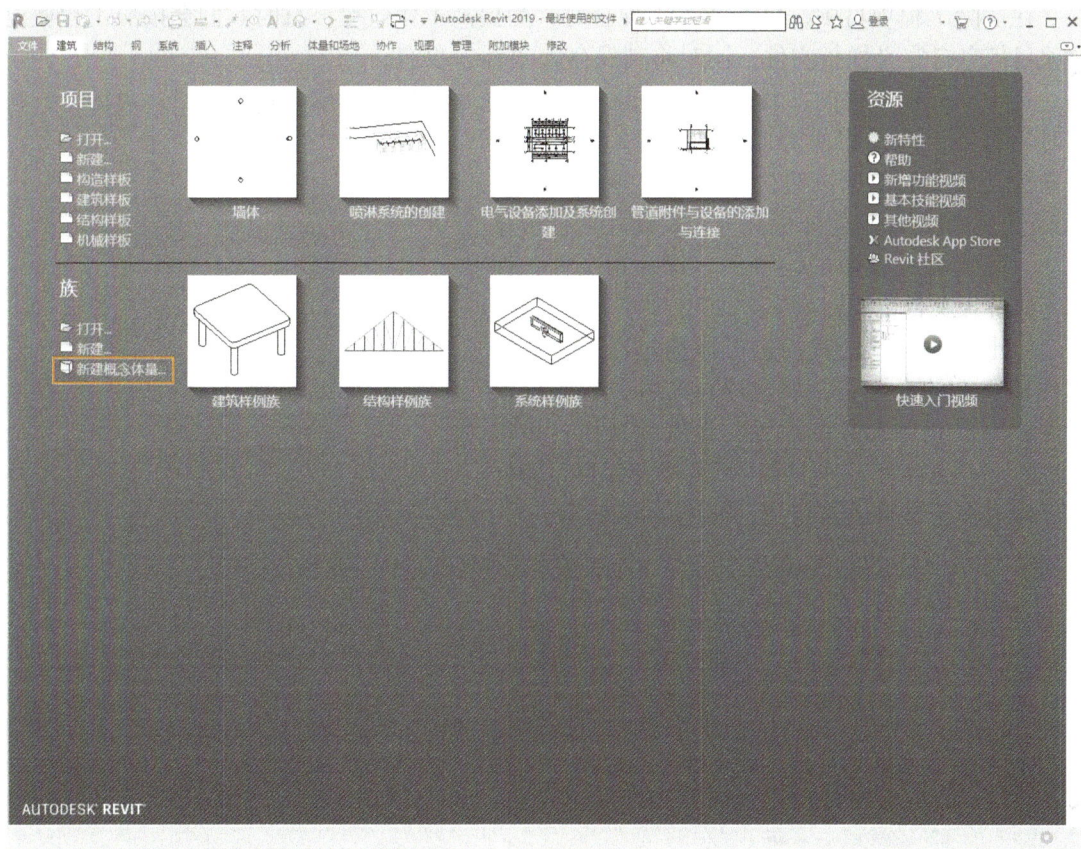

图 1-40 新建体量文件

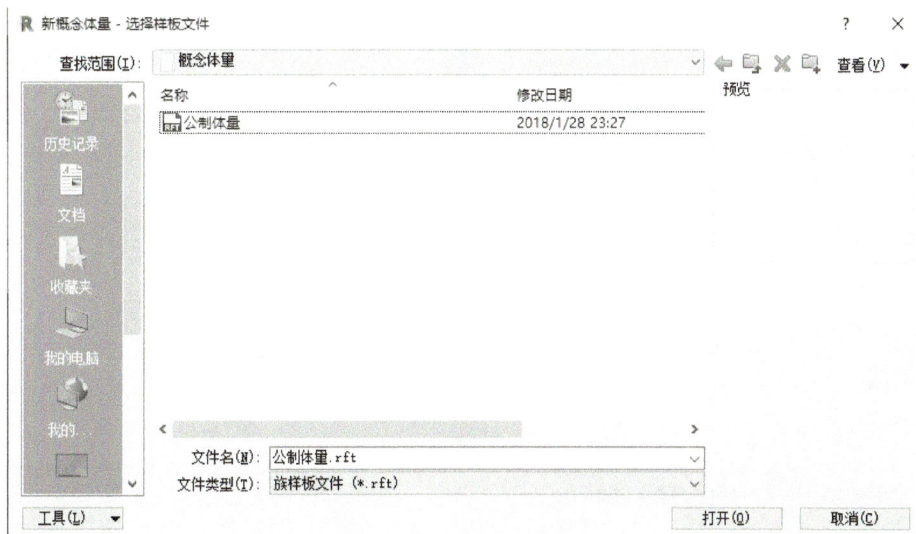

图 1-41 选择体量样板文件

（3）样板文件　样板文件的后缀名为".rte"。我们在进行模型创建时，针对不同专业的模型创建，所选用的样板文件也不一样。选用样板文件后创建的项目文件中已经被预定义了初始参数，如楼层设置、层高等。

在实际工程项目中，分专业多人配合时，为提高工作效率，有时我们会按照工程概况及项目信息自定义样板文件，同时将其保存为".rte"文件。

自定义样板文件时，我们通过单击"文件"→"新建"，弹出"新建项目"对话框，在该对话框下，选择相应的样板文件后，勾选"项目样板"前面的单选按钮，如图 1-42 所示，单击"确定"按钮可以新建样板文件，在新建的样板文件中，完成相关参数的设置后，保存该文件，即可完成样板文件的自定义。

除上述方法外，我们也可以通过以下方法完成样板文件的自定义：新建项目文件，在该新建文件中完成相关参数的设置，设置完成后，单击"文件"→"另存为"→"样板"，将文件保存，同样可以完成样板文件的自定义，如图 1-43 所示。

图 1-42　新建样板文件

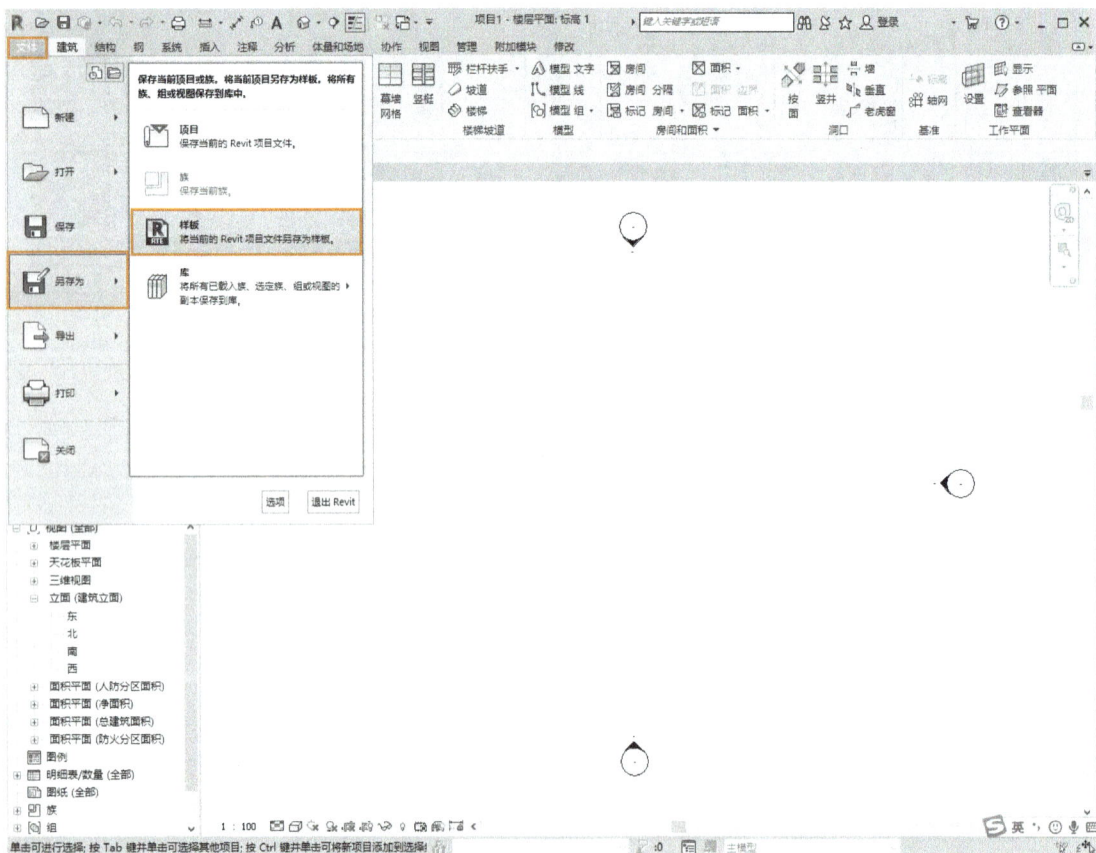

图 1-43　自定义样板文件

【注意】Revit 软件安装完成后，项目样板文件默认放置位置为：C：\ProgramData\ Autodesk\RVT 2019\Templates，若我们新安装的软件中无样板文件，则可以单独下载 Revit 样板文件，然后将其放置在上面所述的系统默认位置，在新建项目时，在相应的位置选择 样板文件即可。

（4）族样板文件　族样板文件的后缀名为".rft"。我们在实际工程中，根据所需要创 建的族的类别不同，所选择的族样板文件也不一样。

4. 视图控制

在 Revit 软件中，对视图的控制操作是 Revit 最基础的操作，利用视图操作工具可以 实现对视图的缩放、旋转等操作。

（1）打开与关闭视图　在项目浏览器中，找到需要打开的视图名称，双击即可打开视 图。当需要关闭当前视图时，可单击视图右上角的"关闭"按钮。

在 Revit 软件的绘图区域，可以同时打开多个视图，多个视图之间可以通过"视图" 选项卡下方的"切换窗口"，再单击相应视图，即可在多个视图之间进行切换，如图 1-44 所示。

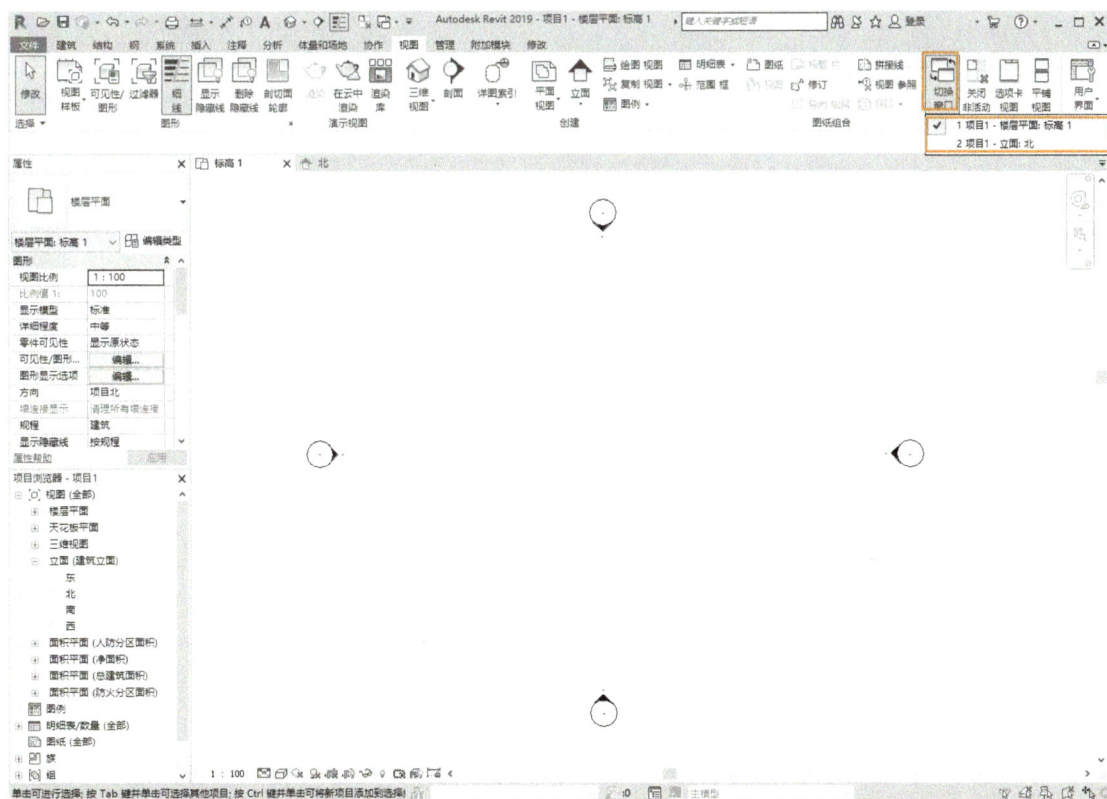

图 1-44　多个视图切换

通过单击"视图"选项卡下的"关闭非活动"按钮可以将除了当前视图外的其

余窗口关闭。

单击"平铺视图" ⬚ 按钮，可以将已打开的所有视图平铺在绘图区域。
平铺
视图

常见的视图有平面视图、立面视图、剖面视图和三维视图等，同时还包括明细表和二维图纸。

在三维视图中，如果需要查看模型的内部，则可以勾选"属性"面板中的"剖面框"选项，此时在视图中的模型周围会出现一个长方体框，如图 1-45 所示，单击选中该长方体框，会看到在长方体框的 6 个面上分别出现控制标志，将光标放置在任一方向的控制标志上按住鼠标左键并拖动该标志，则可以对该模型进行剖切，如图 1-46所示。

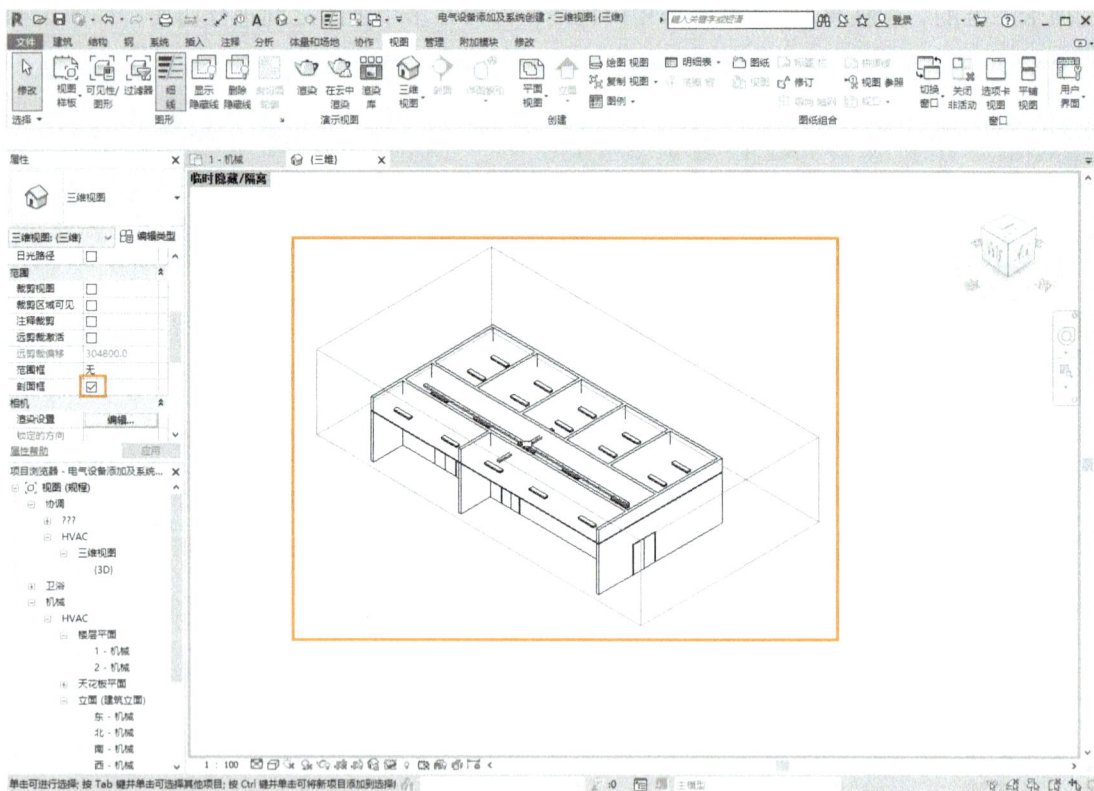

图 1-45　打开模型剖面框

（2）视图导航　在 Revit 软件中，我们可以利用鼠标和键盘对打开的视图进行快速的放大、缩小、回放、平移等操作。除此之外，我们也可以通过视图控制导航栏对视图进行控制，具体方法如下：

1）放大 / 缩小：当使用鼠标对视图进行放大 / 缩小操作时，只需要将光标移动到需要放大 / 缩小的视图位置，然后向上（放大）或向下（缩小）滚动鼠标滚轮即可，此时视图将以光标放置的位置为中心进行相应的放大 / 缩小。

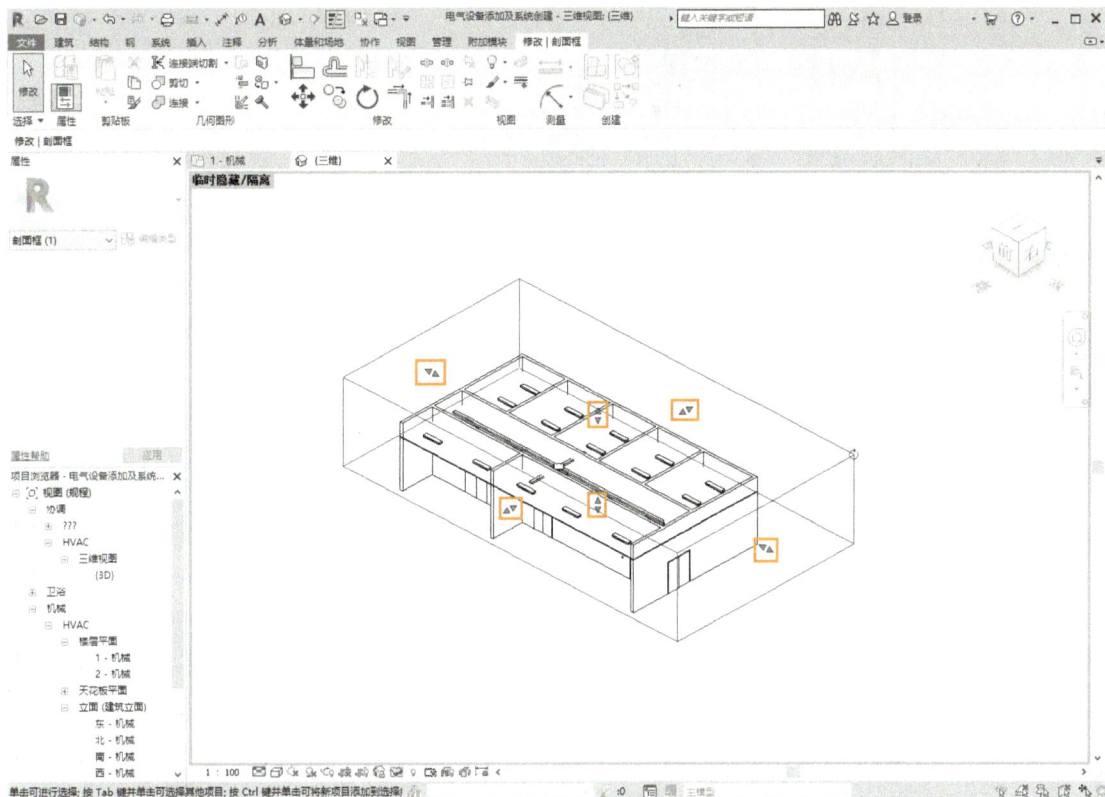

图 1-46 控制模型剖面框

当使用视图控制导航栏对视图进行放大 / 缩小操作时，在平面视图中，只需要单击视

图中的二维控制盘 命令，即可在平面视图中显示二维控制盘 。单击二维

控制盘上面的"缩放"命令并按住不放，向左或向下移动光标，则可以实现将当前视图以控制盘为中心进行缩小；如果向右或者向下移动光标，则可以实现将当前视图放大，缩小 / 放大完成后，松开鼠标左键，即可返回到二维控制盘状态。

2）回放：当使用视图控制导航栏对视图进行回放操作时，单击二维控制盘上面的"回放"命令并按住不放，在视图界面会显示对当前视图所进行的历史操作的缩略图，将光标移动至某一缩略图上并松开鼠标左键，则在视图中会显示该缩略图。

3）平移：当使用鼠标对视图进行平移操作时，只需要按住鼠标滚轮不放，将光标移动至目标位置，松开鼠标滚轮，即可实现视图平移。

当使用视图控制导航栏对视图进行平移操作时，单击二维控制盘上面的"平移"命令并按住不放，移动光标至任意位置，即可实现对当前视图的平移操作。

【注意】单击"文件"→"选项"，在弹出的"选项"对话框中，打开"Steering-Wheels"界面，在该界面可以设置二维控制盘的文字可见性、控制盘外观等，如图 1-47 所示。

图 1-47　SteeringWheels 界面

4）旋转：该操作主要在三维视图中实现。在三维视图中，按住 <Shift> 键不放，同时按住鼠标滚轮，上下左右移动鼠标，即可实现对当前视图的旋转操作。

当使用视图控制导航栏对当前视图进行旋转时，首先单击全导航控制盘 命令，此时将在视图中显示全导航控制盘 ，单击选中"动态观察"，按住鼠标左键并上下左右移动指针，即可实现对当前视图的旋转。

【注意】

1）全导航控制盘，同样可以实现对视图的"回放""缩放""平移"等操作，其操作方法与"旋转"类似。

2）View Cube 工具：在三维视图中，将指针放置在视图窗口右上角的"View Cube 工具"上，可以看到其主要实现的功能，如图 1-48a 所示。

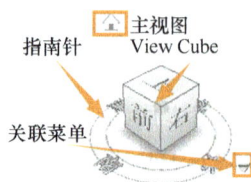

a) View Cube 功能示意图

b) 将当前视图设定为主视图

图 1-48　View Cube

　　单击"主视图"按钮，则可以直接跳转到主视图界面。如需要重新设置主视图，则可以首先操作到所需要的视图，然后单击"关联菜单"按钮，在弹出的对话框中选择"将当前视图设定为主视图"，则可以将当前的视图设置为新的主视图，如图 1-48b 所示。

　　单击"关联菜单"按钮，则可以实现对视图的操作。

　　拖动指南针上面的环形，可以旋转视图。

　　单击 View Cube 上的点、面或边，可以切换到相应的视图。

5. 常用命令介绍

　　在"修改"选项卡下，Revit 提供了对齐、移动、复制、镜像等命令，用于完成图元编辑等。

　　1）对齐：可以将一个或多个图元与选定的图元对齐。单击"对齐" 　　命令，然后单击选定图元，再单击要移动的图元，即可将图元移动至与选定图元对齐的位置。

　　2）移动：将选定图元移动到视图中指定的位置。单击要移动的图元，然后在"修改"选项卡下单击"移动" 　　命令，单击选中基准点，移动光标至指定的位置，再次单击，即可实现图元的移动。

　　3）复制：复制选定图元并将其放置在指定位置。其方法与"移动"命令类似。单击要复制的图元，然后在"修改"选项卡下单击"复制" 　　命令，单击选中基准点，移动光标至指定的位置，再次单击，即可实现图元的复制。

　　4）镜像：可以使用现有的边或线作为镜像轴，来翻转或者重新新建一个副本并反转其位置。单击要镜像的图元，然后在"修改"选项卡下单击"镜像" 　　命令，单击选中作为镜像轴的边或线，即可实现图元镜像。

　　【注意】除上面"镜像"命令外，还可以通过"镜像 - 绘制轴（DM）" 　　命令实现图元镜像操作。其具体操作方法为：单击要镜像的图元，然后在"修改"选项卡下单击"镜像 - 绘制轴（DM）" 　　命令，在视图相应位置通过分别单击起点和终点确定镜像轴位置，也可实现图元镜像。

　　除以上命令外，常用命令还有偏移、旋转等，其操作方法类似。

四、知识巩固与拓展

　　打开 Revit 软件，新建".rvt"项目文件，并将其命名为"小别墅"进行保存。

五、课后训练

　　扫码完成本任务课后作业。

课后作业 2

项目二　创建建筑系统模型

任务一　创建标高、轴网

知识目标：了解轴号命名方法；了解标高、轴网的创建方法。

能力目标：能够准确识读项目施工图；能够进行实际项目标高、轴网的绘制及类型属性的选择与参数设置。

素质目标：认识到基础的重要性，具有认真严谨、精益求精的精神；具备知识迁移能力，能够独立解决实际工程问题。

【工匠精神的内涵】

"工匠精神"对于个人，是干一行、爱一行、专一行、精一行，务实肯干、坚持不懈、精雕细琢的敬业精神；对于企业，是守专长、制精品、创技术、建标准，持之以恒、精益求精、开拓创新的企业文化；对于社会，是讲合作、守契约、重诚信、促和谐，分工合作、协作共赢、完美向上的社会风气。

一、任务描述

根据图 2-1 中给定的尺寸绘制标高、轴网。某建筑共 3 层，首层地面标高为 0.000，层高为 3m，要求两侧标头都显示，将轴网颜色设置为红色并进行尺寸标注。请将模型以"轴网"为文件名保存到考生文件夹中。

二、课前准备

学生扫码查看预习内容。

预习内容：视频 3
标高轴网创建 -1

预习内容：视频 4
标高轴网创建 -2

预习内容：视频 5
标高轴网创建 -3

预习内容：视频 6
标高轴网创建 -4

预习内容：视频 7
标高轴网创建 -5
（实战练习）

三、任务实施

标高用于定义楼层层高及生成相应的平面视图，而轴网用于为构件定位。在 Revit 中轴网确定了一个不可见的工作平面，而轴网编号以及标高符号样式均可根据实际修改。

1. 新建项目

启动 Revit，如图 2-2 所示。

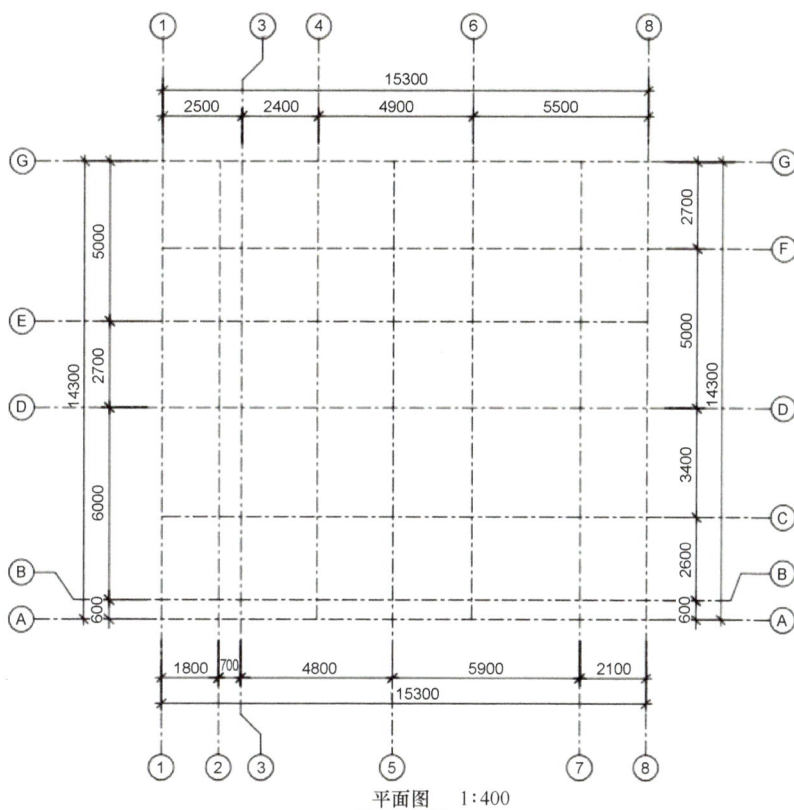

图 2-1 轴网图

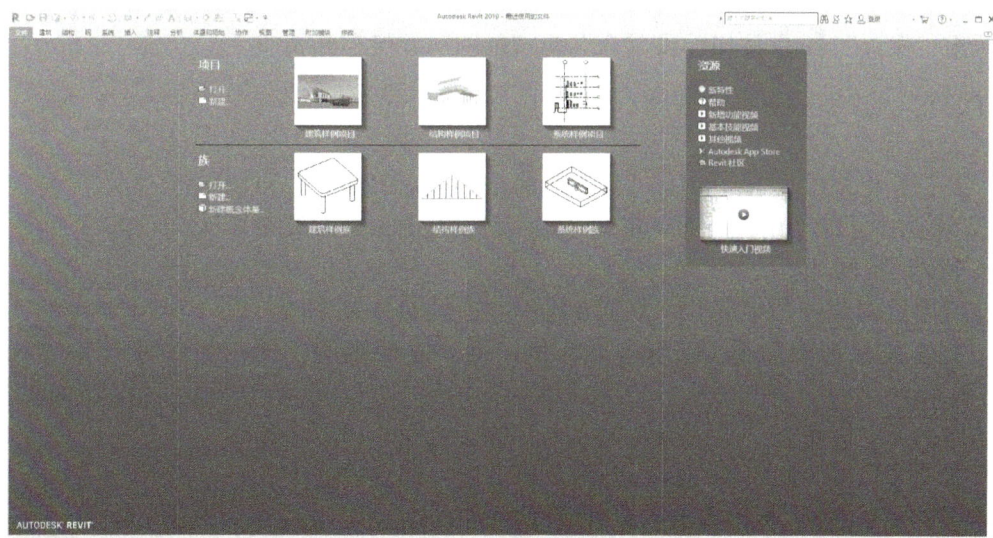

图 2-2 启动 Revit

单击"项目"下面的"新建"，自动弹出"新建项目"对话框，如图 2-3 所示。

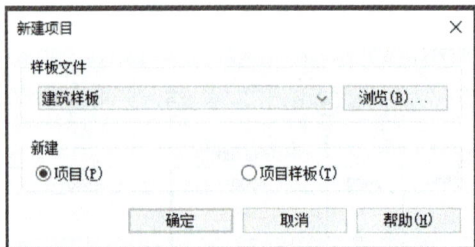

图 2-3 "新建项目"对话框

选择"建筑样板"，勾选"项目"，单击"确定"按钮，完成新建项目文件，如图 2-4 所示。

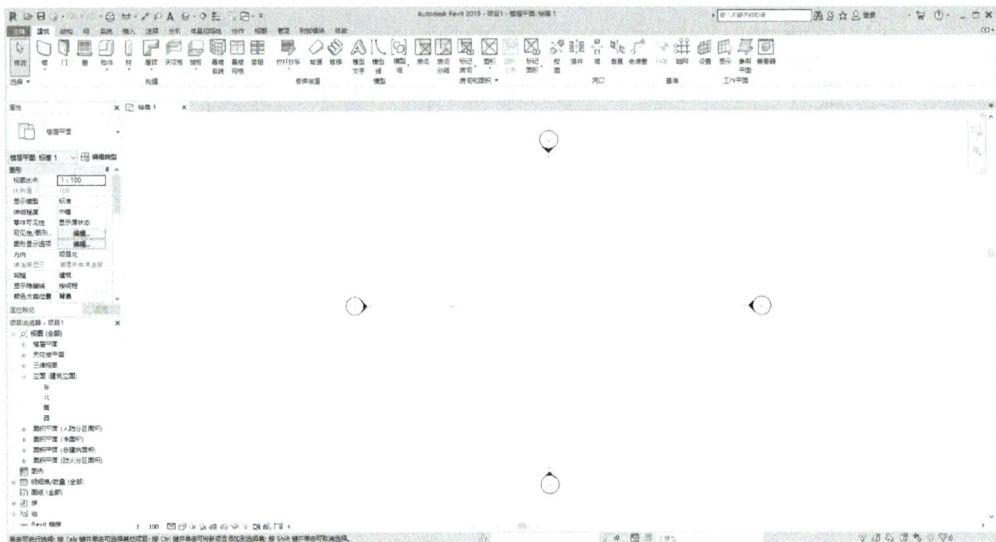

图 2-4 新建项目视图

单击"保存" 🖫 按钮，将其命名为"轴网"并保存到相应的文件夹下。

2. 绘制标高

（1）创建标高 在 Revit 中，"标高"命令必须在"立面"和"剖面"视图中才能使用，因此在正式开始项目设计前，必须事先打开一个立面视图。

在"项目浏览器"中展开"立面（建筑立面）"项，如图 2-5 所示，双击任意视图名称（以南立面为例）进入立面视图，如图 2-6 所示。

单击选择"标高 2"，这时在标高 1 与标高 2 之间会显示一条蓝色临时尺寸标注，同时标高标头名称及标高值也都变成蓝色显示（蓝色显示的文字、标注等单击即可编辑修改）。

在蓝色临时尺寸标注值上单击激活文本框，输入新的层高值

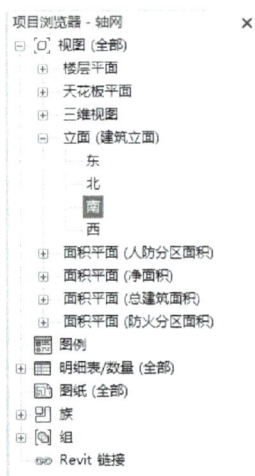

图 2-5 "项目浏览器"中立面视图位置

为 3000.0 后按 <Enter> 键确认,将一层与二层之间的层高修改为 3m,同时将"标高 1""标高 2"对应修改为"1F""2F",如图 2-7 所示。

图 2-6 进入南立面视图

图 2-7 修改标高

【注意】绘制标高时,当修改两标高之间的标高值时,其单位应为 mm;修改标头处的标高值时,其单位应为 m。

绘制标高的方法有两种,具体为:

方法一:利用"标高"命令创建标高。

单击"建筑"选项卡,单击"标高" 命令,移动光标到视图中"2F"左侧标头上方,当出现绿色标头对齐虚线时,单击捕捉标高起点,如图 2-8 所示。

图 2-8 绘制标高起点

从左向右移动光标到"2F"右侧标头上方,当出现绿色标头对齐虚线时,再次单击捕捉标高终点,创建标高"3F",如图 2-9 所示。绘制标高期间不必考虑标高尺寸,绘制完成后可用与"2F"相同的方法调整其标高名称，并调整间距为3000mm。

图2-9　绘制标高终点

至此建筑的各个标高就创建完成了，保存文件即可。

方法二：复制已有标高完成标高创建。

单击选择"2F"，单击"复制" ⟲ 命令，移动光标在标高"2F"上单击捕捉一点作为复制参考点，然后垂直向上移动光标，输入间距值3000后按<Enter>键确认复制新的标高。注意此时标高标头名称没有续接前面的"2F"排列，需单击蓝色的标头名称激活文本框，修改标头为"3F"，如图2-10所示。

图2-10　修改标头名称

至此建筑的各个标高就创建完成了，保存文件即可，如图2-11所示。

图2-11　完成标高绘制

【注意】当选择标高进行复制时，在工具栏中勾选多重复制命令"多个"，即可实现连续复制标高。

（2）编辑标高　单击拾取标高"3F"，从"属性"面板的类型选择器下拉列表中选择"标高"→"下标头"类型（图2-12），标头自动向下翻转方向，结果如图2-13所示。当设置正负零标高时，方法与之类似。

选择"视图"选项卡，单击"平面视图" ⬚ 命令，从下拉菜单中选择"楼层平面" ⬚ 命令，弹出"新建楼层平面"对话框，如图2-14所示。从列表中选择"3F"，单击"确定"后，在"项目浏览器"中创建了新的楼层平面"3F"，并自动打开"3F"作为当前视图。至此，建筑各标高已编辑完成，保存文件即可。

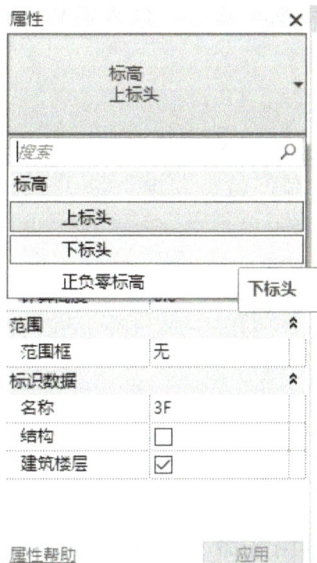

图 2-12 标头类型属性选择

图 2-13 标头翻转完成

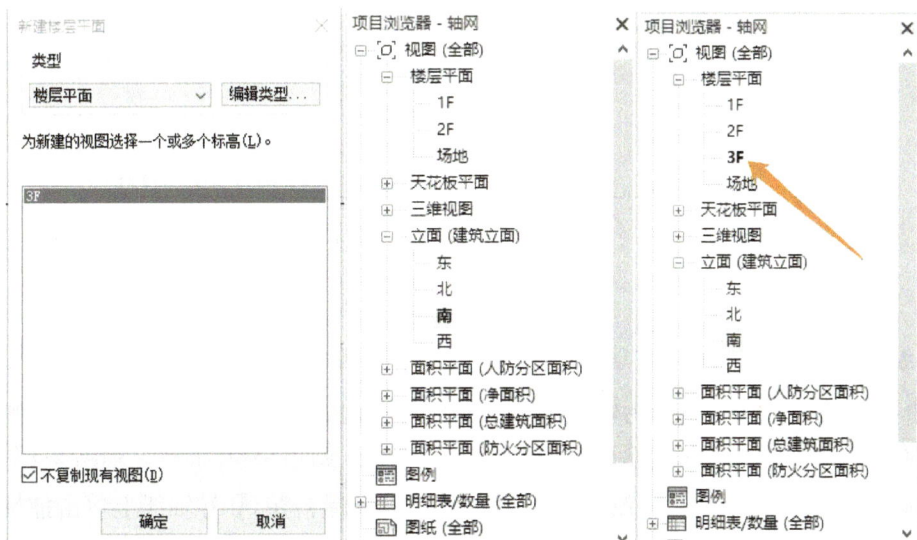

图 2-14 新建楼层平面

【注意】其他标高编辑方法：选择任意一根标高线，会显示临时尺寸、一些控制符号和复选框，如图 2-15 所示。通过编辑其尺寸值修改标高，单击并拖拽控制符号可整体或单独调整标高标头位置、控制标头隐藏或显示、标头偏移等操作。

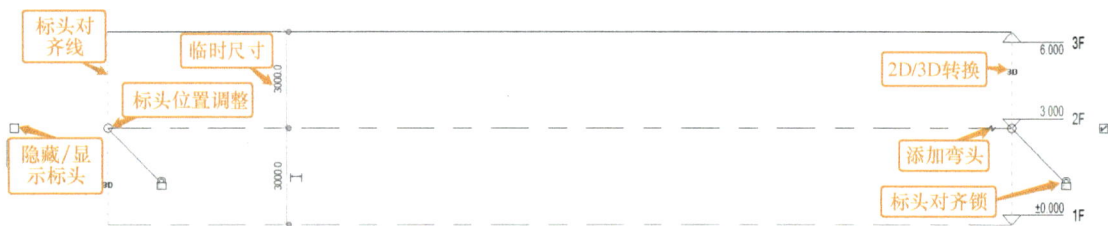
图 2-15　标高编辑命令示意图

3. 绘制轴网

（1）创建轴网　在 Revit 中轴网只需要在任意一个平面视图中绘制一次，其他平面和立面、剖面视图中都将自动显示。

1）绘制垂直轴网。在"项目浏览器"中双击"楼层平面"下的"1F"视图，打开首层平面视图。单击"建筑"选项卡，单击"轴网" 命令，移动指针到视图中，单击捕捉一点作为轴线起点。然后从下向上垂直移动光标一段距离后，再次单击捕捉轴线终点创建第一条垂直轴线，轴号为①。

单击选择①号轴线，单击"复制" 命令，勾选多重复制"多个"和正交约束选项"约束"。

移动光标，在①号轴线上单击捕捉一点作为复制参考点，然后水平向右移动光标，输入间距值 1800 后按 <Enter> 键确认后复制②号轴线。保持光标位于新复制的轴线右侧，分别输入 700、2400、2400、2500、3400、2100 后按 <Enter> 键确认，复制③～⑧号轴线。完成垂直轴网绘制，结果如图 2-16 所示。

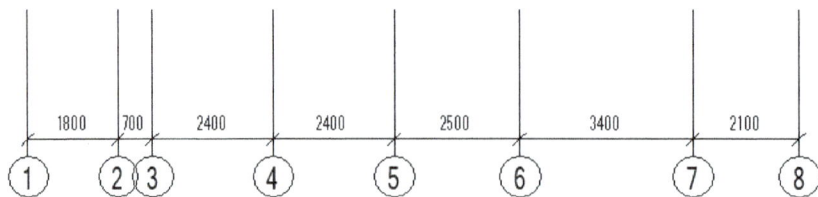
图 2-16　垂直轴网绘制完成

2）绘制水平轴网。单击"建筑"选项卡，单击"轴网" 命令，移动指针到视图中，单击捕捉①轴左侧一点作为轴线起点。然后从左向右水平移动光标至⑧轴右侧，修改其轴号为"A"，其修改方法与修改标高标头方法一致，创建 Ⓐ 号轴线，如图 2-17 所示。

选择 Ⓐ 号轴线，单击"复制" 命令，移动光标，在 Ⓐ 号轴线上单击捕捉一点作为复制参考点，然后垂直向上移动光标，输入间距值 500 后按 <Enter> 键确认后复制 Ⓑ 号轴线。保持光标位于新复制的轴线上方，分别输入 2600、3400、2700、2300、2700 后按 <Enter> 键确认，复制 ⓒ～ⓖ 号轴线。完成水平轴网绘制，结果如图 2-18 所示。

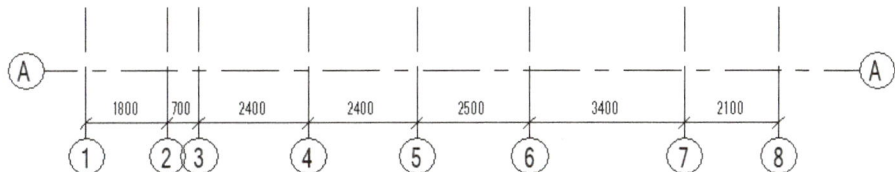

图 2-17　ⓐ 号水平轴线绘制完成

【注意】轴网的绘制除采用复制已有轴线外，同样可以利用"轴网"命令完成，其具体绘制方法与标高类似。

完成后的轴网如图 2-19 所示，保存文件即可。

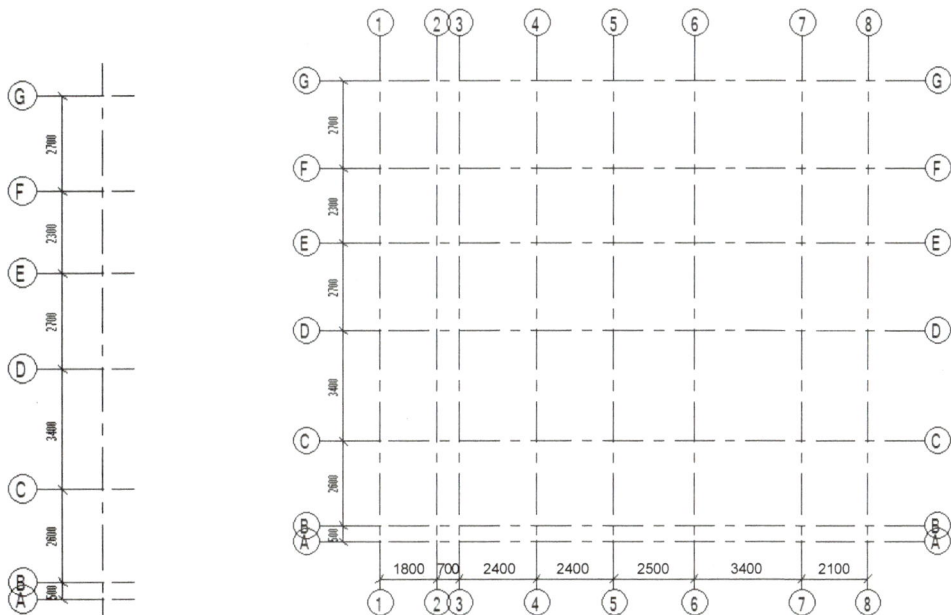

图 2-18　水平轴网绘制完成　　　　图 2-19　轴网绘制完成

【注意】

1）轴网的排列序号从左至右应为阿拉伯数字顺序排列，由下至上应为大写拉丁字母顺序排列，其中为避免与数字混淆，I、Z、O 不能作为轴号。

2）建模过程中，我们通常采用先建标高、后建轴网的顺序，但并不是一定要如此。

3）水平轴网的绘制顺序一般采用从下至上的顺序，垂直轴网一般采用从左向右的顺序，以使轴号可以自动顺序排列。

（2）编辑轴网　绘制完轴网后，需要在平面视图和立面视图中对轴网进行编辑，以满足出图需求。

与标高编辑方法一样，选择任意一根轴线，会显示临时尺寸、一些控制符号和复选框，如图 2-20 所示，可以编辑其尺寸值，单击并拖拽控制符号可整体或单独调整标高标头位置、控制标头隐藏或显示、标头偏移等操作。如在"标头位置调整"符号上按住鼠标左键拖拽可整体调整所有标头的位置；如果先单击"标头对齐锁"，然后再拖拽即可单独移动一根标头的位置。

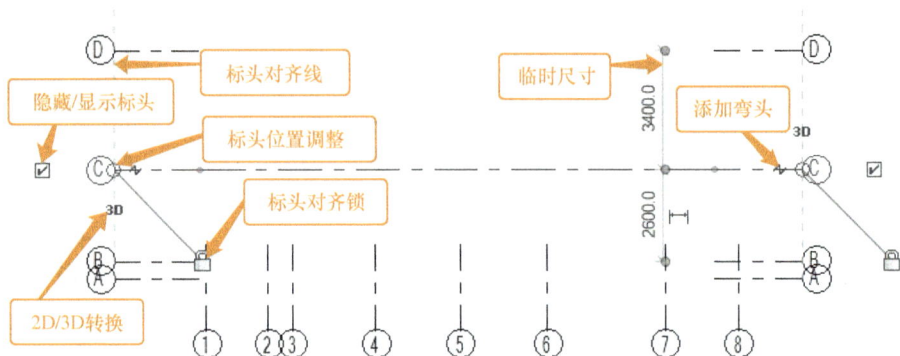

图 2-20　轴网编辑命令示意图

1）调整标头位置。单击选择②号轴线，取消勾选"隐藏/显示标头"，将轴号②隐藏，打开"标头对齐锁"，拖拽"标头位置调整"符号将其拖拽至Ⓖ轴线上，完成②号轴线编辑。

同样方法完成④~⑦、Ⓒ、Ⓔ、Ⓕ号轴线的编辑，结果如图 2-21 所示。

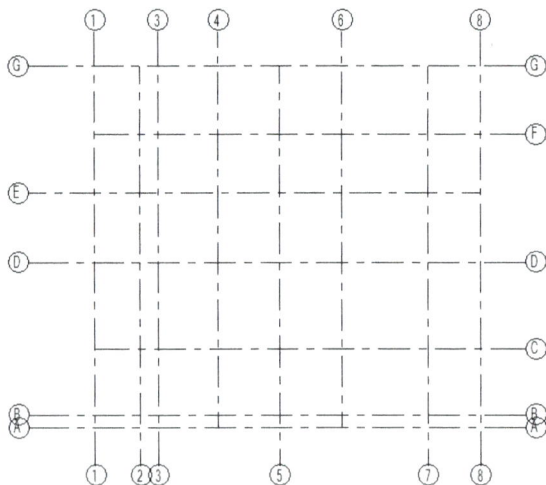

图 2-21　完成标头位置调整

2）添加弯头。单击选择③号轴线，单击"添加弯头"符号，偏移③号轴线标头，偏移后将光标放置在弯头的蓝色实心圆点上并按住鼠标左键将标头拖拽至图中适当位置，完成弯头的添加，如图 2-22 所示。

同样方法完成Ⓑ号轴线弯头的添加，结果如图 2-23 所示。

3）编辑轴网属性。单击选择任一轴线，单击"属性"面板中的"编辑类型"，可对轴网属性进行编辑，如图 2-24 所示。

单击"编辑类型"后，弹出"类型属性"对话框：将"轴线末段颜色"更改为"红色"，单击"确定"按钮，如图 2-25 所示，即可将轴网颜色设置为

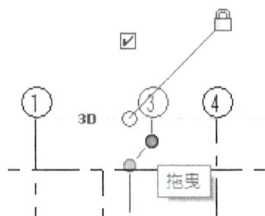

图 2-22　添加弯头

"红色"，如图 2-26 所示。

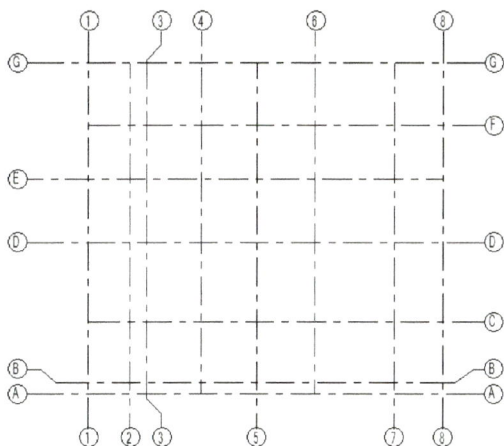

图 2-23 完成弯头添加

图 2-24 轴网属性编辑

图 2-25 修改轴线颜色

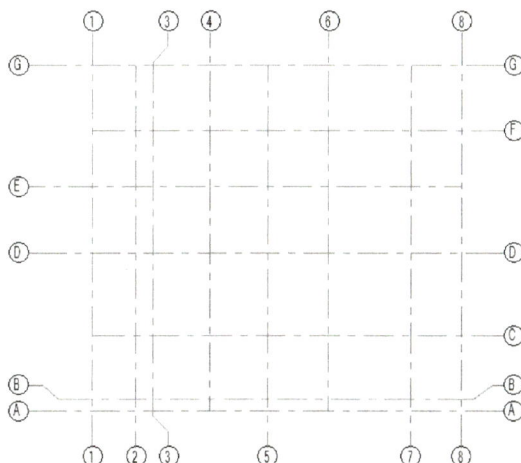

图 2-26 完成轴网颜色设置

【注意】

1）创建轴网过程中，有时会出现创建的轴网中段断开不连续的情况，此时可通过单击"编辑类型"打开"类型属性"对话框，将其中的"轴线中段"属性中的"无"更改为"连续"即可。

2）在"类型属性"对话框中，我们同样可以通过勾选实现批量修改轴号是否显示、轴号的符号形式、轴线末段的宽度及填充颜色等。

4. 尺寸标注

单击"注释"选项卡，单击"对齐" 📐 命令，完成轴网的尺寸标注，结果如图 2-27 所示，保存文件即可。

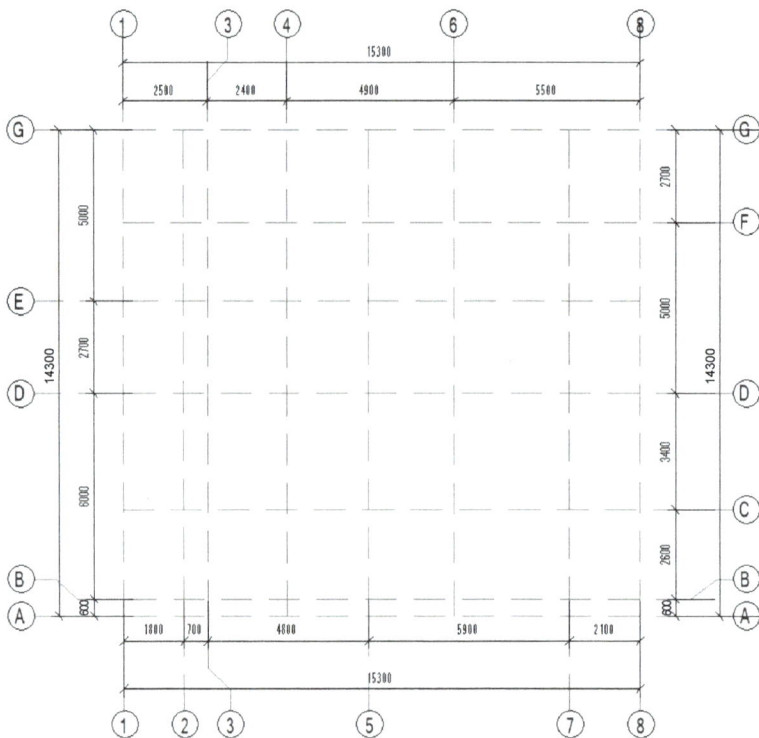

图 2-27 完成轴网尺寸标注

项目成果文件 1：标高轴网

标高、轴网已绘制完成，将文件保存至对应文件夹即可。本项目成果文件可扫码查看。

四、知识巩固与拓展

1）针对上述项目，如果要求 1~2 层显示全部轴网，3 层仅显示水平轴网⑤～⑧，如图 2-28 和图 2-29 所示，请问如何实现？

2）如果给定的轴网为不规则轴网，如图 2-30 所示，请问用什么方法完成模型创建？

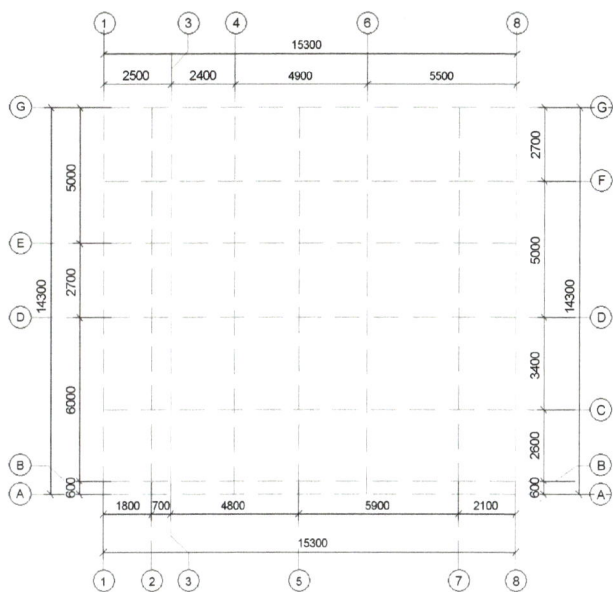

图 2-28　1~2 层轴网

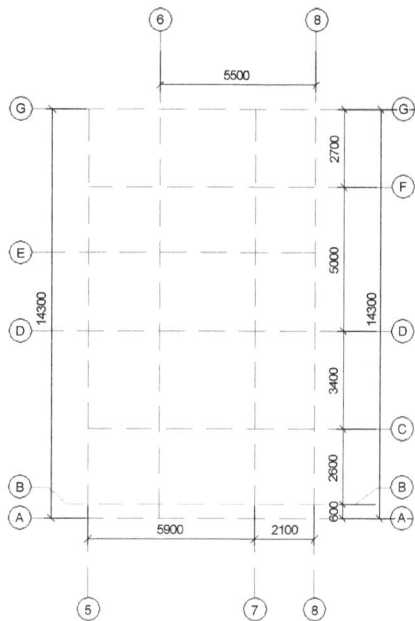

图 2-29　3 层轴网

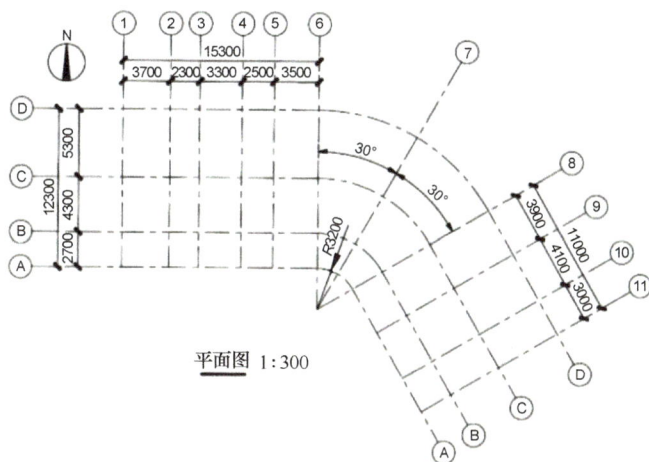

平面图 1:300

图 2-30　不规则轴网图

五、课后训练

扫码完成本任务课后作业。

课后作业 3

任务二　创建墙体

知识目标：掌握墙体模型的创建方法；掌握墙类型的选择与约束条件等的设置方法。

能力目标：能够灵活应用所学知识对实际工程项目进行墙体模型的创建；能够进行墙

的类型选择与参数设置。

素质目标：具备认真严谨的工作态度。

【大国工匠之敬业精神】

敬业精神是人类的一种淳朴而伟大的美德，从孔子的"事思敬、执事敬、修己以敬"到社会主义新中国的"爱岗敬业"，从古希腊的《希波克拉底誓言》到近代西方勤奋努力的职业观，古往今来，凡是有所成就的个人和民族，无不拥有卓越的敬业精神。

一、任务描述

新建项目文件，创建图 2-31 和图 2-32 所示墙类型，并将其命名为"拱门墙 - 外墙"。并以标高 1 到标高 2 为墙高，创建长 5000mm、高 4000mm（以墙核心层中心线为基准）的墙体，并参照图 2-32 所示标注尺寸在墙体上开一个拱门洞。创建完成后以"拱门墙"为文件名进行保存。

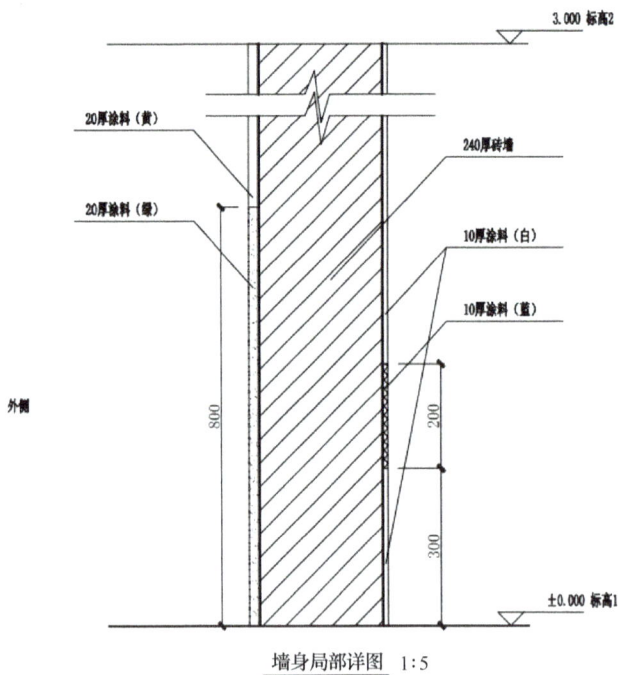

图 2-31　墙身局部详图

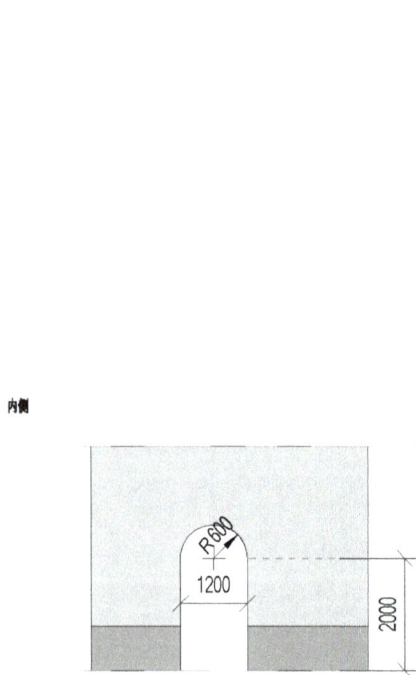

图 2-32　拱门墙

二、课前准备

学生扫码查看预习内容。

预习内容：视频 8
墙体及门窗
创建 -1

三、任务实施

墙体是建筑最基本的模型构件，在创建墙体时，需要先确定墙体的类型、约束条件、定位线等，然后再根据墙体的平面位置等参数进行墙体绘制。

【注意】在Revit中，提供了"墙：建筑""墙：结构""面墙""墙：饰条""墙：分隔条"五种墙体类型进行选择，其区别如下：

1)"墙：建筑"主要用于非承重墙，其无法启用结构模型分析，并且无法在绘制的墙体内添加钢筋构件；另外，在图形属性"规程"为建筑时，结构墙和建筑墙均可以显示，但当"规程"为结构时，建筑墙体无法显示。

2)"墙：结构"主要用于承重墙，其可以启用结构模型分析，并可以在墙体内添加钢筋构件。

3)"面墙"：通常用于体量建墙。

4)"墙：饰条"：可以用来对墙体添加踢脚线、装饰线条和散水等，其样式常用轮廓族创建，通常用于凸在墙面的重复构件，其在二维视图中不可调用，只有在三维视图中才可以激活。

5)"墙：分隔条"：可以用来对墙体添加墙面装饰槽，通常用于凹在墙面的重复构件，其同样在二维视图中不可调用，只有在三维视图中才可以激活。

创建墙体：

启动Revit，新建以"建筑样板"为模板的项目，并将其命名为"拱门墙"保存在相应文件夹内。

打开"项目浏览器"中的任意立面视图，并指定"标高2"为4000mm。

（1）设置墙体约束条件　进入"标高1"平面视图，在平面视图中，单击"建筑"选项卡，单击"墙" 下拉小三角，选择"墙：建筑" 墙:建筑 。

单击"属性"面板中墙体类型下拉小三角，选择墙体类型"基本墙 常规-200mm" 基本墙 常规-200mm 。在"属性"面板中，设置墙体约束条件："定位线"选择"核心层中心线"，"底部约束"选择"标高1"，"底部偏移"选择"0.0"，"顶部约束"选择"直到标高：标高2"，"顶部偏移"选择"0.0"，具体如图2-33所示。

（2）新建墙体类型　单击"属性"面板中的"编辑类型"，弹出"类型属性"对话框，单击"复制"按钮，弹出"名称"对话框，将名称定义为"拱门墙-外墙"，如图2-34所示，单击"确定"按钮，完成墙体类型"拱门墙-外墙"的创建。

（3）拆分指定结构层　在"类型属性"对话框中，单击"构造"→"结构"参数后面的"编辑"按钮，弹出"编辑部件"对话框，如图2-35所示。

图 2-33　设置约束条件

在"编辑部件"对话框中，单击"插入"按钮，插入两层结构层，并通过"向上""向下"按钮分别将新插入的两层结构层移动至最上方和最下方，并将最上层结构层的功能更改为"面层1［4］"，厚度为"20.0"，将原有结构层［1］的厚度更改为"240.0"，将最下层结构层的功能更改为"面层2［5］"，厚度为"10.0"，如图2-36所示。

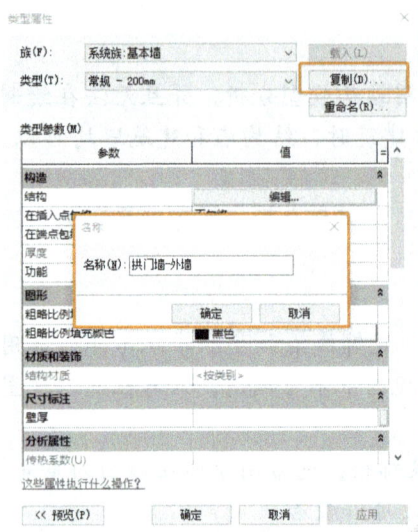

图 2-34　创建墙体类型

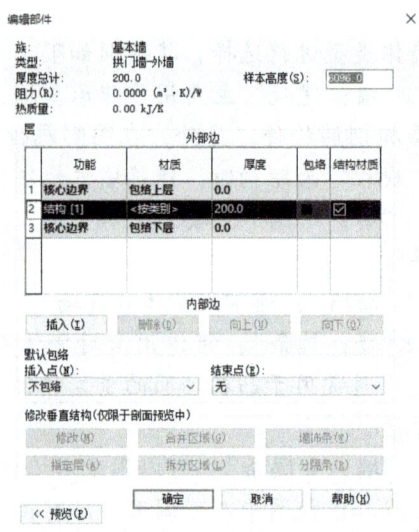

图 2-35　"编辑部件"对话框

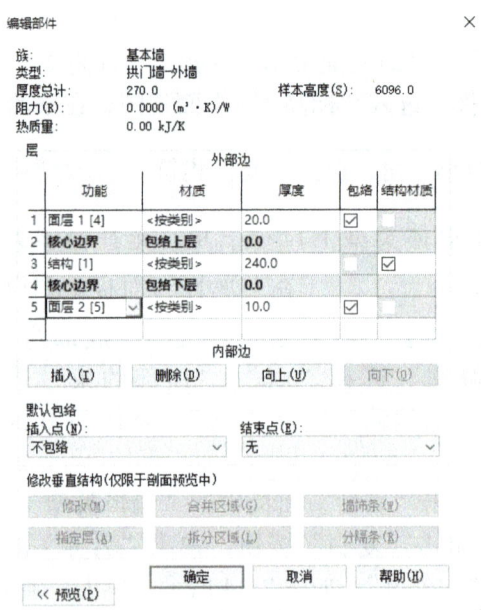

图 2-36　编辑构造层参数

　　单击"预览"按钮，将"视图"模式更改为"剖面：修改类型属性"，单击"拆分区域"按钮，将墙体最外侧"面层 1［4］"结构层按图上尺寸进行拆分，此时，最外侧墙体厚度自动更改为"可变"，如图 2-37 所示。

　　利用同样的方法完成内侧墙体拆分，如图 2-38 所示。

　　选中"面层 1［4］"结构层，单击"插入"按钮，将其功能更改为"面层 1［4］"，单击"指定层"，单击左侧剖面视图中已被拆分的最外层结构层中的一个，此时，该部分墙体厚度自动更改为"20.0"，如图 2-39 所示。

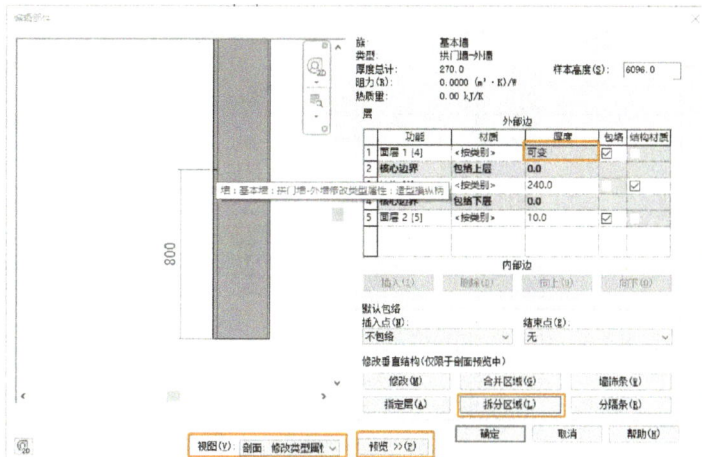

图 2-37　外墙结构层拆分

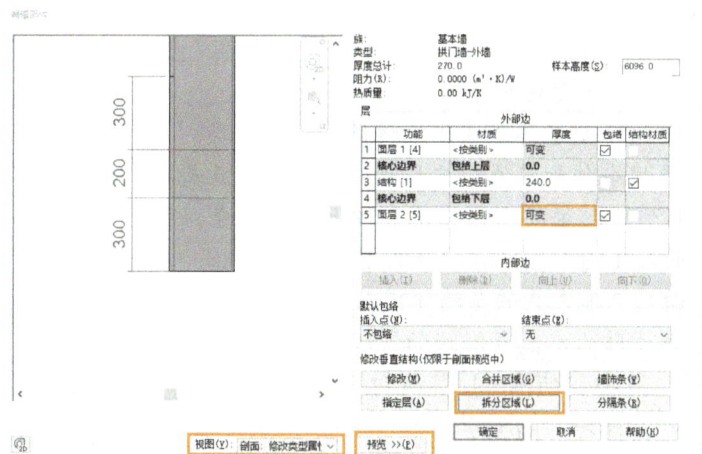

图 2-38　内墙结构层拆分

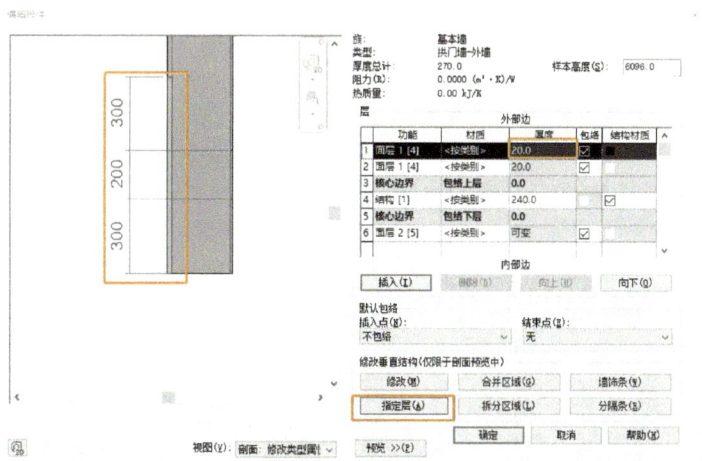

图 2-39　结构层指定

用同样的方法分别完成其他结构层的插入及指定，如图 2-40 所示。

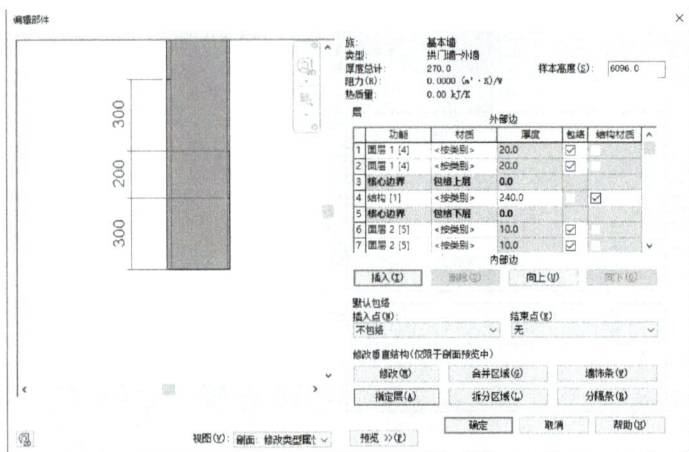

图 2-40　插入及指定其他结构层

【注意】结构层功能有结构［1］、衬底［2］、保温层/空气层［3］、面层 1［4］、面层 2［5］和涂膜层几种，其主要区别如下：

结构［1］：主要用于支撑其余墙体、楼板或屋顶的层。

衬底［2］：主要用来作为其他材质基础（例如胶合板或石膏板）。

保温层/空气层［3］：主要用于隔绝并防止空气渗透。

面层 1［4］：面层 1 通常指的是墙体外层。

面层 2［5］：面层 2 通常指的是墙体内层。

涂膜层：通常用于防止水蒸气渗透的薄膜，涂膜层的厚度一般为 0。

（4）编辑材质　选中"结构［1］"所对应的结构层，单击其"材质"栏中的按钮 ⋯，弹出"材质浏览器"对话框，搜索关键字"砖"，单击"显示/隐藏库面板" ▢ 按钮，在其中找到"砖，普通"并通过 ⬆ 按钮将其添加到上面的项目材质中，为"结构［1］"赋予"砖，普通"材质，如图 2-41 所示。

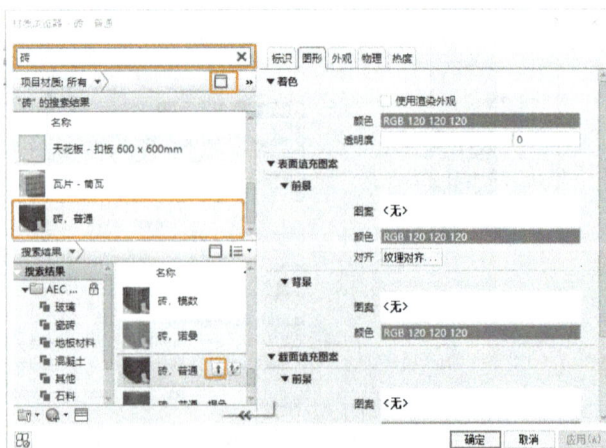

图 2-41　材质设置

采用同样的方法完成"20厚涂料（黄）"所对应结构层的材质赋予。

选中外侧"20厚涂料（绿）"所对应的结构层，单击其"材质"栏中的按钮 ⋯，弹出"材质浏览器"对话框，单击"创建并复制材质" 🔾▾ 按钮下拉小三角，单击"新建材质"，创建新材质。选择新创建的材质，右击，将其重命名为"涂料-绿色"，并单击右侧的"外观"，将"常规"→"颜色"更改为绿色，单击"应用"→"确定"按钮，即完成"20厚涂料（绿）"结构层材质的赋予，如图2-42所示。

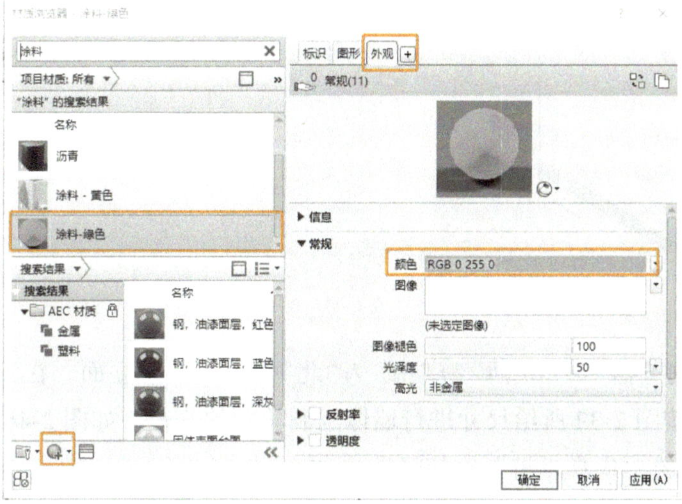

图 2-42　创建新的材质类型

用同样的方法完成"涂料-白色""涂料-蓝色"的创建及对应结构层材质的赋予。单击"确定"按钮，即可完成墙体结构编辑，如图2-43所示。

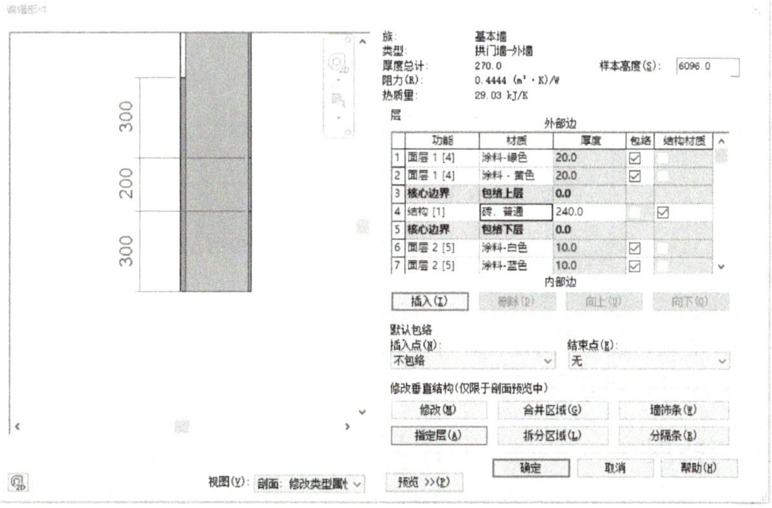

图 2-43　完成墙体结构编辑

（5）绘制墙体　在视图工具栏中，选择直线 ／ 绘制方式，在视图中绘制长度为5000mm的墙体，如图2-44所示。

（6）编辑墙体 双击上面已绘制好的墙体，即可进入"修改 / 编辑轮廓"界面，或者选中墙体，单击"编辑轮廓" 按钮，同样可以进入"修改 / 编辑轮廓"界面，如图 2-45 所示。

图 2-44 绘制长度 5000mm 的墙

图 2-45 编辑墙体轮廓

选择"项目浏览器"→"立面"→"南" / "北"，进入任意立面，在工具栏中选择绘制方式 及 ，按图 2-32 所给尺寸进行墙体门洞轮廓的修改，如图 2-46 所示。

【注意】墙体轮廓线应为闭合的封闭线。

单击工具栏中的 ，即完成墙体轮廓的修改，如图 2-47 所示。

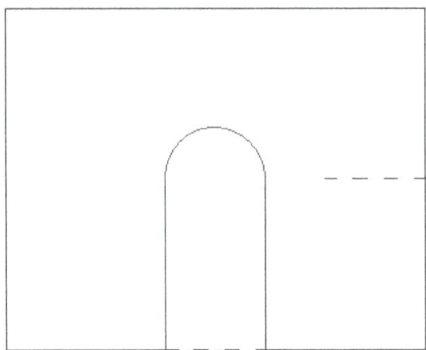

图 2-46 修改墙体轮廓

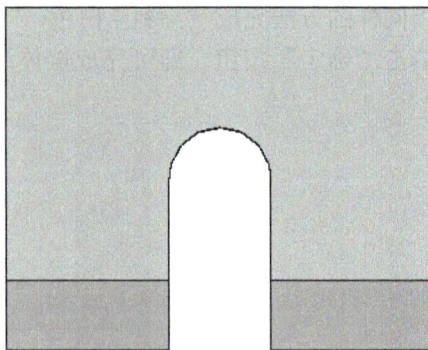

图 2-47 完成墙体轮廓的修改

拱门墙已绘制完成，将文件保存至对应文件夹即可。
本项目成果文件可扫码查看。

项目成果文件 2：
拱门墙

四、知识巩固与拓展

根据图 2-48，创建墙体，其中墙体高度为 4200mm，墙体类型如下："外墙 -240- 红砖"，结构厚 200mm，材质为"砖，普通，红色"，外侧装饰面层材质为"瓷砖，机制"，厚度为 20mm；内侧装饰面层材质为"涂料，米色"，厚度为 20mm；"内墙 -200- 加气块"，结构厚 200mm，材质为"混凝土砌块"。

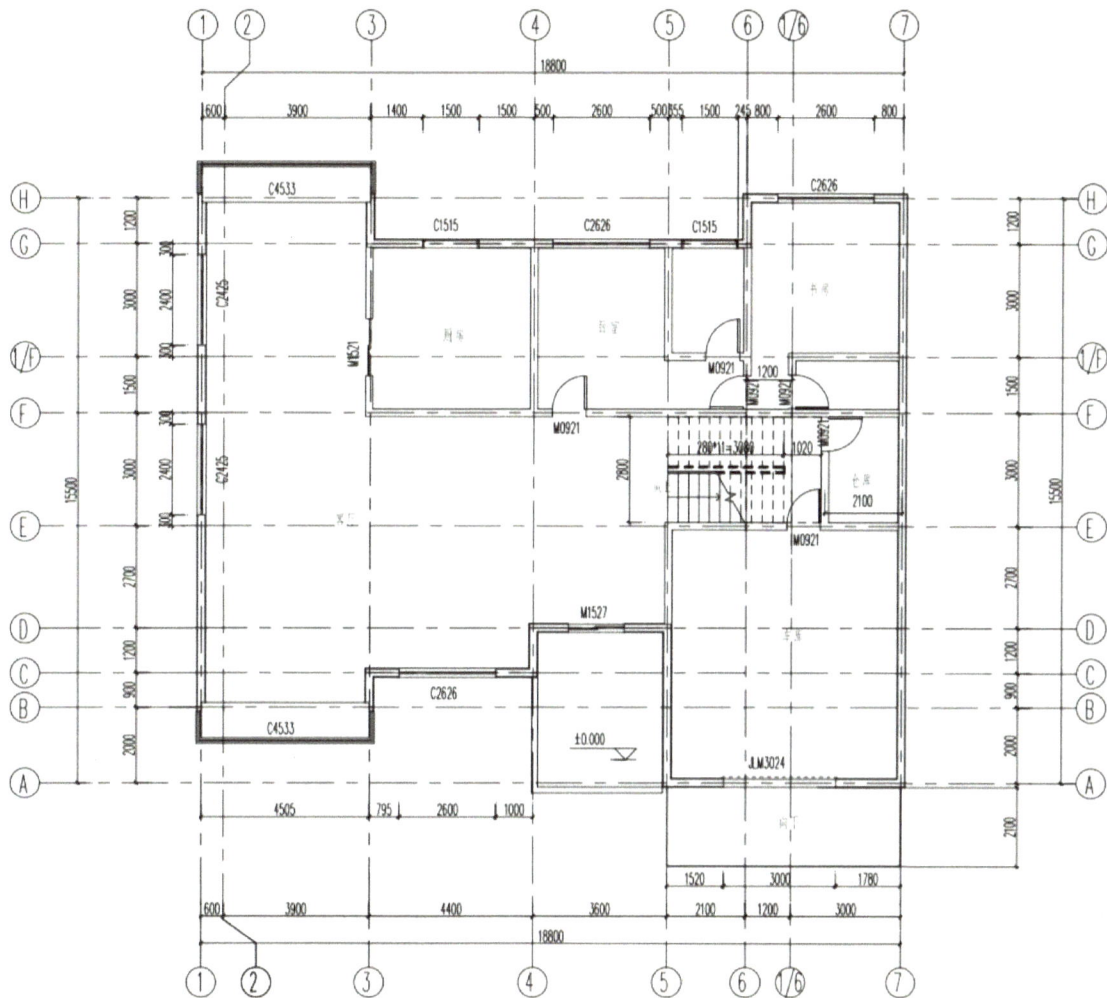

一层平面图　1:100

图 2-48　一层平面图

五、课后训练

扫码完成本任务课后作业。

课后作业 4

任务三　创建幕墙

知识目标：能够进行幕墙的绘制及参数设置；能够进行幕墙嵌板模型的创建。

能力目标：能够灵活应用所学知识对实际工程项目进行幕墙的绘制；具备知识迁移能力，能够独立解决实际工程问题。

素质目标：能够与团队成员协同合作；通过按照幕墙尺寸及规格建模，养成认真严谨的工作态度；具有节能、环保意识，践行双碳目标。

【大国工匠之精益精神】

《道德经》第六十三章："天下难事，必作于易；天下大事，必作于细。"精益求精是从业者对每件产品、每道工序都凝神聚力、追求极致的职业品质，是从业者对自己产品品质的追求，只有更好，没有最好，只有进行时，没有完成时，永远在路上……

一、任务描述

按要求建立墙和幕墙模型，尺寸、外观与图 2-49 一致，墙体类型采用"基本墙 常规 -200mm"，幕墙竖梃采用 50mm × 50mm 矩形，材质为不锈钢，按照要求添加幕墙门与幕墙窗，造型类似即可。将建好的模型以"幕墙"为文件名进行保存。

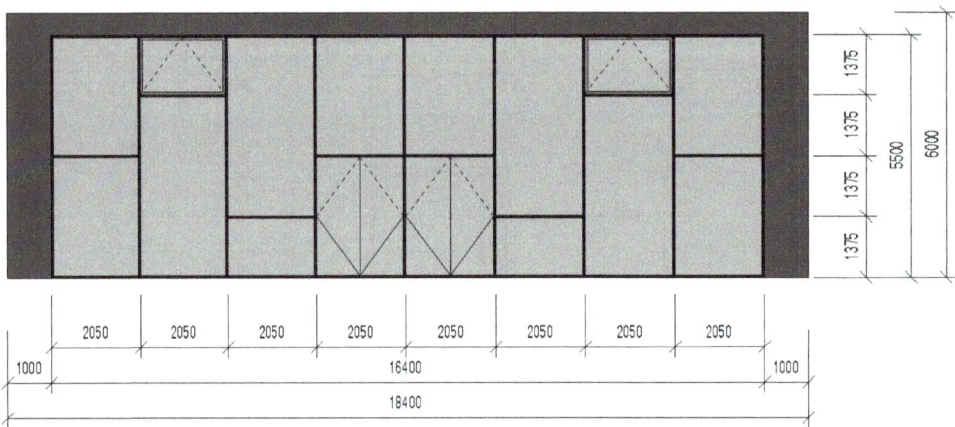

图 2-49　幕墙

二、课前准备

学生扫码查看预习内容。

预习内容：视频 9　　预习内容：视频 10
幕墙创建 -1　　幕墙创建 -2（实战练习）

三、任务实施

幕墙在 revit 软件中是一种墙体类型，是建筑物的外墙围护，不承受主体结构荷载，是现代大型和高层建筑常用的带有装饰效果的轻质墙体。其主要由幕墙竖梃、幕墙网格及幕墙嵌板组成。

【注意】在 Revit 中，提供了"幕墙""外部玻璃""店面"三种幕墙类型进行选择，其区别如下：

"幕墙"：是一整块玻璃，没有网格或竖梃，绘制弯曲的幕墙时仍然显示为直的幕墙，只有在其上添加幕墙网格后，才会变成弯曲的幕墙。

"外部玻璃"：有预设网格，但网格间距较大，网格间距可以根据实际进行调整。

"店面"：有预设网格，网格间距较小，网格间距也可以根据实际情况进行调整。

1. 绘制墙体

启动 Revit 软件，新建以"建筑样板"为模板的项目，并将其命名为"幕墙"保存在相应文件夹内。

打开"项目浏览器"中的任意立面视图，并指定"标高 2：5500mm"，新建"标高 3：6000mm"。

进入"标高 1"平面视图，在平面视图中，选择墙体类型"基本墙 常规 -200mm"，绘制长 18400mm、高度 6000mm 的墙体。

2. 创建幕墙

（1）设置幕墙约束条件　进入"标高 1"平面视图，在平面视图中，单击"建筑"选项卡，单击"墙" 下拉小三角，选择"墙：建筑" 墙:建筑 。

单击"属性"面板中墙体类型下拉小三角，选择墙体类型"幕墙" 幕墙 。在"属性"面板中，设置幕墙约束条件："底部约束"选择"标高 1"，"底部偏移"选择"0.0"，"顶部约束"选择"直到标高：标高 2"，"顶部偏移"选择"0.0"。

（2）绘制幕墙　选择工具栏中直线 绘制命令，按照图中位置在原有墙体上绘制长16400mm 的幕墙，此时弹出"警告"对话框，如图 2-50 所示。

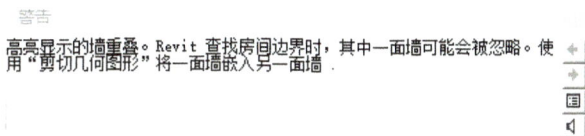

图 2-50　"警告"对话框

单击"属性"面板中的"编辑类型"，在弹出的"类型属性"对话框中，将"自动嵌入"后面的□勾选上（图 2-51），单击"确定"按钮，即完成幕墙的绘制，如图 2-52所示。

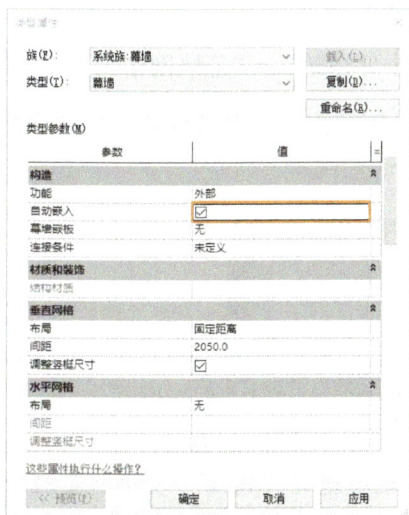

图 2-51　勾选"自动嵌入"

图 2-52　完成幕墙绘制

（3）创建幕墙网格　　在 Revit 软件中，幕墙网格的创建方法有两种：一种是通过"属性"→"编辑类型"→"垂直网格"/"水平网格"的参数设置实现；另一种是通过工具栏中的"幕墙网格"命令来实现。下面我们分别用这两种不同的方法来创建垂直及水平网格。

1）创建垂直网格。选中视图中创建的幕墙，单击"属性"面板中的"编辑类型"，弹出"类型属性"对话框，在"类型参数"中，设置"垂直网格"的"布局"为"固定距离"，"间距"为"2050.0"，"调整竖梃尺寸"默认即可，如图 2-53 所示，单击"确定"按钮，即完成幕墙垂直网格的绘制，如图 2-54 所示。

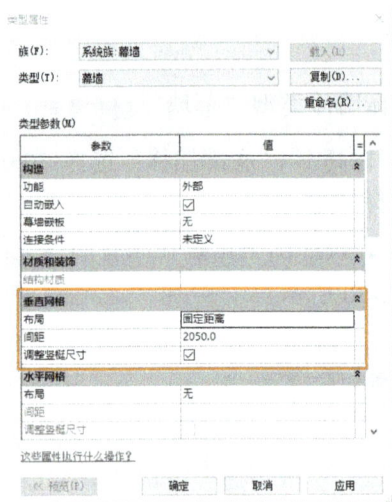

图 2-53　垂直网格设置

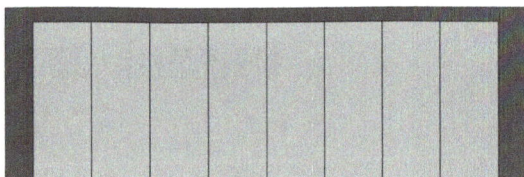

图 2-54　完成幕墙垂直网格的绘制

【注意】垂直网格的创建也可以采用以下方法实现：选中视图中创建的幕墙，单击"建筑"-"幕墙网格"，单击工具栏"放置"中的"全部分段" ⊥全部分段 命令，在幕墙上放置垂直网格，然后调整间距尺寸至相应位置即可。

2）创建水平网格。选中视图中创建的幕墙，单击"建筑"→"幕墙网格"，单击工具栏"放置"中的"一段" ⊥一段 命令，在视图中相应位置分别单击生成幕墙网格，完成幕墙水平网格的创建，如图 2-55 所示。

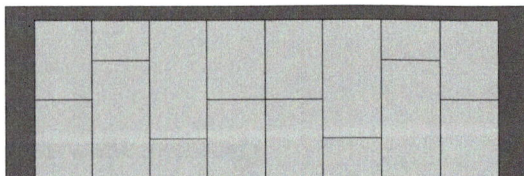

图 2-55　完成幕墙水平网格的绘制

【注意】水平网格的创建也可以采用以下方法实现：通过"属性"→"编辑类型"→"水平网格"的参数设置，完成固定距离水平网格的创建，然后选中需要删除部分的网格线，单击工具栏"幕墙网格"中的"添加/删除线段" ⊥添加/删除线段幕墙网格 命令，在要删除网格线的位置单击网格线，然后将光标移至空白位置处再单击，即可实现对水平网格的修改，按此方法同样可实现幕墙网格的创建。

（4）创建竖梃 在 Revit 软件中，竖梃的创建方法与幕墙网格的创建方法类似，也通过两种方法实现：一种是通过工具栏中的"竖梃"命令来实现；另一种是通过"属性"→"编辑类型"→"垂直竖梃"/"水平竖梃"的参数设置实现。下面我们分别用这两种不同的方法来创建垂直及水平竖梃。

方法一：

选中视图中创建的幕墙，单击"建筑"→"竖梃"，然后单击"属性"→"编辑类型"，弹出"类型属性"对话框，在"类型"中选择"50×150mm"，然后单击"复制"按钮，更名为"50×50mm"矩形竖梃，单击"确定"按钮完成新的竖梃类型创建，如图 2-56 所示。

在"类型属性"对话框中修改"厚度"为"50.0"、"材质"为"不锈钢"，然后单击"确定"按钮完成"50×50mm"矩形竖梃的创建，如图 2-57 所示。

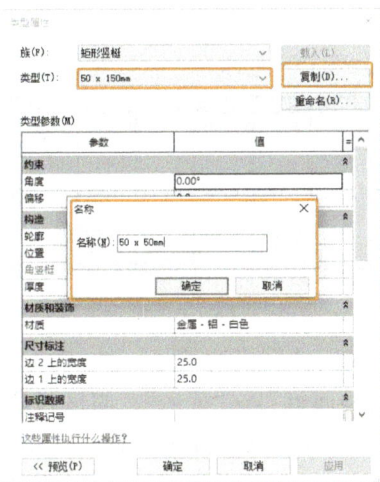

图 2-56　新建竖梃类型

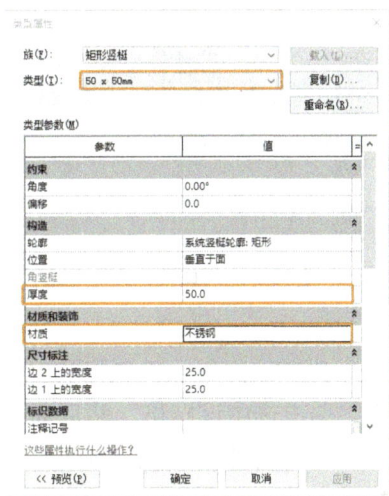

图 2-57　完成"50×50mm"矩形竖梃的创建

单击工具栏"放置"中的"全部网格线" [图标] 命令，此时指针变为带有"+"号的十字光标，然后单击要添加竖梃的幕墙，即可完成幕墙竖梃的添加，如图 2-58 所示。

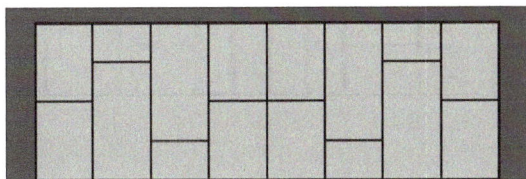

图 2-58　添加幕墙竖梃

【注意】在竖梃创建过程中，除了采用"全部网格线" [图标] 命令完成竖梃创建外，还可以通过"放置"中的"网格线" [图标] 命令实现某一网格线的竖梃添加；通过"单段网格线" 命令实现单段网格线竖梃的添加。

方法二：

首先按照方法一创建新的"50×50mm"竖梃类型，然后选中视图中创建的幕墙，单击"属性"面板中的"编辑类型"，弹出"类型属性"对话框，在"类型参数"中，设置"垂直竖梃"和"水平竖梃"的"内部类型""边界1类型"及"边界2类型"均为"矩形竖梃：50×50mm"（图2-59），单击"确定"按钮，即完成幕墙竖梃的创建，如图2-60所示。

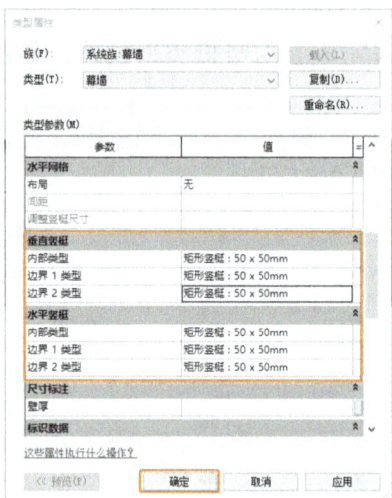

图 2-59 设置竖梃参数

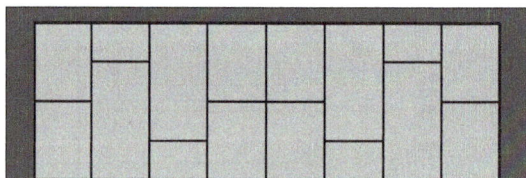

图 2-60 完成幕墙竖梃的创建

（5）创建幕墙嵌板 将光标放置在需要插入幕墙嵌板的网格边线处，按 <Tab> 键切换到网格后，单击选中该网格，然后通过"属性"→"类型属性"→"载入"，将嵌板所需要的窗族或门族载入进来，单击"确定"按钮，即可实现幕墙门或窗嵌板的插入（Revit 软件默认载入地址为：C:\ProgramData\Autodesk\RVT 2019\Templates\China\ 建筑 \ 幕墙 \ 门窗嵌板），如图2-61所示。

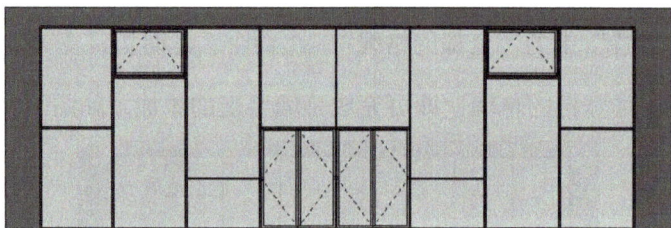

图 2-61 完成幕墙门窗嵌板的创建

【注意】

1）可以将幕墙嵌板修改为任意墙类型。

2）如果幕墙嵌板上有其他构件，则当幕墙网格位置变动时，嵌板上的构件位置无法发生变化。

3）幕墙系统主要用于在体量或者常规模型上创建幕墙系统，该部分内容将在后续项目中介绍。

幕墙已绘制完成，将文件保存至对应文件夹即可。

本项目成果文件可扫码查看。

项目成果文件3：幕墙

四、知识巩固与拓展

根据图 2-62，创建墙体与幕墙，墙体构造与幕墙竖梃连续方式如图 2-62 所示，竖梃尺寸为 100mm×50mm，请将模型以"幕墙"为文件名保存并提交。

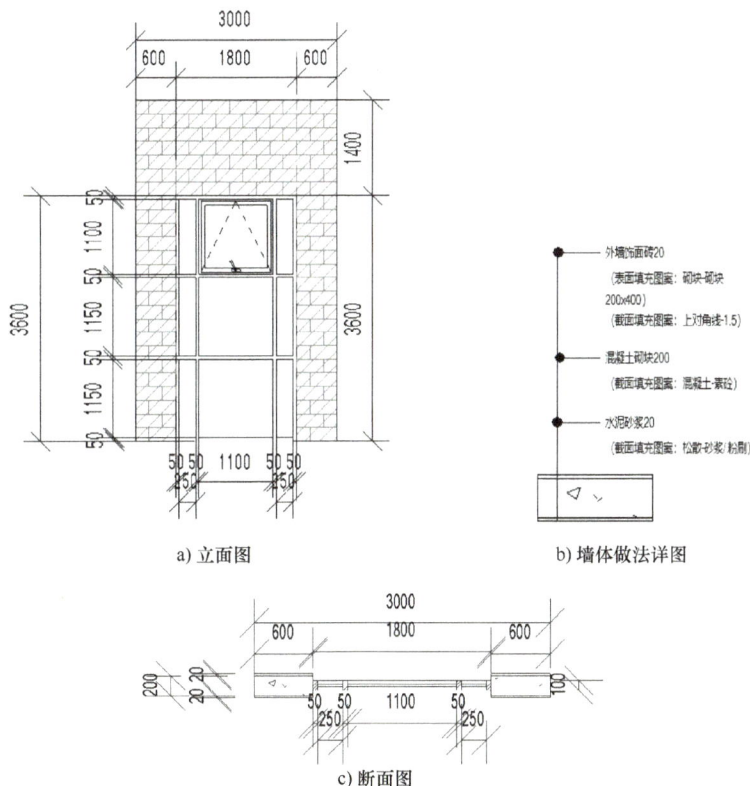

a) 立面图   b) 墙体做法详图

c) 断面图

图 2-62 墙体构造与幕墙竖梃连续方式

五、课后训练

扫码完成本任务课后作业。

课后作业 5

任务四 创建门窗

知识目标： 掌握门窗模型的创建方法；掌握门窗类型的选择与参数设置方法。

能力目标： 能够灵活应用所学知识对实际工程项目进行门窗模型的创建；能够进行门窗类型的选择与参数设置。

素质目标：通过门窗的尺寸及规格，能够认识到国家及行业标准的重要性，能够具备认真严谨的工作态度。

【大国工匠之专注精神】

"术业有专攻"，一旦选定行业，就一门心思扎根下去，心无旁骛，在一个细分产品上不断积累优势，在各自领域成为"领头羊"。在我国早就有"艺痴者技必良"的说法，如《庄子》中记载的游刃有余的"庖丁解牛"、《核舟记》中记载的奇巧人王叔远等。

一、任务描述

根据给定的一层平面图（图 2-63），按照给定的门窗位置及规格型号要求，创建门窗模型并进行标记，将建好的模型以"一层门窗"为文件名进行保存。门窗要求如下：

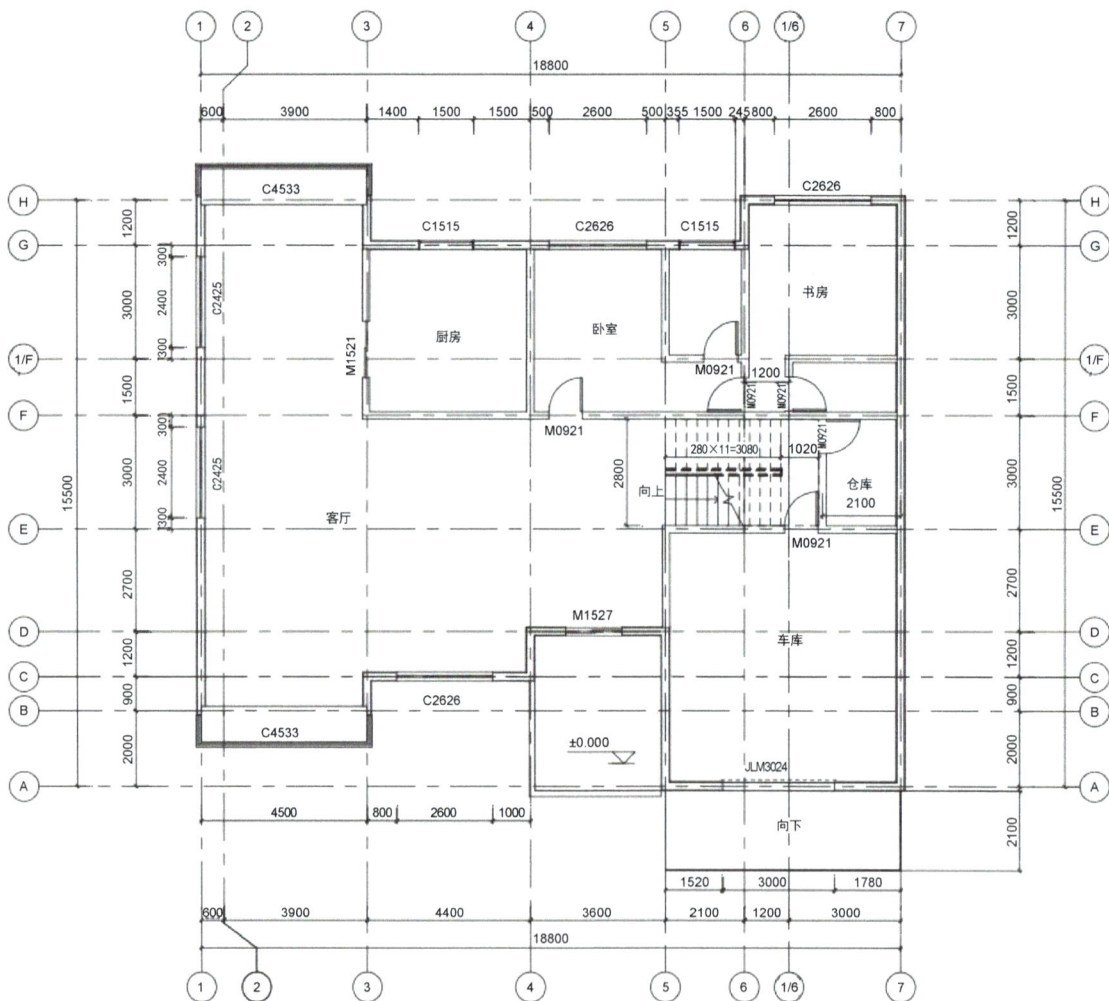

一层平面图　1:100

图 2-63　一层平面图

1. 布置门窗

1）M1527：双扇推拉门（带亮窗），宽 1500mm，高 2700mm。

2）M1521：双扇推拉门，宽 1500mm，高 2100mm。

3）M0921：单扇平开门，宽 900mm，高 2100mm。

4）JLM3024：水平卷帘门，宽 3000mm，高 2400mm。

5）C2425：组合窗双层三列（上部双窗），宽 2400mm，高 2500mm，窗台高 500mm。

6）C2626：单扇平开窗，宽 2600mm，高 2600mm，窗台高 600mm。

7）C1515：固定窗，宽 1500mm，高 1500mm，窗台高 800mm。

8）C4533：凸窗（双层两列），窗台外挑 140mm，宽 4500mm，高 3300mm，框架宽 50mm，框架厚 80mm，上部窗扇宽 600mm，窗台外挑宽 840mm，首层窗台高 600mm 二层窗台高 30mm。

2. 创建门窗标记

修改门窗标记：编辑标记，编辑文字大小为 3mm，完成后载入到项目中覆盖。

二、课前准备

学生扫码查看预习内容。

预习内容：视频 11
墙体及门窗创建 -2

预习内容：视频 12
墙体及门窗创建 -3

预习内容：视频 13
墙体及门窗创建 -4
（实战练习 1）

预习内容：视频 14
墙体及门窗创建 -5
（实战练习 2）

三、任务实施

门窗按其所处的位置不同分为围护构件和分隔构件，是建筑物围护结构系统中重要的组成部分。在 Revit 中，墙体是门窗的主体，门窗只有放置到墙上才可以创建，且会在放置门窗的位置自动剪切墙体，形成一个门窗洞口。门窗对墙体有依附性，如果删除墙体，则门窗也会被删除。

在 Revit 中门窗可添加到任意类型的墙体中，并且在平、立、剖以及三维视图中均可添加门窗。

1. 添加门窗

（1）插入门窗　启动 Revit 软件，打开已创建好墙体的一层平面图文件"一层平面图 .rvt"，并将其另存为"一层门窗"。

单击"建筑"选项卡，然后单击"门" 🚪 命令，进入到"修改|放置门"界面下，单击"属性"面板中的"编辑类型"，弹出"类型属性"对话框，单击"载入"按钮，弹出 Revit 族文件夹（系统默认位置：C：\ProgramData\Autodesk\RVT 2019\Templates\China\ 建筑 \ 门 \ 普通门 \ 推拉门），找到"双扇推拉门 4- 带亮窗"，将其载入进来，在"类型属性"对话框中，单击"复制"按钮，新建文件名为"M1527"的带亮窗双扇推拉门。

在类型参数中，设置"高度"为"2700.0"，"宽度"为"1500.0"，更改"标识数据"中的"类型标记"为"M1527"，单击"确定"按钮完成门类型创建，如图 2-64 和图 2-65 所示。

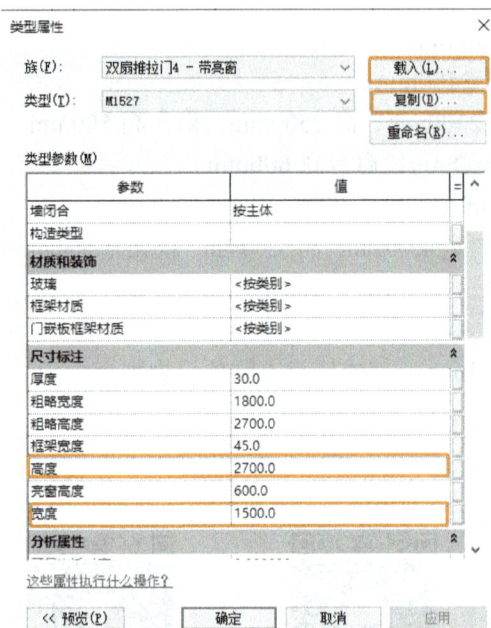

图 2-64　门参数设置

图 2-65　门类型标记设置

进入视图界面，在"属性"面板中设置"标高""底高度"等约束条件，然后根据平面图位置，在墙体相应位置单击，完成"M1527"门的放置。

（2）调整门窗位置　选中已插入的门窗，此时会出现临时尺寸标注，单击"移动尺寸界线"蓝色小圆点并将其拖动到指定位置，然后修改临时尺寸数值，即可实现所选门窗的位置调整，如图 2-66 所示。

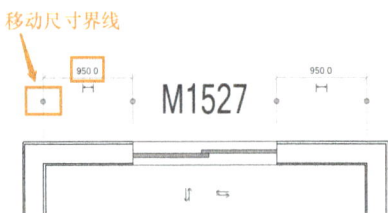

图 2-66　调整门窗位置

【注意】

1）插入门窗时，在"修改 | 放置门"界面下，"标记"项中软件默认选中"在放置时进行标记" ，此时放置的门和窗自动进行标记，若取消勾选，则放置的门窗不带标记。

2）选中已插入的门窗，会看到有蓝色的双向箭头，其分别指"翻转实例开门方向" 、"翻转实例面" ，通过单击双向箭头，可实现当前门窗的开门方向及内外面的翻转。

用同样的方法可实现其他门窗的插入，如图 2-67 所示。

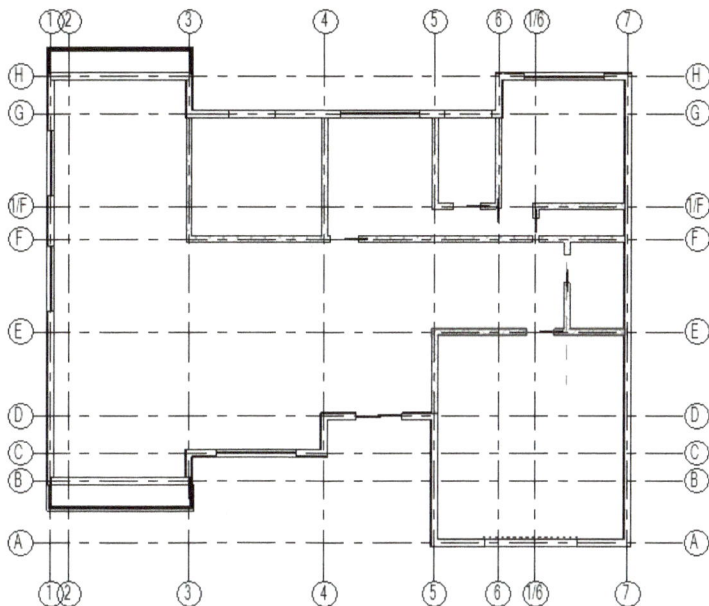

图 2-67 完成门窗插入

2. 门窗标记

插入门窗时，软件默认在放置时进行标记，如果在放置时没有进行标记，可以通过以下方法实现门窗的标记：

方法一：单击"注释"选项卡，在"标记"中单击"按类别标记" 命令，即进入"修改｜标记"界面，通过方向按钮，对标记的方向进行设置；通过取消或者勾选"引线"，设置标记是否需要引线；通过端点设置按钮 自由端点，可以实现引线端点的选择，当选择"附着端点"时，可在引线界线后面的方框中 12.7 mm 设置引线长度 引线 附着端点 12.7 mm 。参数设置完成后，单击需要标记的图元，即可实现将图元按类别标记。

方法二：单击"注释"选项卡，在"标记"中，单击"全部标记"，弹出"标记所有未标记的对象"对话框，在该对话框中，勾选要标记的类别，如"门标记""窗标记"等（也可在该对话框中设置是否需要引线、引线长度以及标记方向等，如图 2-68 所示），单击"确定"按钮，即可实现视图中所有门窗的标记，门窗标记如图 2-69 所示。

3. 编辑门窗标记

选中某一标记，即可进入"修改｜门（窗）标记"界面，单击"编辑族" 命令，进入"族编辑器"界面（或者选中某一标记后，直接右击，单击"编辑族"，仍可进入"族编辑器"界面），如图 2-70 所示。

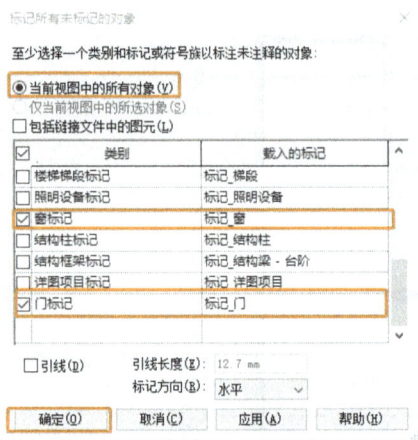

图 2-68 勾选门窗标记

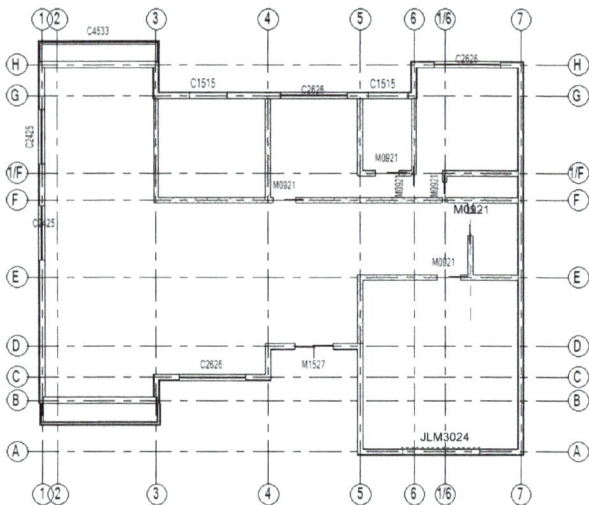

图 2-69 完成门窗标记

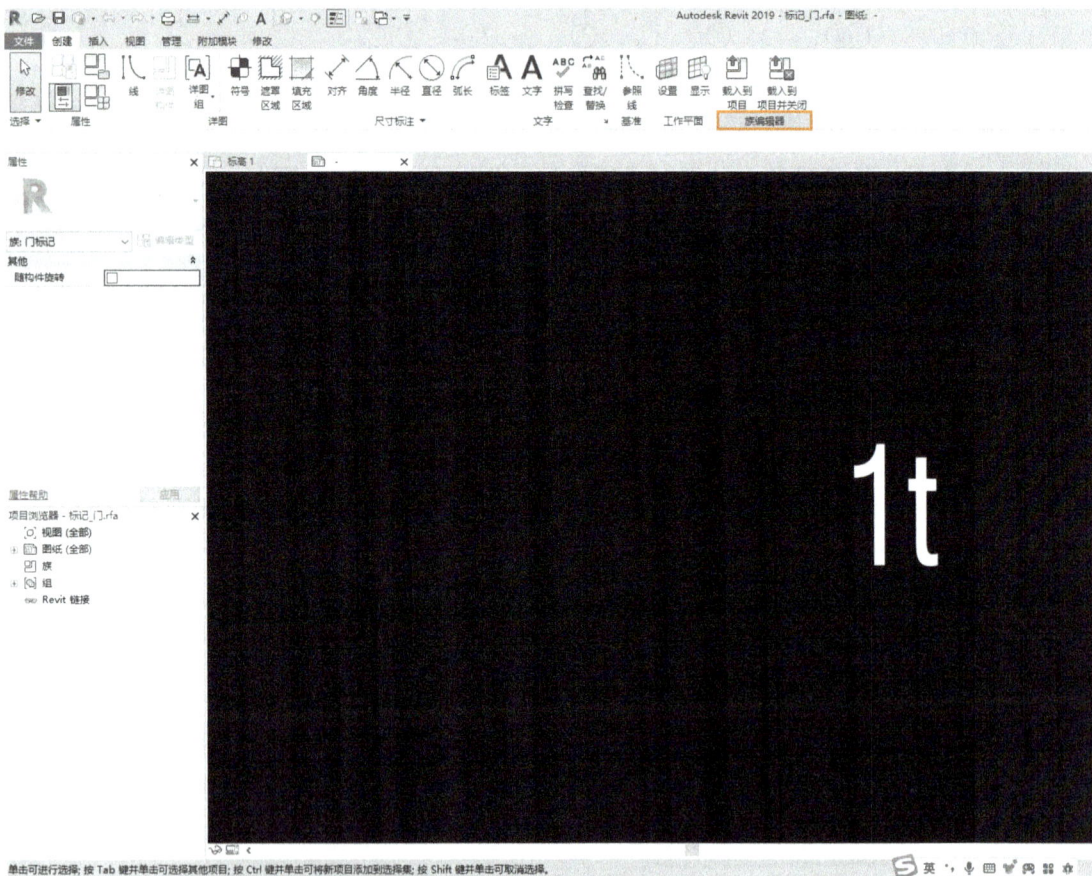

图 2-70 进入"族编辑器"界面

单击界面中的标签，然后单击"属性"面板中的"编辑类型"，弹出"类型属性"对话框，在该对话框中可以对标签的类型、图形、文字等参数进行设置，如将其"文字大小"改为"3.0000mm"，单击"确定"按钮，如图 2-71 所示；然后单击工具栏中的"载入到项目" 命令，弹出"族已存在"对话框，单击"覆盖现有版本及其参数值"，即可实现对门窗标记的编辑，如图 2-72 所示。

图 2-71 修改标记文字大小

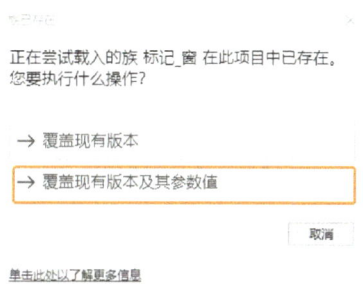

图 2-72 "族已存在"对话框

门窗已绘制完成，如图 2-73 所示，将文件保存至对应文件夹即可。

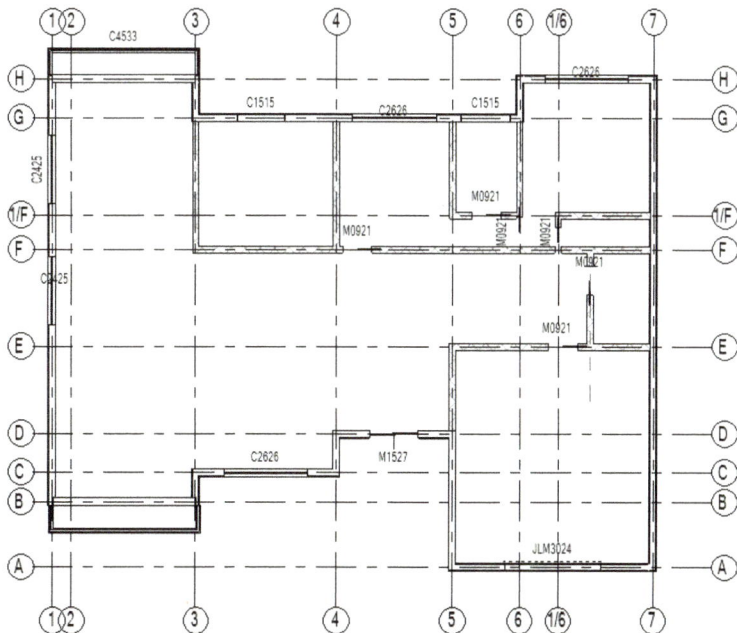

图 2-73 完成门窗及门窗标记创建

本项目成果文件可扫码查看。

项目成果文件4：
门窗创建（首层
平面）

四、知识巩固与拓展

根据给定的一层平面图（图 2-74），按照给定的门窗位置及规格型号要求，创建门窗模型并进行标记，将建好的模型以"一层门窗"为文件名进行保存。门窗明细表见表 2-1。

表 2-1　门窗明细表　　　　　　　　　　　　（单位：mm）

门	M0921	900×2100	窗	C0615	600×1500
	M1022	1000×2200		C1815	1800×1500
	M2525	2500×2500		LDC4530	4500×3000
	TLM2222	2200×2200			
	TLM3822	3800×2200			

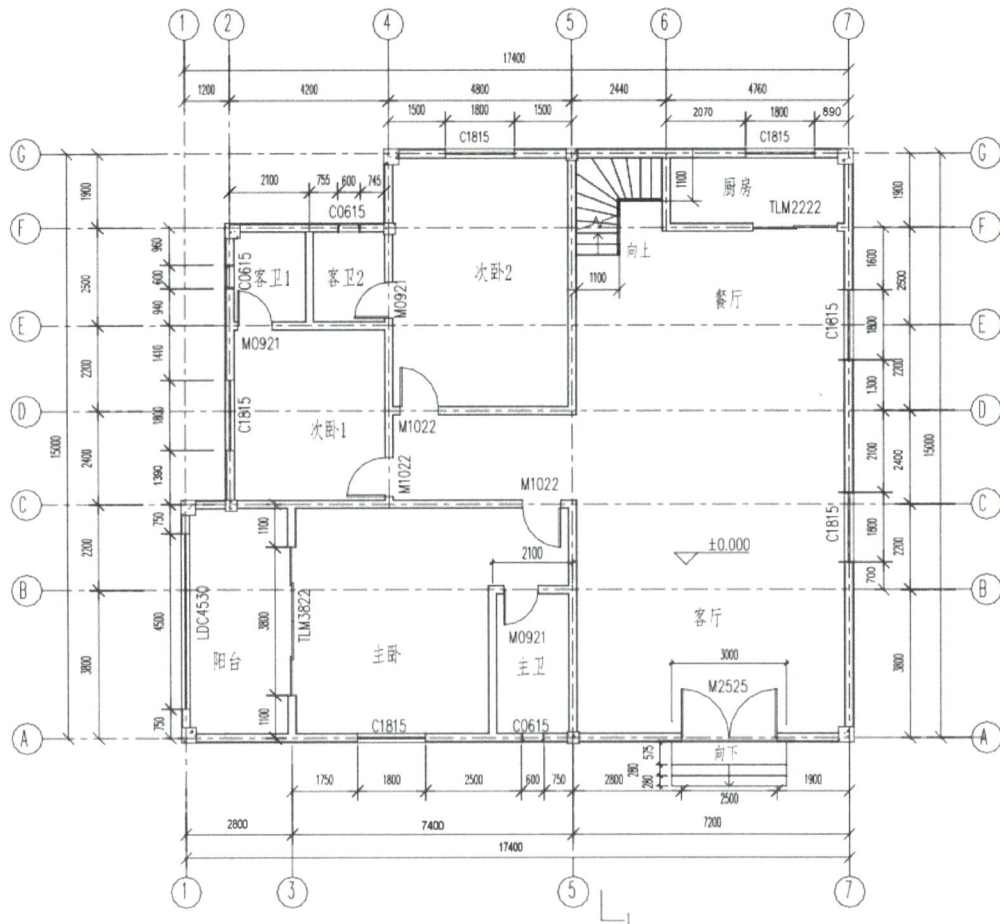

一层平面图　　1:100

图 2-74　一层平面图

五、课后训练

扫码完成本任务课后作业。

任务五 创建楼板

课后作业 6

知识目标：掌握楼板模型的创建方法；掌握楼板类型属性的选择与参数设置的方法。

能力目标：能够灵活应用所学知识对实际工程项目进行楼板模型的创建；能够进行楼板类型属性的选择与参数设置。

素质目标：通过楼板材质选择，能够认识到国家及行业标准的重要性，能够具备认真严谨的工作态度；具备知识迁移能力，能够独立解决实际工程问题。

【大国工匠之创新精神】

古往今来，热衷于创新和发明的工匠们一直是世界科技进步的重要推动力量。"汉字激光照排系统之父"王选、"中国第一、全球第二的充电电池制造商"王传福、从事高铁研制生产的铁路工人和从事特高压、智能电网研究运行的电力工人等都是"工匠精神"的优秀传承者，他们让中国创新重新影响了世界。

一、任务描述

根据图 2-75 中给定的尺寸及详图新建楼板，顶部所在标高为 ±0.000，构造层保持不变，水泥砂浆层进行放坡，并创建洞口。将建好的模型以"楼板"为文件名进行保存。

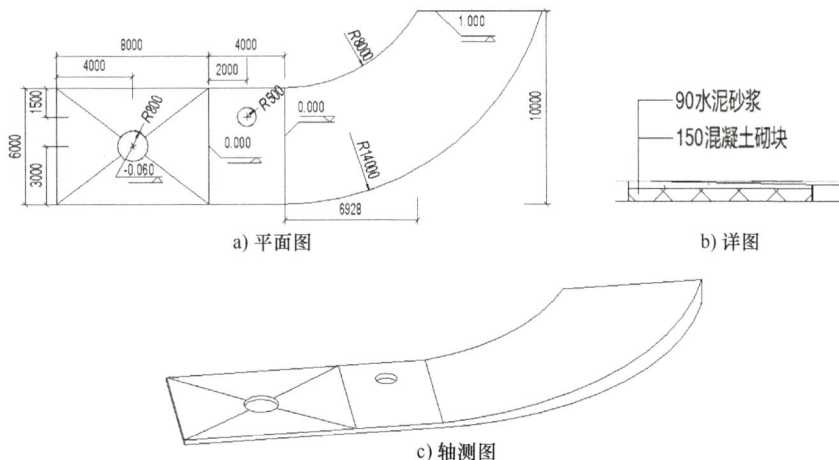

图 2-75 楼板尺寸及详图

二、课前准备

学生扫码查看预习内容。

预习内容：视频 15
楼板创建 -1

预习内容：视频 16
楼板创建 -2

预习内容：视频 17
楼板创建 -3(实战练习)

三、任务实施

楼板是分割建筑竖向空间的水平承重构件，在 Revit 中，默认的楼层标高为楼板的面层标高，即建筑标高。

【注意】在 Revit 中，提供了"楼板：建筑""楼板：结构""面楼板"、"楼板：楼板边"四种楼板类型进行选择，其区别如下：

1）"楼板：建筑"：通过勾选"属性"面板中的"结构"，可将建筑楼板转换为结构楼板，如图 2-76 所示。

2）"楼板：结构"：可以进行受力分析，也可以在楼板中布置钢筋。

3）"面楼板"：用于将概念体量模型的楼层面转换为楼板模型，该方式只能用于从体量创建楼板模型。

图 2-76　建筑楼板转换为结构楼板

4）"楼板：楼板边"：用于构建楼板水平边缘的形状，如创建建筑室外台阶。

1. 绘制楼板

启动 Revit 软件，新建以"建筑样板"为模板的项目，并将其命名为"楼板"并保存在相应文件夹内。

打开"项目浏览器"，进入"标高 1"平面视图，在平面视图中，单击"建筑"-"楼板" 下拉小三角，选择"楼板：建筑"，进入"修改 | 创建楼层边界"界面，在"属性"面板中选择楼板类型"楼板 常规 -150mm"，单击"编辑类型"，在弹出的"类型属性"对话框中复制新建的楼板类型"楼板"。

单击"编辑"，在弹出的"编辑部件"对话框中，插入新的结构层，并按图中要求设置各层的材质及厚度，同时勾选"水泥砂浆"的可变性，实现水泥砂浆层放坡，然后单击"确定"按钮即可，如图 2-77 所示（结构层的插入及材质设置与墙体结构层设置类似）。

在"属性"面板中，设置约束条件，如图 2-78 所示。

在工具栏中选择"边界线" 边界线 绘制方式，然后分别选择"直线" 命令和"起点 - 终点 - 半径弧" 命令，按图中尺寸绘制楼板上边界线，通过"拾取" 、"偏移"和"修建 / 延伸为角" 命令，绘制楼板下边界线，单击"完成编辑模式" 命令，完成楼板边界绘制，如图 2-79 所示。

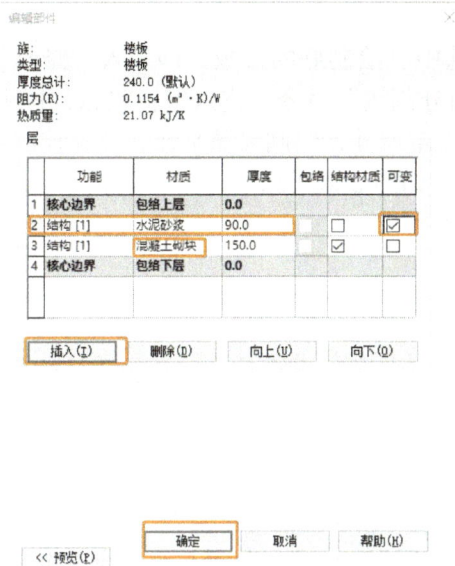

图 2-77　结构层设置及水泥砂浆层放坡

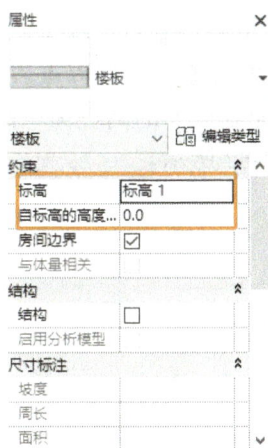

图 2-78　设置楼板的约束条件

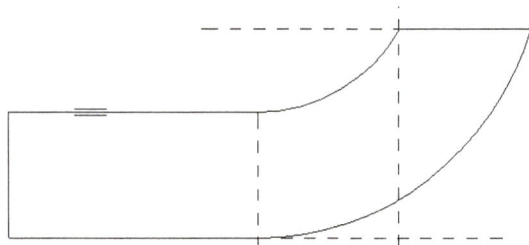

图 2-79　楼板边界绘制

【注意】

1）Revit 在"绘制"面板中提供了多种楼板绘制方式，分别是"拾取墙""拾取线"以及"线"工具。使用不同的绘制方式，选项栏中的选项会有所不同，设置偏移值，可以快速绘制偏移定位线一定距离的楼板边界。"直线"命令顺时针绘制楼板边线时，偏移量为正值，在参照线外侧；负值则在内侧，按空格键可以切换偏移方向。

2）软件默认情况下采用"拾取墙"的方式绘制楼板边界。

3）当绘制的楼板与墙体相连接时，完成绘制后，会弹出"是否希望将高达此楼层标高的墙附着到此楼层的底部"提示框，如果单击"是"按钮，高达此楼层标高的墙将会附着到此楼层的底部；单击"否"按钮，高达此楼层标高的墙将未附着，墙体与楼板面齐平。

2. 编辑楼板

（1）编辑形状　单击选中已绘制好的楼板，即进入"修改|楼板"界面，单击工具栏中"形状编辑"中的"添加分割线"命令，进入编辑状态，楼板边界变为带有绿色控制点（绿框）的虚线，根据图中给定尺寸，绘制参照平面，并在控制点3、4之间以及控制点5、6之间分别绘制两条分割线，如图2-80所示。

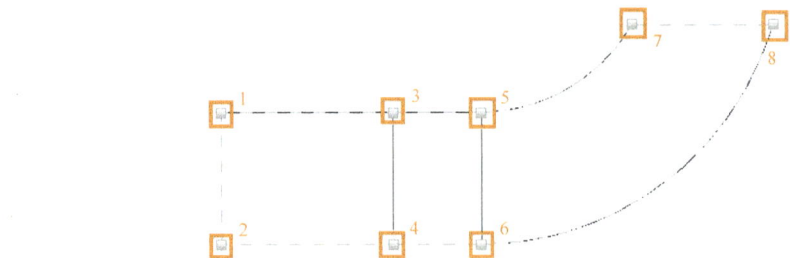

图2-80　进入楼板编辑界面并添加分割线

【注意】　"添加分割线"命令可以将几何图形分割为多个可独立操纵的子区域。

分割线绘制完成后，单击工具栏"形状编辑"中的"修改子图元" 命令，光标变为带有"楼板：楼板：楼板：造型操纵柄：R0"的光标。单击控制点7绿色小方框，视图中出现蓝色的高程点为"0"的文本框，如图2-81所示。单击该蓝色高程点数据，并修改其为"1000"，即可实现高程点设置。用同样的方法设置控制点8的高程为"1000"，即可完成7、8两处高程点的设置，实现倾斜楼板绘制，如图2-82所示。

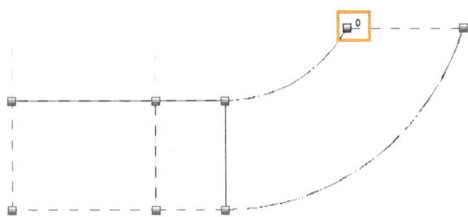

图2-81　单击"7"控制点出现高程点

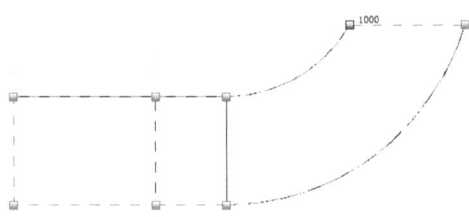

图2-82　修改控制点"7"高程点为"1000"

【注意】

1）选择"修改子图元"工具后，选项栏上将显示高程编辑框，可以在该框中输入选定子图元的高程值，此值是顶点与原始楼板顶面的垂直偏移。

2）对于倾斜楼板，除通过"修改子图元" 命令更改其高程点外，还有以下几种创建方法：

绘制坡度箭头：选择要修改的楼板，在"修改|楼板"选项卡下单击"编辑边界"命令，进入"修改|楼板>编辑边界"界面，在"绘制"面板中单击"坡度箭头" ，沿楼板倾斜方向绘制一个箭头，并在"属性"面板中选择指定"尾高"，可以通过输入"尾高度偏移"（箭头尾）和"头高度偏移"（箭头）的标高和偏移值指定楼板的倾斜位置，如图2-83所示。

设置"相对基准的偏移"值：选择要修改的楼板，在"修改|楼板"界面下单击"编

辑边界"命令，进入"修改 | 楼板 > 编辑边界"界面，选择一条边界线，在"属性"面板中选择"定义固定高度"，输入"标高"和"相对基准的偏移"的值，继续选择与该边界线平行的另一边界线，用相同的方法指定"标高"和"相对基准的偏移"的值即可，如图 2-84 所示。

对轮廓线定义坡度：选择要修改的楼板，在"修改 | 楼板"界面下单击"编辑边界"命令，进入"修改 | 楼板 > 编辑边界"界面，选择一条边界线，在"属性"面板中勾选"定义固定高度"，激活"定义坡度"参数。勾选"定义坡度"，输入"坡度"值。同时，也可设置"标高"和"相对基准的偏移"的值，如图 2-85 所示。

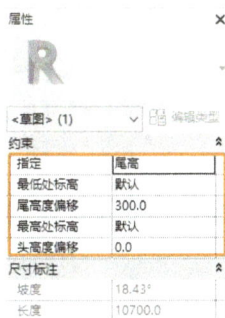

图 2-83 设置坡度箭头的尾高约束条件

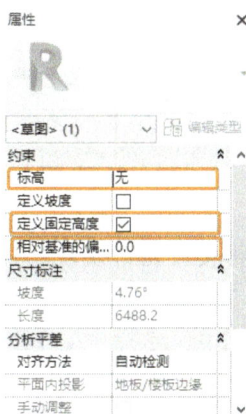

图 2-84 设置相对基准的偏移值

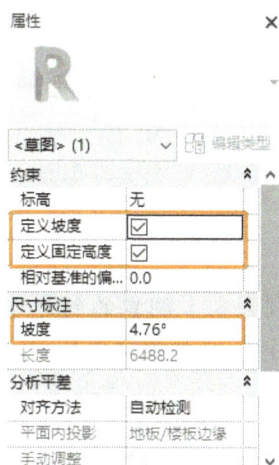

图 2-85 定义轮廓线的坡度

按照图示位置绘制参照平面，确定"9"的位置，如图 2-86 所示。

单击选中楼板，在"修改 | 楼板"界面下单击工具栏"形状编辑"中的"添加点" ▲添加点 命令，在"9"的位置添加控制点，并单击"修改子图元"，命令将其高程修改为"-60"，如图 2-87 所示。

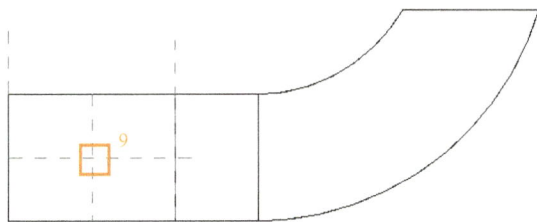

图 2-86 确定控制点"9"的位置

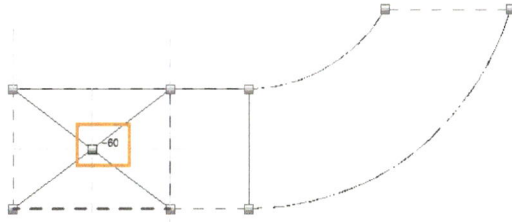

图 2-87 修改控制点"9"的高程

【注意】

1）使用"添加点"工具，可以向楼板添加单独的点，通过调整这些点的高程值可以改变楼板的形状，如可以通过该方法添加楼板的排水坡度等。

2）单击"添加点"命令时，会出现 [修改│楼板   高程:0   ☑相对]，如勾选"相对"复选框，则新添加的点是相对于添加新点的表面以相应的数值来添加的；当使用默认值 0 时，新添加的点将位于创建点的平面上。

（2）编辑洞口　在"建筑"选项卡下，选择"洞口"下的"按面" 命令，然后单击要添加洞口所在的平面，即进入"修改│创建洞口边界"界面，然后选择"圆形" 绘制方式，绘制以控制点"9"为圆心、半径为 800mm 的圆形洞口，如图 2-88 所示，单击"完成编辑模式" 命令即可，结果如图 2-89 所示。

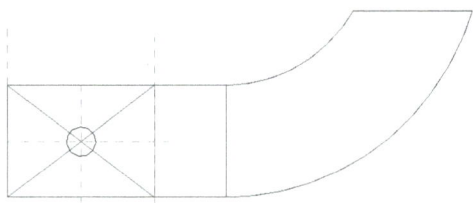

图 2-88　绘制圆形洞口　　　　　　　　　　图 2-89　完成圆形洞口的创建

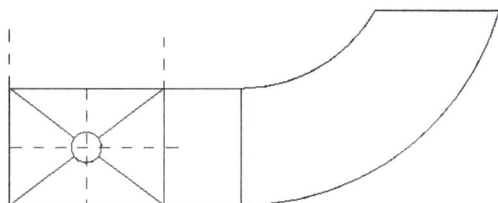

【注意】洞口的创建可以通过编辑楼板轮廓实现，同时也可以通过洞口命令实现，具体有以下几种洞口创建方法：

1）"按面"：单击"按面" 命令，然后单击拾取要创建洞口的楼板、屋顶或天花板等的某一面，通过不同的绘制方式绘制出洞口的形状，单击"完成编辑模式"命令，即可对拾取的平面进行垂直剪切，即洞口与剪切平面垂直，如图 2-90 所示。

2）"竖井"：单击"竖井" 命令，即可进入"修改│创建竖井洞口草图"界面，在"属性"面板中设置"底部约束""底部偏移""顶部约束"等约束条件，然后在工具栏中选择相应的绘制方式，绘制出竖井轮廓，单击"完成编辑模式" 命令，即可实现竖井创建。竖井是在建筑的整个高度（或选定的标高）进行剪切的。

3）"墙"洞口：单击"墙"洞口 命令，然后拾取需要创建洞口的墙体，在该墙体上绘制洞口轮廓即可。"墙"洞口 命令只用于在墙体上剪切洞口时使用，并且只能剪切长方形或正方形洞口。

4）"垂直"：单击"垂直" 命令，然后单击拾取要创建洞口的楼板、屋顶或天花板等的某一面，通过不同的绘制方式绘制出洞口的形状，单击"完成编辑模式"命令即可对拾取的平面进行剪切，"垂直"命令所剪切的洞口垂直于某个标高，如图 2-91 所示。

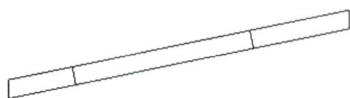

图 2-90　"按面"创建洞口　　　　　　　　图 2-91　"垂直"命令创建洞口

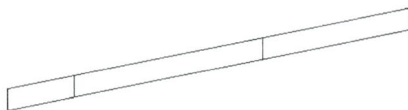

5)"老虎窗":"老虎窗"是比较特殊的洞口,其只能针对屋顶开洞,可以在屋顶上进行垂直剪切和水平剪切。

(3)轮廓编辑　双击已创建的楼板,即可进入"修改 | 编辑边界"界面(或选中楼板,然后在"修改 | 楼板"界面下单击"编辑边界"  命令,同样可进入楼板边界编辑界面),单击工具栏中"绘制"下的"圆形" ⊙ 命令,在图示位置创建半径为 500mm 的圆,如图 2-92 所示,然后单击"完成编辑模式" ✅ 命令,完成楼板的轮廓编辑,如图 2-93 所示。

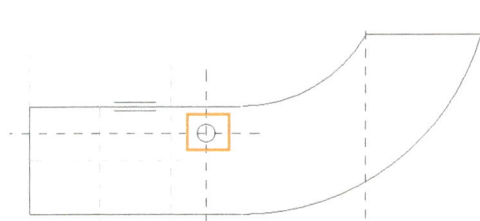

图 2-92　编辑楼板轮廓

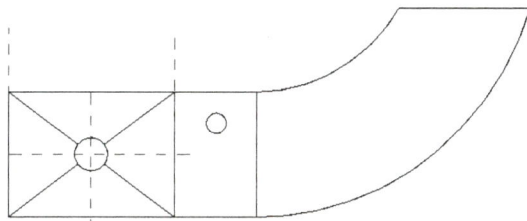

图 2-93　完成楼板的轮廓编辑

楼板已绘制完成,将文件保存至对应文件夹即可。

本项目成果文件可扫码查看。

四、知识巩固与拓展

根据图 2-94 中给定的尺寸创建楼板,顶部所在标高为 ±0.000,楼板类型采用"楼板 常规 -300mm",并创建洞口。将建好的模型以"楼板"为文件名进行保存。

项目成果文件 5:
楼板

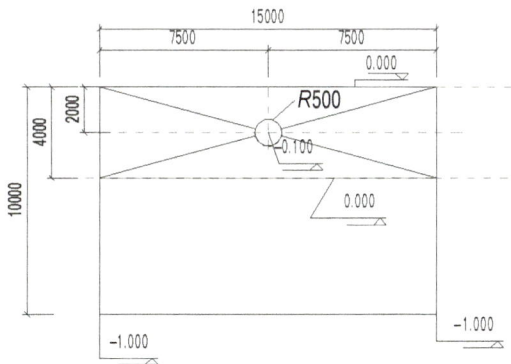

a)平面图

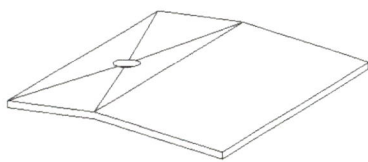

b)轴测图

图 2-94　楼板平面图及轴测图

五、课后训练

扫码完成本任务课后作业。

课后作业 7

任务六　创建迹线屋顶

知识目标： 能列出常见的屋顶种类及功能；能列出创建屋顶的方法步骤。

能力目标： 能够根据屋顶种类选用合适的工具命令，如坡度设置、约束条件及偏移量设置等；能够根据创建房屋的方法利用 Revit 软件创建屋顶模型。

素质目标： 树立文化自信，弘扬民族精神；具有规范意识、环保意识等。

【大国工匠之代表人物】

中国航天科技集团有限公司第一研究院首都航天机械有限公司特种熔融焊接工、高级技师高凤林，攻克了长征五号的技术难题，突破极限精度，将"龙的轨迹"划入太空；破解 20 载难题，让中国繁星映亮苍穹；焊花闪烁，岁月寒暑，为火箭铸"心"，为民族筑梦；为北斗导航、嫦娥探月、载人航天等国家重点工程的顺利实施以及长征五号新一代运载火箭研制做出了突出贡献。

一、任务描述

建立如图 2-95 所示屋顶模型，并对平面及东立面进行标注，屋顶类型：常规 -125mm，墙体类型：基本墙 常规 -200mm，老虎窗墙外边线齐小屋顶迹线，窗户类型：固定 -0915 类型，其他见标注。将建好的模型以"老虎窗屋顶"为文件名进行保存。

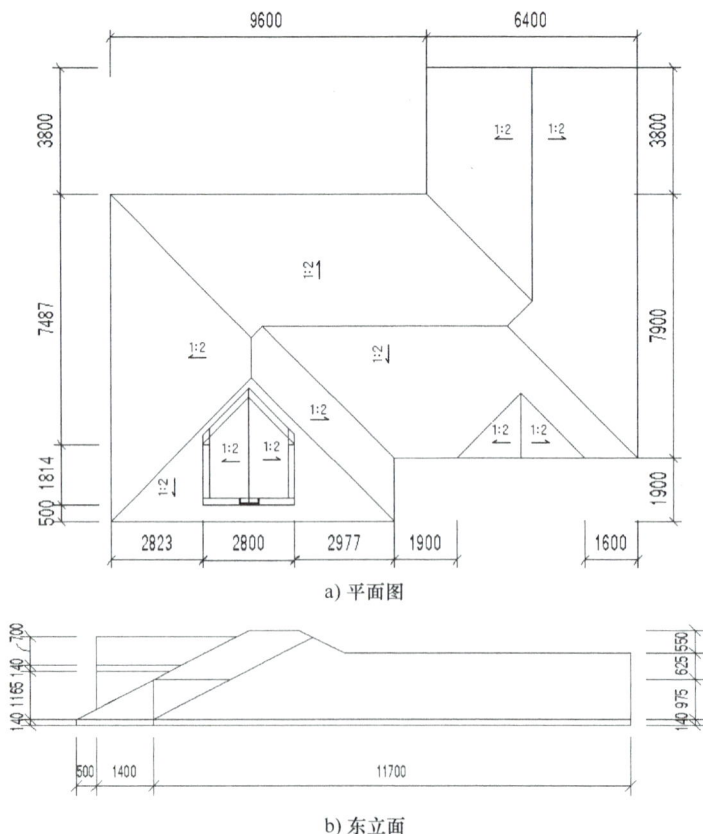

a) 平面图

b) 东立面

图 2-95　屋顶三视图

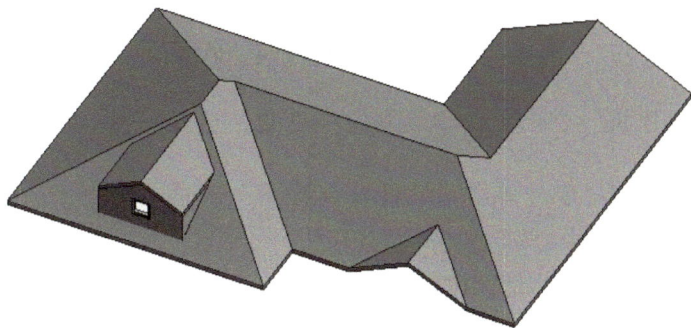

c) 三维视图

图 2-95　屋顶三视图 (续)

二、课前准备

学生扫码查看预习内容。

预习内容：视频 18 屋顶创建 -1

预习内容：视频 19 屋顶创建 -2

三、任务实施

屋顶是房屋必不可少的一部分，是房屋最上层起防护作用的围护结构。常见的屋顶有平屋顶和坡屋顶，坡屋顶不仅有美化屋顶的效果，还便于排水。屋顶材料一般为混凝土结构，也可同幕墙一样为玻璃结构。

【注意】在 Revit 中，提供了"迹线屋顶""拉伸屋顶""面屋顶""屋檐：底板""屋顶：封檐板""屋顶：檐槽"六种屋顶类型进行选择，其区别如下：

1）"迹线屋顶"：其与楼板的创建相似，通过建筑迹线定义屋顶边界，还可以为其指定不同的坡度和悬挑。迹线屋顶一般在楼层平面视图或天花板投影平面视图中创建。

2）"拉伸屋顶"：通过拉伸绘制的轮廓创建屋顶，拉伸轮廓可通过直线与弧线的组合等来绘制。拉伸屋顶一般在立面视图、三维视图或剖面视图中创建。

3）"面屋顶"：使用非垂直的体量面创建屋顶。

4）"屋檐：底板"：其创建方法与迹线屋顶创建方法类似，可通过"线"工具创建与墙和屋顶无关联的檐底板，使用"拾取屋顶边""拾取墙"工具创建与墙和屋顶关联的檐底板，同时也可以用坡度或坡度箭头创建倾斜的檐底板。底板一般在平面视图中创建。

5）"屋顶：封檐板"：封檐板可用来添加到屋顶、檐底板或其他封檐板的边缘，如果封檐板的线段在角部相遇，它们会相互斜接。

6）"屋顶：檐槽"：檐槽可用来添加到屋顶、檐底板或封檐板的边缘。

1. 屋顶绘制

启动 Revit 软件，新建以"建筑样板"为模板的项目，将其命名为"老虎窗屋顶"并保存在相应文件夹内。

打开"项目浏览器"，进入"标高1"平面视图，在平面视图中，单击"建筑"-"屋顶" 屋顶 下拉小三角，选择"迹线屋顶" 迹线屋顶 命令，弹出"最低标高提示"对话框，如图 2-96 所示。

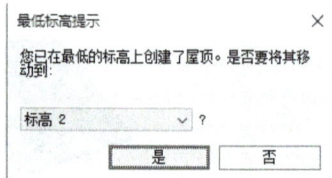

图 2-96　"最低标高提示"对话框

选择合适的标高，单击"是"按钮进入"修改|创建屋顶迹线"界面，在"属性"面板中选择屋顶类型为"基本屋顶 常规-125mm"，在"属性"面板中设置相应的约束条件及构造参数，如图 2-97 所示。

【注意】

1）在"属性"面板中，通过"编辑类型"，可以设置屋顶的构造层、材质及厚度等，设置方法与墙体类型设置相同。

2）在"属性"面板中，可以设置屋顶的底部标高及底部偏移，还可以设置截断标高、截断偏移、椽截面及坡度等。

3）由于绘制屋顶时需参考下层墙体，但在屋顶层平面视图中下层墙体可能不显示，此时，需在"属性"面板中将"基线"→"范围：底部标高"调整为屋顶楼层的下一层，如图 2-98 所示；若在"属性"面板中无法看到"基线"属性框，可通过切换平面视图获得，如图 2-99 所示。

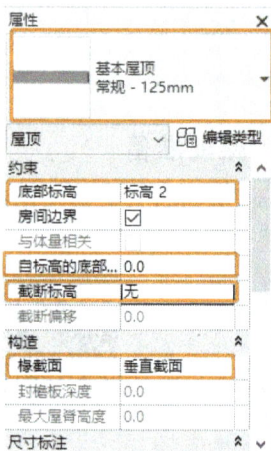

图 2-97　设置屋顶约束条件及构造参数

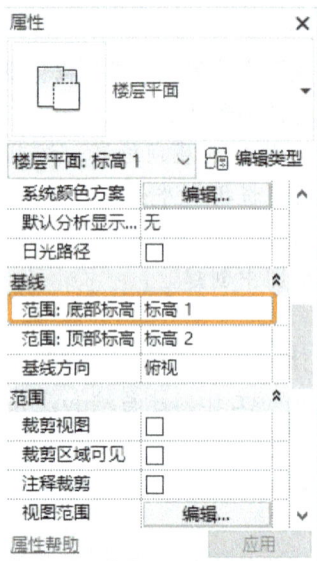

图 2-98　调整基线范围

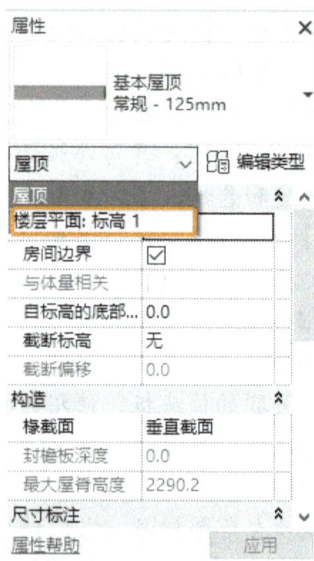

图 2-99　切换平面视图

4）"截断标高"：屋顶几何图形停止时的标高。当使用"截断标高"时，屋顶顶标高到达设置的截断标高时，屋顶会被该截断标高截断成洞口，如图 2-100 所示；使用"截断标高"还可以将屋顶与另一屋顶合并，形成复杂的屋顶样式。

5）"截断偏移"：高度高于或低于"截断标高"的约束，指截断面在"截断标高"处向上或向下的偏移值（正值向上），调整该数值以更改屋顶的截断位置。

6）"椽截面"：定义屋檐的几何图形，即屋顶边界轮廓，包括垂直截面、垂直双截面及正方形双截面，其中垂直截面的屋顶屋檐垂直于地面，屋顶厚度决定了封檐带深度，如图 2-101a 所示；垂直双

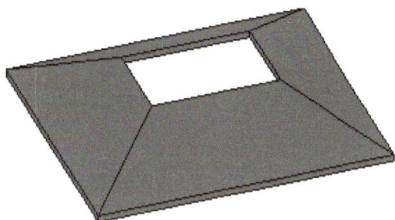

图 2-100　使用"截断标高"截断屋顶

截面的屋顶屋檐垂直于地面，封檐带深度由参数定义，如图 2-101b 所示；正方形双截面的屋顶屋檐与坡度成直角，封檐带深度由参数定义，如图 2-101c 所示。

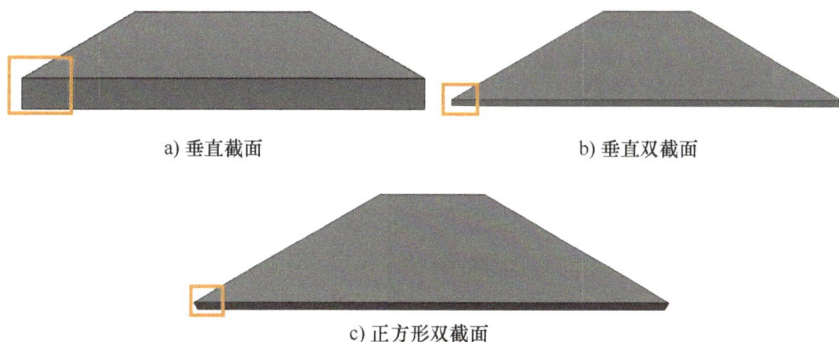

a) 垂直截面

b) 垂直双截面

c) 正方形双截面

图 2-101　屋檐"椽截面"轮廓示意图

在"修改 | 创建屋顶迹线"界面下选择"边界线"　边界线 -"直线" 绘制方式，按任务中图纸尺寸绘制屋顶轮廓，如图 2-102 所示。

选择轮廓线 1，并在"属性"面板中对其坡度比例按图中标注进行设置，如图 2-103a 所示，软件自动将坡度比例转换为角度，如图 2-103b 所示。

利用同样的方法完成轮廓线 2、3、5、6、7、8、9 的坡度值设置。

【注意】坡度值如为角度，则在"属性"面板中直接输入坡度值即可，如坡度值为比例形式，如"×/×"或"×：×"，则需在"属性"→"坡度"值中输入"= 坡度值"，软件将自动将比例坡度转换成角度形式。

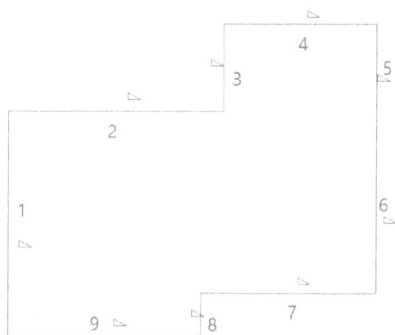

图 2-102　屋顶轮廓示意图

选择轮廓线 4，在"属性"面板中取消勾选"定义屋顶坡度"，如图 2-104a 所示，或在选项栏中取消勾选"定义坡度"，如图 2-104b 所示，取消该轮廓线坡度。

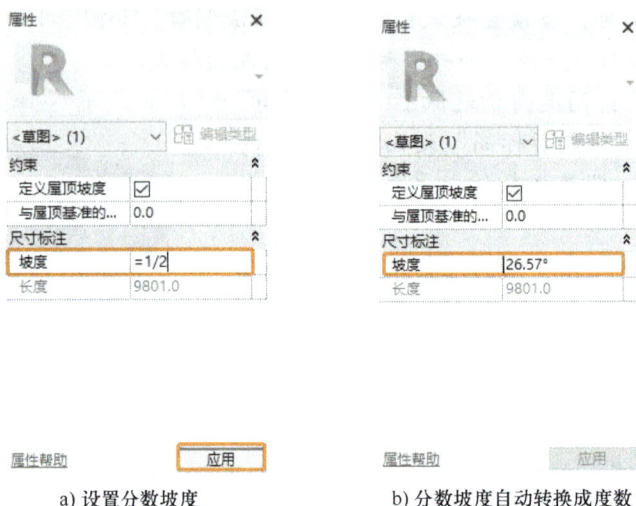

a) 设置分数坡度　　　　　　b) 分数坡度自动转换成度数

图 2-103　设置坡度比例

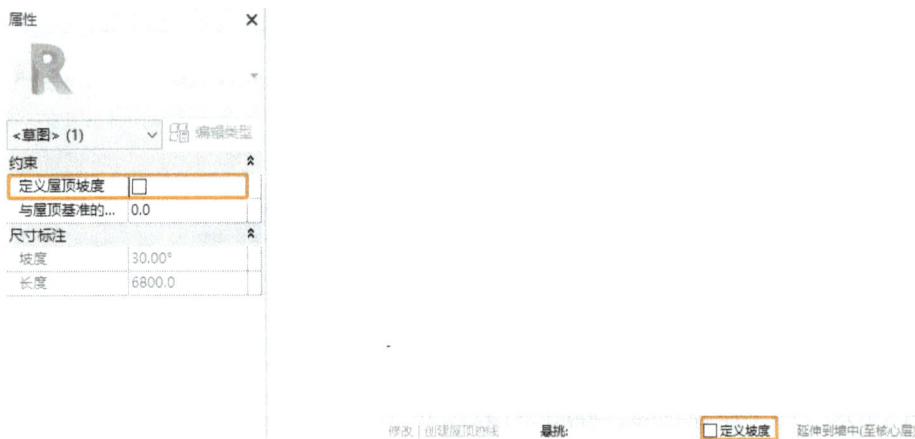

a) 在"属性"面板取消勾选"定义屋顶坡度"　　　　　b) 在选项栏取消勾选"定义坡度"

图 2-104　取消定义坡度

【注意】

1）当屋顶轮廓线方向与屋顶坡度方向垂直时，则该轮廓线需定义坡度；若屋顶轮廓线方向与屋顶坡度方向平行，则该轮廓线没有坡度，需取消定义坡度。

2）若某一屋顶轮廓线没有坡度，则只能通过取消定义坡度的方式绘制，不能通过设置坡度值为 0 的方式实现。

单击"修改"选项卡中"拆分图元" ⊨ 命令，将轮廓线 7 按如图 2-95 所示尺寸进行拆分，拆分完成后选中拆分后的轮廓线 10 并取消其坡度，如图 2-105 所示。

单击工具栏中"坡度箭头" 坡度箭头 命令，选取"直线" ╱ 绘制方式，在轮廓线 10 上面，由两个拆分点处分别向轮廓线 10 中点位置绘制两个坡度箭头 11、12，如图 2-106 所示。

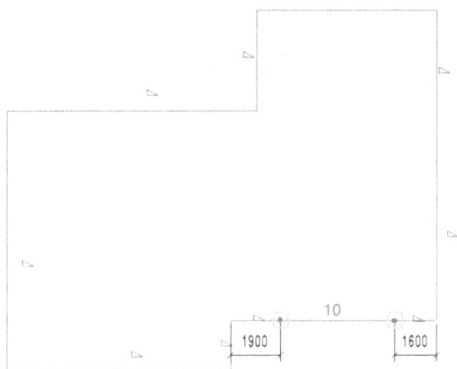

图 2-105　拆分图元并取消坡度

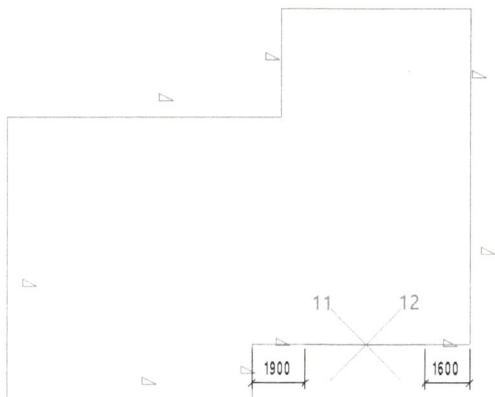

图 2-106　绘制坡度箭头

单击选中坡度箭头 11，在"属性"面板中设置其约束条件指定值及坡度值，如图 2-107 所示。按同样的方法对坡度箭头 12 进行约束条件及参数设置。

【注意】坡度箭头的约束条件，除可以指定"坡度"之外，还可以指定"尾高"，然后设置其最低处标高、尾高度偏移、最高处标高及头高度偏移等数值，从而完成坡度箭头参数设置，其中"头高度偏移"的数值不能大于屋顶高度差，如图 2-108 所示。

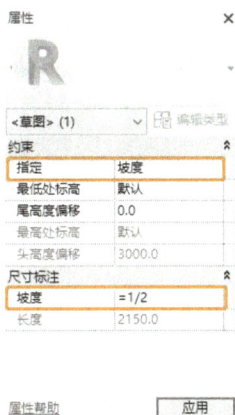

图 2-107　对坡度箭头进行约束
条件及参数设置

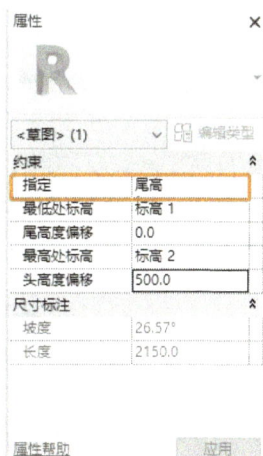

图 2-108　对坡度箭头指定"尾高"并
进行约束条件设置

单击"完成编辑模式" ✓ 命令，即完成大屋顶轮廓创建，如图 2-109 所示。

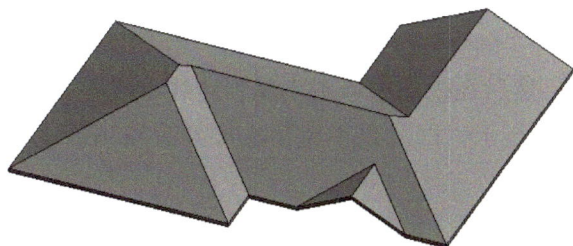

图 2-109　完成大屋顶轮廓创建

【注意】

1）屋顶迹线必须是闭合的线，如不闭合，应将其修剪成闭合。

2）屋顶创建完成后，可再次选择屋顶，单击"编辑迹线"命令进行修改，或者直接双击需要修改轮廓的屋顶进入编辑界面。

3）屋顶创建完成后，单击与其连接的墙体，然后使用"修改丨墙"→"附着顶部／底部" 命令将墙体顶部附着至屋顶。

根据图中尺寸位置，绘制参照平面，并按图绘制小屋顶轮廓线，同时修改轮廓线2、4的坡度值为1：2，取消轮廓线1、3的坡度值，如图2-110a所示，完成小屋顶轮廓绘制，绘制完成的小屋顶立面视图和三维视图分别如图2-110b、c所示。

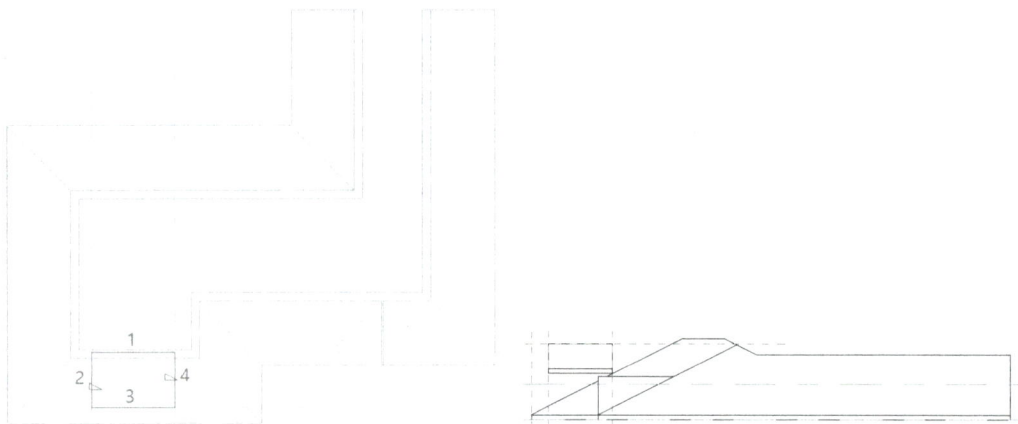

a) 小屋顶边界轮廓线

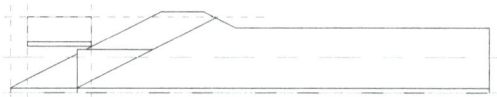

b) 小屋顶立面视图

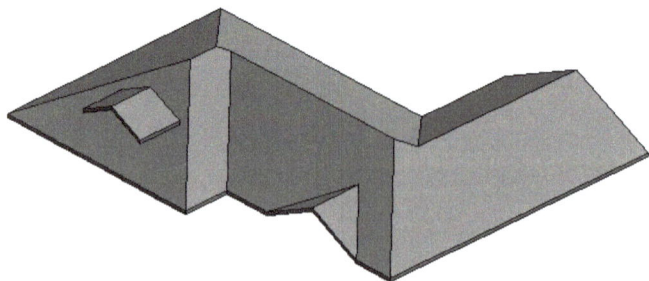

c) 小屋顶轮廓三维视图

图 2-110　小屋顶轮廓绘制

在三维视图中，单击"修改"选项卡，在该选项卡下单击"几何图形"中"连接／取消连接屋顶" 命令，然后在视图中单击小屋顶边线1或者2，接着单击需要连接到的大屋顶面3，如图2-111a所示，即可将小屋顶连接到大屋顶面上，连接好的屋顶模型如图2-111b所示。

2. 墙体及窗户绘制

选择"建筑"→"墙"→"墙：建筑"，设置属性如图2-112a所示，选择"拾取线"绘制方式，拾取如图 2-112b 所示屋顶面 1、2、3，完成墙体绘制，结果如图 2-112c 所示。

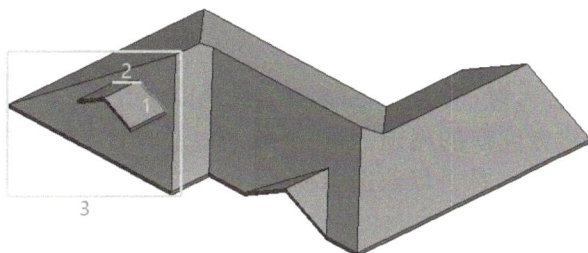

a)"连接/取消连接屋顶"轮廓线选择

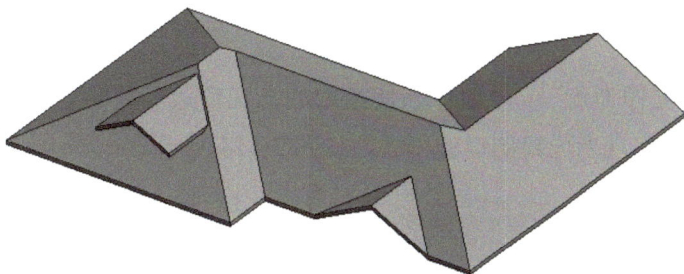

b) 完成大小屋顶连接

图 2-111　大小屋顶连接

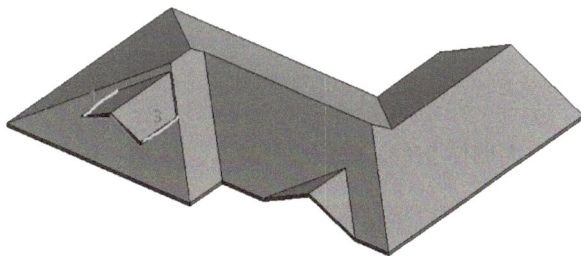

a) 墙体属性设置

b) 拾取完成墙体轮廓线的绘制

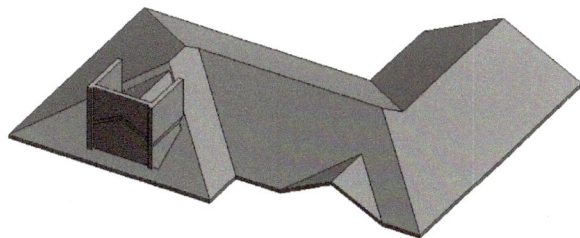

c) 完成墙体的绘制

图 2-112　墙体的创建

选择"建筑"-"窗"，新建并设置窗户类型为"固定：0915"型，并按图 2-113 所示大致位置放置，完成窗户的创建。

3. 创建老虎窗

在三维视图中，单击"建筑"选项卡，单击"洞口"中的"老虎窗" 老虎窗 命令，单击选中需要创建老虎窗的屋顶，进入"修改 | 编辑草图"界面，软件默认选中"拾取屋顶 / 墙边缘" 拾取屋顶/墙边缘 拾取 命令，单击小

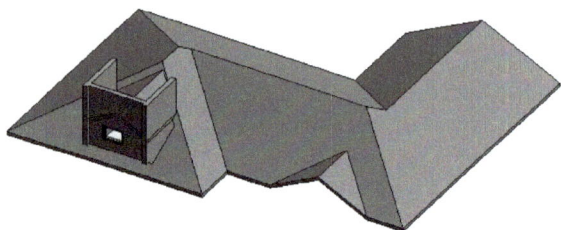

图 2-113　完成窗户的创建

屋顶，拾取老虎窗边界线 1、2，单击创建好的三面墙，分别拾取老虎窗边界线 3、4、5，如图 2-114 所示。

单击"修剪 / 延伸为角" 命令，使拾取的老虎窗边界线闭合，单击"完成编辑模式" 命令，即可实现老虎窗洞口的创建，如图 2-115 所示。

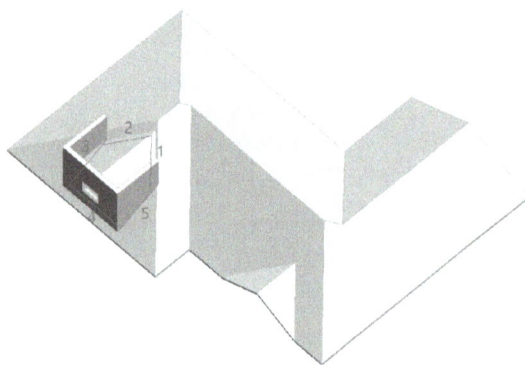

图 2-114　拾取并完成老虎窗边界线的绘制

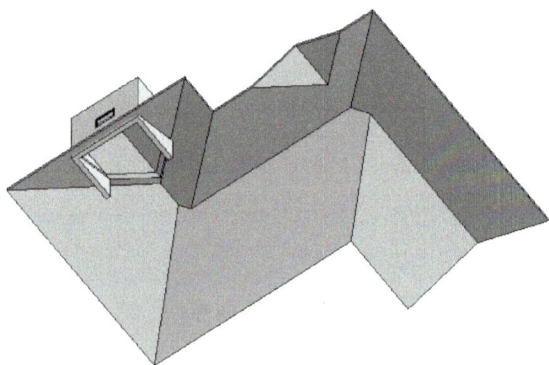

图 2-115　完成老虎窗洞口的创建

4. 编辑墙体轮廓

双击其中一面墙体 3（或单击选中墙体，单击"编辑轮廓"命令 编辑轮廓 ），进入"修改 | 编辑轮廓"界面，单击"项目浏览器"→"视图（全部）"→立面（建筑立面）→西，进入西立面，选择"拾取线" 命令拾取墙体轮廓线，并采用"修剪 / 延伸为角" 命令修改其轮廓（图 2-116a），单击"完成编辑模式" 命令，完成墙体 3 轮廓的编辑，如图 2-116b 所示。

a) 绘制墙体轮廓线

图 2-116　完成墙体 3 轮廓的编辑

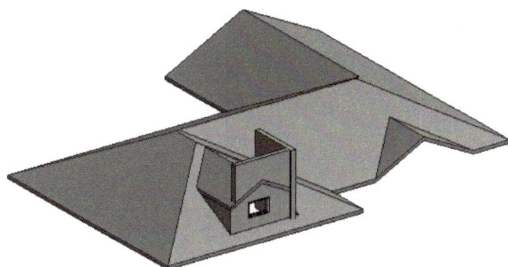

b) 墙体3轮廓的编辑

图 2-116 完成墙体 3 轮廓的编辑 (续)

采用同样的方法完成墙体 4、5 轮廓的编辑，如图 2-117 所示。

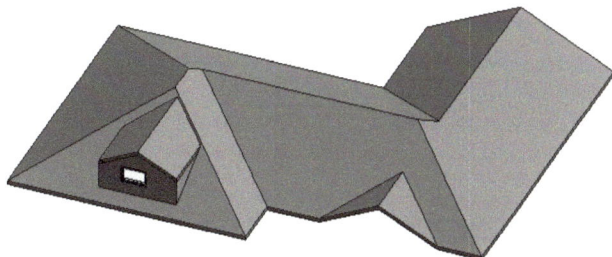

图 2-117 完成墙体轮廓的编辑

老虎窗屋顶已绘制完成，将文件保存至对应文件夹即可。

本项目成果文件可扫码查看。

四、知识巩固与拓展

1）根据图 2-118 中给定的数据创建屋顶，并将建好的模型以"圆形屋顶"为文件名进行保存。

项目成果文件6:
屋顶

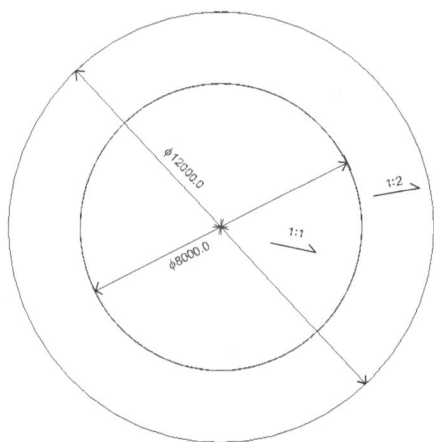

a) 屋顶平面图

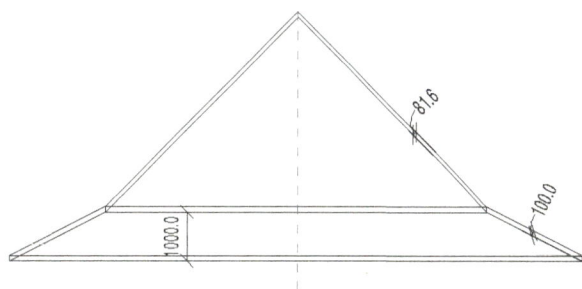

b) 东立面图

图 2-118 圆形屋顶平面图及东立面图

2）根据图 2-119 中给定的尺寸，创建屋顶模型并设置其材质，屋顶坡度为30°，请将模型以"屋顶"为文件名进行保存。

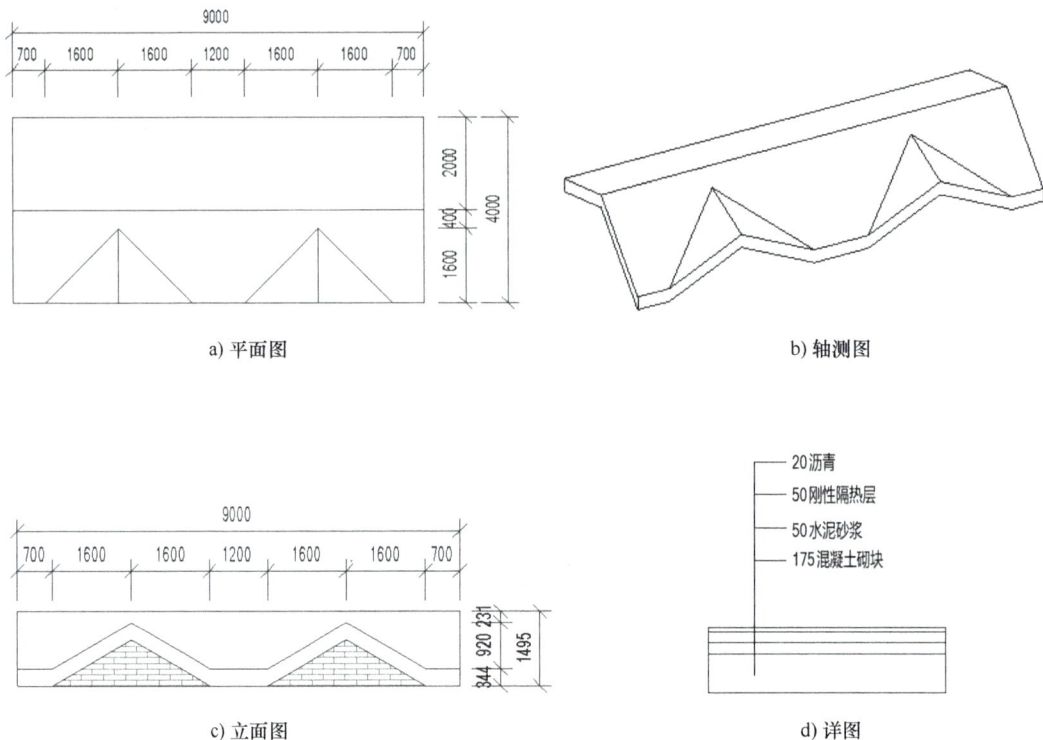

a) 平面图

b) 轴测图

c) 立面图

d) 详图

图 2-119　屋顶三视图

五、课后训练

扫码完成本任务课后作业。

课后作业 8

任务七　创建拉伸屋顶

知识目标：掌握拉伸屋顶的创建方法；掌握玻璃幕墙的创建及编辑方法。

能力目标：能够根据给定图纸创建拉伸屋顶模型并进行参数设置；能够创建玻璃幕墙模型。

素质目标：具有节能环保意识；具有认真严谨的工作态度。

【大国工匠之代表人物】

中国商飞上海飞机制造有限公司高级技师胡双钱，生产了数十万个飞机零件，从没有出现过任何差错，被人称为航空"手艺人"，胡双钱认为工匠精神就是工匠的良心，飞机关乎乘客生命，飞机零部件制造绝不能出差错，99.99％和100％是天壤之别，是生与死的差别。

一、任务描述

建立如图2-120所示玻璃房模型，其中屋顶类型为玻璃斜窗，水平及垂直网格均为固定距离 1500mm，四周悬挑均为 100mm；墙体类型为"基本墙 常规 -200mm"，材质为"砖、普通、红色"；楼板类型为"常规 -150mm"；窗户类型为"固定 1000×1200mm"；门类型为"双扇推拉门 1 1500×2100mm"，其他见标注。将建好的模型以"玻璃房"为文件名进行保存。

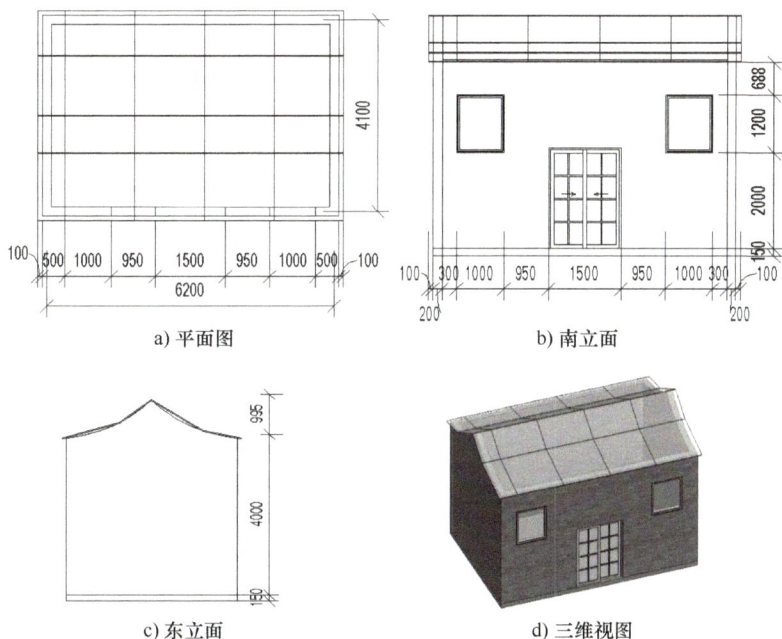

图 2-120 玻璃房三视图

二、课前准备

学生扫码查看预习内容。

预习内容：视频 20 屋顶创建 -3

预习内容：视频 21 屋顶创建 -4（实战练习）

三、任务实施

拉伸屋顶通过拉伸绘制的轮廓创建屋顶，拉伸轮廓可通过直线与弧线的组合等来绘制。拉伸屋顶一般在立面视图、三维视图或剖面视图中创建，其适合创建在平面上不能创建的屋顶，如曲面屋顶等。

绘制拉伸屋顶轮廓时，首先需要选择工作平面，在平面视图中选择不同的参照平面，在弹出的"转到视图"对话框中选择进入相应的视图进行绘制屋顶轮廓。

【注意】

1）如果选择水平参照平面，则跳转到"南/北"立面视图；如果选择垂直参照平面，则跳转到"东／西"立面视图。

2）拉伸屋顶的轮廓线不能是闭合的。

3）屋顶轮廓的拉伸起点和拉伸终点可以在"属性"面板中进行设置，也可以在视图中进行调整修改。

1. 绘制墙体、楼板及门窗

启动 Revit 软件，新建以"建筑样板"为模板的项目，并将其命名为"玻璃房"并保存在相应文件夹内。

进入"标高1"平面视图，选择"建筑"→"墙"→"墙：建筑"，设置属性如图 2-121a 和图 2-121b 所示，选择"矩形" ▢ 绘制方式，按图中尺寸绘制墙体，如图 2-121c 所示。

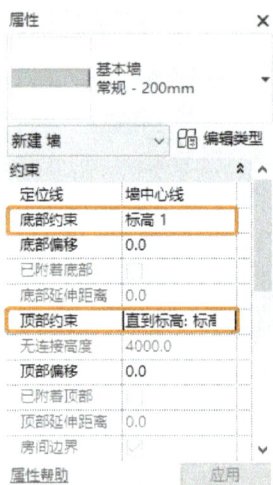

a) 设置墙体属性参数　　　　　　b) 设置墙体结构层参数

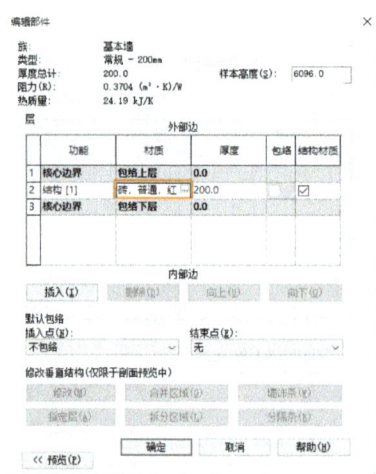

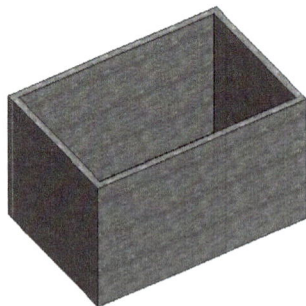

c) 绘制墙体

图 2-121　完成墙体的创建

选择"建筑"→"楼板"→"楼板：建筑"，设置属性如图 2-122a 所示，选择"拾取墙" ▨ 绘制方式，拾取四面墙体完成楼板轮廓绘制，如图 2-122b 所示。单击"完成编辑模式" ✓ 命令，完成楼板的创建，如图 2-122c 所示。

选择"建筑"→"窗"，选取窗户类型为"固定 1000×1200mm"型，如图 2-123a 所示，并按图 2-123b 所示位置放置，完成窗户的创建。

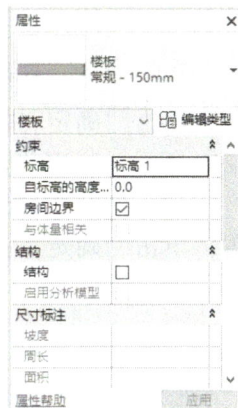

a) 设置楼板属性参数   b) 绘制楼板轮廓   c) 创建楼板

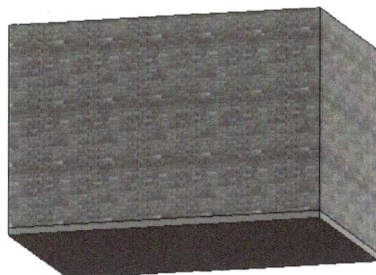

图 2-122　完成楼板的创建

a) 设置窗户属性参数   b) 创建窗户

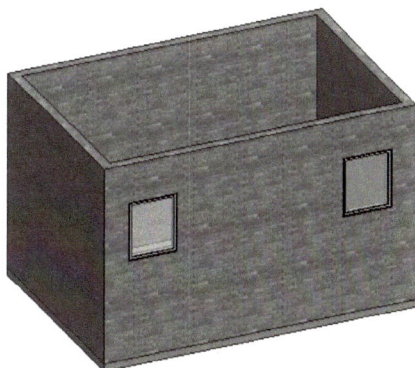

图 2-123　完成窗户的创建

选择"建筑"→"门"，选取门类型为"双扇推拉门1 1500×2100mm"型，如图 2-124a 所示，并按图 2-124b 所示位置放置，完成门模型的创建。

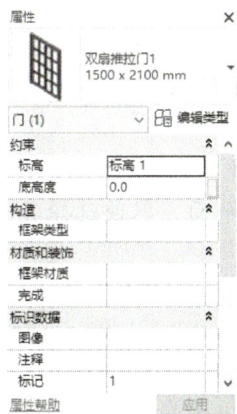

a) 设置门属性参数   b) 创建门模型

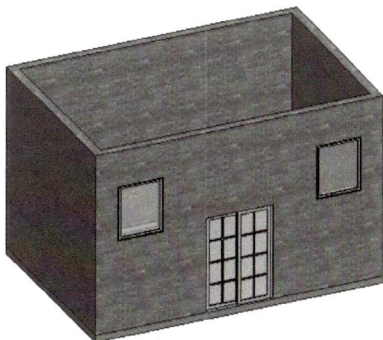

图 2-124　完成门模型的创建

2. 绘制屋顶

按图示绘制参照平面，选择"建筑"→"屋顶"→"拉伸屋顶" 拉伸屋顶 命令，弹出"工作平面"对话框，在该对话框中，软件默认点选"拾取一个平面"，单击"确定"按钮，如图 2-125a 所示，在视图中单击参照平面 1 拾取平面，如图 2-125b 所示，弹出"转到视图"对话框，选择要转到的视图"立面：东"，单击"打开视图"按钮，如图 2-125c 所示，弹出"屋顶参照标高和偏移"对话框，选择屋顶所在标高位置，单击"确定"按钮，如图 2-125d 所示，即进入对应的东立面视图。

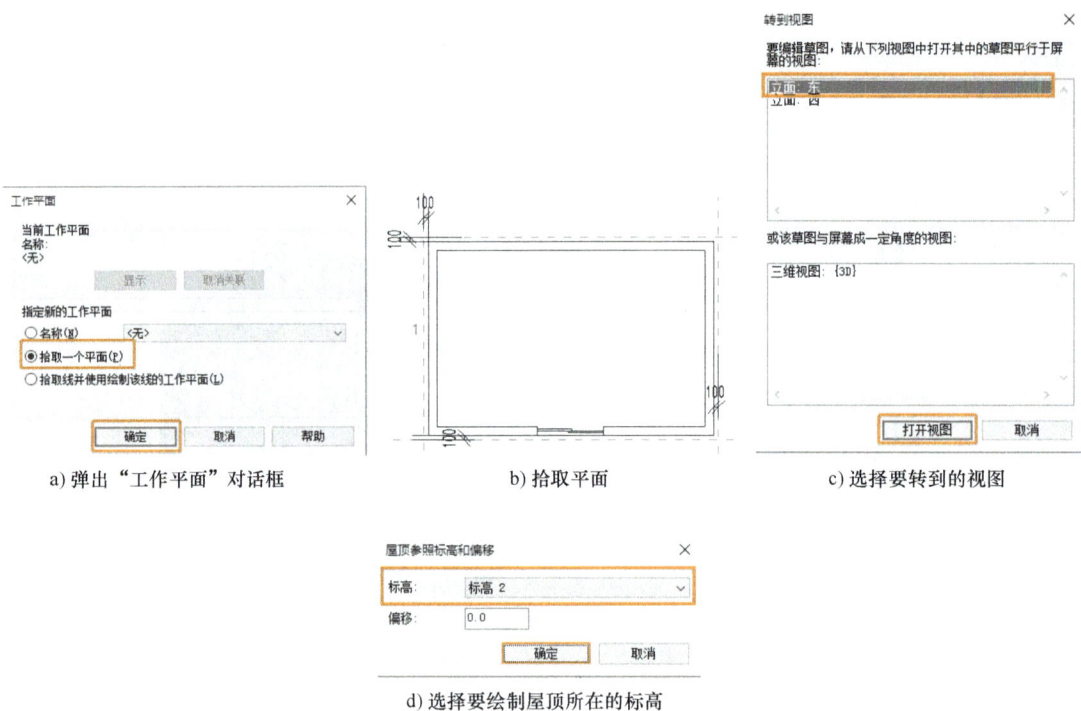

a) 弹出"工作平面"对话框   b) 拾取平面   c) 选择要转到的视图

d) 选择要绘制屋顶所在的标高

图 2-125 进入立面视图界面

【注意】

1）参照平面是创建模型时起定位作用的工作平面，是辅助绘图的重要工具。各自视图中绘制的参照平面，在平面或者立面视图中显示的仅是一条线，但在三维中是一个平面。

2）对于绘制的各参照平面，当单击选中某一参照平面后，可在"属性"面板中对其进行命名，如图 2-126a 所示，命名后可用来识别参照平面，以便选择其作为工作平面，如图 2-126b 所示。

在东立面视图中，软件自动进入"修改|创建拉伸屋顶轮廓"界面，在"属性"面板中单击屋顶类型下拉小三角，设置屋顶类型为"玻璃斜窗"，如图 2-127a 所示。单击"编辑类型"，在弹出的"类型属性"对话框中按要求设置屋顶玻璃斜窗的水平与垂直网格属性，如图 2-127b 所示，单击"确定"按钮，完成网格设置。

a) 命名参照平面   b) 选择工作平面

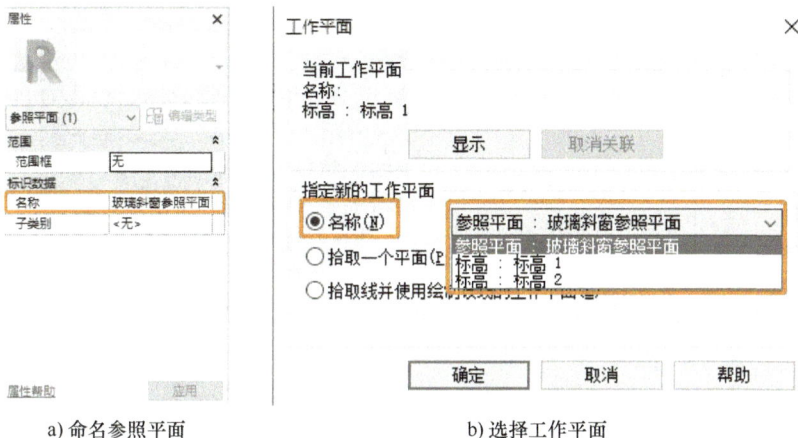

图 2-126 命名参照平面并选择其为工作平面

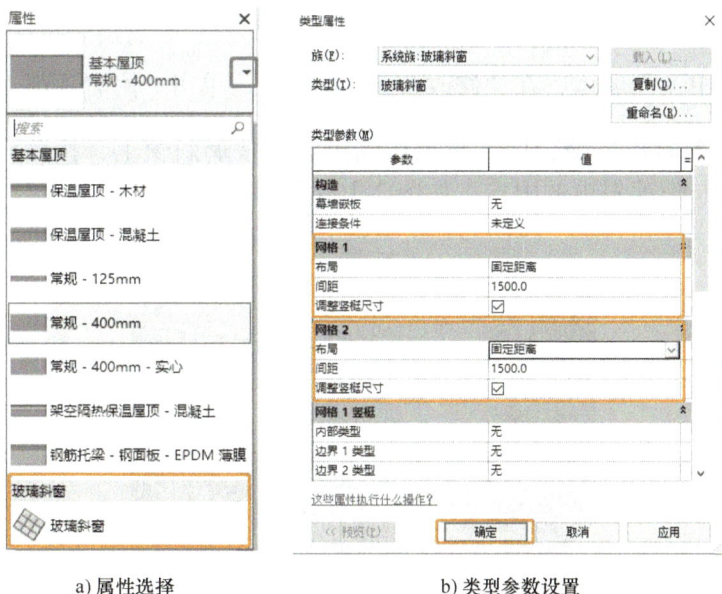

a) 属性选择   b) 类型参数设置

图 2-127 完成玻璃斜窗屋顶属性参数的设置

【注意】玻璃斜窗上网格及竖梃的设置除了通过"属性"→"编辑类型"→"类型属性"进行设置外，还可以通过"建筑"→"幕墙网格" 幕墙网格 /"竖梃" 竖梃 进行设置，其设置方法与幕墙网格及竖梃的设置方法相同。

选择"样条曲线" 绘制方式，按图中轮廓线样式绘制出拉伸屋顶轮廓线，如图 2-128a 所示，单击"完成编辑模式" 命令，完成拉伸屋顶轮廓的创建，如图 2-128b 所示。

a) 绘制屋顶轮廓   b) 绘制屋顶

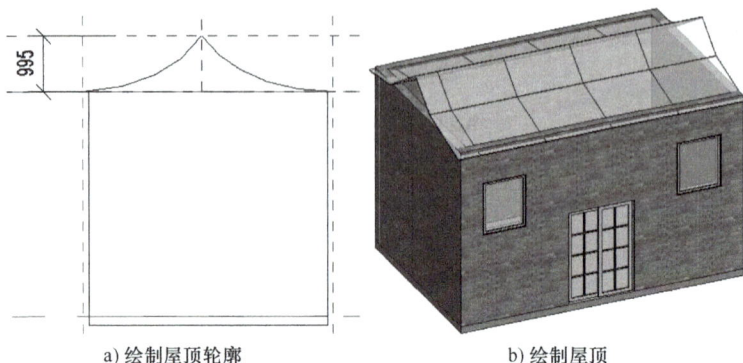

图 2-128　拉伸屋顶轮廓的绘制

【注意】

1）玻璃斜窗不仅可以使用拉伸屋顶创建，同样也可使用"迹线屋顶"命令进行创建。

2）在平面视图中，如果无法看到已经创建的屋顶，其原因除可见性设置之外，还可能因为默认的视图范围（视图深度）不够，可以通过调整"属性"面板中的"视图范围"来实现屋顶在该楼层的可见性。

单击选中其中一面墙体，在"修改 | 墙"界面下，单击"附着顶部 / 底部" 命令，然后单击玻璃斜窗屋顶，即可将该面墙附着到玻璃斜窗上，按照同样的方法，完成其余三面墙体与玻璃斜窗的附着，如图 2-129 所示。

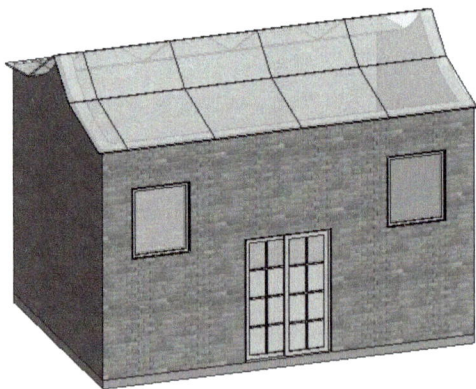

图 2-129　完成玻璃斜窗屋顶的创建

玻璃房已绘制完成，将文件保存至对应文件夹即可。

本项目成果文件可扫码查看。

四、知识巩固与拓展

根据图 2-130 中给定的数据创建房子模型，其中墙体类型为"基本墙 常规 -200mm"；窗户型号为 C0912，尺寸为 915mm × 1220mm；门型号为 M0820，尺寸为 750mm × 2000mm；屋顶类型为"基本屋顶 常规 -400mm"，并将建好的模型以"房子"为文件名进行保存。

项目成果文件 7：
拉伸屋顶

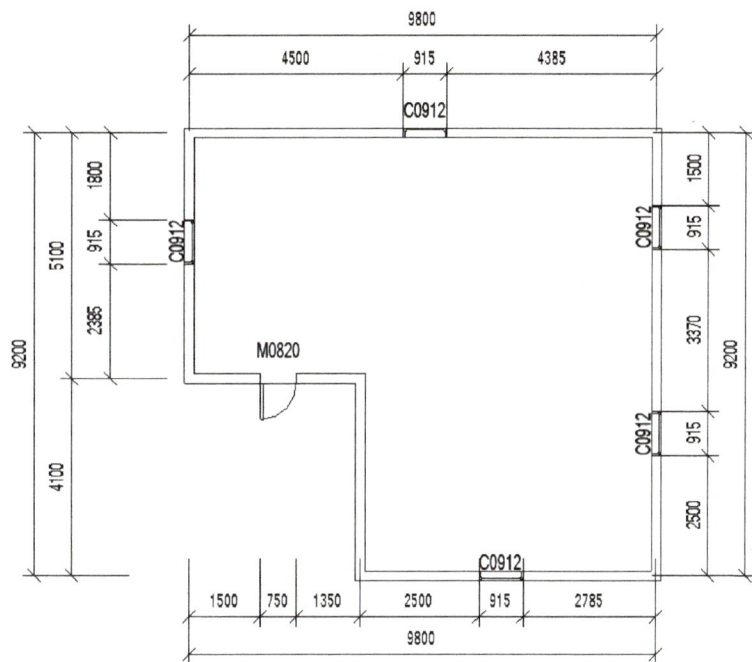

a) 平面图

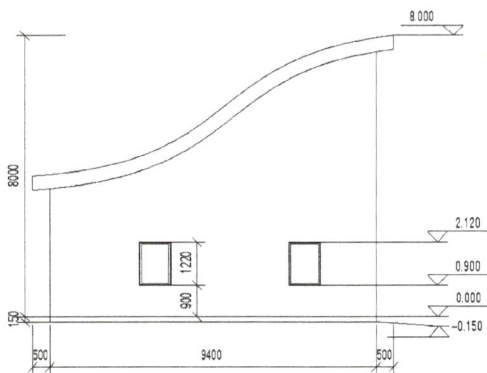

b) 东立面

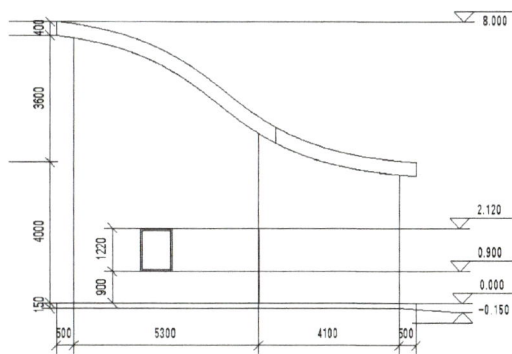

c) 西立面

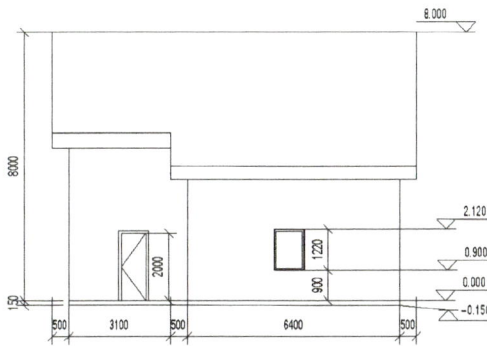

d) 南立面

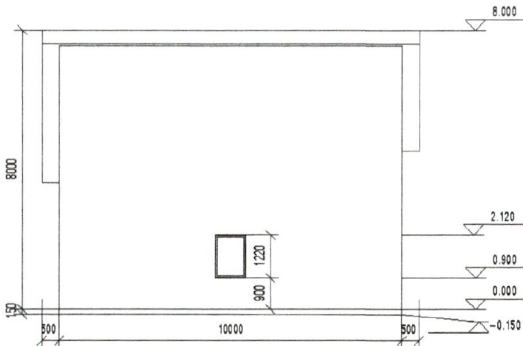

e) 北立面

图 2-130　房子模型三视图

五、课后训练

扫码完成本任务课后作业。

课后作业 9

任务八　创建楼梯扶手

知识目标： 能够正确识读楼梯、扶手施工图；能够进行楼梯扶手的绘制及参数设置。

能力目标： 能够灵活应用所学知识对实际工程项目进行楼梯、扶手的绘制；具备知识迁移能力，能够独立解决实际工程问题。

素质目标： 能够与团队成员协同合作；通过楼梯扶手知识学习与建模，强调安全重要性；具有认真严谨的工作态度，培养工匠精神。

【大国工匠之代表人物】

中车长春轨道客车股份有限公司电焊工李万君，总结并制定了 30 多种转向架焊接规范及操作方法，技术攻关 150 多项，其中 27 项获得国家专利。他的"拽枪式右焊法"等 20 余项转向架焊接操作方法，累计为企业节约资金和创造价值上千万元。一把焊枪，一双妙手，他以柔情呵护复兴号的筋骨；千度烈焰，万次攻关，他用坚固为中国梦提速。那飞驰的列车，会记下他指尖的温度。

一、任务描述

根据图 2-131 创建楼梯与扶手，楼梯构造与扶手样式、栏杆扶手标注如图 2-131 所示，顶部扶手为 50mm×50mm 矩形，材质为"樱桃木"；其余扶栏为直径 30mm 圆管，材质为"金属-铝-白色"；栏杆为直径 30mm 圆管，材质为"不锈钢"；楼梯踏板材质为"樱桃木"；楼梯及平台材质为"混凝土砌块"。将建好的模型以"楼梯扶手"为文件名进行保存。

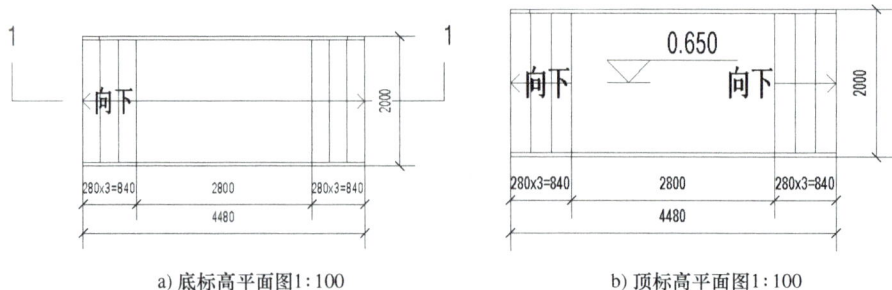

a) 底标高平面图1:100　　　　b) 顶标高平面图1:100

图 2-131　楼梯与栏杆扶手示意图

c) 1—1剖面图1：100   d) 栏杆详图1：50

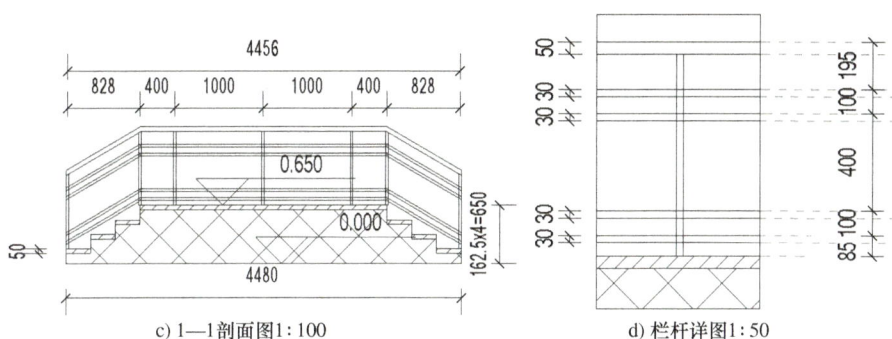

图 2-131   楼梯与栏杆扶手示意图（续）

二、课前准备

学生扫码查看预习内容。

预习内容：视频 22
楼梯、栏杆扶手创建 -1

预习内容：视频 23
楼梯、栏杆扶手创建 -2

预习内容：视频 24
楼梯、栏杆扶手创建 -3

预习内容：视频 25 楼梯、
栏杆扶手创建 -4（实战练习）

三、任务实施

楼梯是一种用于连接较大垂直距离的建筑设计，用于楼层之间和高差较大时的交通联系，是作为楼层间交通用的构件。楼梯的原理是将垂直距离切分为小段的垂直距离，主要由梯段（踢面、踏面、梯边梁）、休息板（平台）和栏杆扶手（栏板）三部分组成，如图 2-132 所示。

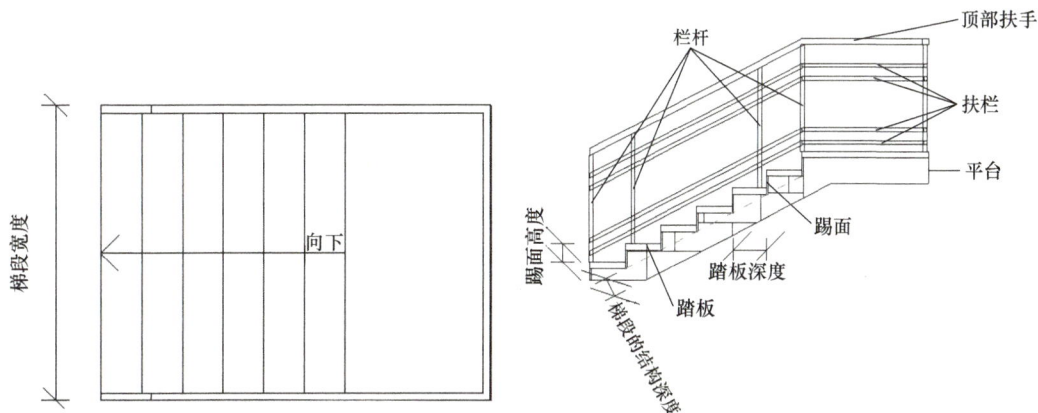

图 2-132   楼梯的组成示意图

其中每个梯段上的踏步数目不得超过 18 级，不得少于 3 级；楼梯平台按其所处位置分为楼层平台和中间平台；栏杆（扶手）是设置在梯段和平台临空侧的围护构件，应有一定的强度和刚度，并应在上部设置供人们手扶持用的扶手；扶手是设在栏杆顶部供人们上下楼梯倚扶的连续配件。楼梯按梯段可分为单跑楼梯、双跑楼梯和多跑楼梯。梯段的平面形状有直线、折线和曲线。

在 Revit 软件中提供多种楼梯的绘制样式，如直梯、螺旋楼梯、U 形楼梯、L 形楼梯、自定义绘制的楼梯等。

1. 绘制楼梯

（1）设置楼梯属性参数　启动 Revit 软件，新建以"建筑样板"为模板的项目，并将其命名为"楼梯扶手"并保存在相应文件夹内。

打开"项目浏览器"，进入"标高 1"平面视图，在平面视图中，单击"建筑"→"楼梯"　⬚ 楼梯 ，进入"修改 | 创建楼梯"界面，在"属性"面板中选择楼梯类型为"现场浇注楼梯　整体浇筑楼梯"，同时按图纸数据设置其约束条件，如图 2-133 所示。

【注意】

1）楼梯高度通过在"属性"面板中设置楼梯底部标高和顶部标高、底部偏移和顶部偏移来确定。

2）由于 Revit 软件根据"楼梯高度"和"所需踢面数"参数设置自动计算出楼梯的实际踢面高度，且其有记忆功能，默认为上次的实际踢面高度，所以在设置好"所需踢面数"之后，需再将其更改为其他踢面数，然后再将其设置为本项目所需的踢面数即可，此时"实际踢面高度"即为根据该项目"楼梯高度"和"所需踢面数"所计算出的踢面高度。

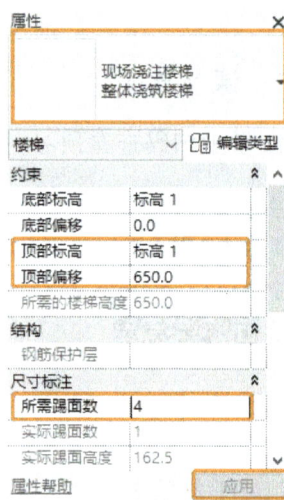

图 2-133　设置楼梯约束条件

在选项栏中，根据图纸数据将其实际梯段宽度设置为 2000mm，同时选择定位线为"梯段：中心"，如图 2-134 所示。

图 2-134　设置楼梯的定位线和梯段宽度

【注意】在 Revit 软件中，绘制楼梯的定位线有"梯边梁外侧：左""梯段：左""梯段：中心""梯段：右""梯边梁外侧：右"共 5 种定位方式，如图 2-135a 所示，不同的定位方式示意图如图 2-135b 所示。软件默认为"梯段：中心"的定位方式。

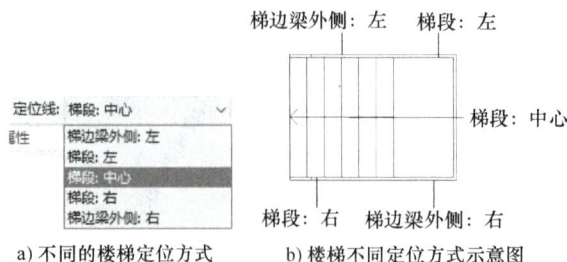

a) 不同的楼梯定位方式　　b) 楼梯不同定位方式示意图

图 2-135　楼梯定位方式

单击"属性"面板中的"编辑类型",弹出"类型属性"对话框,单击"构造"→"梯段类型"后面的 ^{...} 按钮,如图2-136a所示,在"类型参数"中设置"构造"→"结构深度"(由于任务中没有要求,深度参数默认即可),同时勾选"踏板"复选框,设置"踏板"→"踏板厚度"为"50.0",在"材质和装饰"→"整体式材质"/"踏板材质"中按任务要求设置梯段和踏板材质,设置完成后单击"确定"按钮即可,如图2-136b所示。

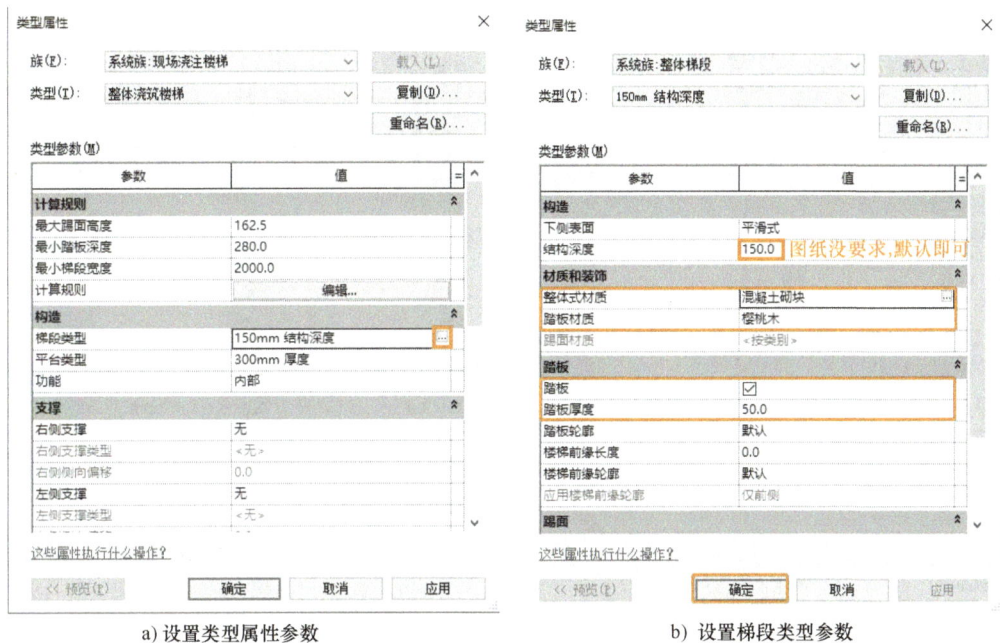

a) 设置类型属性参数   b) 设置梯段类型参数

图2-136 楼梯类型属性设置方式

【注意】

1)若实际结构深度与软件中已有的结构深度不同,可通过"复制"创建新的结构深度类型,同时修改"构造"→"结构深度"的数值即可实现新的结构类型深度的创建,如图2-137所示。

2)在"类型属性"对话框中,还可以进行"踏板轮廓""楼梯前缘长度""楼梯前缘轮廓""踢面"等相关参数的设置,如图2-138所示。

在"类型属性"对话框中,单击"构造"→"平台类型"后面的 ^{...} 按钮,如图2-139a所示,在弹出的"类型属性"对话框中,单击"复制"按钮,弹出"名称"对话框,在该对话框中,新建"650mm 厚度"平台类型(图2-139b),同时设置"构造"→"整体厚度"为650.0,设置其"材质和装饰"→"整体式材质"为"混凝土砌块",勾选"踏板"→"与梯段相同"复选框,单击"确定"按钮,完成平台参数的设置,如图2-139c所示。

【注意】当不勾选"踏板"→"与梯段相同"复选框时,可以自定义平台中的踏板厚度。

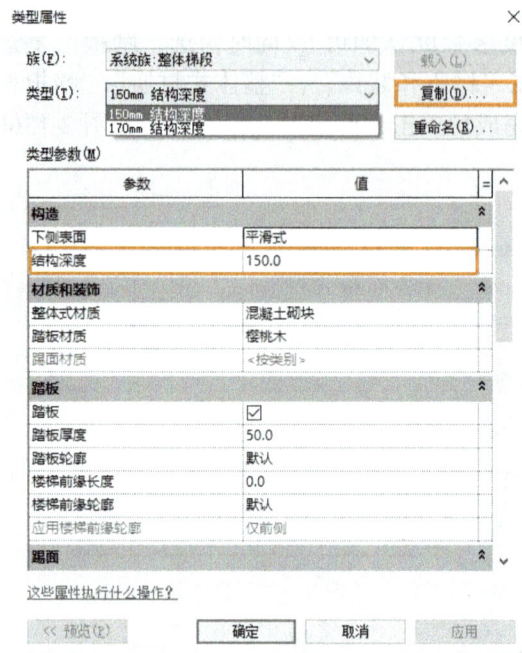

图 2-137　创建新的结构类型深度

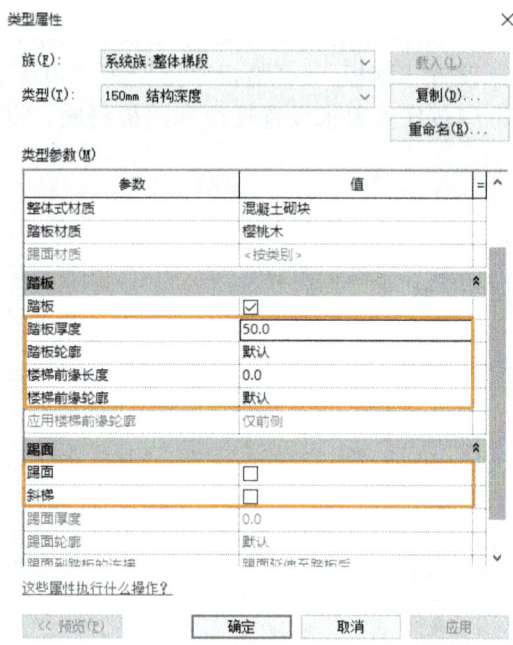

图 2-138　设置踏板及踢面类型参数

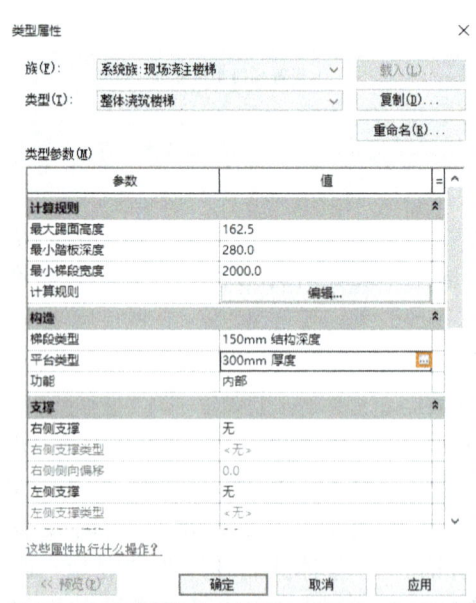

a）编辑平台类型按钮

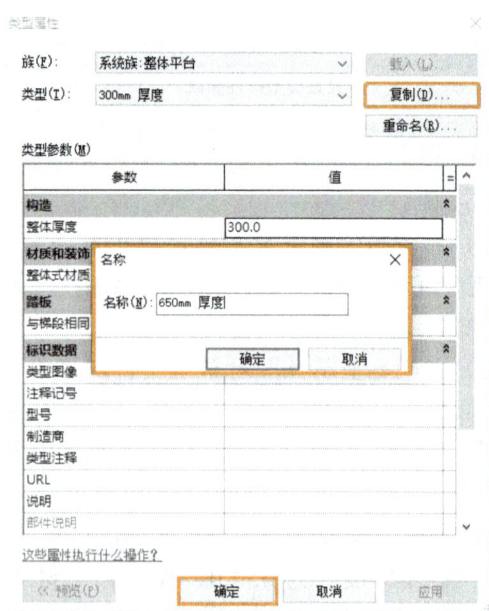

b）新建新的平台类型

图 2-139　设置平台类型参数

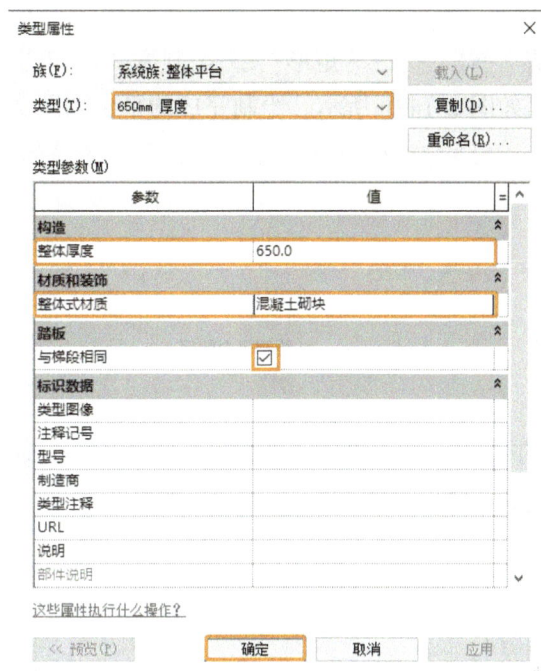

c) 为新建的平台类型设置参数

图 2-139 设置平台类型参数（续）

（2）绘制梯段 参数设置完成后，单击"梯段" 按钮，选择构件中的"直梯" 命令，在视图界面绘制梯段，如图 2-140 所示。

【注意】

1）在"修改 | 创建楼梯"界面下，对于已创建好的梯段，可通过单击"翻转" 命令实现向上 / 向下翻转楼梯的方向而不改变楼梯布局。

2）在"修改 | 创建楼梯"界面下，单击"栏杆扶手" 命令，在弹出的"拉杆扶手"对话框中，可以选择相应的栏杆扶手类型（图 2-141a），同时可设置栏杆扶手放置的位置为"踏板"或"梯边梁"，设置完成后，单击"确定"按钮即可，如图 2-141b 所示。

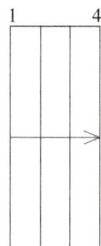

图 2-140 绘制梯段

a) 选择栏杆扶手类型

b) 设置栏杆扶手放置位置

图 2-141 设置栏杆扶手

梯段绘制完成后，单击"平台" ⬭ 按钮，然后选择构件中的"创建草图" ✐ 命令，在绘制方式中选择"边界" ⌐ 边界 →"矩形" ▭ 绘制方式，如图 2-142a 所示，按任务图纸数据绘制出平台轮廓，如图 2-142b 所示。绘制完成的平台如图 2-142c 所示。

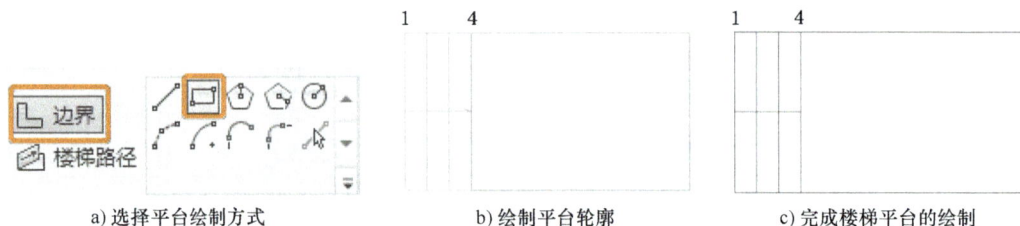

a) 选择平台绘制方式　　　　b) 绘制平台轮廓　　　　c) 完成楼梯平台的绘制

图 2-142　楼梯平台绘制

单击选中已绘制好的梯段，然后单击"镜像 - 绘制轴" ⬚ 命令，沿平台中线将左侧梯段镜像至右侧，完成右侧梯段的绘制，如图 2-143 所示。

图 2-143　完成楼梯右侧梯段的绘制

单击"完成编辑模式" ✔ 命令，完成楼梯的创建，如图 2-144 所示。

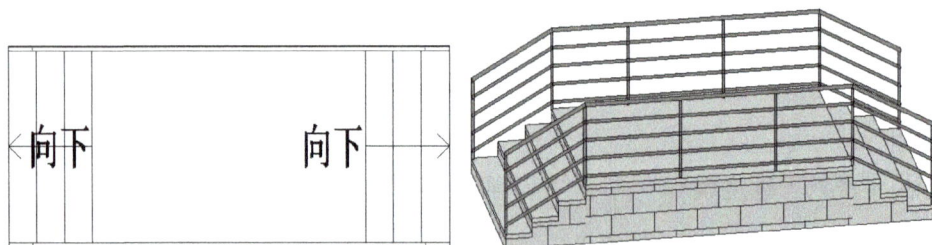

图 2-144　完成楼梯的创建

【注意】

1）螺旋形楼梯、L 形楼梯及 U 形楼梯的创建方法与直梯创建方法类似。

2）楼梯的创建除采用"梯段" ◈ →"直梯" ▥ 的方法创建之外，还可以通过"绘制"中"边界""踢面""楼梯路径"命令及其他绘制、修改工具实现梯段边界形状、踢面的轮廓修改等。如采用"创建草图" ✐ 的方式实现楼梯绘制及踢面形状改变，具体如下：

在"修改 | 创建楼梯"界面下，单击"梯段" ◈ →"创建草图" ✐ ，在绘制方式中选择"边界" ⌐ 边界 →"直线" ╱ 绘制方式，绘制出楼梯边界线，如图中 2-145a 绿色边界线所示。单击"踢面" ▤ 踢面 →"直线" ╱ （或根据实际项目任务选择合适的绘制方式）

按实际要求绘制出踢面线，如图 2-145a 中黑色踢面线所示，单击"完成编辑模式" ✅ 命令，即可实现楼梯的创建，如图 2-145b 所示。

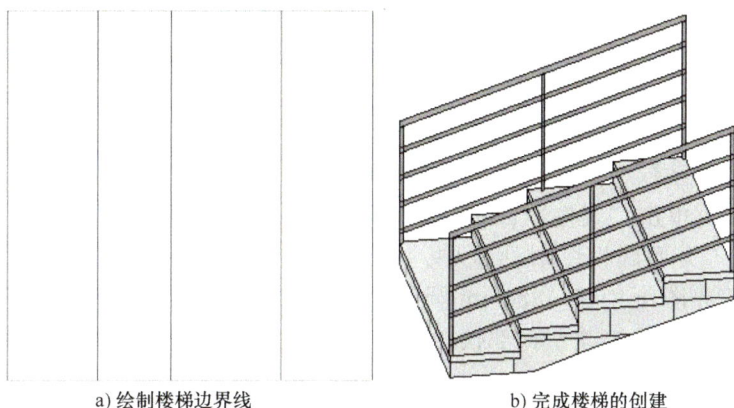

a) 绘制楼梯边界线　　b) 完成楼梯的创建

图 2-145　利用绘制边界线及梯面方式创建楼梯

3）单击梯段，在"属性"面板中，可通过修改梯段参数或通过梯段两侧箭头状操纵柄手动拉抻梯段，调整其宽度与踏步数。

4）楼梯绘制完成后，可以通过"创建草图" ✏ 等方式，完成踢面或楼梯边界的修改，如将直线形踢面改成弧形踢面：单击选中需要修改的楼梯，然后单击"编辑楼梯" 🔲 命令，进入"修改|创建楼梯"界面（也可通过双击要修改的楼梯进入"修改|创建楼梯"界面），在该界面下，再次单击选中需要修改的楼梯，单击工具栏中"编辑草图" 🔲 命令，进入"修改|创建楼梯>绘制梯段"界面，在该界面下，采用"边界" 🔲 边界 →"起点-终点-半径弧" 📐 命令，将直线形踢面修改为弧形踢面，完成楼梯的修改，如图 2-146a 所示。修改完成的楼梯三维模型如图 2-146b 所示。

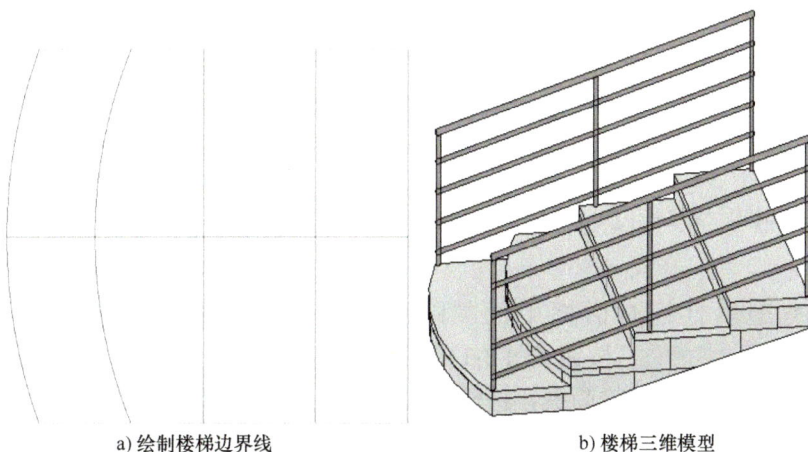

a) 绘制楼梯边界线　　b) 楼梯三维模型

图 2-146　利用创建及编辑草图方式创建楼梯

5）在楼梯草图中，梯段边界线为绿色，踢面线为黑色。

2. 绘制栏杆扶手

栏杆扶手是指设在梯段及平台边缘的安全保护构件。栏杆扶手是建筑物中常见的构件，是由扶手和栏杆（嵌板）及端部、中间立柱组成，扶手为横向构件，栏杆及立柱为竖向构件。扶手一般附设于栏杆顶部，供作倚扶用。扶手也可附设于墙上，称为靠墙扶手。

（1）设置扶手参数　单击选中创建楼梯时自动生成的栏杆扶手，单击"属性"面板中的"编辑类型"，在弹出的"类型属性"对话框中，单击"复制"按钮，按任务图纸创建"880mm 圆管"类型，单击"确定"，按钮后，修改"顶部扶栏"→"高度"数值为"880.0"（图 2-147）完成 880mm 栏杆扶手类型的创建。

勾选"类型属性"对话框中的"顶部扶栏"→"使用顶部扶栏"后面的复选框，同时单击"顶部扶栏"→"类型"后面的 ⋯ 按钮，如图 2-148a 所示，弹出"类型属性"对话框。根据任务要求选择"类型属性"对话框中的"类型（I）"为"矩形 -50×50mm"，同时设置"构造"→"轮廓"为

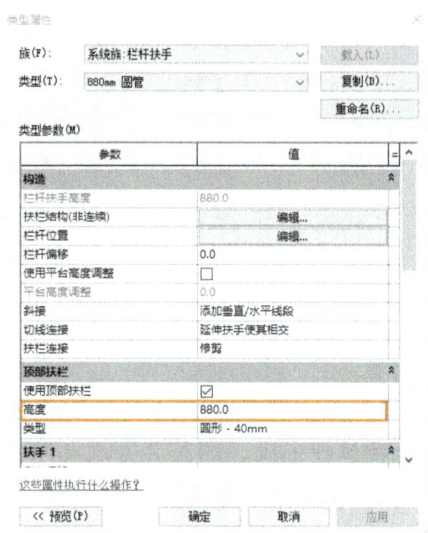

图 2-147　创建栏杆扶手类型

"矩形扶手：50×50mm"，设置"材质和装饰"→"材质"为"樱桃木"，如图 2-148b 所示，单击"确定"按钮，完成顶部扶栏参数的设置，如图 2-148c 所示。

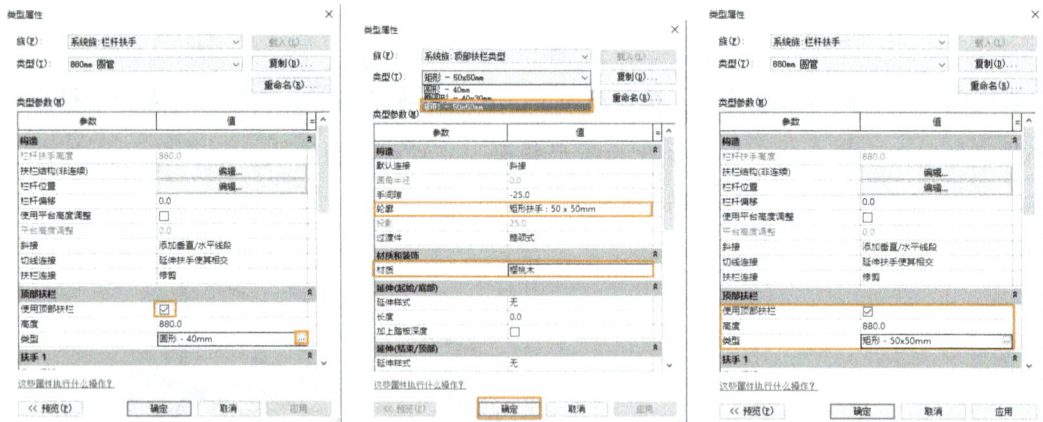

a）勾选"顶部扶栏"复选框　　　　b）选择类型并设置轮廓　　　　c）设置顶部扶栏参数

图 2-148　设置顶部扶栏参数

单击"类型属性"对话框中的"构造"→"扶栏结构（非连续）"后面的"编辑　　　　编辑…　　　　"按钮（图 2-149a），在弹出的"编辑扶手（非连续）"对话框中按任务图纸要求设置各个扶栏高度，扶栏高度示意图如图 2-149b 所示。通过高度、轮廓及材质数值框后面的 ⋯ 按钮设置相应的高度、轮廓及材质参数，单击"确定"按钮，完成扶栏（扶手）的参数设置，如图 2-149c 所示。

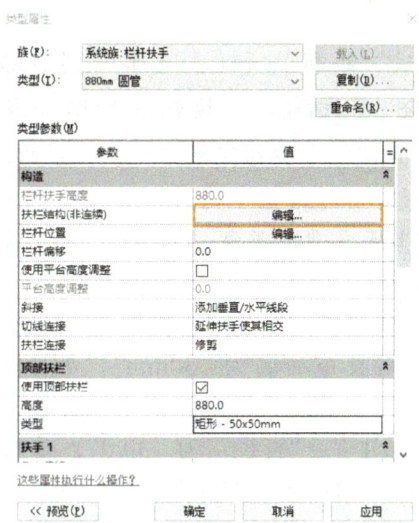

a) 编辑扶栏结构

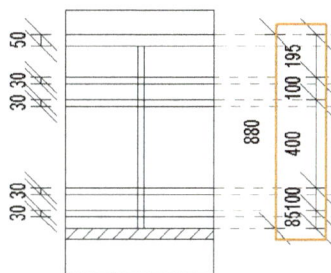

栏杆详图1∶50

b) 扶栏高度示意图

c) 设置扶栏参数

图2-149 设置扶栏（扶手）参数

【注意】

1）扶栏的个数可以通过"编辑扶手（非连续）"对话框中的"插入" 插入(I) 、"复制" 复制(L) 及"删除" 删除(D) 按钮进行增加或减少，同时可以通过"向上" 向上(U) 和"向下" 向下(O) 按钮实现其扶栏位置的调整。

2）在"编辑扶手（非连续）"对话框中还可以设置扶栏的名称、高度、偏移、轮廓、材质等，"轮廓"下拉菜单中若无需要的类型，可通过"载入族"命令载入，单击"确定"按钮完成设置。

（2）设置栏杆参数 在"项目浏览器"中，找到"族"→"栏杆扶手"→"栏杆-圆形"，右击复制"25mm"类型，并将其重命名为"30mm"，如图 2-150a 所示。双击新创建的"30mm"栏杆类型，在弹出的"类型属性"对话框中设置其"材质和装饰"→"栏杆材质"为"不锈钢"，修改其"尺寸标注"→"直径"为"30.0"，单击"确定"按钮，完成新的栏杆族类型（栏杆-圆形：30mm）的创建，如图 2-150b 所示。

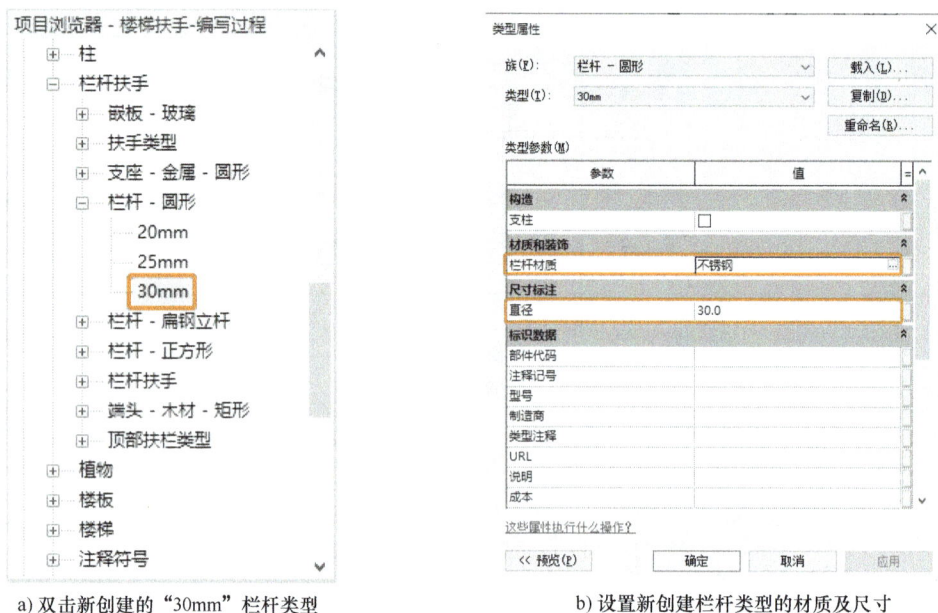

a) 双击新创建的"30mm"栏杆类型   b) 设置新创建栏杆类型的材质及尺寸

图 2-150 创建新的栏杆族

栏杆各组成部分示意图如图 2-151a 所示。单击选中已创建好的栏杆扶手，单击"属性"面板中的"编辑类型"，在弹出的"类型属性"对话框中，单击"构造"→"栏杆位置"后面的"编辑" 编辑... 按钮，如图 2-151b 所示，在弹出的"编辑栏杆位置"对话框中按任务图纸要求设置"主样式"中"常规栏"→"栏杆族"为"栏杆-圆形：30mm"，并进行底部、顶部、底部偏移、顶部偏移、相对前一栏杆的距离及偏移等参数的设置，设置其"对齐"方式为"中心"，按照任务要求设置"支柱"中"起点支柱""转角支柱"及"终点支柱"的"栏杆族"为"栏杆-圆形：30mm"，并进行底部、顶部、底部偏移、顶部偏移、空间、偏移等参数的设置，设置完成后，单击"确定"按钮，完成栏杆参数的设置，如图 2-151c 所示。

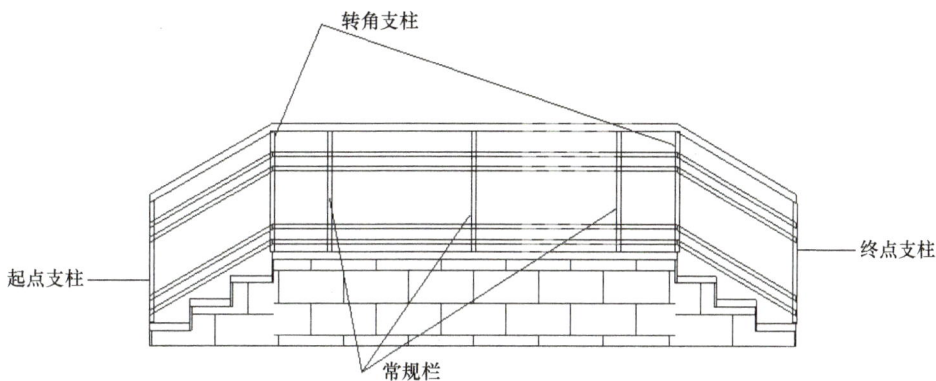

a) 栏杆各组成部分示意图

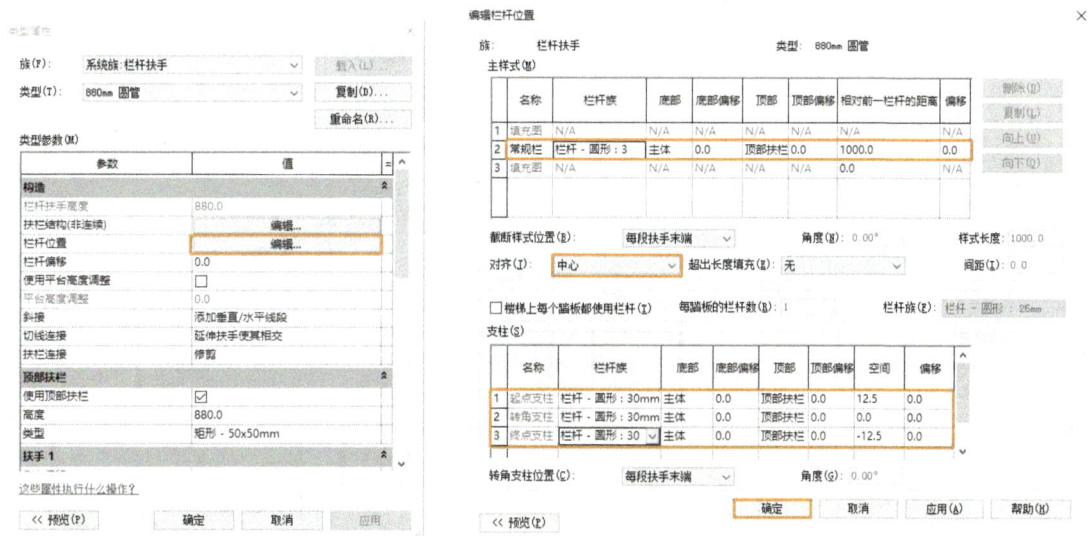

b) 单击"构造"-"栏杆位置"后面的"编辑"按钮

c) 设置栏杆位置等参数

图 2-151 设置栏杆参数

单击"类型属性"对话框中的"确定"按钮，完成栏杆扶手参数的设置，结果如图 2-152 所示。

单击选中另一侧没有进行参数编辑的栏杆扶手，在"属性"面板中更改其类型属性为"栏杆扶手 880mm 圆管"（图 2-153a），即可完成另一侧栏杆扶手的设置，完成后的三维模型如图 2-153b 所示。

【注意】

1）对于已创建的栏杆扶手，单击"翻转栏杆扶手方向"箭头，可控制"扶手偏移""栏杆偏移"及属性框中的"从路径偏移"的方向。

2）栏杆扶手除可以附着于楼梯上之外，还可以附着于楼板、坡道、地形等主体图元上，附着在楼梯、坡道上时可以自动生成，也可以单独创建，单独创建时其绘制路径可以是封闭的也可以是开放的，但必须是连续的。

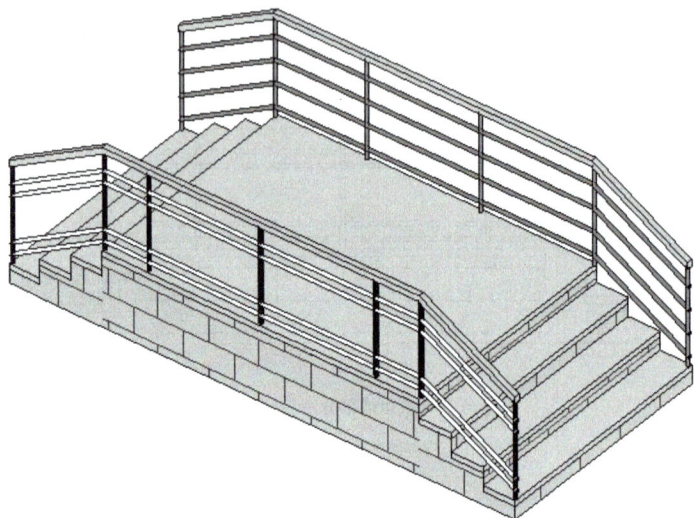

图 2-152　完成一侧栏杆扶手的创建

a) 更改另一侧栏杆扶手类型为
　"栏杆扶手880mm圆管"

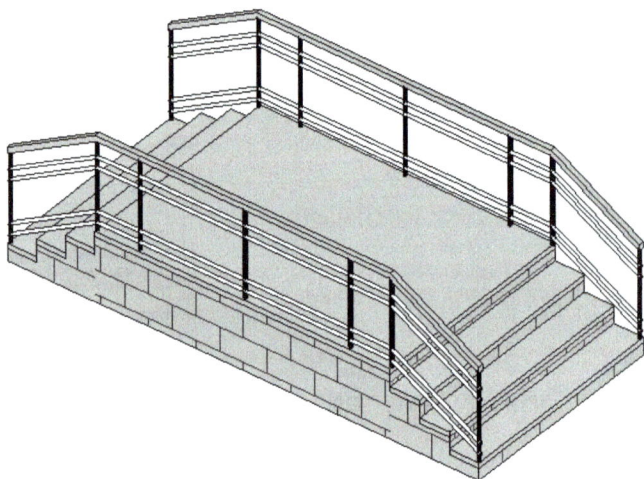

b) 完成栏杆扶手的创建

图 2-153　栏杆扶手创建完成

3）单独创建栏杆扶手时，单击"建筑"→"栏杆扶手" 栏杆扶手 · 下拉小三角，可看到有"绘制路径" 绘制路径 和"放置在楼梯/坡道上" 放置在楼梯/坡道上 两种绘制方式，如图 2-154a 所示。采用"绘制路径" 绘制路径 方式创建时，单击"绘制路径" 绘制路径 命令，进入"修改|创建栏杆扶手路径"界面，在该界面下，通过在"属性"面板中设置相应的属性参数，然后在工具栏中选择相应的绘制方式，绘制出栏杆扶手的路径（图 2-154b），单击"完成编辑模式" 命令，即可完成楼梯扶手的创建（图 2-154c），也可通过拾取楼板边界绘制栏杆扶手路径，从而完成栏杆扶手的创建，如图 2-154 d 所示。

a) 两种栏杆扶手绘制方式

b) 利用绘制路径方法绘制栏杆扶手路径

c) 利用绘制路径方法完成栏杆扶手的创建

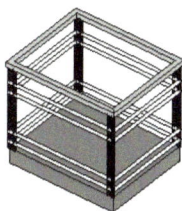

d) 采用拾取楼板边界方式绘制栏杆扶手

图 2-154 栏杆扶手的创建方法

当采用"放置在楼梯/坡道上" 方式创建时，单击"放置在楼梯/坡道上" 命令，进入"修改 | 在楼梯/坡道上放置栏杆扶手"界面，在该界面下，通过在"属性"面板中设置相应的属性参数，然后在工具栏中单击选择栏杆放置的位置"踏板" 或者"梯边梁" ，然后单击需要放置栏杆扶手的楼梯或坡道，即可完成楼梯或坡道上栏杆扶手的创建，结果如图 2-155 所示。

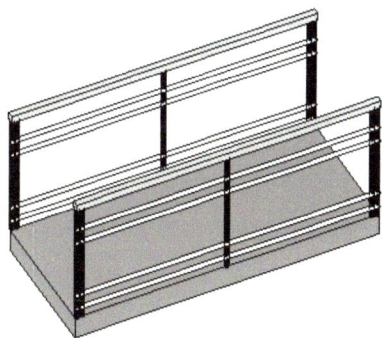

图 2-155 采用"放置在楼梯/坡道上"方式创建栏杆扶手

4）单击创建完成的栏杆扶手，单击工具栏中的"编辑路径" 命令，即可进入"修改 | 栏杆扶手 > 绘制路径"界面，在该界面下，可实现对已创建完成的栏杆扶手属性参数及路径等的修改，修改完成后点击"完成编辑模式" 命令即可。

楼梯扶手已绘制完成，将文件保存至对应文件夹即可。

四、知识巩固与拓展

根据图 2-156 给定数值创建楼梯与扶手，扶手截面为矩形 -50mm × 50mm，材质为"木材 - 刨花板"，高度为 800mm；栏杆截面为矩形 -20mm × 20mm，栏杆间距为 280mm，未标明尺寸不做要求，楼梯整体材质为混凝土砌块，请将建好的模型以"楼梯扶手"为文件名进行保存。

a) 平面图 1:100

b) 1—1剖面图1:100

c) 2—2剖面图1:100

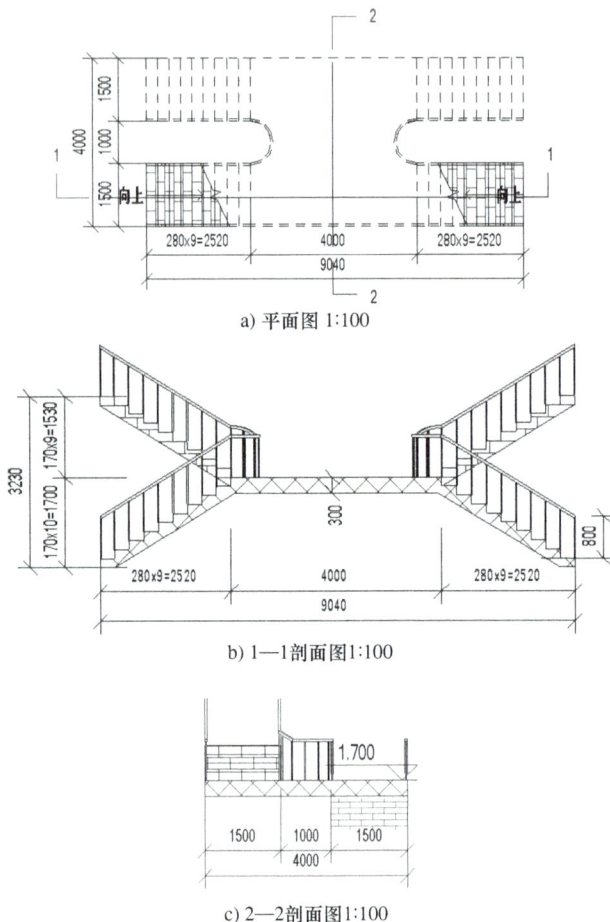

图 2-156   楼梯扶手示意图

五、课后训练

扫码完成本任务课后作业。

课后作业 10

任务九   创建柱梁

知识目标： 掌握创建柱模型的方法；掌握创建梁模型的方法。

能力目标： 能够灵活应用所学知识对实际工程项目进行柱、梁等模型的创建；能够进行柱、梁模型编辑与参数设置。

素质目标： 能够与团队成员协同合作；通过柱、梁等模型的创建，强调标准规范的重要性及关键部分决定整体；培养规范意识。

【大国工匠之代表人物】

航空工业哈尔滨飞机工业集团有限责任公司数控铣工秦世俊，从事数控加工 20 多年间，潜心钻研，实现了镗削加工精度面粗糙度达到 $Ra0.13$~$Ra0.18$（表面粗糙度）的镜面级，誓让中国制造更具话语权。先后参与生产加工多个型号飞机零部件的科研等几百余项任务，多次参加同行业技术交流、国内外技术深造，学习推广数字化制造、3D 打印技术等前沿数控加工技术，为提升企业技术进步和国家航空装备制造水平做出了卓越贡献。

一、任务描述

　　根据图 2-157 中给定的尺寸及数据，创建钢筋混凝土柱和梁，平面位置如图 2-157 所示，梁 KL 的顶面标高为"2F"4.000m，为混凝土矩形梁，截面尺寸为 400mm×400mm；结构柱 KZ 为混凝土矩形柱，截面尺寸均为 400mm×500mm，建筑柱 QZ 截面尺寸均为 400mm×400mm，柱的底部标高为"1F"±0.000、顶部标高为"2F"4.000m。将建好的模型以"柱梁"为文件名进行保存。

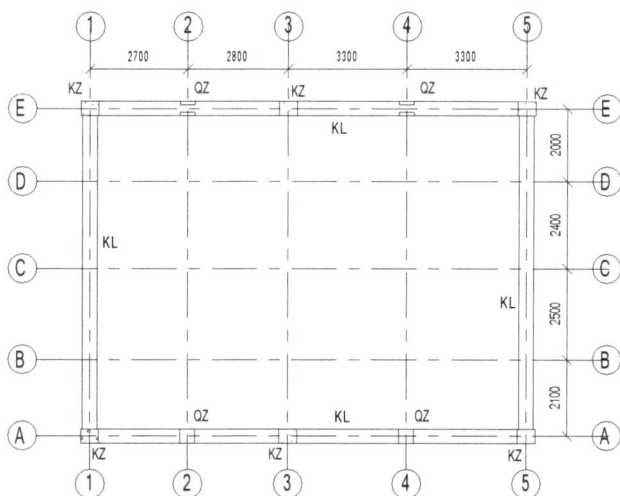

图 2-157　柱和梁平面布置图

二、课前准备

　　学生扫码查看预习内容。

预习内容：视频 26　柱、梁创建 -1

预习内容：视频 27　柱、梁创建 -2

三、任务实施

　　柱在建筑工程中是用来支撑上部结构并将荷载传至基础的竖向受力构件，其在 Revit 中有结构柱和建筑柱两种。其中，结构柱和建筑柱的区别如下：

　　1）结构柱一般起承重作用，只能采用指定的结构材料（如混凝土），当其与墙体所用材料不一致时，无法与墙体的材质相统一融合；建筑柱一般起装饰作用，可以使用建筑柱围绕结构柱创建柱框外围模型，一般位于建筑内部，墙的复合层包络建筑柱。建筑柱将继承连接到的其他图元的材质，结构柱和建筑柱材质区别如图 2-158 所示。

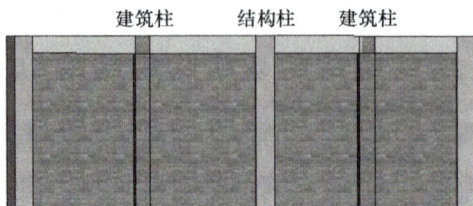

图 2-158　结构柱和建筑柱材质区别

2）基础、支撑、梁等可以添加到结构柱上，但不能添加到建筑柱上，如图 2-159 所示。

图 2-159　梁等添加到结构柱和建筑柱的区别

3）结构柱可以启用分析模型（图 2-160a），但建筑柱不可以（图 2-160b）。

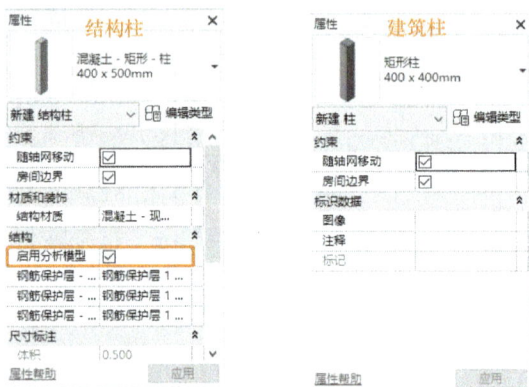

a) 结构柱可以启用分析模型　　　b) 建筑柱不能启用分析模型

图 2-160　结构柱和建筑柱启用分析模型的区别

4）结构柱既可以创建垂直柱，也可以创建斜柱，但建筑柱仅可以创建垂直柱。

5）钢筋可以放在结构柱中，但不能放在建筑柱中。

6）结构柱可以放置在建筑柱中。

1. 绘制标高、轴网

启动 Revit 软件，新建以"建筑样板"为模板的项目，并将其命名为"柱梁"并保存在相应文件夹内。

根据前面所学内容，完成图纸中标高、轴网的绘制，如图 2-161 所示。

2. 绘制柱

（1）创建与编辑结构柱　在"结构"界面下，选择"柱" ⬚ 命令，进入"修改|放置　结构柱"
柱

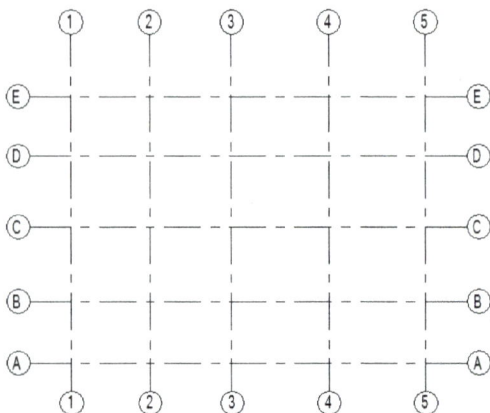

图 2-161　完成标高、轴网的绘制

界面（软件默认放置"垂直柱" ⬚ 垂直柱），单击"属性"面板中的"编辑类型"，弹出"类型属性"对话框，在该对话框下，单击"载入"按钮（图 2-162a），载入族库中的"混凝土-矩形-柱"（图 2-162b）。

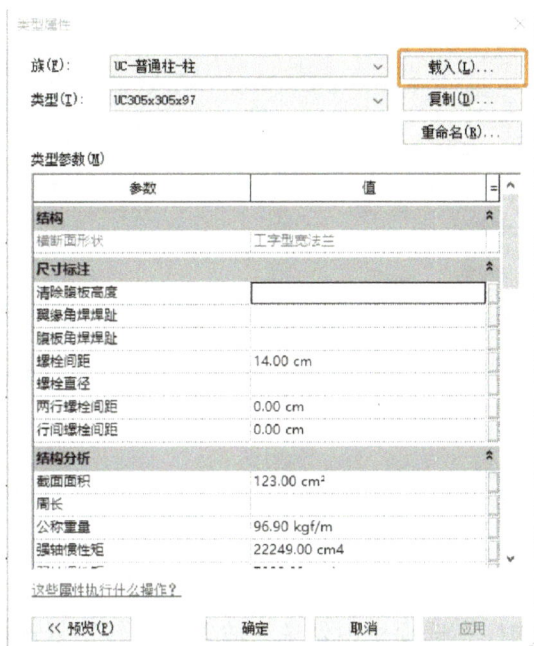

a) 单击"载入"按钮

b) 选择并载入"混凝土-矩形-柱"族

图 2-162 载入"混凝土-矩形-柱"族

【注意】在"建筑"选项卡下，单击"柱" ⬚ 柱 下拉小三角，选择"结构柱" ⬚ 结构柱 命令，同样可以进入"修改|放置结构柱"界面。

将族"混凝土-矩形-柱"载入后，在"类型属性"对话框中，复制新建"400×500mm"矩形柱，完成尺寸标注修改后单击"确定"按钮，完成结构柱 KZ 的类型属性编辑，如图 2-163 所示。

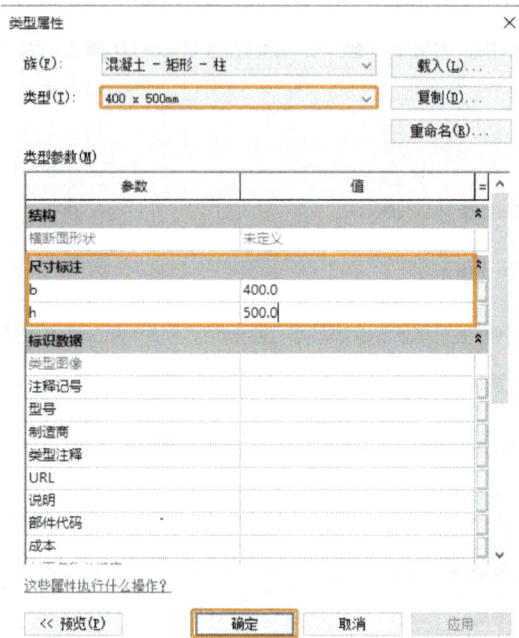

图 2-163　新建"400×500mm"矩形柱

在"修改｜放置 结构柱"选项栏中勾选"放置后旋转"复选框，将"深度"更改为"高度"，顶部约束更改为"2F"（图 2-164a），按图纸位置单击放置 KZ，放置完成后，旋转至图中要求位置（图 2-164b），完成 KZ 柱的放置，如图 2-164c 所示。

a) 设置 KZ 柱的约束条件

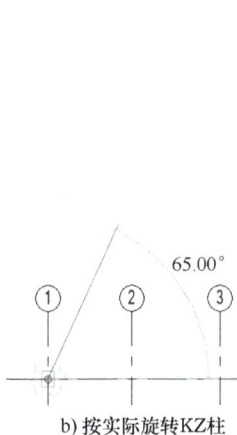

b) 按实际旋转 KZ 柱　　　　　　c) 在相应位置放置 KZ 柱

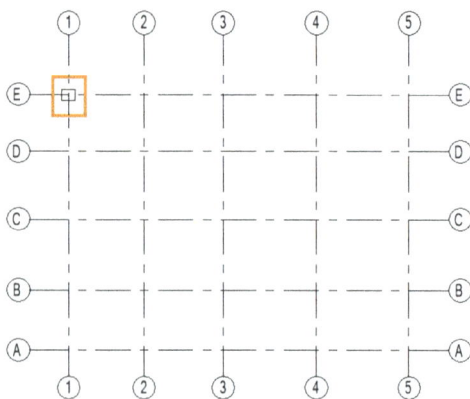

图 2-164　设置并完成某一 KZ 柱的放置

按照同样的方法，完成其他结构柱 KZ 的放置（或通过"复制"命令完成其他结构柱的放置），结构柱 KZ 完成后的示意图如图 2-165 所示。

【注意】

1）在放置柱时，如果不勾选选项栏中的"放置后旋转"复选框，则放置柱子后，可以通过"修改"→"旋转" ⟳ 命令完成柱子的旋转。

2）复选栏中"高度"命令，指的是绘制的柱子是从当前平面向上绘制到相应的约束位置，"深度"命令指的是绘制的柱子是从当前平面向下绘制到相应的约束位置。

3）在"修改|放置结构柱"界面下，单击工具栏中的"在柱处" 🧪，则可以将结构柱添加到建筑柱中。

4）在"修改|放置结构柱"界面下，单击"斜柱" ▱ 命令，在选项栏中分别设置斜柱的起始位置及偏移量：起点位置设置

图 2-165　完成所有结构柱 KZ 的创建

为 第一次单击: 1F ▢ 0.0 、终点位置设置为 第二次单击: 2F ▢ 0.0 （图 2-166a），设置完成后，在视图中按相应位置单击，完成斜柱的创建，如图 2-166b 所示。

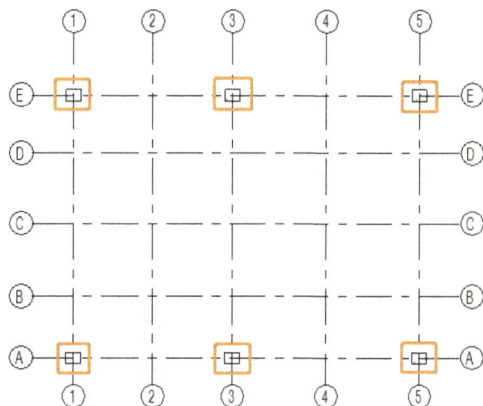

修改 | 放置 结构柱　第一次单击: 1F ▢ 0.0　第二次单击: 2F ▢ 0.0　☑三维捕捉

a) 设置要放置的斜柱的约束条件

b) 创建斜柱

图 2-166　设置约束条件并完成斜柱的创建

5）在"修改|放置结构柱"界面下，创建垂直柱时，单击工具栏中的"在轴网处" 🔩 命令，然后选中需要创建柱的轴网，可在选中的轴网交点处快速创建柱模型，如图 2-167 所示。

6）创建斜柱时，无法使用"在柱处" 🧪 及"在轴网处" 🔩 命令，仅在创建垂直柱时可使用该命令。

7）在"修改|放置结构柱"界面下，单击"放置时进行标记" 🏷 命令，可实现对柱体的标记。

（2）创建与编辑建筑柱　在"建筑"界面下，单击"柱" ▯ 下拉小三角，选择"柱:

建筑" ![图标] 柱-建筑 命令，进入"修改|放置 柱"界面，单击"属性"面板中的"编辑类型"，弹出"类型属性"对话框，在该对话框下，复制新建"400×400mm"矩形柱，单击"确定"按钮，完成 QZ 柱类型参数的设置，如图 2-168 所示。

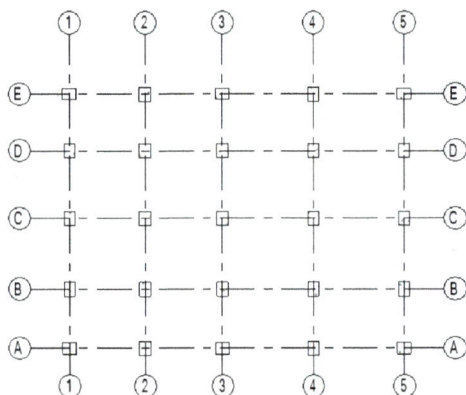

图 2-167　采用"在轴网处"命令创建柱

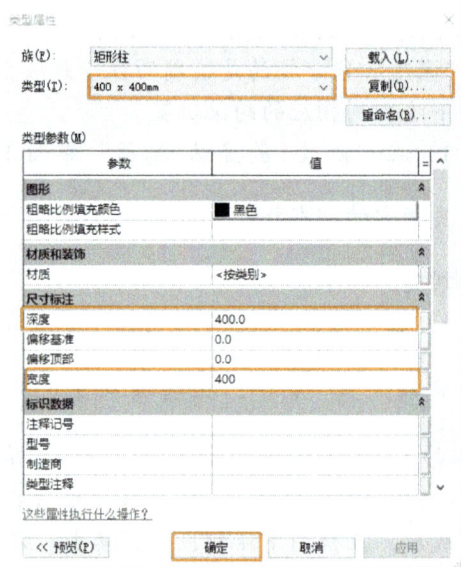

图 2-168　设置 QZ 柱类型参数

在选项栏中设置建筑柱 QZ 的放置方式及约束条件（图 2-169a），按照任务图纸位置放置建筑柱 QZ，完成建筑柱 QZ 的创建与编辑，如图 2-169b 所示。

a) 设置QZ柱放置位置

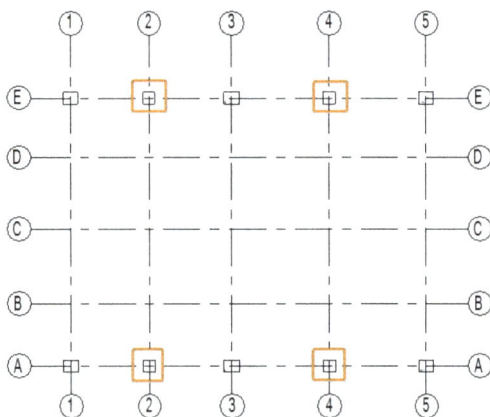

b) 放置QZ柱

图 2-169　在相应位置放置建筑柱 QZ

柱的绘制已完成，如图 2-170 所示。

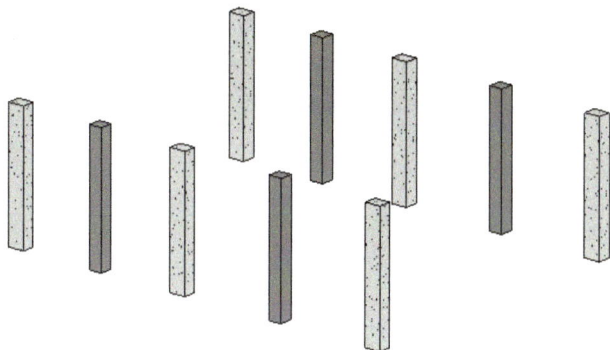

图 2-170　完成建筑柱 QZ 的创建

（3）绘制梁　在"结构"界面下，选择"梁" 命令，进入"修改 | 放置 梁"界面（软件默认"在放置时进行标记" ，若不进行标记，取消选中"在放置时进行标记" 即可），单击"属性"面板中的"编辑类型"，弹出"类型属性"对话框，在该对话框下，单击"载入"按钮，载入族库中的"混凝土 - 矩形梁"，如图 2-171 所示。

图 2-171　载入"混凝土 - 矩形梁"

将族"混凝土 - 矩形梁"载入后，在"类型属性"对话框中，复制新建"400×500mm"矩形梁 KL，完成尺寸标注修改后单击"确定"按钮，完成梁 KL 的类型属性编辑，如图 2-172 所示。

在"修改 | 放置 梁"选项栏中将"放置平面"设置为"标高：2F"，"结构用途"设置为"水平支撑"（图 2-173a），根据任务图纸在视图相应位置放置梁（图 2-173b），完成梁的绘制，如图 2-173c 所示。

【注意】

1）梁绘制完成后，在视图界面可能会弹出如图 2-174a 所示"警告"对话框，所创建的梁在视图中不可见，此时，我们需退出编辑模式，单击"属性"面板中的"范围"→"视图范围"→"编辑"按钮（图 2-174b），弹出"视图范围"对话框，将"主要范围"→"顶部"的偏移量及"剖切面"的偏移量设置为高于所创建的梁的顶部标高，单击"确定"按钮，如图 2-174c 所示，即可在视图中看到所创建的梁模型。

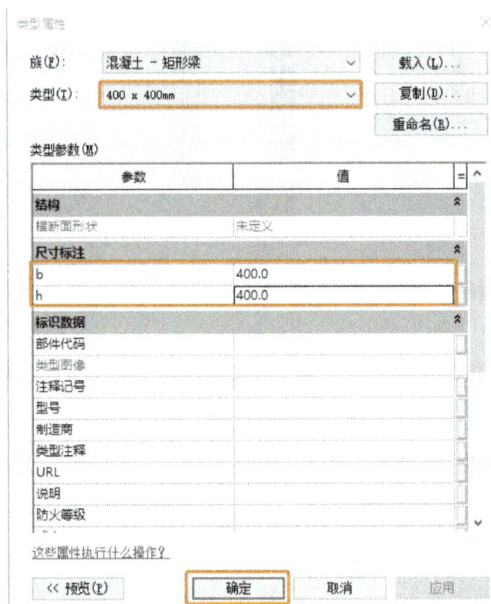

图 2-172　编辑梁 KL 的类型属性

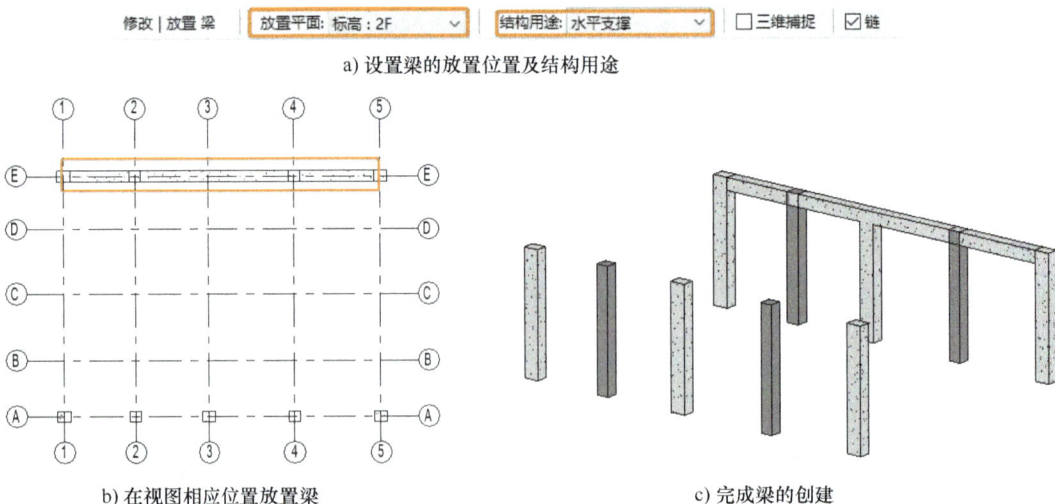

a）设置梁的放置位置及结构用途

b）在视图相应位置放置梁

c）完成梁的创建

图 2-173　创建梁

2）在放置梁时，其"结构用途"默认为"＜自动＞"，可通过单击下拉按钮更改其结构用途，如图 2-175 所示。

按照同样的方法，完成其他梁 KL 的放置（或通过"复制"命令完成其他梁 KL 的放置），如图 2-176 所示。

警告
所创建的图元在视图 楼层平面: 1F 中不可见。您可能需要检查活动视图及其参数、可见性设置以及所有平面区域及其设置。

a) 弹出"警告"对话框

属性

楼层平面

楼层平面: 1F　　　编辑类型

基线
范围: 底部标高　　无
范围: 顶部标高　　无边界
基线方向　　　　俯视

范围
裁剪视图　　　　□
裁剪区域可见　　□
注释裁剪　　　　□
视图范围　　　　编辑...
相关标高　　　　1F
范围框　　　　　无
裁剪裁　　　　　不剪裁
属性帮助　　　　启用

b) 单击"编辑"按钮

视图范围

主要范围
顶部(T)　　　相关标高 (1F)　　　偏移(O): 4200.0
剖切面(C)　　相关标高 (1F)　　　偏移(E): 4200.0
底部(B)　　　相关标高 (1F)　　　偏移(F): 0.0

视图深度
标高(L)　　　相关标高 (1F)　　　偏移(S): 0.0

了解有关视图范围的更多信息

<< 显示　　　　　确定　　应用(A)　　取消

c) 设置视图范围参数

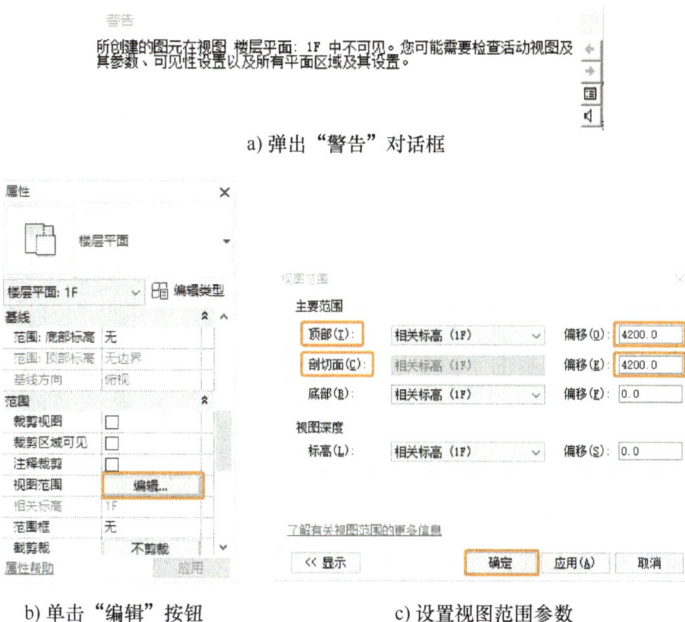

图 2-174　设置视图范围

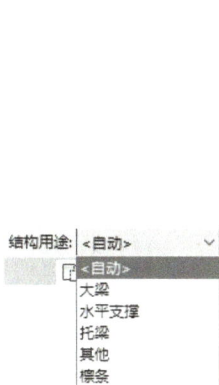

结构用途: <自动>
　　　　<自动>
　　　　大梁
　　　　水平支撑
　　　　托梁
　　　　其他
　　　　檩条

图 2-175　设置梁的结构用途

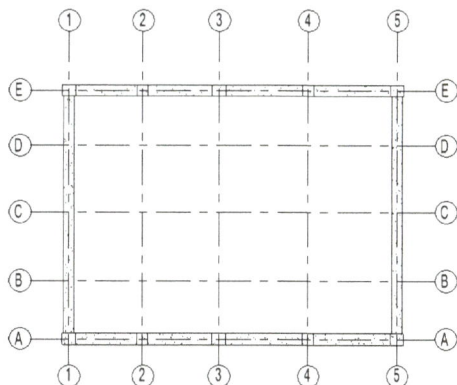

图 2-176　完成梁 KL 的创建

【注意】

1）在"修改 | 放置 梁"界面下，单击工具栏中的"在轴网上" 命令，然后选中需要创建梁的轴网，可在选中轴线的其他结构图元之间（如柱、其他梁或结构墙等）自动放置梁（图 2-177a），创建好的梁模型如图 2-177b 所示。

2）当柱子与屋顶或楼板等附着时，单击选中柱子，进入"修改 | 结构柱"界面，此时在工具栏中单击"附着顶部 / 底部" 命令，然后单击需要附着的屋顶或楼板，即可实现柱子与屋顶或楼板等的附着。如需取消附着，则单击选中柱子，在"修改 | 结构柱"界面下，在工具栏中单击"分离顶部 / 底部" 命令，即可实现柱子与屋顶或楼板等

的分离。

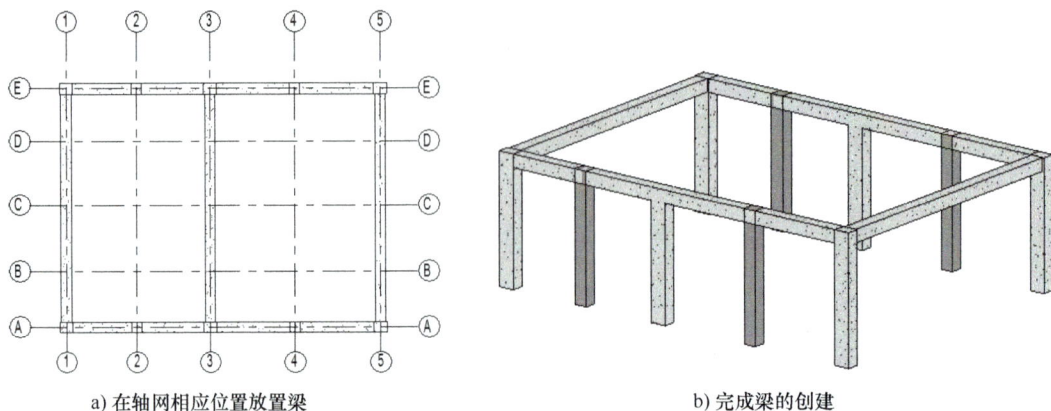

a) 在轴网相应位置放置梁　　　　　　　　　　b) 完成梁的创建

图 2-177　采用"在轴网上"命令创建梁

3）单击已附着到屋顶或楼板等的柱子，在"属性"面板中设置不同的"构造"→"顶部附着对正"方式，可更改柱子与屋顶或楼板等的相交程度，梁的顶部附着方式分别有"最小相交""相交柱中线""最大相交"三种，如图 2-178a~c 所示，不同的附着方式示意图如图 2-178d 所示。

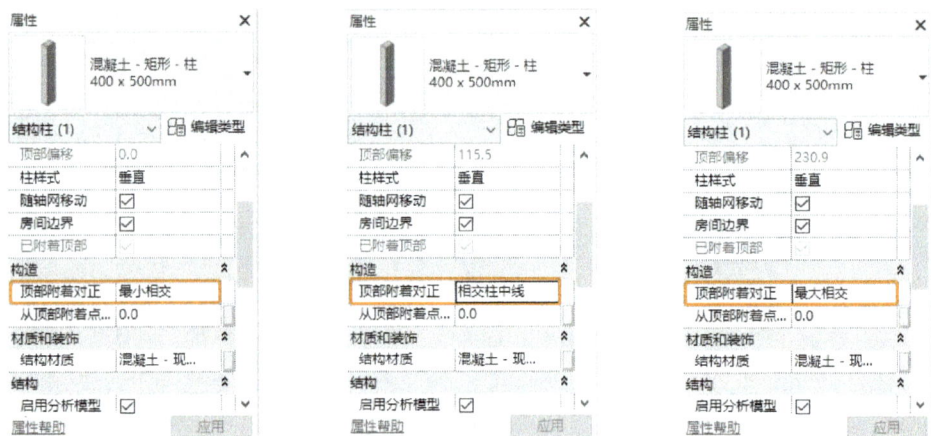

a) 设置"最小相交"附着方式　　b) 设置"相交柱中线"附着方式　　c) 设置"最大相交"附着方式

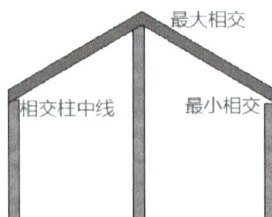

d) 不同附着方式示意图

图 2-178　梁的不同顶部附着对正方式

柱梁已绘制完成，将文件保存至对应文件夹即可。

四、知识巩固与拓展

根据图 2-179 中给定的小房子尺寸及数据，创建模型，其中梁的顶面标高为"标高 2" 4.000m，为混凝土矩形梁，截面尺寸为 400mm×800mm；结构柱 KZ 为混凝土矩形柱，截面尺寸均为 450mm×600mm，建筑柱 QZ 截面尺寸均为 500mm×500mm，柱的底部标高为 "标高 1" ±0.000、顶部标高为"标高 2" 4.000m。墙体类型选择"基本墙 常规 -200mm"，墙体材质选用"砖、普通、红色"，门类型选用 750mm×2000mm 单扇门，窗户选用 1500mm×1500mm 固定窗，屋顶类型选用"基本屋顶 常规 - 400mm"，屋顶坡度为 30°，其中柱子和梁按最大相交附着，未明确尺寸自定义。将建好的模型以"小房子"为文件名进行保存。

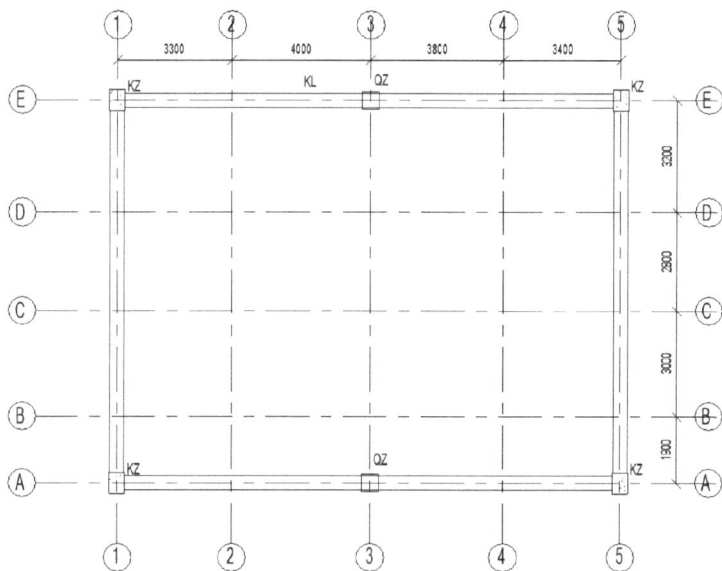

a) 小房子结构平面图

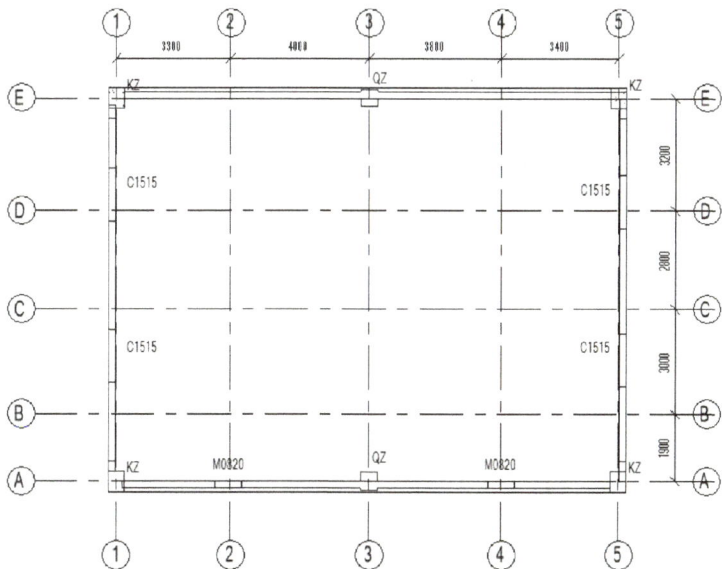

b) 一层平面图

图 2-179 小房子项目尺寸及模型

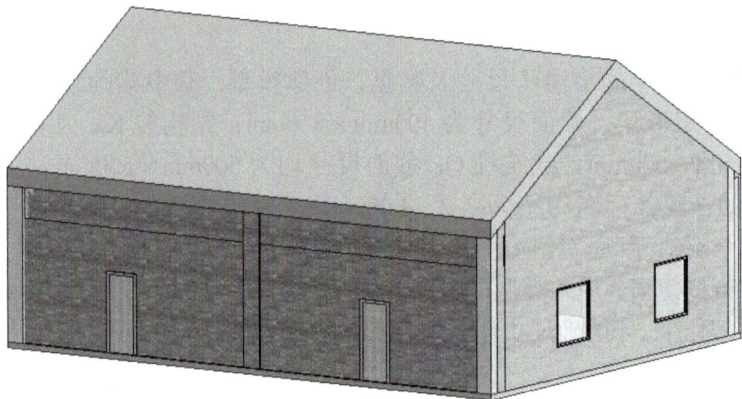

c) 小房子三维图

图 2-179　小房子项目尺寸及模型（续）

五、课后训练

扫码完成本任务课后作业。

课后作业 11

任务十　输出成果

知识目标：掌握 Revit 明细表的生成与编辑方法；掌握图纸输出及渲染方法。

能力目标：能够输出明细表及图纸；能够进行模型渲染。

素质目标：具有认真严谨的工作态度，并能够举一反三，灵活变通；具备创新意识。

【大国工匠之代表人物】

国家电网山东省电力公司检修公司输电检修中心带电班副班长王进，参与执行抗冰抢险、奥运会和全运会保电、线路防舞动治理等重大任务，带电检修 300 余次实现"零失误"，为社会节省电量 1000 万 kV·h，避免经济损失数以亿元计，成功完成世界首次 ±660kV 直流输电线路带电作业。他平步百米铁塔，横穿超、特高压，在"刀锋"上起舞，守护着岁月通明、灯火万家。

一、任务描述

根据任务七中完成的玻璃房模型，完成：

1）建立门窗明细表，均应包含类型、类型标记、宽度、高度、标高、底高度、合计字段，按类型和标高进行排序。

2）创建玻璃房一层平面布置图，要求：

① 图框类型：A2 公制图框。

② 图纸名称：一层平面图。

③ 标题要求：视图上的标题为"玻璃房一层平面图"。

④ 导出为 CAD 格式。

3）模型渲染：对房屋的三维模型进行渲染，设置背景为"天空：少云"，照明方案为"室外：日光和人造光"，质量设置为"中"，其他未标明选项不做要求，结果以"玻璃房渲染"为文件名进行保存。

二、课前准备

学生扫码查看预习内容。

预习内容：视频 28
成果输出 -1（图纸输出）

预习内容：视频 29
成果输出 -2（明细表生成）

预习内容：视频 30
成果输出 -3（渲染和漫游）

三、任务实施

1. 生成明细表

启动 Revit 软件，打开任务七中创建的玻璃房模型，单击进入"视图"选项卡，在该选项卡下，单击"明细表" 下拉小三角，选择"明细表/数量"(图 2-180a)，弹出"新建明细表"，在"类别"中选择要创建明细表的"门"类别，单击"确定"(图 2-180b)，弹出"明细表属性"对话框，在"可用的字段"中分别选择类型、类型标记、宽度、高度、标高、底高度、合计字段，通过"添加参数" 按钮分别将其一一添加至对话框右侧的"明细表字段（按顺序排列）"中（图 2-180c）。

单击"排序 / 成组"标签，设置其按"类型"→"升序"排序，否则按"标高"→"升序"排序，勾选"总计"复选框，同时选择"标题、合计和总数"，根据实际需要，勾选"逐项列举每个实例"复选框，如图 2-181 所示。

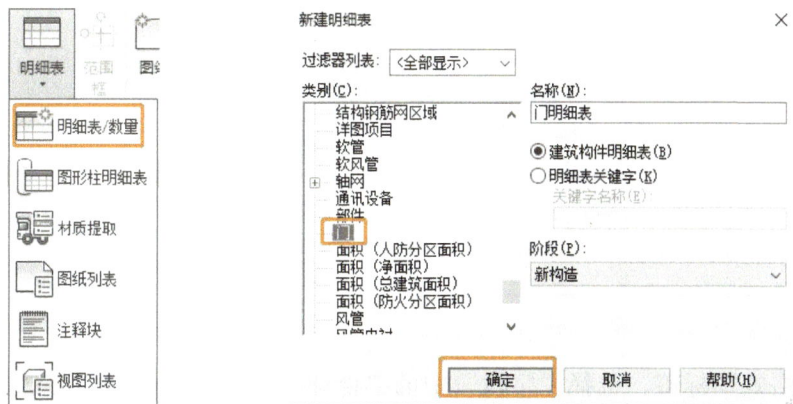

a) 选择"明细表/数量"　　　　b) 选择"门"类别并创建"门"明细表

图 2-180　创建"门"明细表并添加字段

c) 添加明细表字段

图 2-180 创建"门"明细表并添加字段（续）

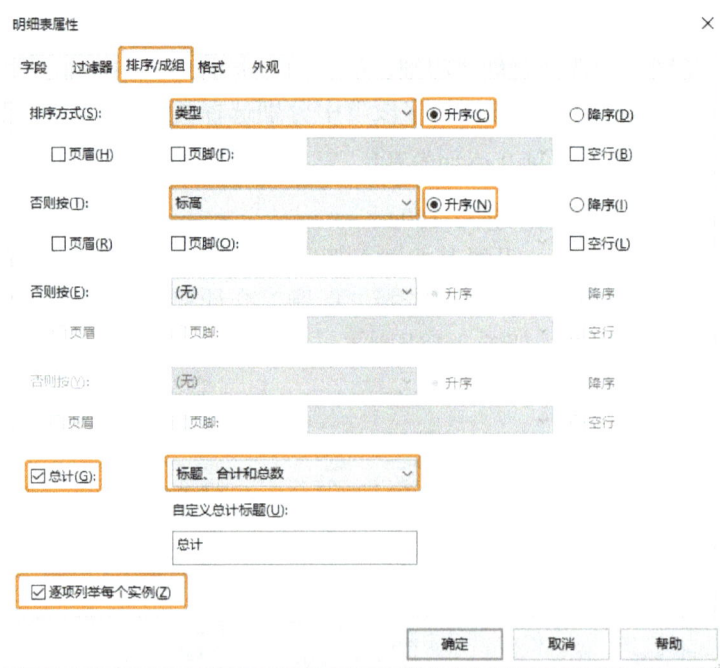

图 2-181 门明细表"排序/成组"参数设置

单击"格式"标签，选择"字段"中的"合计"，然后选择"计算总数"（图 2-182），单击"确定"按钮，即可完成"门"明细表的创建，如图 2-183 所示。

按照同样的方法，可以生成"窗"明细表，如图 2-184 所示。

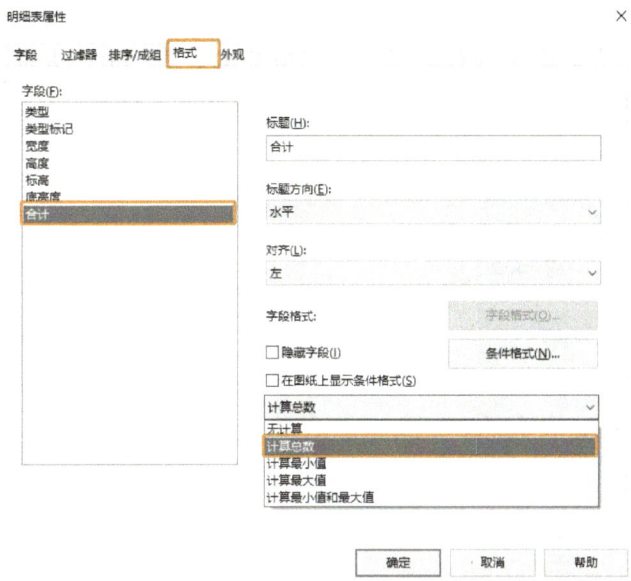

图 2-182　完成“门”明细表“格式”参数设置

<门明细表>						
A	B	C	D	E	F	G
类型	类型标记	宽度	高度	标高	底高度	合计
1500 x 2100 mm	M828	1500	2100	标高 1	0	1
总计: 1						1

图 2-183　完成“门”明细表的创建

<窗明细表>						
A	B	C	D	E	F	G
类型	类型标记	宽度	高度	标高	底高度	合计
1000 x 1200mm	C1012	1000	1200	标高 1	2000	1
1000 x 1200mm	C1012	1000	1200	标高 1	2000	1
总计: 2						2

图 2-184　完成“窗”明细表的创建

【注意】

1）在“明细表属性”对话框中，选中“可用的字段”列表中的字段，通过“添加参数”按钮可将其添加至“明细表字段（按顺序排列）”中。

2）选中“明细表字段（按顺序排列）”中的字段，通过单击“移除参数”按钮，可将其从“明细表字段（按顺序排列）”中移除。

3）选中“明细表字段（按顺序排列）”中的字段，通过单击“上移参数”或“下移参数”按钮可实现其顺序的调整。

4）单击“新建参数”按钮可实现参数的新建。

5）若对已生成的门窗明细表修改，可以在门窗视图下，单击“属性”面板中任意“编辑”按钮（图 2-185），即可打开“明细表属性”对话框，对其相关属性进行修改设置。

6）明细表的创建，除了通过"视图"→"明细表"→"新建明细表"方法外，还可以通过"项目浏览器"中的命令进行实现，在"项目浏览器"中，右击"明细表/数量（全部）"，然后单击"新建明细表/数量"（图2-186），同样可以弹出"新建明细表"对话框。

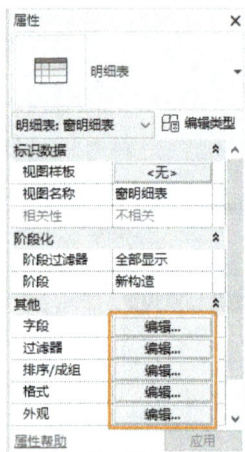

图 2-185　通过"属性"面板中的"编辑"
按钮打开"明细表属性"对话框

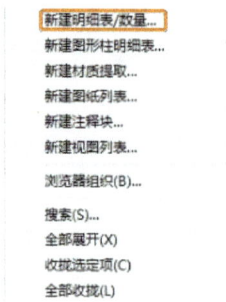

图 2-186　单击"新建明细表/数量"调出
"新建明细表"对话框

2. 创建图纸

单击进入"视图"选项卡，在该选项卡下，单击"图纸"命令，弹出"新建图纸"对话框，根据要求，选择图框大小为"A2 公制"（图2-187a），单击"确定"按钮，完成如图2-187b所示图纸创建。

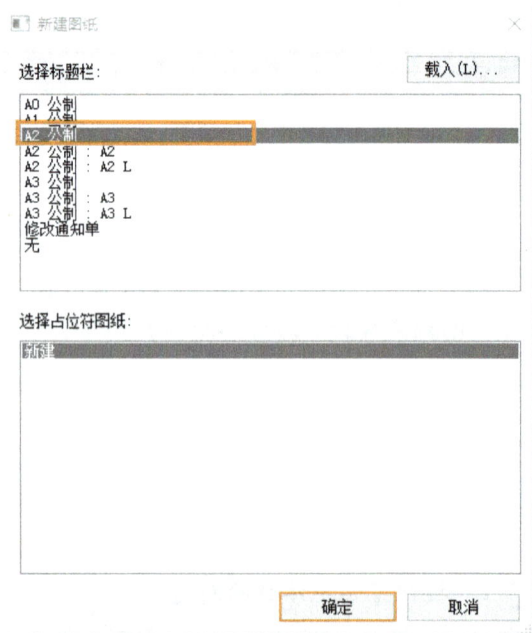

a）选择图框大小

图 2-187　完成图纸的创建

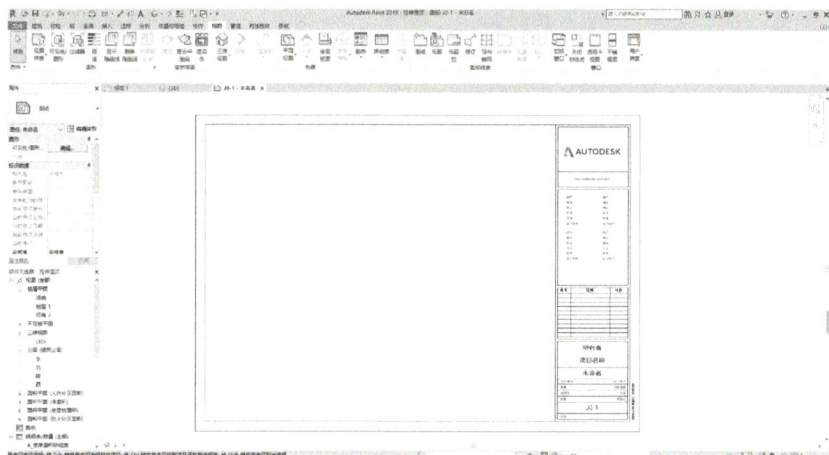

b) 创建好图框的视图

图 2-187 完成图纸的创建（续）

在该视图下，在"项目浏览器"中单击选中"标高 1"，按住鼠标左键不动将其拖动至视图范围，松开鼠标左键，将一层平面图移动至图框中合适位置时，再次单击，即可将一层平面图放置至图框中，如图 2-188 所示。

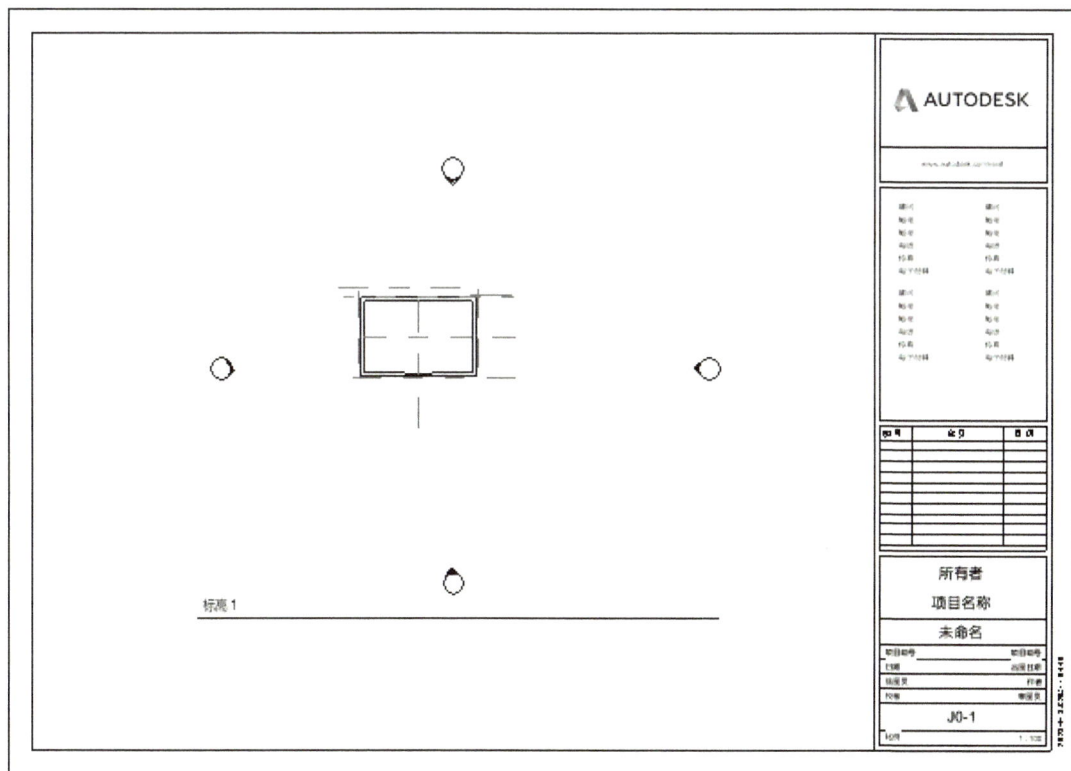

图 2-188 将图纸放置在图框中

单击选中图框，在"属性"面板中修改"图纸名称"为"一层平面图"，如图 2-189 所示，即可完成图纸名称的设置。

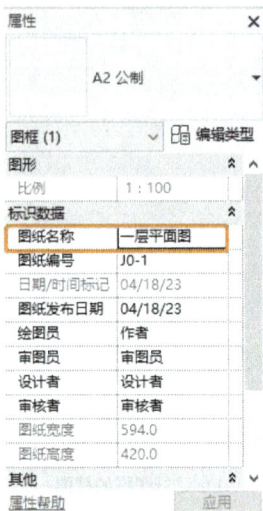

图 2-189　设置图纸名称

　　单击选中图框中一层平面图，在"属性"面板中修改"视图名称"为"玻璃房一层平面图"（图 2-190a），即可完成视图名称的设置，如图 2-190b 所示。

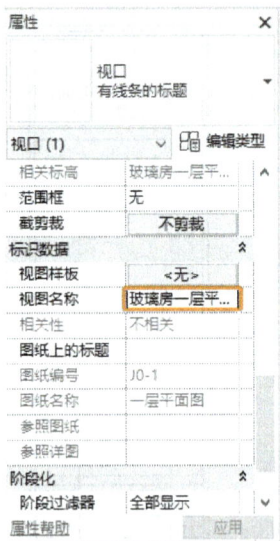

a) 在"属性"面板中设置视图名称　　　　　　　　　　　　　　　　b) 完成图纸名称的设置

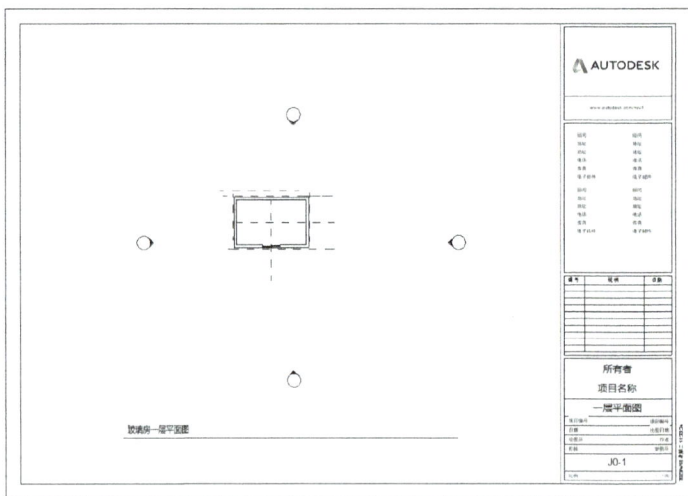

图 2-190　设置一层平面图名称

【注意】

　　1）若弹出的"新建图纸"对话框中没有所需的图框大小，可以通过"载入"的方式将所需图框载入进来（系统默认的载入路径为：C:\ProgramData\Autodesk\RVT 2019\Templates\China\ 标题栏），如图 2-191 所示。

　　2）若要修改已放置在图框中的图纸，双击图框中的图纸，即可激活视图，对其进行修改。除此之外，还可以选中图纸进入"修改 | 视口"界面，单击工具栏中的"激活视

图"![激活视图]命令，对图框中的图纸进行修改，修改完成后，在图纸范围外任意空白处双击，即可取消激活。

图 2-191　载入图框

3）除以上两种方法外，还可以通过选中并右击的方式，在弹出的菜单中选择"激活视图"命令，如图 2-192 所示，激活后可对图纸进行修改。

4）与明细表的创建类似，除了通过"视图"→"图纸"→"新建图纸"方法外，还可以通过"项目浏览器"中的命令进行实现，在"项目浏览器"中右击"图纸（全部）"，然后单击"新建图纸"，同样可以弹出"新建图纸"对话框。

在该视图下，单击"文件"→"导出"→"CAD 格式"→"DWG"（图 2-193a），弹出"DWG 导出"对话框，单击"下一步"按钮（图 2-193b），选择保存位置，即可将当前视图导出为 CAD 格式，如图 2-193c 所示。

3. 渲染模型

在三维视图中，单击"视图"选项卡，在该选项卡下，单击"渲染"![渲染]命令，弹出"渲染"对话框，设置其背景为"天空：少云"，照明方案为"室外：日光和人造光"，质量设置为"中"，如图 2-194a 所示，单击"渲染"按钮，即可对当前的玻璃房模型进行渲染，渲染后的玻璃房模型如图 2-194b 所示。

图 2-192　激活视图

单击"渲染"对话框中的"保存到项目中"按钮，弹出"保存到项目中"对话框，设置其名称为"玻璃房渲染"，单击"确定"按钮，即完成保存，如图 2-195a 所示。保存后的渲染文件可在项目浏览器中看到，如图 2-195b 所示。

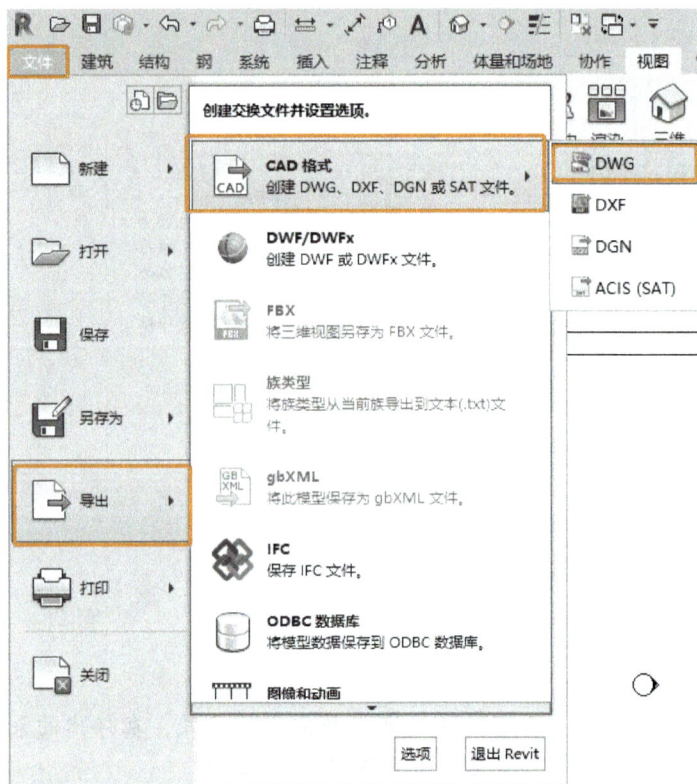

a) 选择导出格式

b) 单击"下一步"按钮

图 2-193　导出 CAD 图纸

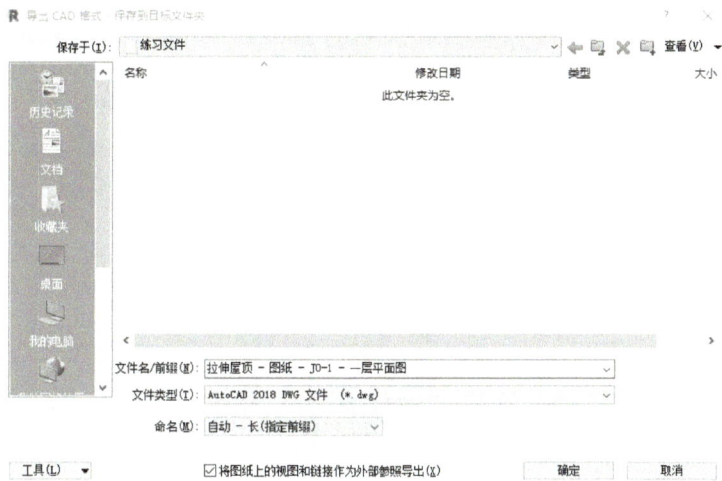

c) 设置导出图纸保存的位置

图 2-193 导出 CAD 图纸（续）

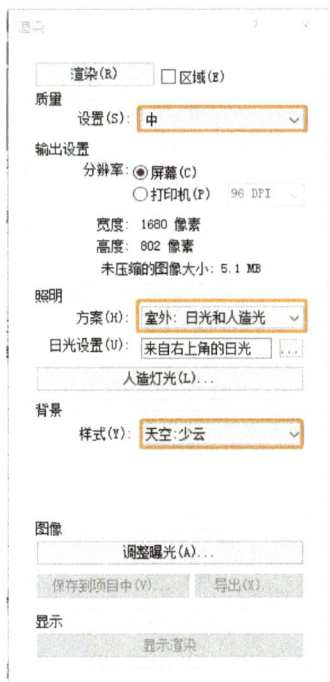

a) 设置渲染条件   b) 渲染后的玻璃房模型

图 2-194 渲染玻璃房模型

单击"渲染"对话框中的"导出"按钮，弹出"保存图像"对话框，设置其名称为"玻璃房渲染"，单击"保存"按钮，即完成图片保存，如图 2-196 所示。

【注意】在做模型渲染时，可以通过"视图"-"三维视图"-"相机"命令，在视图中相应位置放置相机，确定渲染图纸的角度，然后再进行渲染。

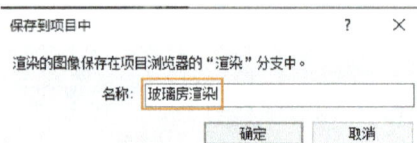

a) 设置渲染后文件的名称

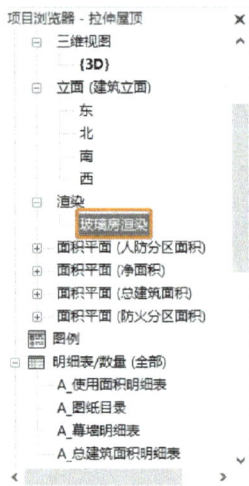

b) 渲染后文件在项目浏览器中的位置

图 2-195　保存渲染后的文件

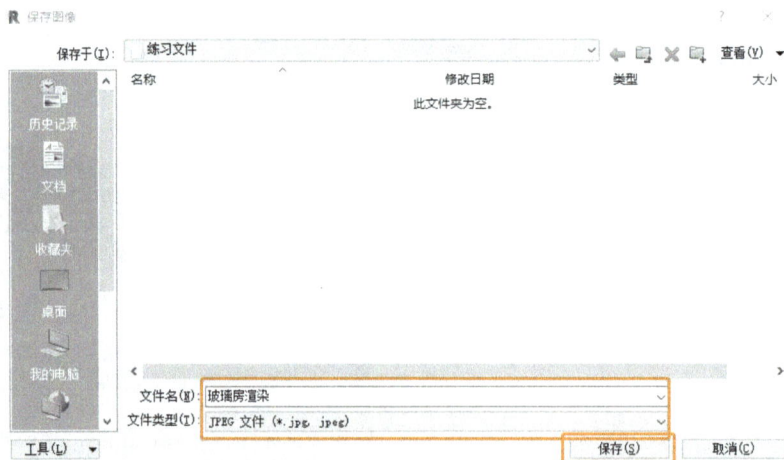

图 2-196　将渲染后文件保存到本地文件

本项目具体操作视频可扫码查看。

操作视频：视频 31
体量的创建 -1

操作视频：视频 32
体量的创建 -2

操作视频：视频 33
体量的创建 -3（实战练习 1）

操作视频：视频 34
体量的创建 -4（实战练习 2）

四、知识巩固与拓展

根据项目二任务 4 中创建的模型文件，完成以下操作：

1）建立门窗明细表：均应包含类型、类型标记、宽度、高度、标高、底高度、合计字段，按类型和标高进行排序。

2）创建图纸：创建一层平面布置图；图框类型为 A2 公制图框；图纸名称为一层平面布置图。

3）模型渲染：对房屋的三维模型进行渲染，设置背景为"天空：非常多的云"，照明方案为"室外：仅日光"，质量设置为"中"，其他未标明选项不做要求，结果以"样板房渲染"为文件名保存。

五、课后训练

扫码完成本任务课后作业。

课后作业 12

项目三 创建体量和族

任务一 创建体量

知识目标： 熟悉体量模型图纸的识读方法；掌握体量模型及体量楼层的创建方法：内建体量和概念体量。

能力目标： 能够根据给定图纸利用体量创建方法创建体量模型；能够创建体量楼层、面墙、面屋顶、面楼板等。

素质目标： 具备认真严谨的工作态度，精益求精的精神；具有工程思维。

【大国工匠之代表人物】

安徽省地质矿产勘查局 313 地质队教授级高级工程师朱恒银，他将我国小口径岩心钻探地质找矿深度从 1000m 以浅推进至 3000m 以深的国际先进水平，成为我国深部岩心钻探的领跑者，产生了数千亿元的经济效益以及社会效益。从地表向地心，他让探宝"银针"不断挺进。一腔热血，融进千米厚土；一缕微光，射穿岩层深处。他让钻头行走的深度，矗立为行业的高度。

一、任务描述

根据给定图纸（图 3-1）创建模型：面墙为厚度 200mm 的"常规 -200mm"面墙，定位线为"核心层中心线"；幕墙系统为网格布局 600 mm × 1000mm（即横向网格间距为 600mm，竖向网格间距为 1000mm），网格上均设置竖梃，竖梃均为圆形竖梃，半径 50mm；屋顶为厚度 400mm 的"常规 -400mm"屋顶；楼板为厚度 150mm 的"常规 -150mm"楼板，标高 1~ 标高 6 上均设置楼板。请将该模型以"体量楼层"为文件名进行保存。

二、课前准备

学生扫码查看预习内容。

三、任务实施

Revit 提供了概念体量工具，用于在项目前期概念设计阶段，为建筑师提供灵活、简单、快速的概念设计模型。使用 Revit 灵活的体量建模功能可以帮助统计概念体量模型的建筑楼层面积、外表面积、占地面积等数

预习内容：视频 35
体量楼层

据，还可以实现快速创建屋顶、墙体等对象以及在项目中创建复杂的对象模型，完成从概念设计阶段到方案、施工图设计的转换。在 Revit 中，还可以对概念体量的表面进行划分，生成多种复杂的表面。

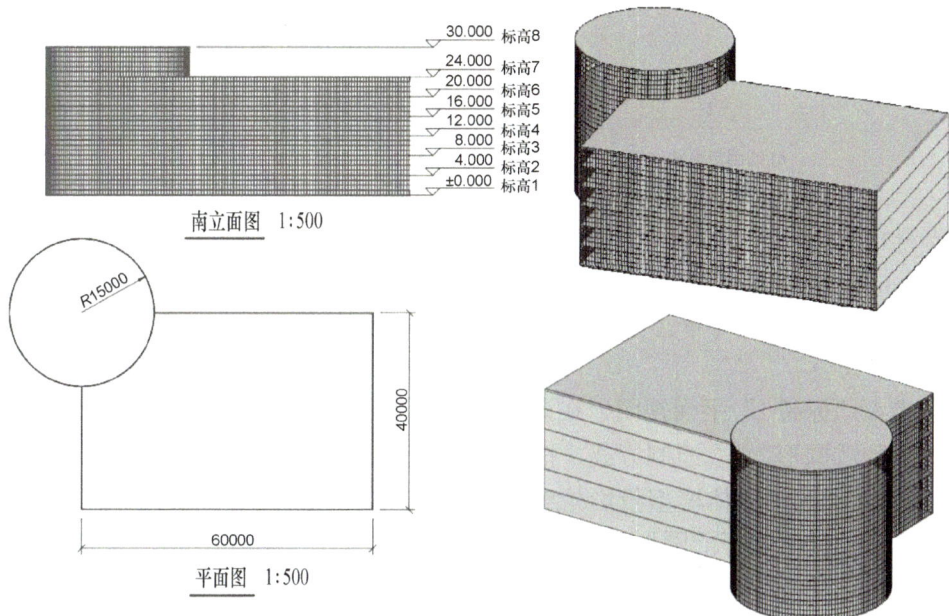

图 3-1 体量楼层三视图

体量属于族，所以在 Revit 中创建体量的方法有两种：一种是在项目中创建体量，即内建体量；另一种是创建独立的概念体量族。下面将分别用两种方法创建体量。

1. 创建体量模型

启动 Revit 软件，新建以"建筑样板"为模板的项目，并将其命名为"体量楼层"并保存在相应文件夹内。

打开"项目浏览器"，进入"立面（建筑立面）"中的南立面视图，根据任务中图纸数据，创建标高 1~ 标高 8，如图 3-2 所示。

单击工具栏中的"体量和场地"，单击"内建体量" 命令，弹出"名称"对话框，输入新建体量名称，单击"确定"按钮即可，完成内建体量的创建。

在"项目浏览器"中，双击"视图（全部）"→"楼层平面"→"标高 1"进入标高 1 视图，在"修改"界面下选择"矩形" 绘制方式，在视图界面绘制 60000mm × 40000mm 矩形，如图 3-3a 所示。单击选中已绘制好的矩形，进入"修改|线"界面，在该界面下，单击工具栏中的"创建形状" 下拉小三

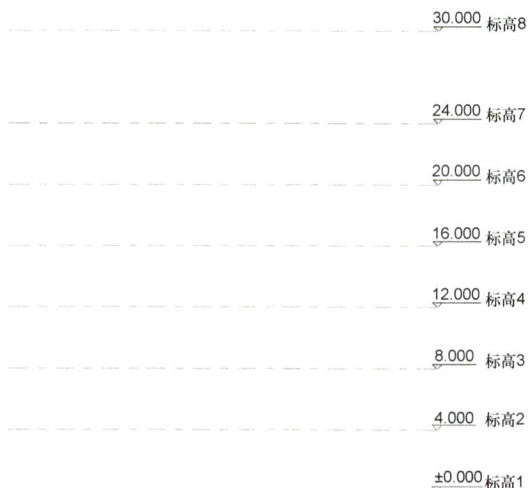

图 3-2 完成体量楼层标高的创建

角，单击选择"实心形状" 命令，如图 3-3b 所示，完成长方体模型的创建，创建好的长方体模型如图 3-3c 所示。

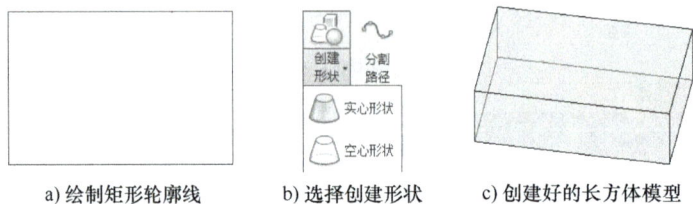

a) 绘制矩形轮廓线　　　b) 选择创建形状　　　c) 创建好的长方体模型

图 3-3　创建长方体体量模型

在三维视图中，单击选择长方体上表面，会出现长方体高度的临时尺寸标注，将其修改为 24000mm，完成任务中长方体模型的创建，如图 3-4 所示。

【注意】在 Revit 软件中，可通过 <Tab> 键实现不同图元的选择切换。

再次进入"标高 1"平面视图，在该视图界面，选择工具栏中的"圆形" 绘制方式，按任务图纸绘制出半径 15000mm 的圆柱体模型投影轮廓线，如图 3-5a 所示。单击选中已绘制好的圆形，进入"修改|线"界面，在该界面下，单击工具栏中的"创建形状" 下

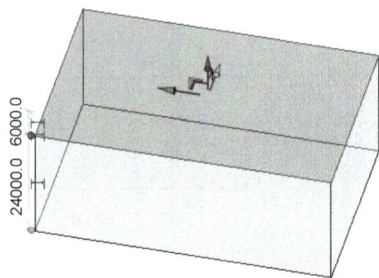

图 3-4　修改参数并完成长方体模型的创建

拉小三角，单击选择"实心形状" 命令，在视图界面出现两个样例，分别为圆形及球形，根据任务图纸，单击选择圆形图例，如图 3-5b 所示，完成圆柱体模型创建。

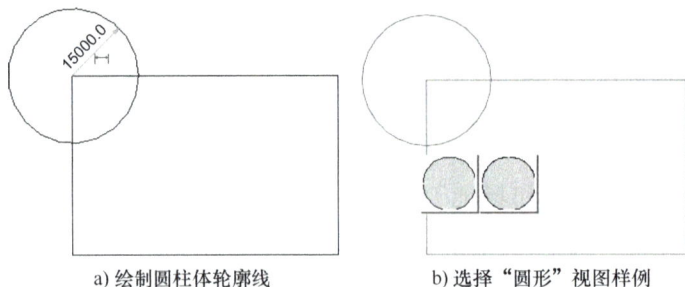

a) 绘制圆柱体轮廓线　　　　　b) 选择"圆形"视图样例

图 3-5　创建圆柱体体量模型

在三维视图中，单击选择圆柱体上表面，会出现圆柱体高度的临时尺寸标注，将其修改为 32000mm，完成任务中圆柱体模型的创建，如图 3-6 所示。

在三维视图"修改"界面下，单击工具栏中的"连接" 下拉小三角，单击选择"连接几何图形" 命令，如图 3-7a 所示，当指针变为十字光标时，分别单击需要连接的圆

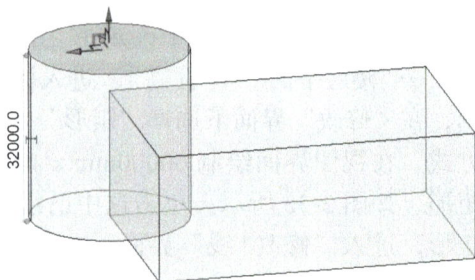

图 3-6　完成圆柱体模型的创建

柱体和长方体模型，完成两个模型的连接，如图 3-7b 所示。

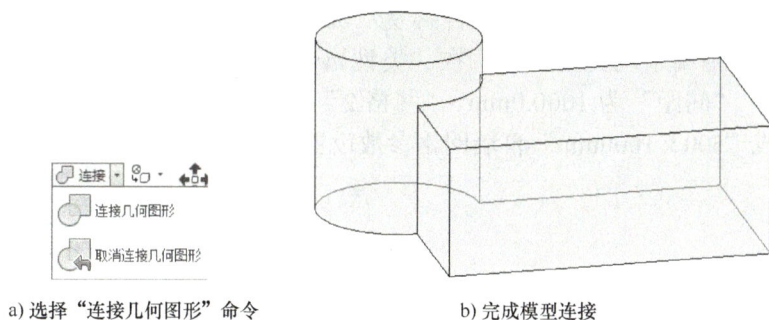

a) 选择"连接几何图形"命令   b) 完成模型连接

图 3-7 连接长方体和圆柱体模型

单击"完成体量" 完成体量 命令，返回项目视图界面，完成体量模型的创建。

2. 创建体量楼层

（1）生成体量楼层 在三维视图"修改"界面下，单击选中已创建完成的体量模型，进入到"修改 | 体量"界面，在该界面下，单击工具栏中的"体量楼层" 体量楼层 命令，弹出"体量楼层"对话框，在对话框内勾选需要生成体量楼层的标高选项框，单击"确定"按钮，如图 3-8a 所示，完成体量楼层的创建，创建好的体量楼层三维模型如图 3-8b 所示。

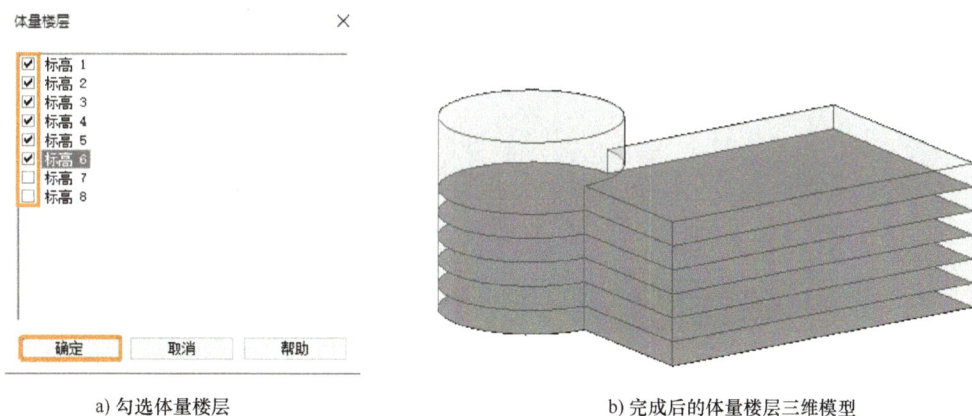

a) 勾选体量楼层   b) 完成后的体量楼层三维模型

图 3-8 完成体量楼层的创建

（2）创建面墙 单击"建筑"→"墙" 墙 下拉小三角，选择"面墙" 面墙 命令，如图 3-9a 所示，进入"修改 | 放置 墙"界面，在该界面下，选择墙体类型，设置其定位线为"核心层中心线"，并在"属性"面板中设置其约束条件，如图 3-9b 所示，设置完成后选项栏显示如图 3-9c 所示。

面墙属性设置完成后，单击体量楼层的 2、3 两个表面，软件将自动在体量的 2、3 表面创建面墙，如图 3-10 所示。

（3）创建幕墙系统 单击"建筑"→"幕墙系统" 幕墙系统，进入"修改 | 放置 幕墙系

统"界面，在该界面下，单击"属性"面板中"编辑类型"，在弹出的"类型属性"对话框中，单击"复制"按钮，修改名称为"600×1000mm"，如图 3-11a 所示，完成"600×1000mm"幕墙系统类型创建。在"类型属性"对话框中设置"网格 1"→"布局"为"固定距离""间距"为 1000.0mm，"网格 2"→"布局"为"固定距离""间距"为600.0mm，完成"600×1000mm"幕墙网格参数设置，如图 3-11b 所示。

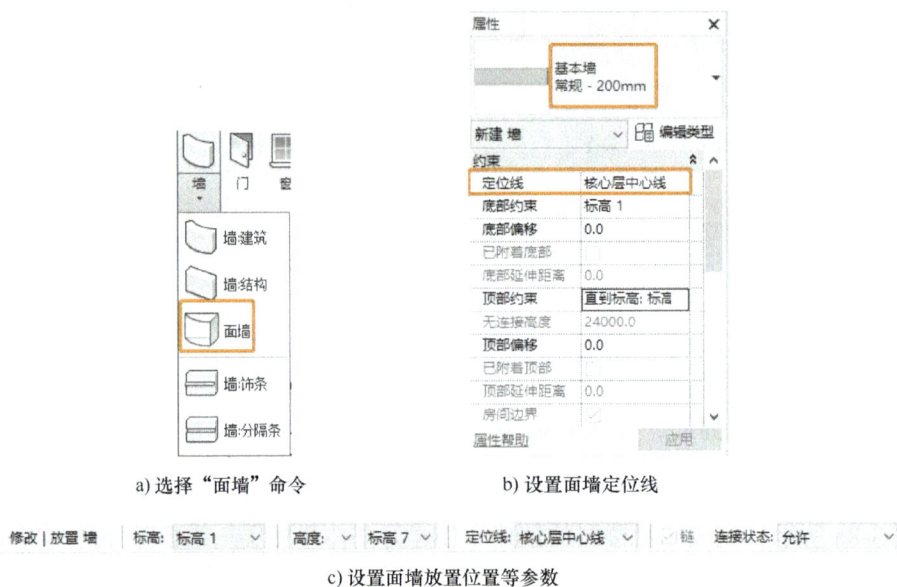

a) 选择"面墙"命令　　　　　b) 设置面墙定位线

c) 设置面墙放置位置等参数

图 3-9　设置面墙类型属性参数

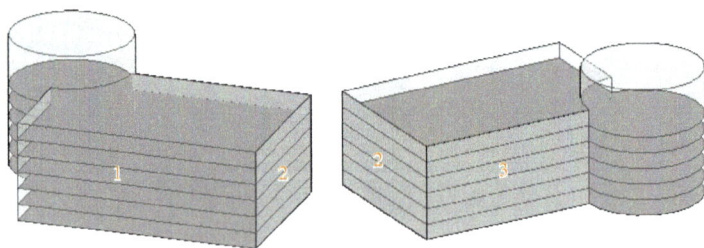

图 3-10　完成面墙的创建

在该"类型属性"对话框中，继续设置"网格 1 竖梃"→"内部类型"/"边界 1 类型"/"边界 2 类型"分别为"圆形竖梃：50mm 半径"；设置"网格 2 竖梃"→"内部类型"/"边界 1 类型"/"边界 2 类型"分别为"圆形竖梃：50mm 半径"，单击"确定"按钮，完成幕墙网格及竖梃系统类型的设置，如图 3-12 所示。

【注意】

1）若软件中没有所需要的竖梃类型，可以通过"项目浏览器"→"族"→"幕墙竖梃"→"圆形竖梃"，在已有的竖梃类型基础上复制并重命名，然后双击修改其属性即可，其创建方法与栏杆类型创建方法类似，如图 3-13 所示。

2）竖梃设置中"边界 1"和"边界 2"分别指的是幕墙网格的上、下、左、右 4 个边线。

3）幕墙系统中网格、竖梃的设置方法与常规幕墙网格、竖梃的设置方法相同。

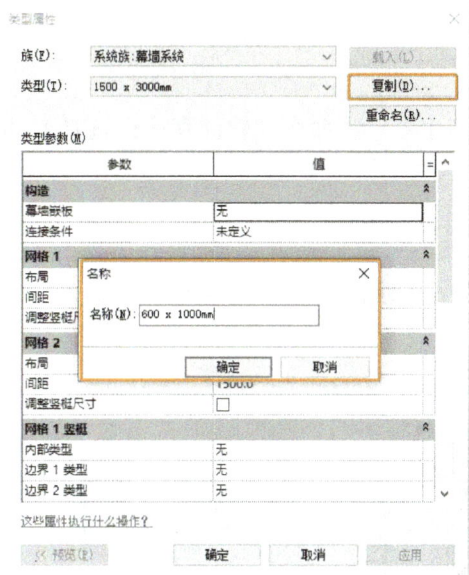

a) 新建"600×1000mm"网格

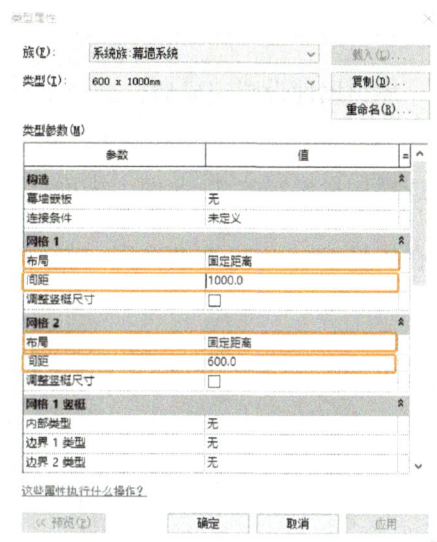

b) 设置网格参数

图 3-11　设置幕墙网格属性

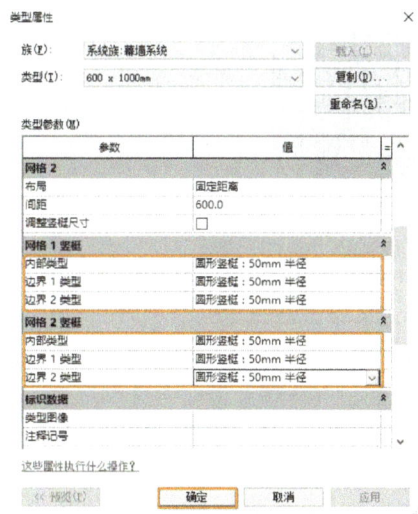

图 3-12　设置竖梃属性参数

图 3-13　新建竖梃类型

　　幕墙系统的网格及竖梃类型创建完成后,在"修改|放置面幕墙系统"选项卡下,选择工具栏中的"选择多个" 命令(软件默认已选择),单击选择体量楼层的 1、4 两个表面以及圆柱体上面的 5、6 两个表面,然后单击工具栏中的"创建系统" 命令,软件将自动在体量楼层的 1、4 表面及圆柱体上面的 5、6 表面创建幕墙系统,如图 3-14 所示。

　　(4)创建面屋顶　单击"建筑"→"屋顶" 下拉小三角,选择"面屋顶" 命

令，如图 3-15a 所示，进入"修改 | 放置 面屋顶"界面，在该界面下，在"属性"面板中选择屋顶类型并设置其约束条件，如图 3-15b 所示。

屋顶属性设置完成后，选择工具栏中的"选择多个" 命令（软件默认已选择），单击选择体量楼层的 7、8 两个表面，然后单击工具栏中的"创建屋顶" 命令，软件将自动在体量楼层的 7、8 两个屋面创建面屋顶，如图 3-16 所示。

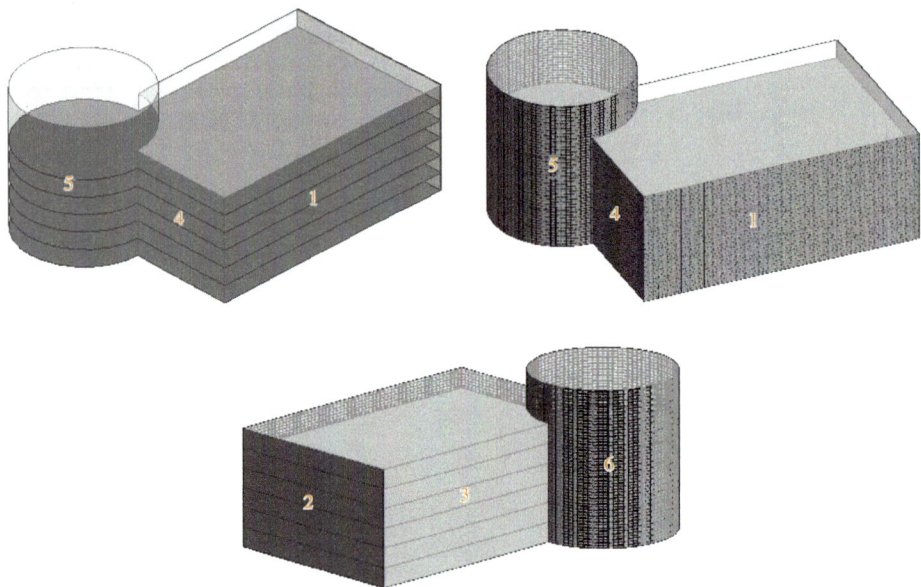

图 3-14　完成幕墙系统的创建

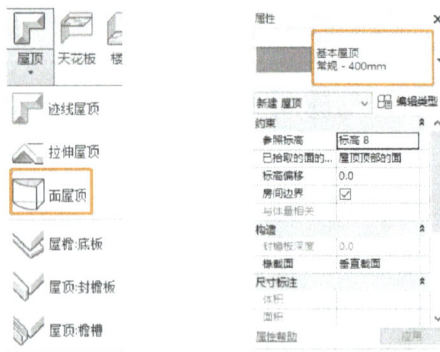

a) 选择"面屋顶"命令　　　　b) 设置面屋顶约束条件

图 3-15　选择面屋顶类型并设置屋顶约束条件

（5）创建面楼板　单击"建筑"→"楼板" 下拉小三角，选择"面楼板" 命令，如图 3-17a 所示，进入"修改 | 放置 面楼板"界面，在该界面下，在"属性"面板中选择楼板类型，如图 3-17b 所示。

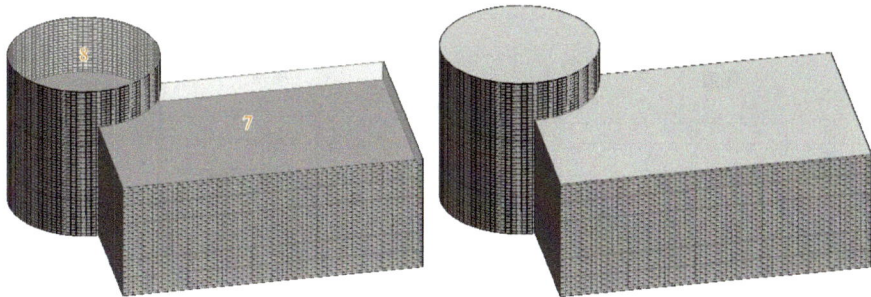

图 3-16 完成面屋顶的创建

楼板属性设置完成后，选择工具栏中的"选择多个" 命令（软件默认已选择），单击选择体量楼层的标高 1~标高 6 楼板面，如图 3-18 所示（图中已选中楼板面以蓝色线显示），然后单击工具栏中的"创建楼板" 命令，软件将自动在体量楼层的标高 1~标高 6 楼板面创建面楼板，如图 3-18 所示。

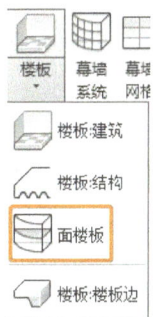

a）选择"面楼板"命令　　b）选择面楼板类型

图 3-17 创建面楼板

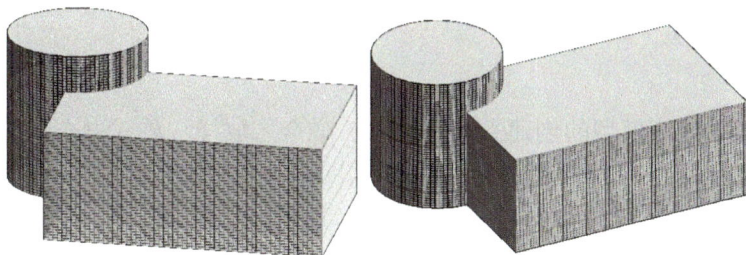

图 3-18 完成体量楼层的创建

体量楼层已绘制完成，将文件保存至对应文件夹即可。

四、知识项固与拓展

创建如图 3-19 所示模型，在体量上生成面墙、幕墙系统和楼板。要求：面墙为厚度为 200mm 的"常规 -200mm"面墙，定位线为"核心层中心线"；幕墙系统为网格布局 600mm × 1000mm（即横向网格间距 600mm、竖向网格间距 1000mm），网格上均设置竖梃，竖梃均为"圆形竖梃：50mm 半径"；屋顶为厚度 400mm 的"常规 -400mm"屋顶；楼板为厚度 150mm 的"常规 -150mm"楼板。将建好的模型以"体量楼层"为文件名进行保存。

五、课后训练

扫码完成本任务课后作业。

课后作业 13

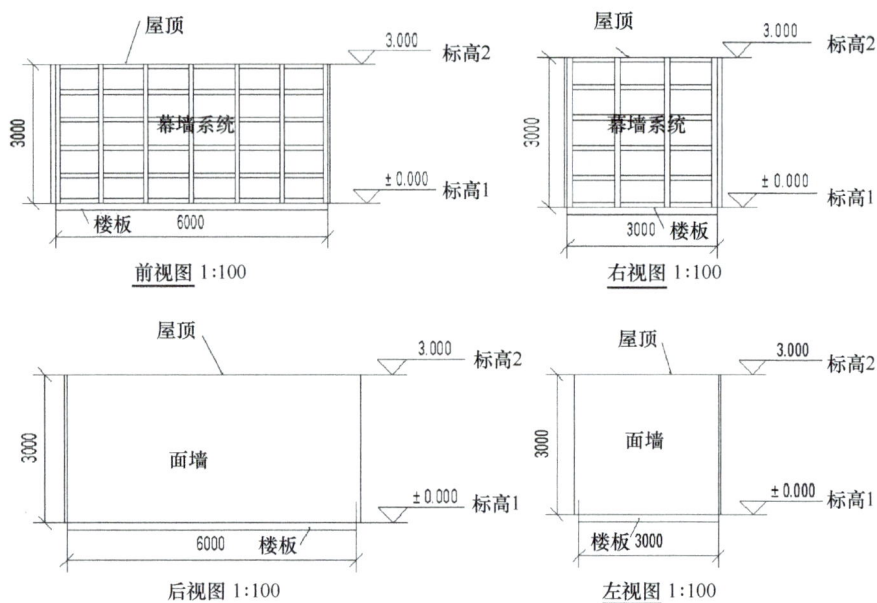

图 3-19 体量楼层图纸

任务二 创建族

知识目标：掌握族模型的创建方法：拉伸、融合、放样、放样融合、旋转等；掌握族模型参数的设置方法。

能力目标：能够正确识读构件模型图纸；能够根据给定图纸创建建筑及机电构件模型。

素质目标：具备创新意识及工匠精神；具备认真严谨的工作态度。

【大国工匠之代表人物】

中国广核集团运营公司大修中心核燃料服务分部工程师、核燃料修复师乔素凯，他与核燃料打了 26 年交道，全国一半以上核电机组的核燃料都由他和他的团队来操作，他的团队是国内目前唯一能对破损核燃料进行水下修复的团队。26 年来，乔素凯核燃料操作保持"零失误"。 4m 长杆，26 年，56000 步的零失误令人惊叹。是责任，是经验，更是他心里的"安全大于天"。他的守护，正如那池清水，平静蔚蓝。

一、任务描述

绘制仿交通锥模型，具体尺寸如图 3-20 所示，其中下方正八边形底座材质为"塑料，不透明的黑色"，主体及四棱锥的材质均为"塑料，红色"，将建好的模型以"仿交通锥"为文件名进行保存。

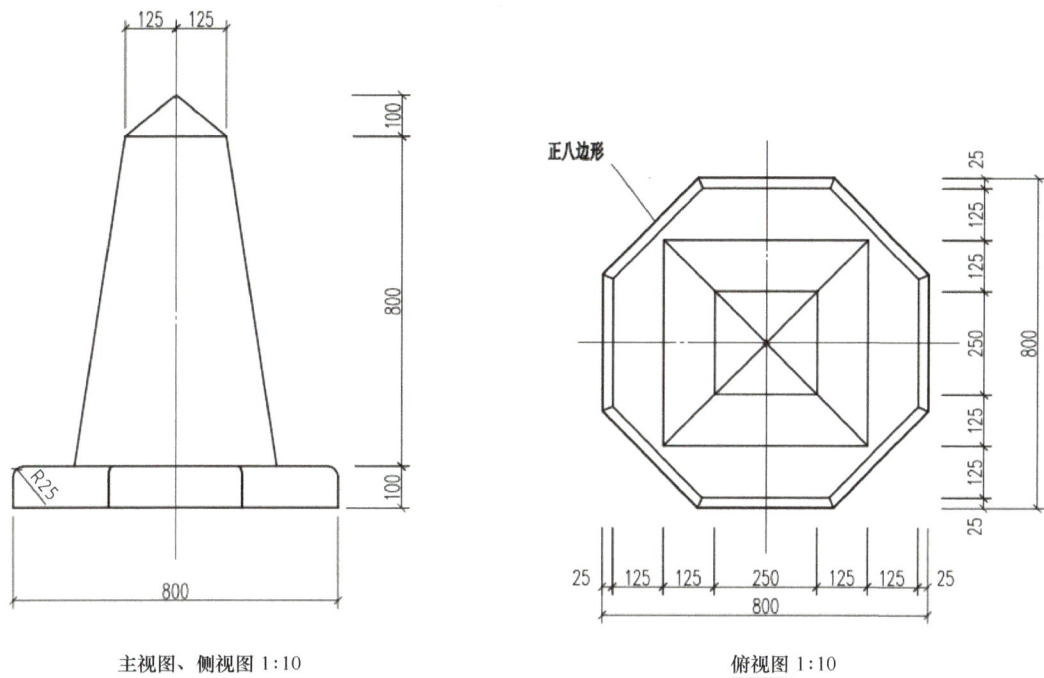

主视图、侧视图 1:10

俯视图 1:10

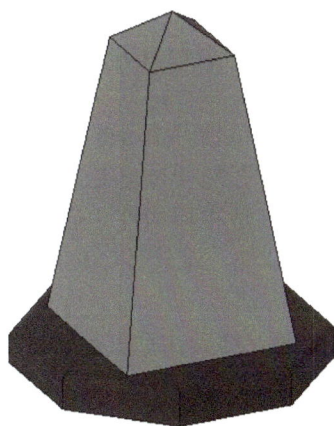

三维视图 1:20

图 3-20 仿交通锥三视图

二、课前准备

学生扫码查看预习内容。

预习内容：视频 36 族的创建 -1

预习内容：视频 37 族的创建 -2（实战练习）

三、任务实施

在 Revit 软件中，族是创建一组在项目中使用的自定义构件，同时也是参数信息的载体。Revit 族是某一类别中图元的类，是根据参数（属性）集的共用、使用上的相同和图形表示的相似来对图元进行分组。一个族中不同图元的部分或全部属性可能有不同的值，但是属性的设置（其名称与含义）是相同的，Revit 模型中的图元都来自于族。Revit 软件中族有三种类型，分别是系统族、可载入族（标准构件族）和内建族。

系统族是软件自带的族，是指已经在项目中预定义并只能在项目中进行创建和修改的族类型，例如标高、轴网、墙和楼板等。系统族还包含项目和系统设置，这些设置会影响项目环境，包含标高、轴网等图元的类型。现有系统族可以复制和修改，但不能创建新系统族，可以通过指定新参数定义新的族类型。系统族不能作为外部文件载入或创建，也不能保存到项目之外的位置，但可以在项目和样板之间复制、粘贴或者传递系统族类型信息。

可载入族（标准构件族）是使用族样板文件自行创建的 .rfa 文件，其可以载入到项目中，也可以作为嵌套族加载到其他族中，具有高度可定义的特征，因此可载入族是我们最常创建和修改的族。在默认情况下，在项目样板中载入标准构件族，但更多标准构件族存储在构件库中。通常我们可以使用族编辑器根据各种族样板文件创建新的构件族，还可对现有的族进行复制和修改。族样板可以是基于主体的样板，也可以是独立的样板。可载入族不仅可以位于项目环境之外，从一个项目传递到另一个项目中，还可以从项目文件保存到用户设定的族文件库中，方便创建其他项目的时候使用。

内建族可以用来创建在项目中不需要转移到项目外再供其他项目重复使用的模型，其只能保存在当前的项目文件中，不能单独存成 .rfa 文件，也不能用在别的项目文件中。我们可以在项目中创建多个内建族，但不能通过复制内建族类型来创建多种类型。内建族可以是特定项目中的模型构件，也可以是注释构件。通过内建族的使用，我们可以在项目中实现各种异型造型的创建以及导入其他三维软件创建的三维实体的模型。

内建族的创建一般有以下几种方法：

1）拉伸：绘制一个封闭的轮廓，然后在垂直封闭轮廓面进行拉伸。

2）融合：用于创建实心三维形状，该形状将沿长度方向发生变化，从起始形状融合到最终形状。

3）旋转：通过绕轴放样二维形状（轮廓）即可创建三维形状。

4）放样：通过沿路径放样二维形状（轮廓）创建三维形状。

5）放样融合：放样融合的形状由起始形状、最终形状和指定的二维路径创建三维形状。

6）空心形状：和上述绘制方法相同，主要是用来剪切实心形状。

1. 创建八边形底座

启动 Revit 软件，新建以"公制常规模型"为模板的族文件，并将其命名为"仿交通锥"并保存在相应文件夹内。

打开"项目浏览器"，进入"视图（全部）"→"楼层平面"→"参照标高"平面视图，在"创建"界面下，选择"参照平面" 命令，在视图界面根据任务图纸绘制出八边形底座外轮廓参照线，如图 3-21 所示。

单击工具栏中的"形状"里面的"拉伸" 命令，进入"修改|创建拉伸"界面，在该界面下，根据任务图纸数据在"属性"面板中设置"拉伸起点"/"拉伸终点"等约束条件，同时单击"材质和装饰"→"材质"设置框里面的 … 按钮，如图 3-22a 所示，弹出"材质浏览器"对话框，在该对话框中单击"显示/隐藏库面板" 按钮，在库面板里面单击"塑料，不透明的黑色"后面的"将材质添加到文档中" 按钮，如图 3-22b 所示，将该材质添加进来，并单击"确定"按钮完成正八边形底座的材质设置，如图 3-22c 所示。

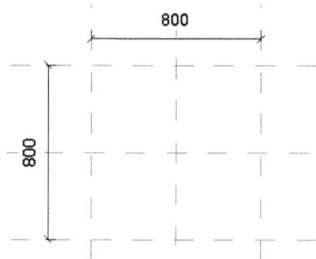

图 3-21　底座外轮廓参照线

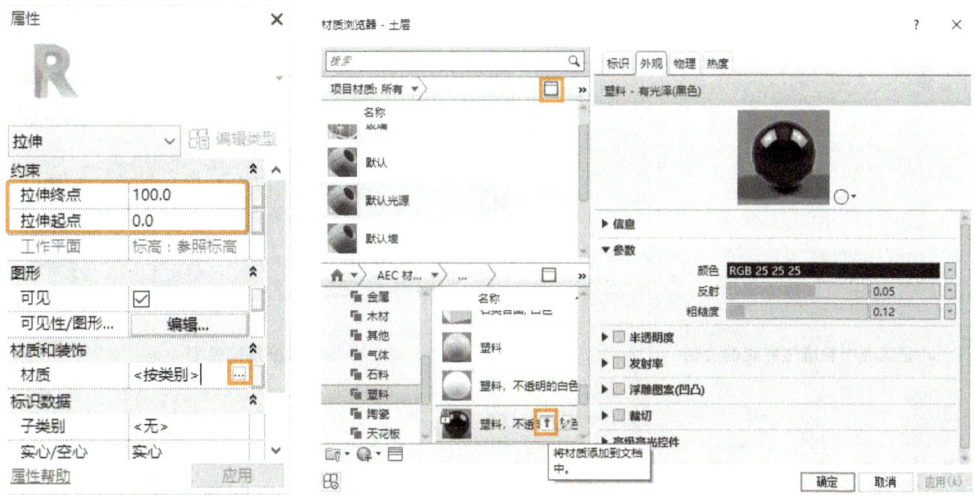

a) 设置底座约束条件

b) 显示库面板并添加材质

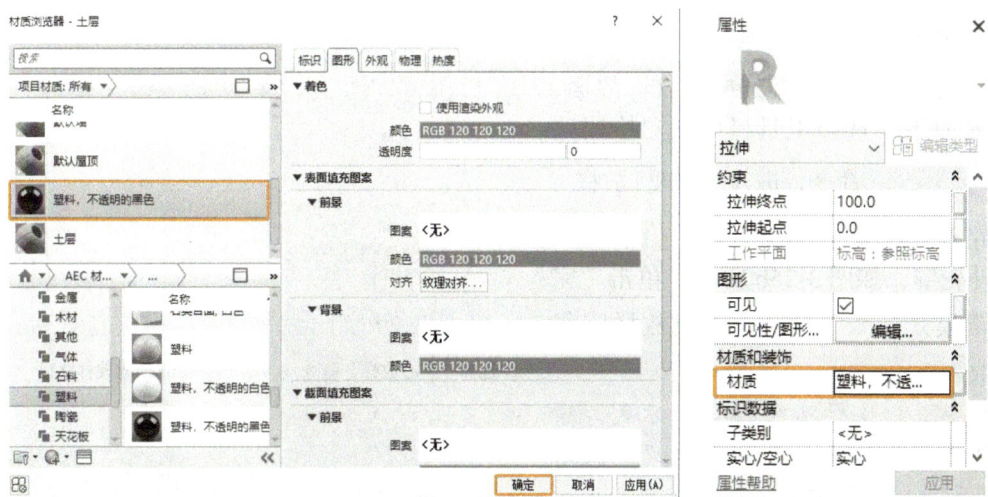

c) 设置底座材质

图 3-22　设置底座约束条件及材质

【注意】

1）"拉伸终点"和"拉伸起点"之差即为所创建模型的高度。

2）"拉伸终点"和"拉伸起点"的高度是以参照平面为 0 点开始计算。

选择工具栏中的"绘制"里面的"外接多边形" 绘制方式，在选项栏中设置多边形边数为 8，如图 3-23 所示。

深度	100.0		边	8	偏移	0.0	□半径	1000.0

图 3-23　设置底座边数

边数设置完成后，在视图界面根据绘制好的参照平面绘制出外接正八边形的轮廓边界线，如图 3-24a 所示，单击"完成编辑模式" 命令，完成外接正八边形底座的基础模型创建，如图 3-24b 所示。

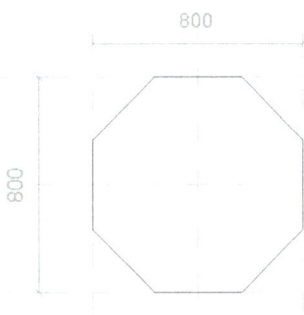

a) 完成底座轮廓边界线的绘制　　　　　　b) 生成底座基础模型

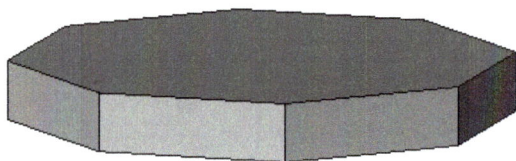

图 3-24　完成底座基础模型的创建

在"参照标高"平面视图下，选择"创建"界面下"空心形状" 下拉小三角，

单击"空心放样" 命令，如图 3-25a 所示，进入"修改 | 放样"界面，在该界面下，选择工具栏中的"拾取路径" 命令，进入"修改 | 放样 > 拾取路径"界面，在视图界面拾取正八边形外轮廓，如图 3-25b 所示。单击"完成编辑模式" 命令，完成放样路径的拾取。

a) 选择"空心放样"命令　　　　b) 拾取放样路径

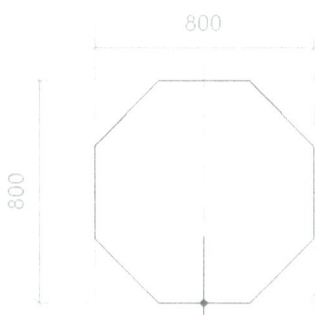

图 3-25　拾取底座放样路径

【注意】放样路径的绘制方式，除"拾取路径"外，也可以通过"绘制路径" 的方式直接绘制出任务所需要的放样路径。

单击工具栏中的"编辑轮廓" 命令，弹出"转到视图"对话框，选择"立

面：右"，单击"打开视图"按钮，如图 3-26a 所示，进入"修改 | 放样 > 编辑轮廓"界面，在该界面下单击工具栏中的"直线" ✎ 和"圆角弧" ⌐ 绘制方式，在视图界面放样点按任务图纸要求绘制出半径 R25 的圆角弧，如图 3-26b 所示。单击"完成编辑模式" ✓ 命令，返回到"修改 | 放样"界面下，完成轮廓编辑，继续单击"完成编辑模式" ✓ 命令，完成空心放样模型创建，如图 3-26c 所示，完成后的底座三维模型如图 3-26d 所示。

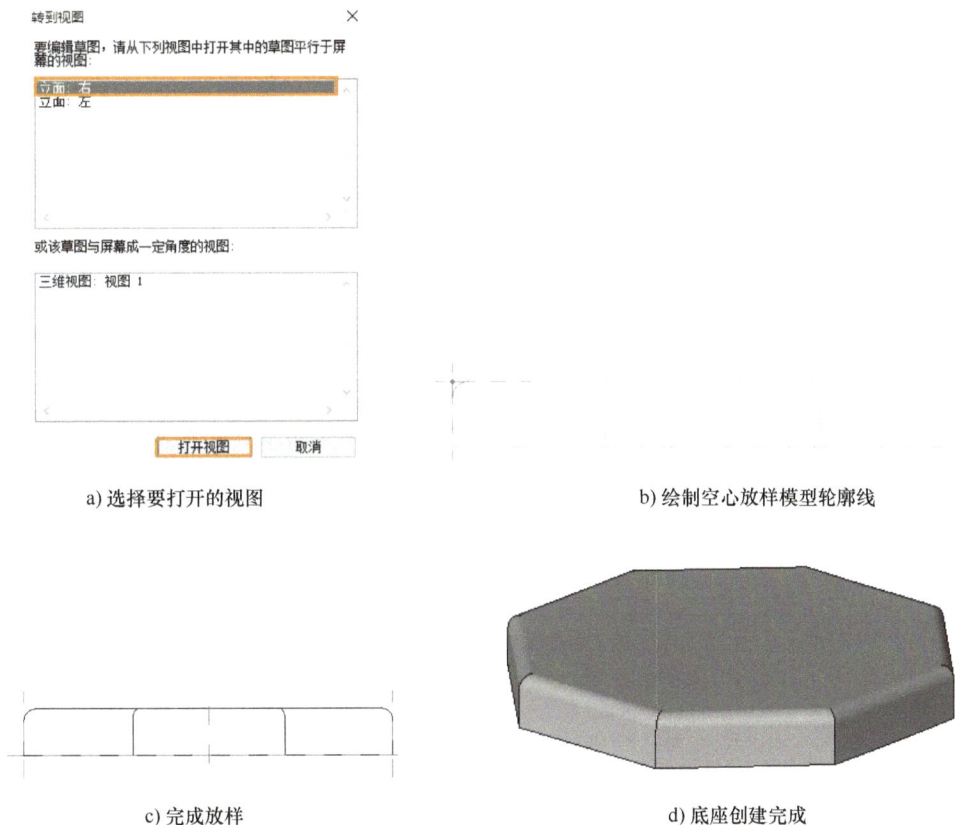

a) 选择要打开的视图

b) 绘制空心放样模型轮廓线

c) 完成放样

d) 底座创建完成

图 3-26　对正八边形底座进行空心放样

正八边形底座模型创建完成。

2. 创建主体模型

在"项目浏览器"中进入"前立面"视图，在该视图中，单击"创建"界面下的"参照平面"命令，绘制主体底部及顶部所在的参照平面，如图 3-27 所示。

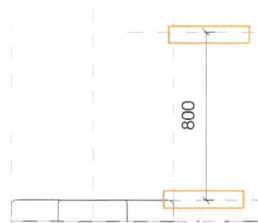

参照平面绘制完成后，选择工具栏中的"创建"界面下的"融合" ⬡ 命令，进入"修改 | 创建融合底部边界"界面，根据

图 3-27　绘制主体底部及顶部所在的参照平面

任务图纸数据，在选项栏中设置其深度为：800mm，如图 3-28a 所示；在"属性"面板中单击"材质和装饰"→"材质"设置框里面的 ⋯ 按钮，弹出"材质浏览器"对话框，在该对话框中单击"创建并复制材质" ⬚▾ 下拉小三角，选择"新建材质"命令，如图 3-28b

所示，新建材质完成后将其重命名为"塑料，红色"，修改设置其"外观"颜色为红色，单击"确定"按钮完成主体材质设置，如图 3-28c 所示。

| 深度 | 800.0 | | 框 | 偏移: | 0.0 | | 半径: | 1000.0 |

a) 设置主体深度

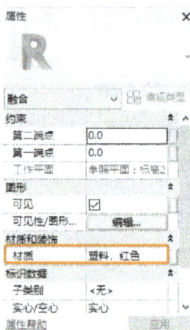

b) 新建材质   c) 设置主材材质

图 3-28　设置主体深度及材质

属性设置完成后，单击工具栏中的"设置" 命令，弹出"工作平面"对话框，点选"拾取一个平面"，单击"确定"按钮，如图 3-29a 所示，指针变为十字光标，单击主体底部所在的参照平面，弹出"转到视图"对话框，在该对话框中选择"楼层平面：参照标高"视图，并单击"打开视图"按钮，进入"参照标高"平面视图，如图 3-29b 所示，进入主体底部工作面。

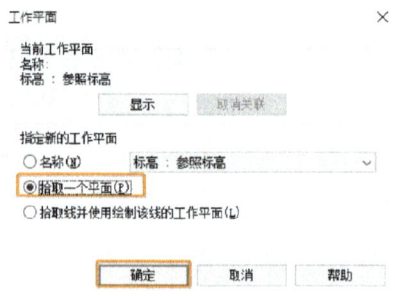

a) 点选"拾取一个平面"

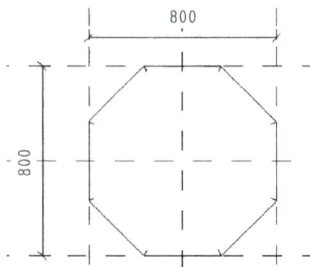

b) 打开主体底部工作面

图 3-29　进入主体底部工作面

在该视图中，单击"创建"→"参照平面"命令，根据任务图纸数据绘制出主体底部轮廓所在的参照平面，如图 3-30a 所示。选择"修改 | 创建融合底部边界"界面下工具栏中的"矩形"□ 绘制方式，按参照平面绘制出主体底部轮廓边界线，如图 3-30b 所示。

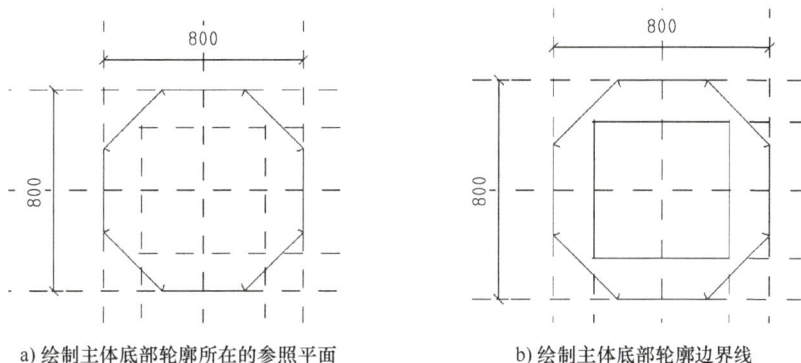

a) 绘制主体底部轮廓所在的参照平面　　　　b) 绘制主体底部轮廓边界线

图 3-30　绘制主体底部轮廓

底部轮廓绘制完成后，单击工具栏中的"编辑顶部" 命令，进入"修改 | 创建融合顶部边界"选项卡，单击工具栏中的"设置" 命令，在"前立面"视图中拾取主体顶部所在的参照平面为工作面，单击"确定"后进入"参照标高"平面视图，如图 3-31 所示。

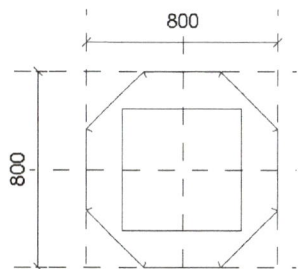

图 3-31　进入主体顶部工作面

【注意】主体顶部所在参照平面的拾取与主体底部所在参照平面的拾取方法相同。

在该视图中，单击"创建"→"参照平面"命令，根据任务图纸数据绘制出主体顶部轮廓所在的参照平面，如图 3-32a所示。选择"修改 | 创建融合顶部边界"界面下工具栏中的"矩形"□ 绘制方式，按参照平面绘制出主体顶部轮廓边界线，如图 3-32b 所示。

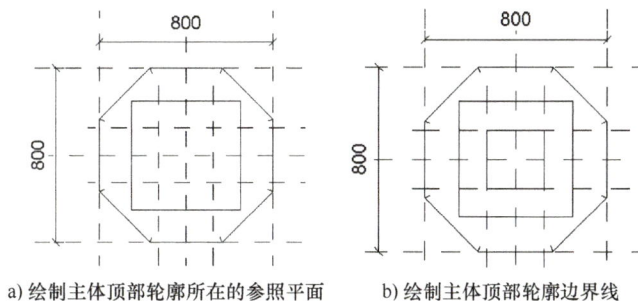

a) 绘制主体顶部轮廓所在的参照平面　　　　b) 绘制主体顶部轮廓边界线

图 3-32　绘制主体顶部轮廓

主体顶部轮廓绘制完成后，单击"完成编辑模式" 命令，完成主体模型的创建，如图 3-33a 所示，创建完成后的三维模型如图 3-33b 所示。

a) 创建主体模型　　　　　　　　　　　　b) 主体模型三维图

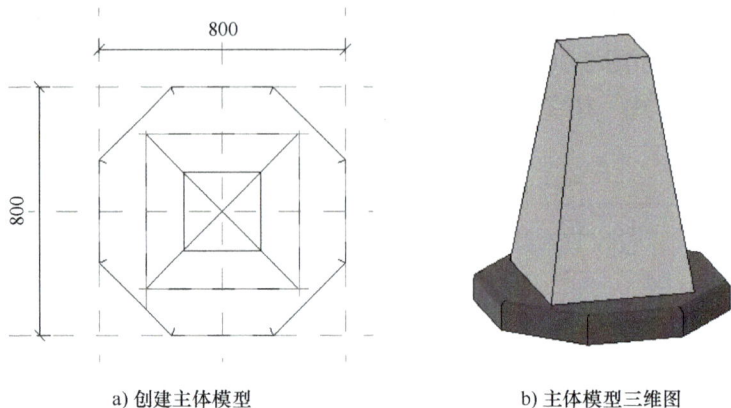

图 3-33　完成主体模型的创建

【注意】

1) 在"修改 | 创建融合顶部边界"界面下，可以通过单击"编辑底部" 命令进入"修改 | 创建融合底部边界"界面，实现对底部轮廓的绘制和修改。同样地，在"修改 | 创建融合底部边界"界面下，通过"编辑顶部" 命令，实现对顶部轮廓的绘制和修改。

2) 通过单击工具栏中的"编辑顶点" 命令，可以在平面视图或三维视图中编辑顶点连接，可用来控制放样融合中的扭曲数量。

3. 创建四棱锥模型

四棱锥模型可采用两种方式创建：一种采用放样方法实现；另一种采用先用拉伸命令创建正方体，然后对正方体做空心拉伸剪切，下面我们将分别讲述以上两种方法。

方法一：主体模型创建完成后，进入三维视图，单击选择"创建"界面下工具栏中的"放样" 命令，进入"修改 | 放样"界面。在该界面下，选择工具栏中的"拾取路径" 命令，进入"修改 | 放样 > 拾取路径"界面，在视图界面拾取主体顶部正方形轮廓，如图 3-34 所示（软件默认已选择"拾取三维边" 命令，若未选择，单击选中即可拾取路径）。单击"完成编辑模式" 命令，完成放样路径的拾取。

单击工具栏中的"编辑轮廓" 命令，进入"修改 | 放样 > 编辑轮廓"选项卡，在"属性"面板中设置"材质和装饰"→"材质"为"塑料，红色"，如图 3-35 所示。

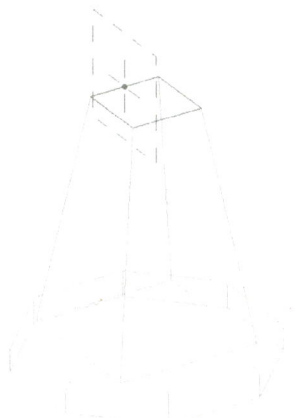

图 3-34 拾取顶部四棱锥轮廓放样路线

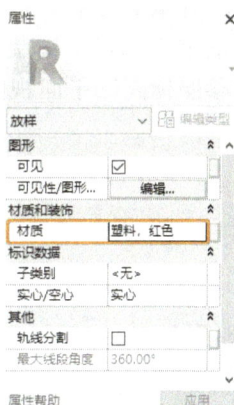

图 3-35 设置顶部四棱锥模型材质

进入"右立面"视图，根据任务图纸数据绘制参照平面，如图 3-36a 所示。在工具栏中选择"直线" ✏ 绘制方式，在视图界面绘制如图 3-36b 所示轮廓，单击"完成编辑模式" ✔ 命令，返回到"修改 | 放样"选项卡下，完成轮廓编辑，继续单击"完成编辑模式" ✔ 命令，完成四棱锥模型的创建，如图 3-36c 所示。

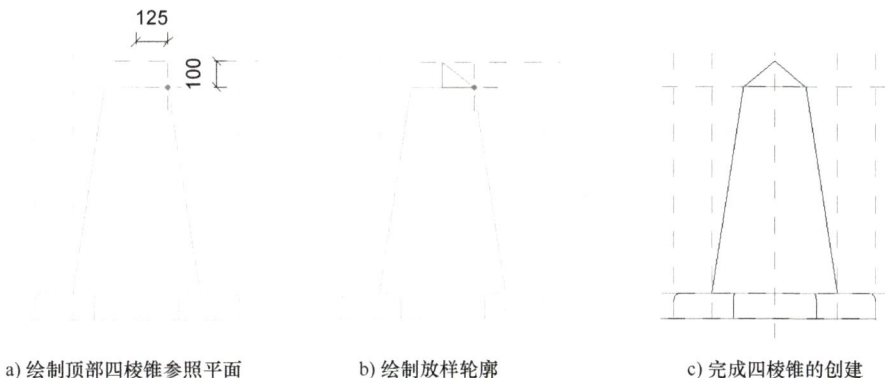

a) 绘制顶部四棱锥参照平面   b) 绘制放样轮廓   c) 完成四棱锥的创建

图 3-36 创建顶部四棱锥模型

仿交通锥模型创建完成，如图 3-37 所示。

仿交通锥已绘制完成，将文件保存至对应文件夹即可。

方法二：主体模型创建完成后，进入"参照标高"平面视图，单击选择"创建"界面下工具栏中的"拉伸" 🔲 命令，进入"修改 | 创建拉伸"界面。在该界面下，单击工具栏中的"设置" 🔳 命令，弹出"工作平面"对话框，点选"拾取一个平面"，单击"确定"按钮，如

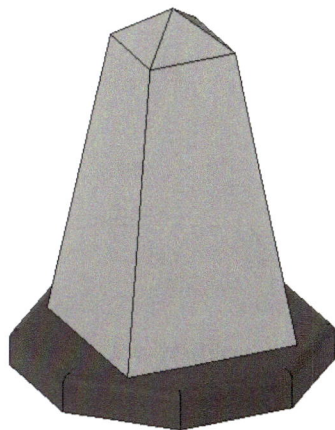

图 3-37 仿交通锥三维视图

145

图 3-38a 所示，指标变为十字光标，单击主体顶部所在的参照平面，弹出"转到视图"对话框，在该对话框中选择"楼层平面：参照标高"，并单击"打开视图"按钮，如图 3-38b 所示，进入"参照标高"平面视图。

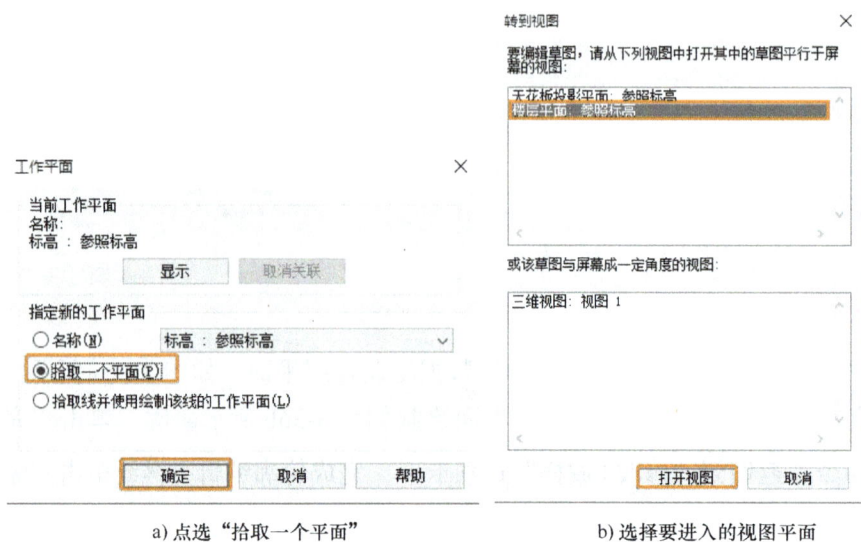

a) 点选"拾取一个平面"　　　　　　　　　b) 选择要进入的视图平面

图 3-38　拾取平面并转到视图

在"修改 | 创建拉伸"界面下，根据任务图纸数据在"属性"面板中设置"拉伸起点"/"拉伸终点"等约束条件，同时单击"材质和装饰"→"材质"，将其材质设置为"塑料，红色"，完成四棱锥属性设置，如图 3-39a 所示。选择工具栏中的"矩形" ▭ 绘制方式，绘制如图 3-39b 所示轮廓，单击"完成编辑模式" ✔ 命令，完成正方体模型创建，如图 3-39c 所示。

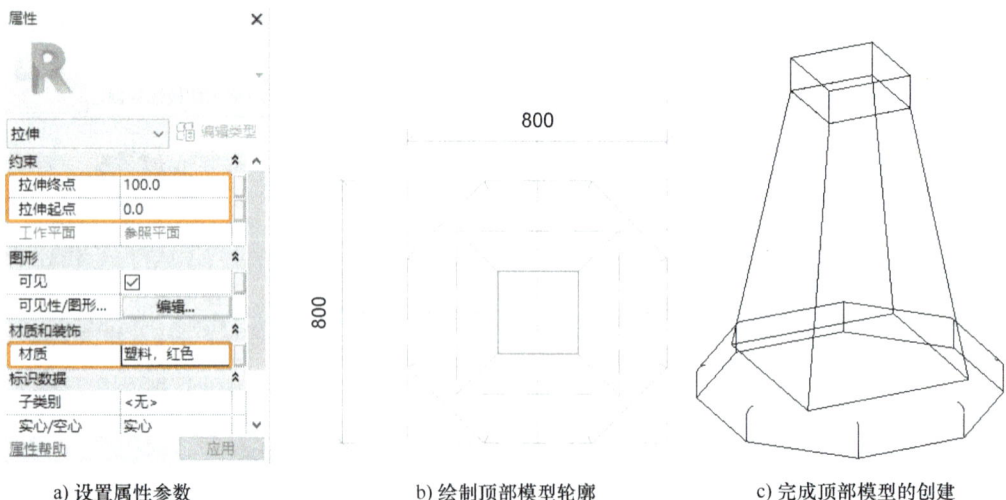

a) 设置属性参数　　　　　　b) 绘制顶部模型轮廓　　　　　　c) 完成顶部模型的创建

图 3-39　设置顶部模型属性参数并创建模型

进入"前立面"视图，单击选择"创建"界面下工具栏中的"空心形状"下拉小三

角，选择"空心拉伸" ⬚ 空心拉伸 命令，进入"修改|创建空心拉伸"界面。在该界面下，选择"直线" ✏ 绘制方式，绘制如图3-40a所示轮廓。在"属性"面板中设置"拉伸起点"和"拉伸终点"数值，如图3-40b所示。单击"完成编辑模式" ✅ 命令，完成正方体右立面空心拉伸，如图3-40c所示。将顶部模型空心拉伸后完成的三维模型如图3-40d所示。

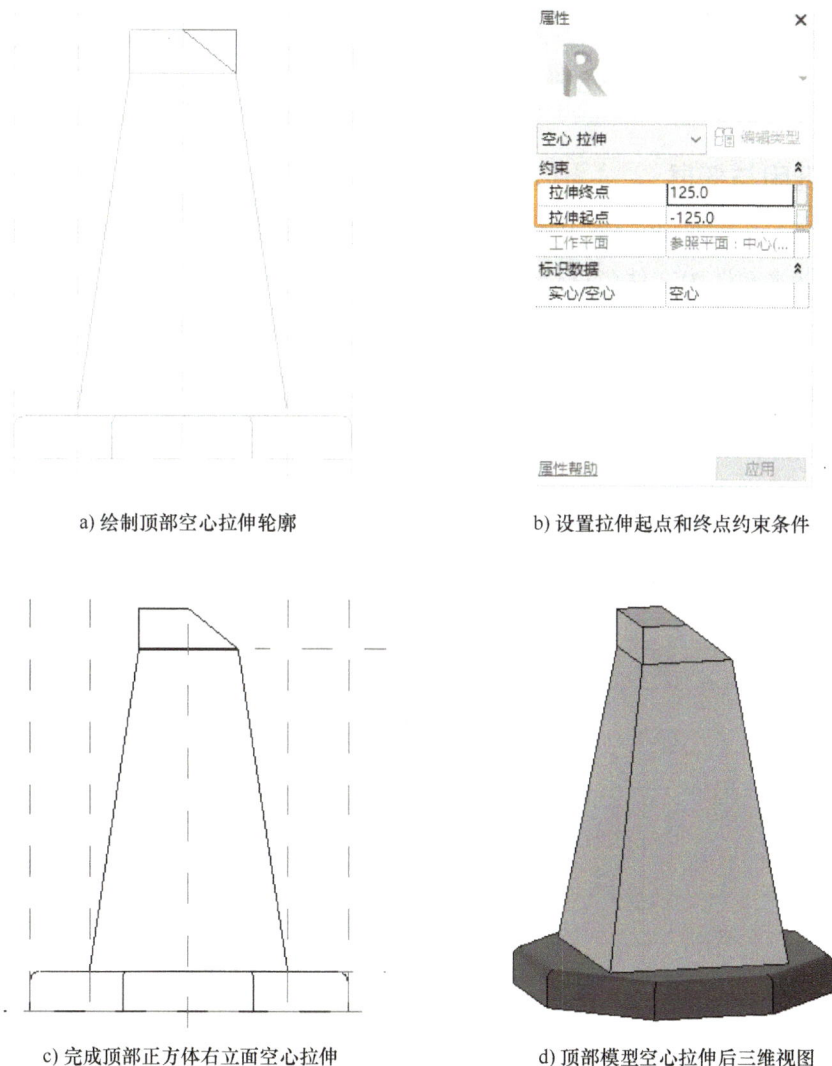

a) 绘制顶部空心拉伸轮廓

b) 设置拉伸起点和终点约束条件

c) 完成顶部正方体右立面空心拉伸

d) 顶部模型空心拉伸后三维视图

图3-40　顶部正方体右立面空心拉伸

　　在"前立面"视图，选中已创建完成的拉伸模型，进入"修改|空心拉伸"界面，在该界面下，单击工具栏中的"镜像-拾取轴"命令，将空心拉伸镜像至左立面，实现正方体左立面空心拉伸，如图3-41所示。

　　利用同样的方法完成正方体前、后立面空心拉伸，如图3-42所示。

　　仿交通锥已绘制完成，将文件保存至对应文件夹即可。

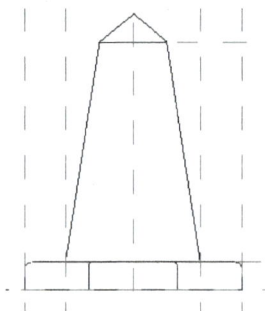
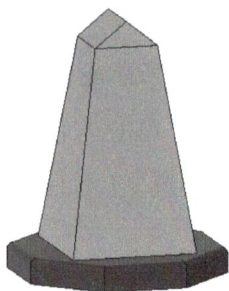

图 3-41　正方体左立面空心拉伸

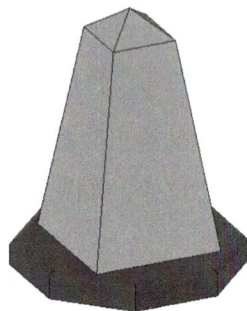

图 3-42　仿交通锥创建完成

四、知识巩固与拓展

　　根据图 3-43 给定的尺寸创建储水箱模型，并将储水箱材质设置为"不锈钢"。将建好的模型以"储水箱"为文件名进行保存。

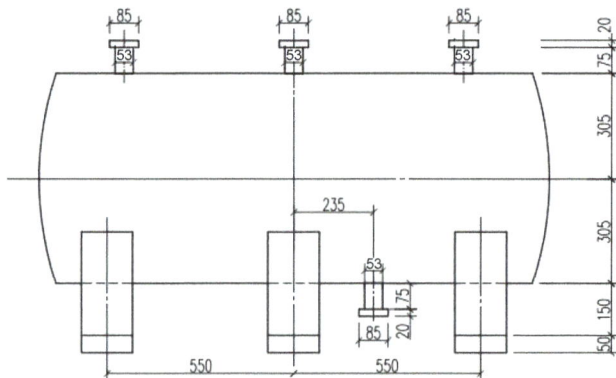

主视图 1:100

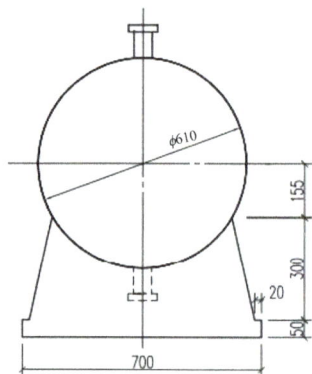

左视图 1:100

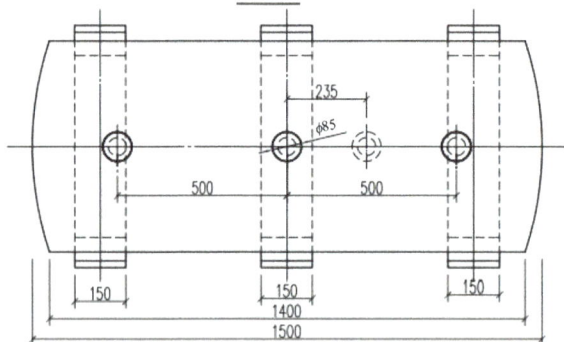

俯视图 1:100

图 3-43　储水箱三视图

五、课后训练

　　扫码完成本任务课后作业。

课后作业 14

项目四　创建暖通系统模型

任务一　创建风管及风口

知识目标：掌握正确识读模型图纸的方法；掌握暖通系统风管模型的创建方法。

能力目标：能够灵活应用所学知识对实际工程项目进行风口、风管及风管管件的创建；能够进行风管、风口及风管管件参数设置。

素质目标：通过暖通系统风管模型创建，了解协同的重要性，并能够与团队成员协同合作；通过暖通系统模型创建，学会主动思考、举一反三，能够独立解决问题；具有节能和低碳意识。

【大国工匠之代表人物】

中国工程物理研究院机械制造工艺研究所高级技师陈行行，从事保卫祖国的核事业，是操作着价格高昂、性能精良的数控加工设备的新一代技能人员，优化了国家重大专项分子泵项目核心零部件动叶轮叶片的高速铣削工艺。他精通多轴联动加工技术、高速高精度加工技术和参数化自动编程技术，尤其擅长薄壁类、弱刚性类零件的加工工艺与技术，是一专多能的技术技能复合型人才。青涩年华化为多彩绽放，精益求精铸就青春信仰。大国重器的加工平台上，他用极致书写精密人生。胸有凌云志，浓浓报国情。

一、任务描述

根据图 4-1 给定的尺寸数据，创建风管及风口模型。其中顶部所在标高为 4.8m，所有柱子均为混凝土矩形结构柱，其中 KZ1 截面为 500mm × 500mm，KZ2 截面为 450mm × 600mm，KZ3 截面为 600mm × 750mm；结构梁 KL 为截面 300mm × 600mm 的混凝土矩形梁。图 4-1 中所注标高均为中心标高，根据图 4-1 中给定尺寸及数据创建风管及风口模型，并将建好的模型以"风管及风口模型"为文件名进行保存。

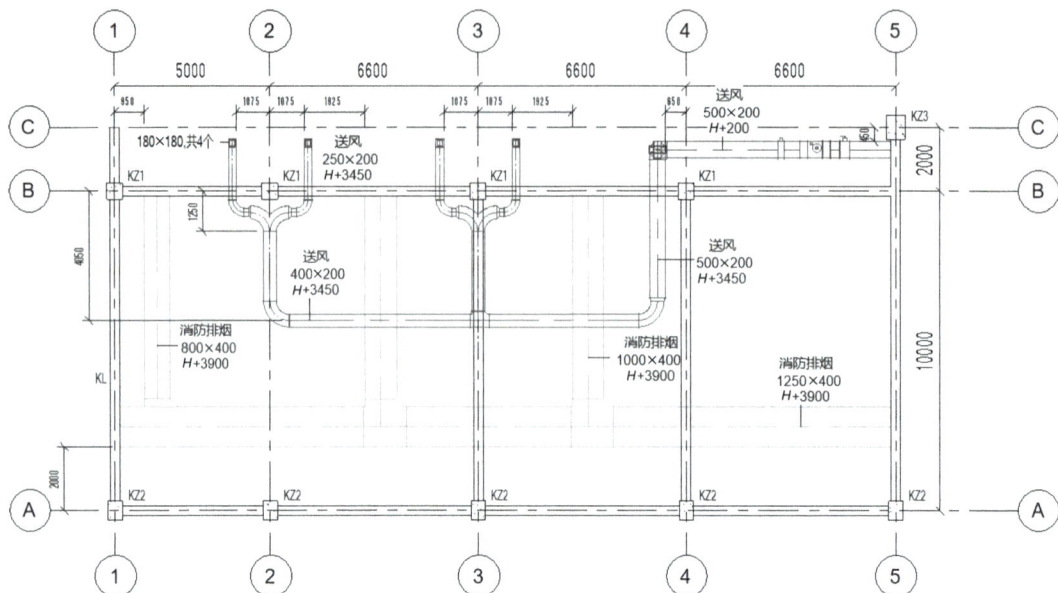

图 4-1　风系统平面图

二、课前准备

学生扫码查看预习内容。

预习内容：视频 38 风管、风口及风管管件创建 -1　　　预习内容：视频 39 风管、风口及风管管件创建 -2

三、任务实施

　　中央空调系统是现代建筑设计、施工及运维中必不可少的一部分，利用 Revit 软件将二维平面设计转换为三维模型，可实现模型可视化、数字化及工程流程化。

1. 绘制标高、轴网及柱梁

　　启动 Revit 软件，新建以"机械样板"为模板的项目，并将其命名为"风管及风口模型"并保存在相应文件夹内。

　　按照前面所学标高、轴网及柱梁创建方法，完成标高、轴网及柱梁模型的创建，如图 4-2 所示。

　　【注意】在 Revit 软件中有"构造样板""建筑样板""结构样板""机械样板"等多个自带的项目样板文件，在新建项目时，我们可以根据不同的需要选择不同的样板文件。其中 Revit 默认采用的是"构造样板"，其包括通用的项目设置；创建建筑专业模型一般选用"建筑样板"，"机械样板"则主要用于水、暖、电等机电相关专业的模型创建，"结构样板"则主要用于结构专业的模型创建。

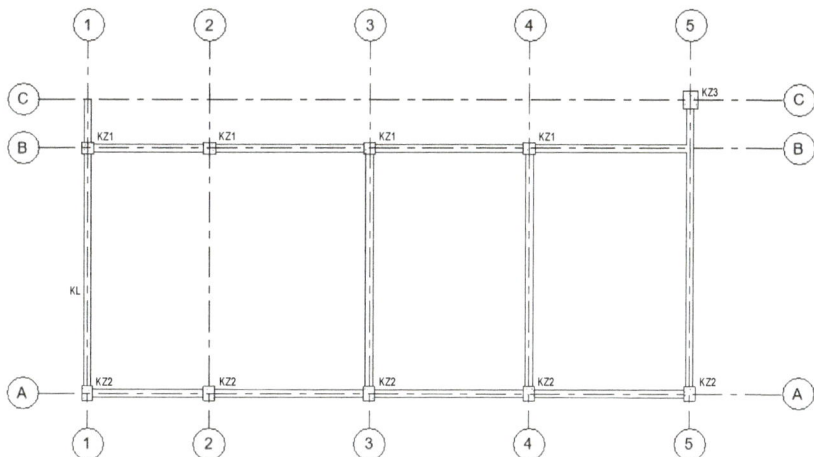

图 4-2 创建标高、轴网及柱梁

2. 绘制风管

（1）创建系统类型 在机电系统模型创建中，由于涉及的系统类型比较多、管线错综复杂，如果不对系统加以区分，对后期管线综合、碰撞检查及运维等都会带来很大的麻烦，所以，在进行系统模型创建时，需要按照不同的系统类型创建模型。

在"项目浏览器"中，单击"族"→"风管系统"→"风管系统"，可以看到软件自带的三个风系统类型：回风、排风和送风，如图 4-3a 所示。

将指针放置"排风"系统上，右击，单击"复制"命令，则在此基础上新建风系统类型"排风 2"，如图 4-3b 所示。将指针放置"排风 2"上，右击，单击"重命名"命令，可将其重命名为"消防排烟"（或直接双击"排风 2"，也可对系统重命名），如图 4-3c 所示。

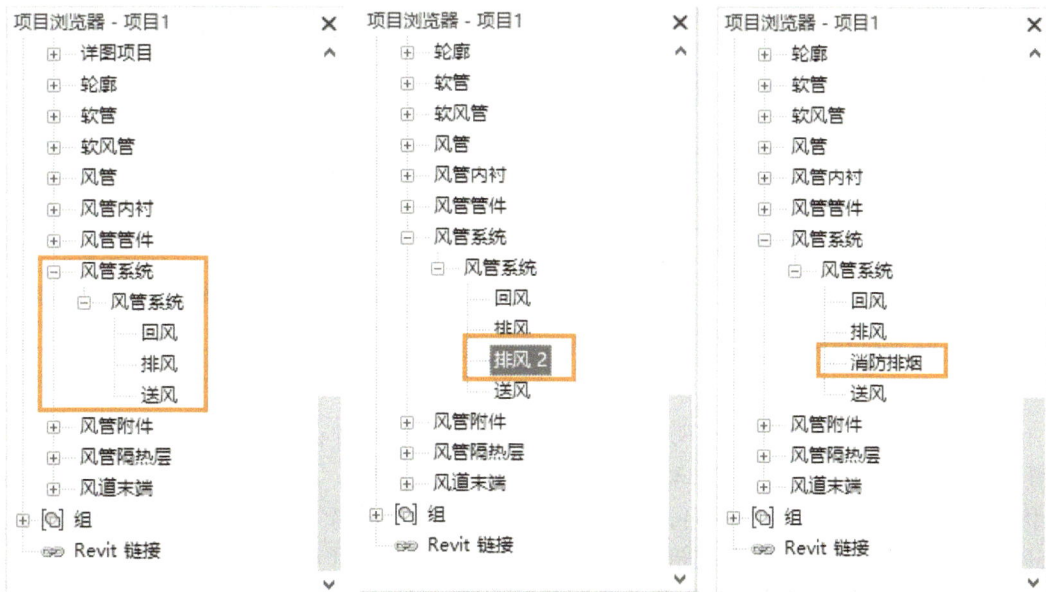

a) 系统默认的风系统类型　　　　b) 复制新的排风系统　　　　c) 重命名完成消防排烟系统的创建

图 4-3 创建风系统类型

【注意】通过将指针放置在相应的系统类型上，右击，在弹出的快捷菜单中不仅可以完成新的系统类型的创建，还可以实现对已创建的系统进行"重命名"或者"删除"处理。

（2）绘制消防排烟风管　单击"建筑"选项卡进入"建筑"界面，在该界面下，选择工具栏中的"参照平面" ⟋ 参照 平面 命令，按任务图中标注位置绘制参照平面，确定消防排烟风管的位置。

单击"系统"选项卡进入"系统"界面，在"系统"界面下单击工具栏中的"风管" ▱ 命令，进入"修改 | 放置 风管"界面。在该界面下，单击"属性"面板下拉小三角，选择风管类型为"矩形风管 - 斜接弯头 / 接头"，如图 4-4a 所示，在"属性"面板中设置"水平对正"为"右""偏移"为"3900.0""宽度"为"1250.0""高度"为"400.0"，如图 4-4b 所示，同时设置"系统类型"为"消防排烟"，如图 4-4c 所示。

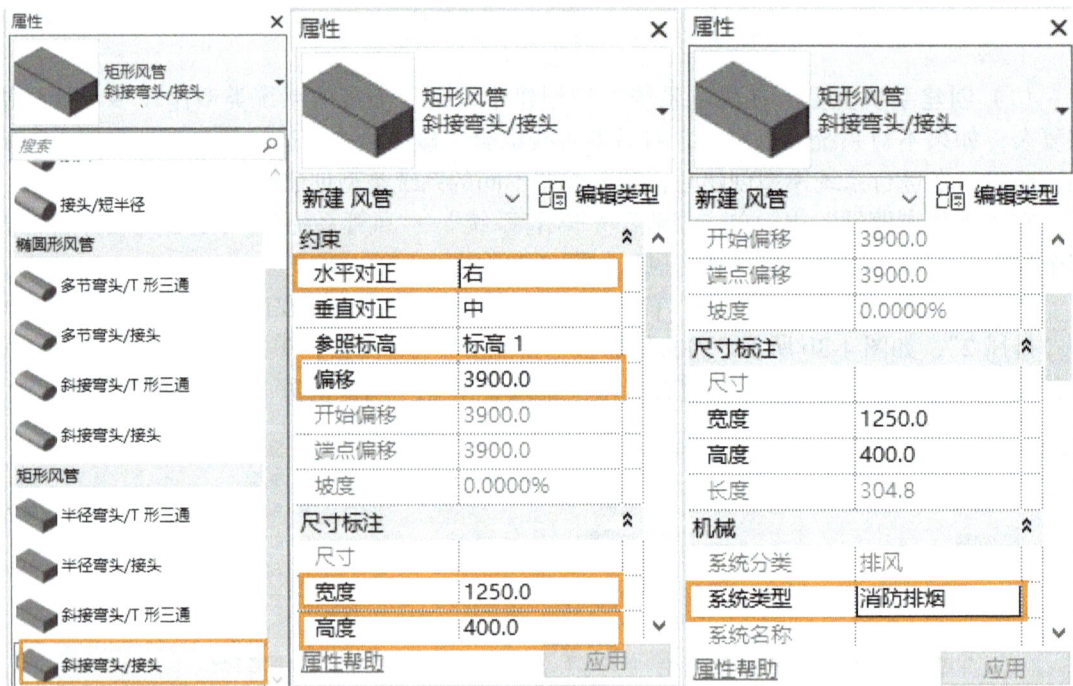

a) 选择风管类型　　　　　b) 设置风管约束条件　　　　　c) 设置风管系统类型为"消防排烟"

图 4-4　设置管道系统类型

【注意】

1）在"属性"面板中选择风管类型时，主要有以下四种："半径弯头 /T 形三通""半径弯头 / 接头""斜接弯头 /T 形三通"和"斜接弯头 / 接头"，这几种风管类型的区别主要在于风管交接处的连接方式不同，其中"半径弯头""斜接弯头"主要表示弯头连接的方式，"T 形三通""接头"主要表示支管的连接方式，具体如图 4-5 a~d 所示。

2）在"属性"面板中，"水平对正"的方式有三种，分别是"中心""左""右"，其区别主要在于绘制风管时的参照不同，其分别使用风管的中部、左侧和右侧作为参照来进行绘制。

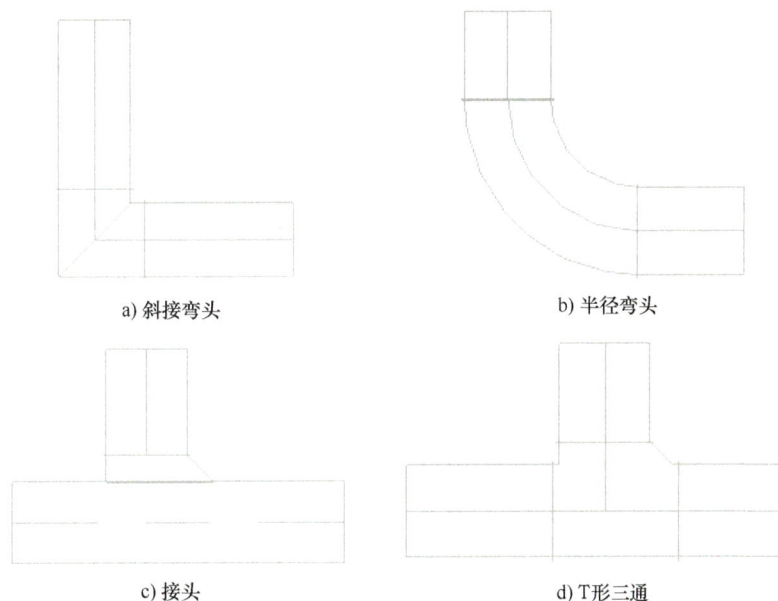

a) 斜接弯头

b) 半径弯头

c) 接头

d) T形三通

图 4-5 弯头连接方式示意图

3）图中风管尺寸表示含义为：风管宽度 × 风管高度，单位为 mm。

4）风管偏移量是指风管中心线相对标高的高度偏移量，而不是风管底部相对标高的偏移量。

设置完成后，按照参照平面确定的位置，在视图区域风管的起点位置单击，然后在风管的终点位置再次单击，即可绘制如图 4-6 所示 1250mm × 400mm 的消防排烟风管。

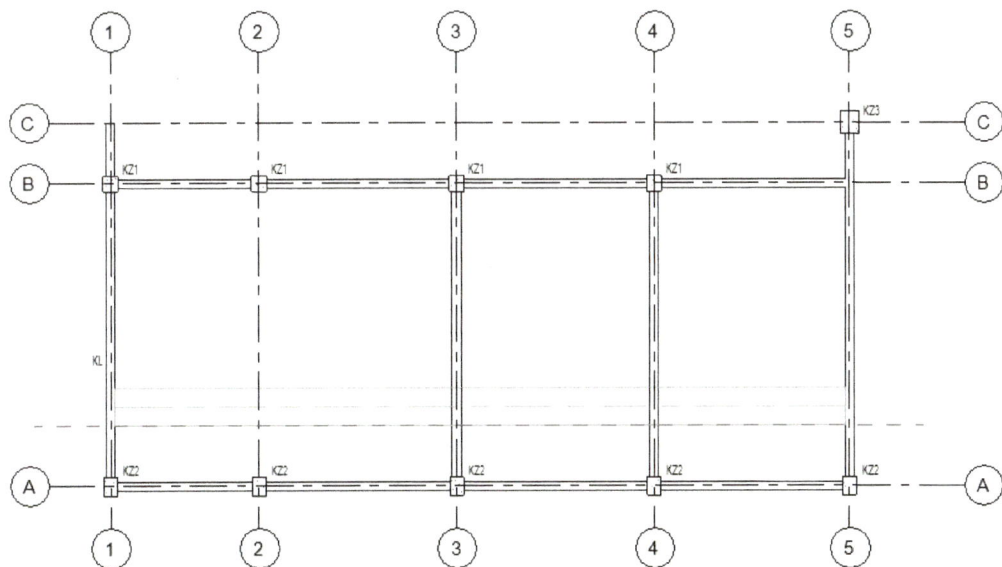

图 4-6 绘制 1250mm × 400mm 的消防排烟风管

【注意】风管绘制完成后，如果位置不合适，可通过"修改"→"对齐" ▱ 或"移动" ✛ 命令调整风管位置。

在"属性"面板中设置"水平对正"为"左""偏移"为"3900.0""宽度"为"800.0""高度"为"400.0"，设置"系统类型"为"消防排烟"，按照参照平面确定的位置在视图区域绘制 800mm×400mm 的消防排烟风管，如图 4-7 所示。

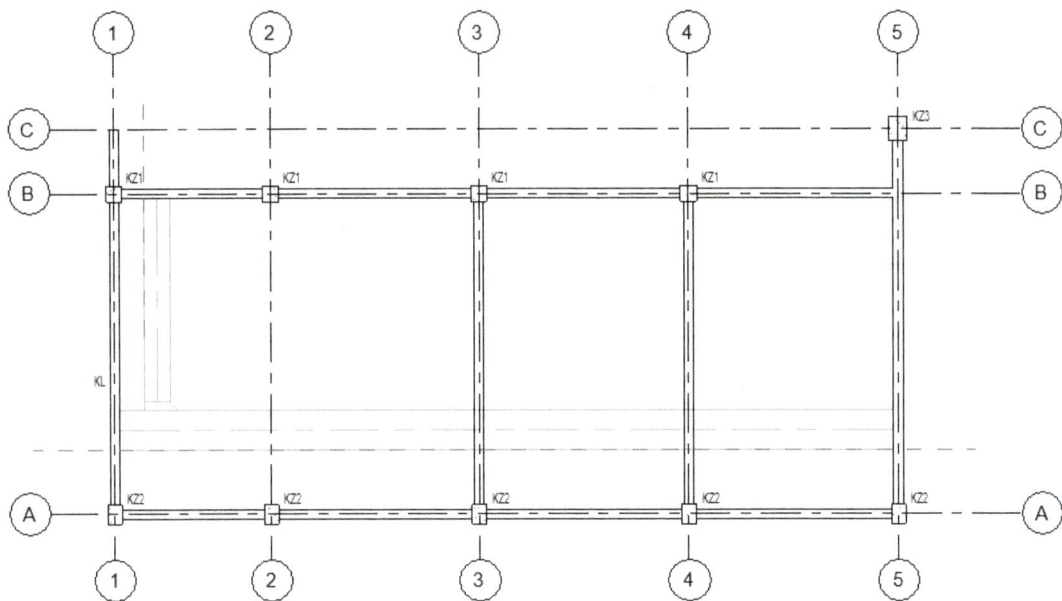

图 4-7　绘制 800mm×400mm 的消防排烟风管

在"修改 | 放置 风管"界面下，单击左侧"属性"面板下拉小三角，选择风管类型为"矩形风管 斜接弯头/T 形三通"，并在"属性"面板中设置"水平对正"为"中心""偏移"为"3900.0""宽度"为"1000.0""高度"为"400.0"，设置"系统类型"为"消防排烟"，按照任务图中位置，绘制 1000mm×400mm 的消防排烟管道，如图 4-8 所示。

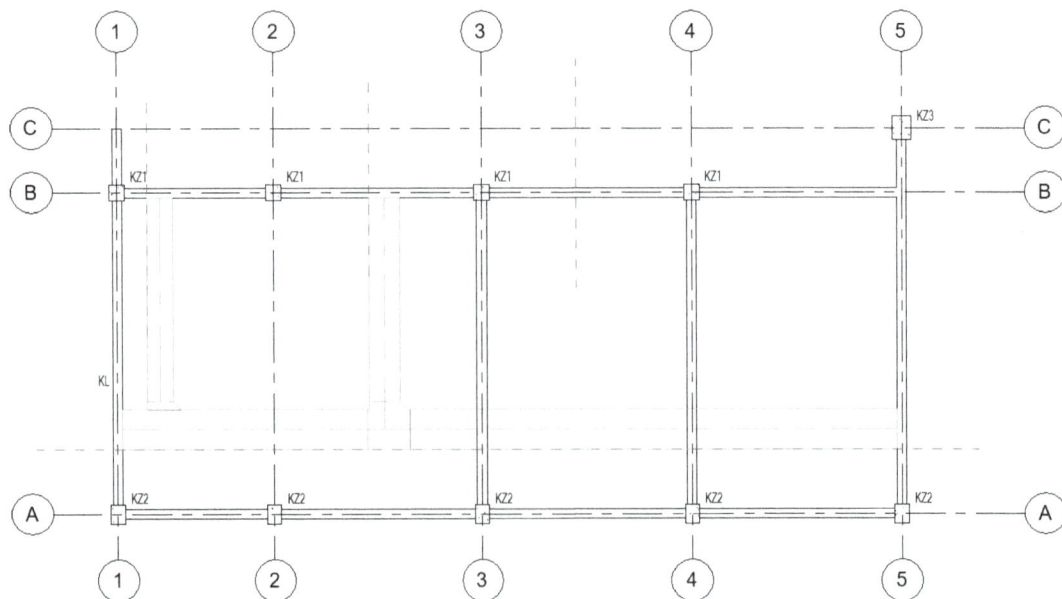

图 4-8　绘制 1000mm×400mm 的消防排烟管道

【注意】绘制该风管时，使其与第一段风管的中心线相交，则软件自动生成三通。除此之外，还可以通过以下方式绘制三通：

1）先绘制与三通相连的一段风管至三通处，然后添加放置三通，放置完成后，按照任务图中尺寸调整三通各个口的尺寸，再以三通一端为起点，继续绘制其他风管即可。

2）单击"系统"-"风管管件" ![风管管件] 命令，在"属性"面板中选择相应的管件三通类型，在相应位置放置管件，放置完成后，调整三通各个口的尺寸，再绘制风管。

用同样的方法完成另一消防排烟支管的绘制，如图4-9所示。

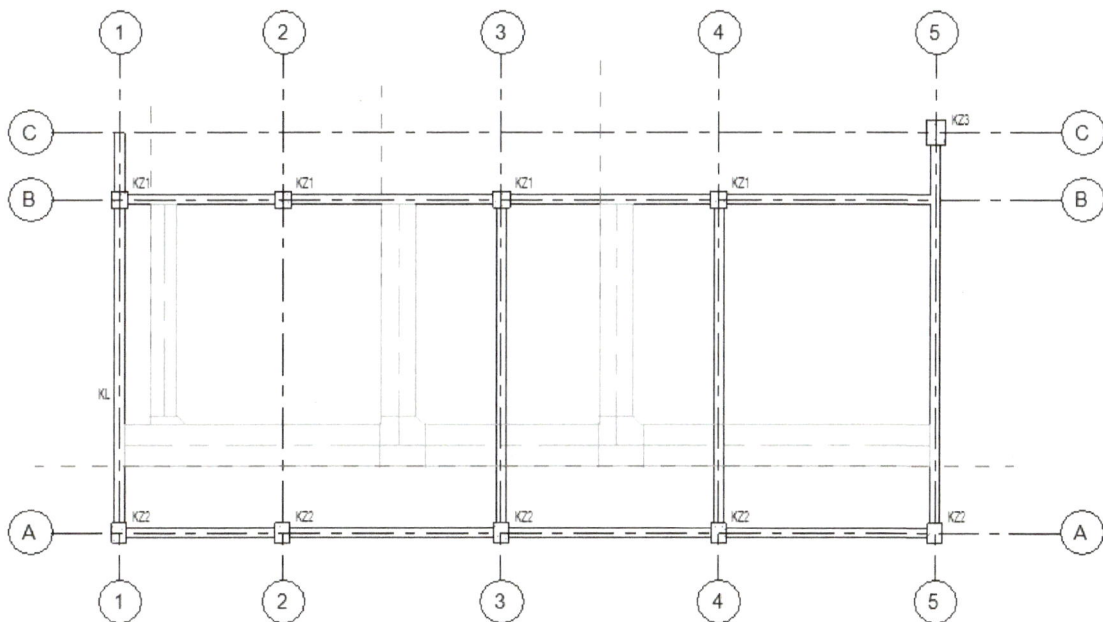

图4-9 完成所有消防管道的绘制

【注意】在"属性"面板中，单击"编辑类型"，弹出"类型属性"对话框，单击"编辑"按钮（图4-10a），弹出"布管系统配置"对话框，在该对话框中可以设置"弯头""连接""四通"等类型，同时也可以通过"载入族"载入新的类型。完成这些选项设置，则在绘制管道过程中可以不改变风管的设置，只需要直接选中相应的连接方式，在"属性"面板中改变类型，减少了绘制的麻烦。通常以"建筑样板"为模板创建的项目，弯头、连接等管件类型需要载入到项目中并进行配置，如图4-10b所示。

（3）绘制送风风管 按任务图中标注位置绘制参照平面，确定送风风管的位置，如图4-11所示。

单击"系统"选项卡进入"系统"界面，在"系统"界面下单击"风管" ![风管] 命令，进入"修改 | 放置 风管"界面。在该界面下，单击"属性"面板下拉小三角，选择风管类型为"矩形风管 半径弯头 /T形三通"，并在"属性"面板中设置"水平对正"为"中

心""偏移"为"3450.0""宽度"为"400.0""高度"为"200.0"，设置"系统类型"为"送风"，如图 4-12 所示。

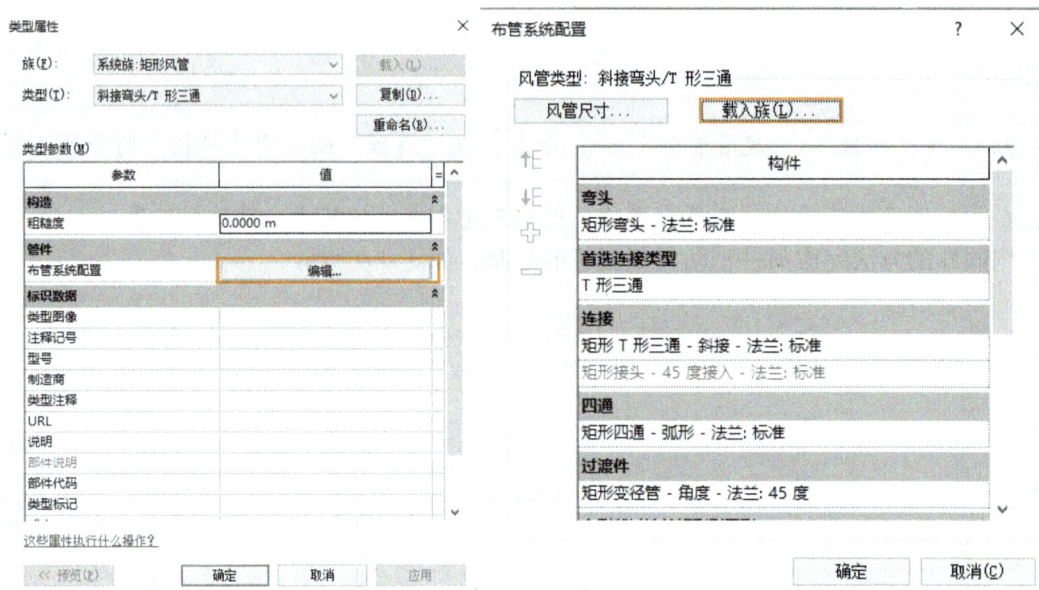

a) 单击"编辑"按钮进行布管系统配置　　　　　b) 设置布管系统配置参数

图 4-10　布管系统配置

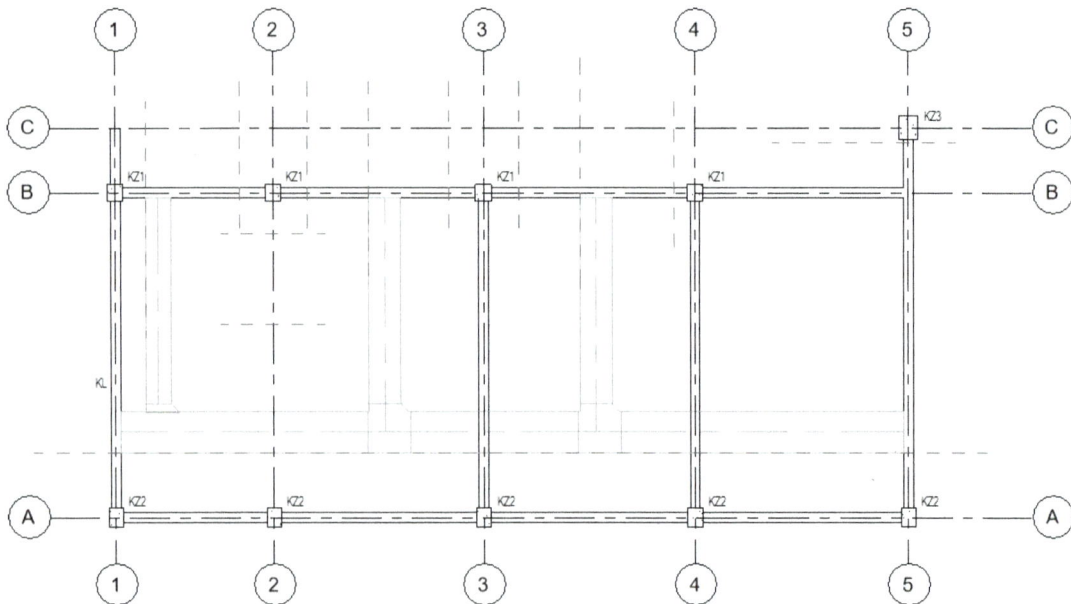

图 4-11　绘制参照平面

　　设置完成后，按照参照平面确定的位置，在视图区域绘制 400mm×200mm 的水平送风风管，如图 4-13 所示。

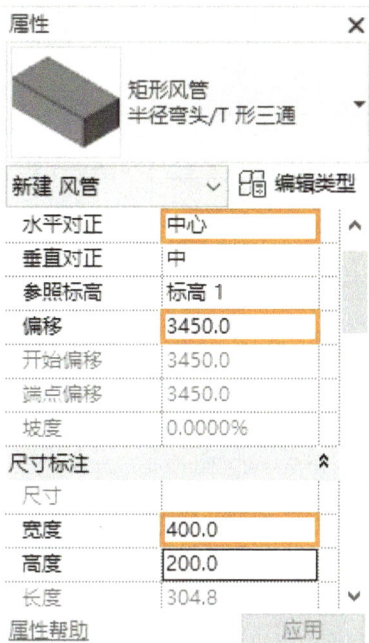

图 4-12 设置送风管类型及约束条件

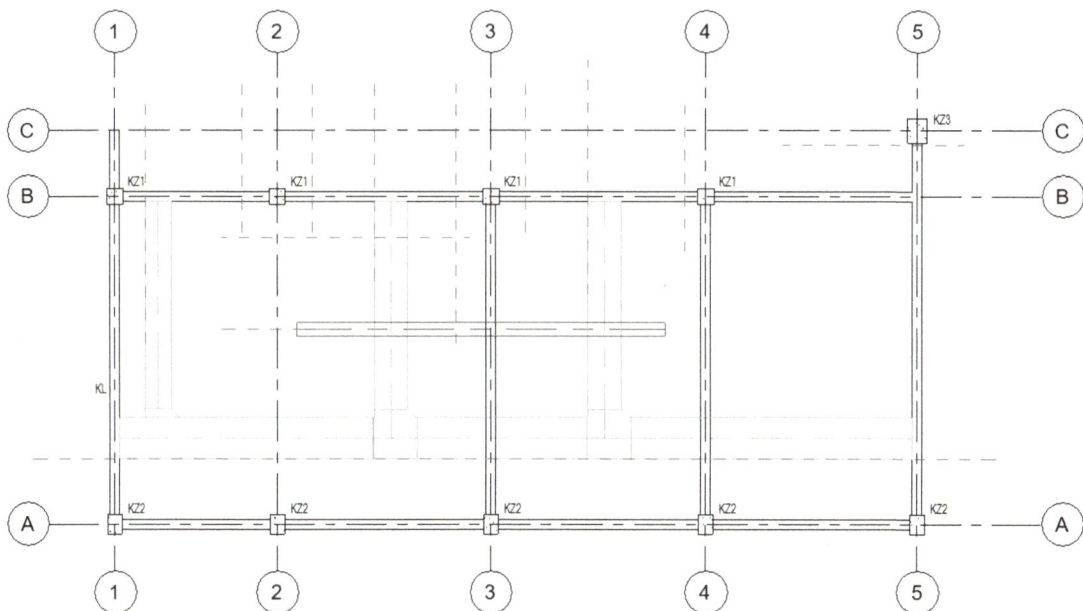

图 4-13 绘制 400mm × 200mm 的水平送风风管

按照同样的方法绘制②轴线上和④轴线左侧的风管，如图 4-14 所示。

单击选中水平送风风管，拖拽中心点至两段风管相交的中心点处，然后将另一端风管的中心点也拖拽至两段风管相交的中心点处，即可自动生成弯头，如图 4-15a 所示。按照这种方法，完成风管连接，如图 4-15b 所示。

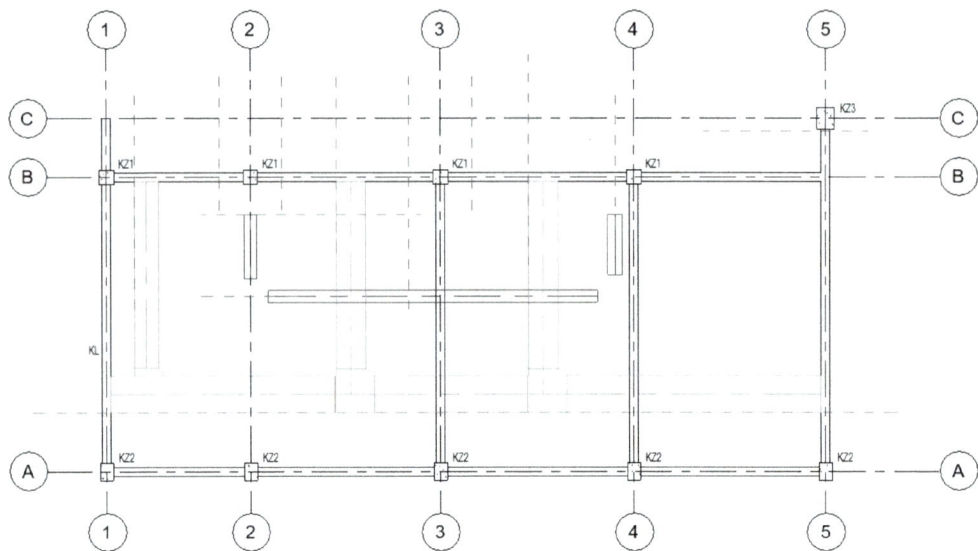

图 4-14 绘制竖向送风风管

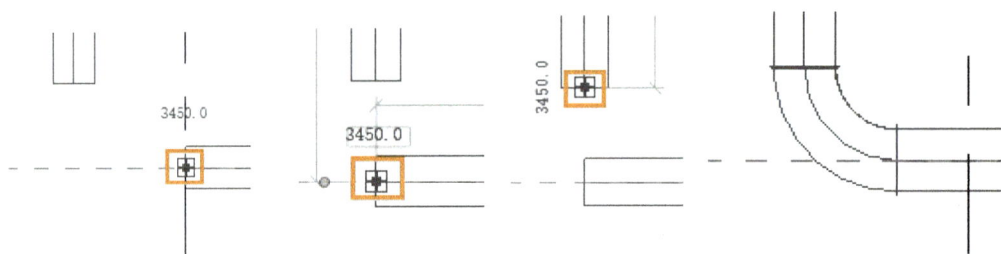

a) 创建弯头

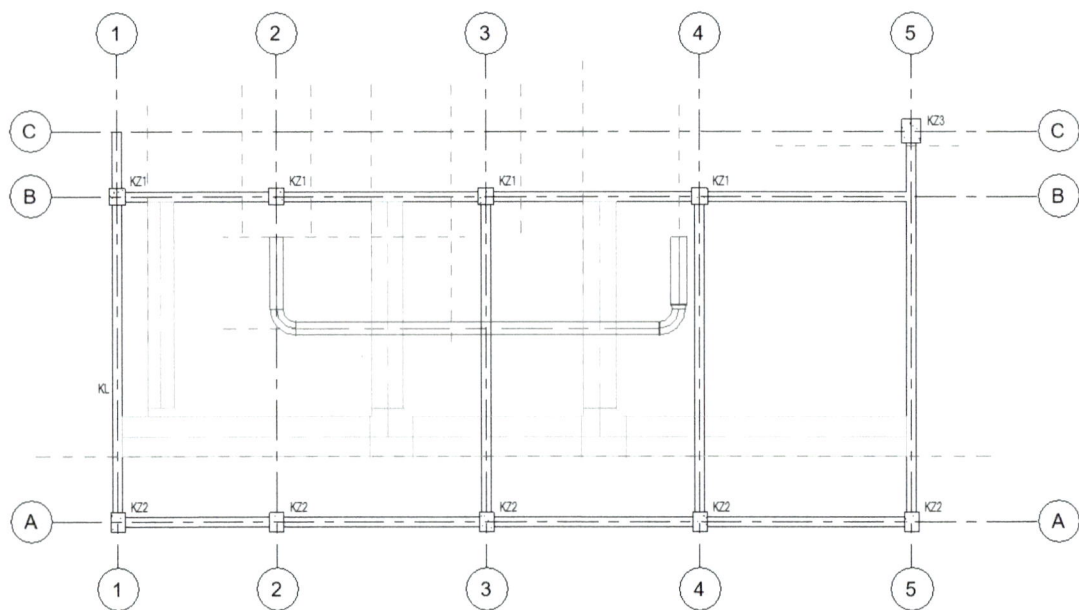

b) 连接风管

图 4-15 创建弯头并连接风管

【注意】

1）弯头的创建除以上方法外，还可以通过以下方式完成：

自动生成：绘制第一段风管，当其终点至与之相交的第二段和垂直的风管中心线位置时，单击，然后将光标放置在与之垂直相交的第二段风管的中心线上，再次单击，即可自动生成弯头。

先放置管件，然后再绘制风管：单击 "系统"选项卡进入"系统"界面，在"系统"界面下单击"风管管件" 风管管件 命令，进入"修改|放置 风管管件"界面。在该界面下，单击"属性"面板下拉小三角，选择相应的风管管件弯头的类型，在视图中弯头位置处单击，完成弯头的绘制。绘制完成后，单击选中该弯头，在弯头两端中点处会出现2个拖拽点，同时会显示该弯头两端所连接风管的宽度和高度，如图4-16所示。

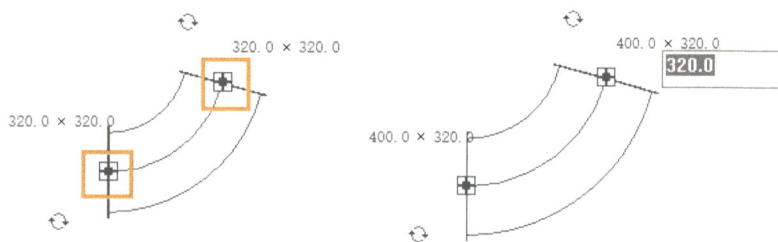

图4-16　单击出现风管关键拖拽点及宽度和高度

单击任意宽度或高度，即可弹出蓝色可编辑框，可实现风管尺寸的修改，同时也可以通过修改"属性"面板中"风管宽度"/"风管高度"的数值实现弯头所连接风管尺寸的设置，如图4-17所示。

风管尺寸设置完成后，将光标放置在弯头的任意一端拖拽点上，右击，单击"绘制风管"，即可完成弯头两端风管的绘制（此时绘制的风管继承弯头端口处风管尺寸大小），如图4-18所示。弯头两端风管的绘制，也可采用"系统"-"风管"的方式直接绘制风管。

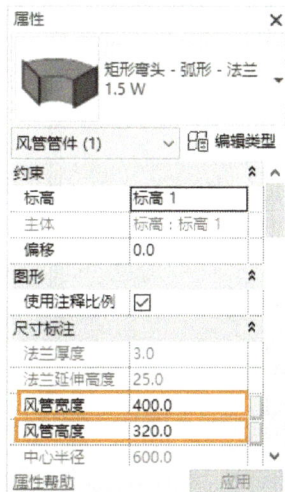

图4-17　修改设置风管尺寸　　　　图4-18　采用右击-"绘制风管"方式完成风管绘制

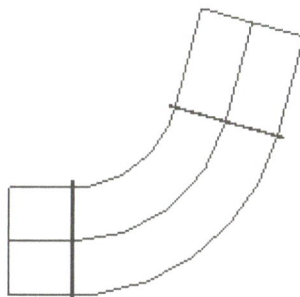

2）单击选中弯头，单击"属性"面板下拉小三角，可更改弯头的类型、半径弯头的弯曲半径等。

按照绘制风管的方法绘制③轴线上的风管：在"属性"面板中完成参数设置后，单击图中红点位置 1，然后再次单击图中红点位置 2（即水平风管中心线与参照线相交的位置），如图 4-19a 所示，即可完成③轴线上风管的绘制，并自动生成 T 形三通，如图 4-19b 所示。

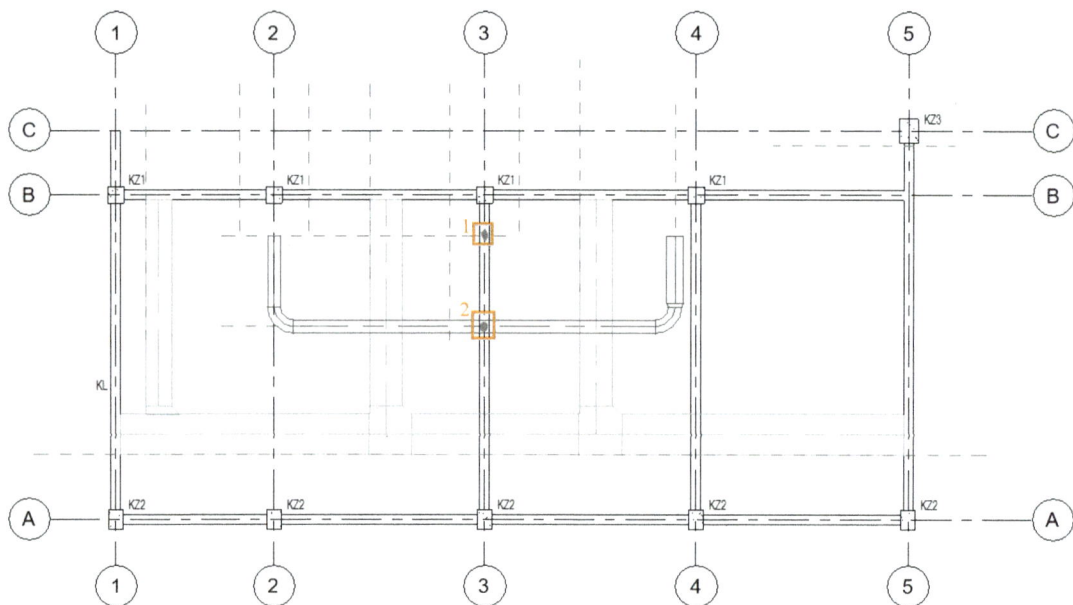

a) 确定风管起始位置

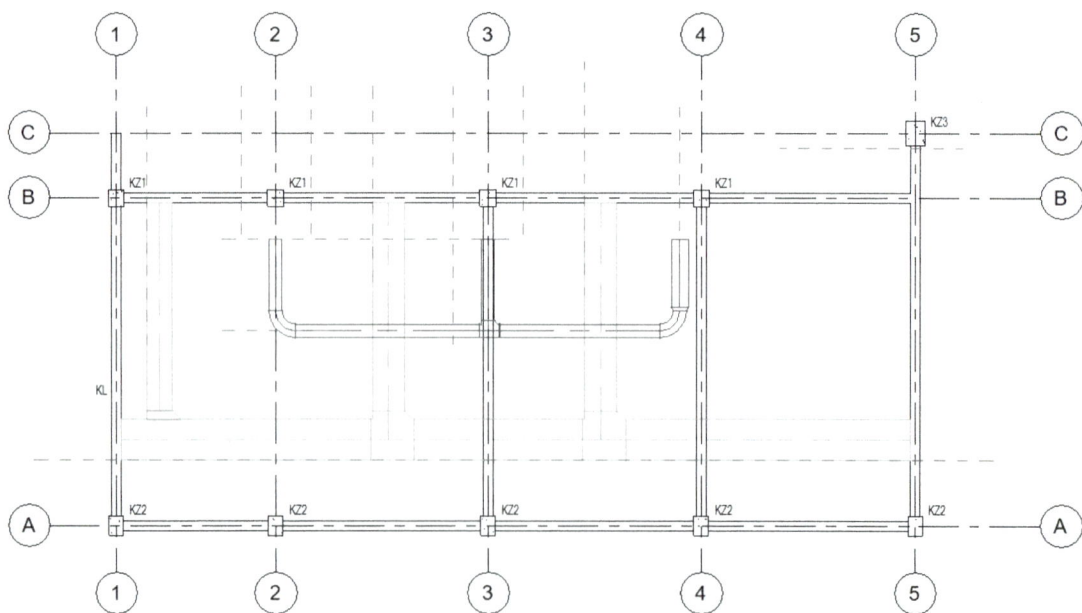

b) 绘制风管

图 4-19　完成风管连接及 T 形三通的绘制

单击"插入"选项卡进入"插入"界面，在该界面下单击"载入族" 载入族 命令，弹出"载入族"对话框，在该对话框中打开 MEP- 风管管件 - 矩形 -Y 形三通文件夹，将"Y 形三通"文件夹下的风管管件"带过渡件的矩形 Y 形三通 - 弯曲 - 顶对齐"载入进来，如图 4-20 所示（Revit 软件默认载入地址为：C：\ProgramData\Autodesk\RVT 2019\Templates\China\MEP\ 风管管件 \ 矩形 \Y 形三通)。

图 4-20　载入"带过渡件的矩形 Y 形三通 - 弯曲 - 顶对齐"

将 Y 形过渡件载入进来后，单击"系统"选项卡进入"系统"界面，在"系统"界面下单击"风管管件" 风管管件 命令，进入"修改 | 放置 风管管件"界面。在该界面下，单击"属性"面板下拉小三角，选择"带过渡件的矩形 Y 形三通 - 弯曲 - 顶对齐 标准"，然后在"属性"面板中设置相应的偏移量、过渡件端口所连接的三个风管的宽度、高度等数值，如图 4-21a 所示。设置完成后，在图中需要放置过渡件的位置处单击，完成过渡件的放置，如图 4-21b 所示。

过渡件放置完成后，单击选中该过渡件，将光标放置在过渡件拖拽点上，按住鼠标左键不放将其拖动到将要连接的风管的中心点位置处，此时会出现紫色的圆形重合点选框，松开鼠标左键，可将该过渡件与风管连接，如图 4-22 所示。

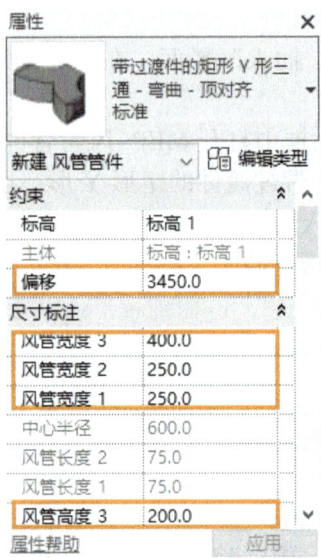

a) 设置过渡件参数

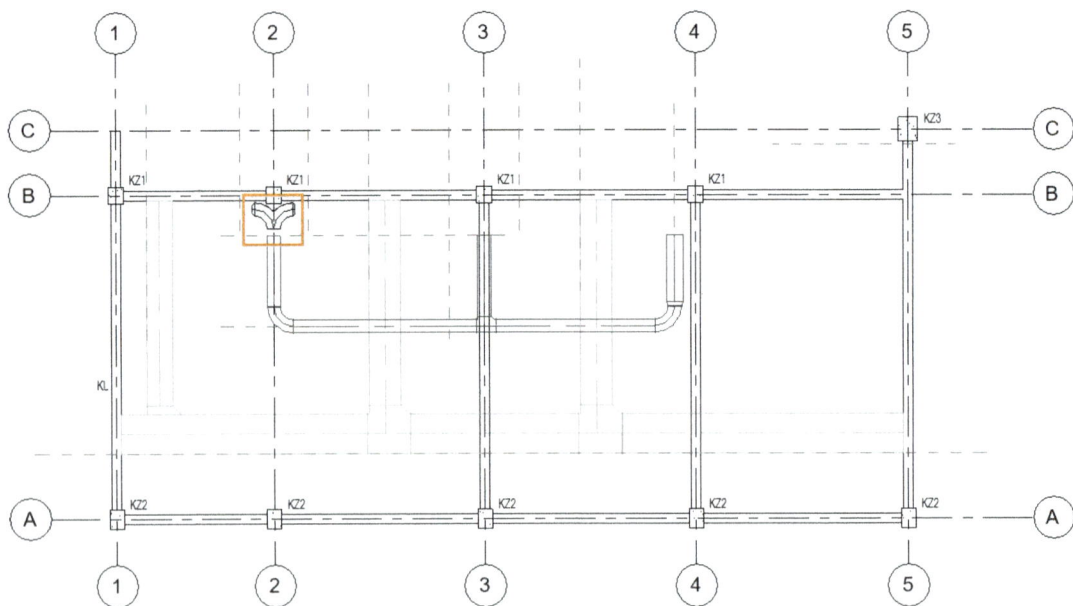

b) 图中相应位置放置过渡件

图 4-21　过渡件的放置

　　单击"系统"-"风管" ，在"属性"面板中设置风管类型为"矩形风管 半径弯头 /T 形三通"，并在"属性"面板中设置"水平对正"为"中心""偏移"为"3450.0""宽度"为"250.0""高度"为"200.0"，设置"系统类型"为"送风"，然后将光标移动至将要连接的过渡件端口的中心点处，当出现圆形选框时单击，然后按照绘制风管的方式，绘制出任务图中所示风管，如图 4-23 所示（与过渡件相连的风管绘制还可以按照以下方式完成：单击选中过渡件，在过渡件端口中心点拖拽处右击，选择"绘制风管"，同样可以完成风管的绘制）。

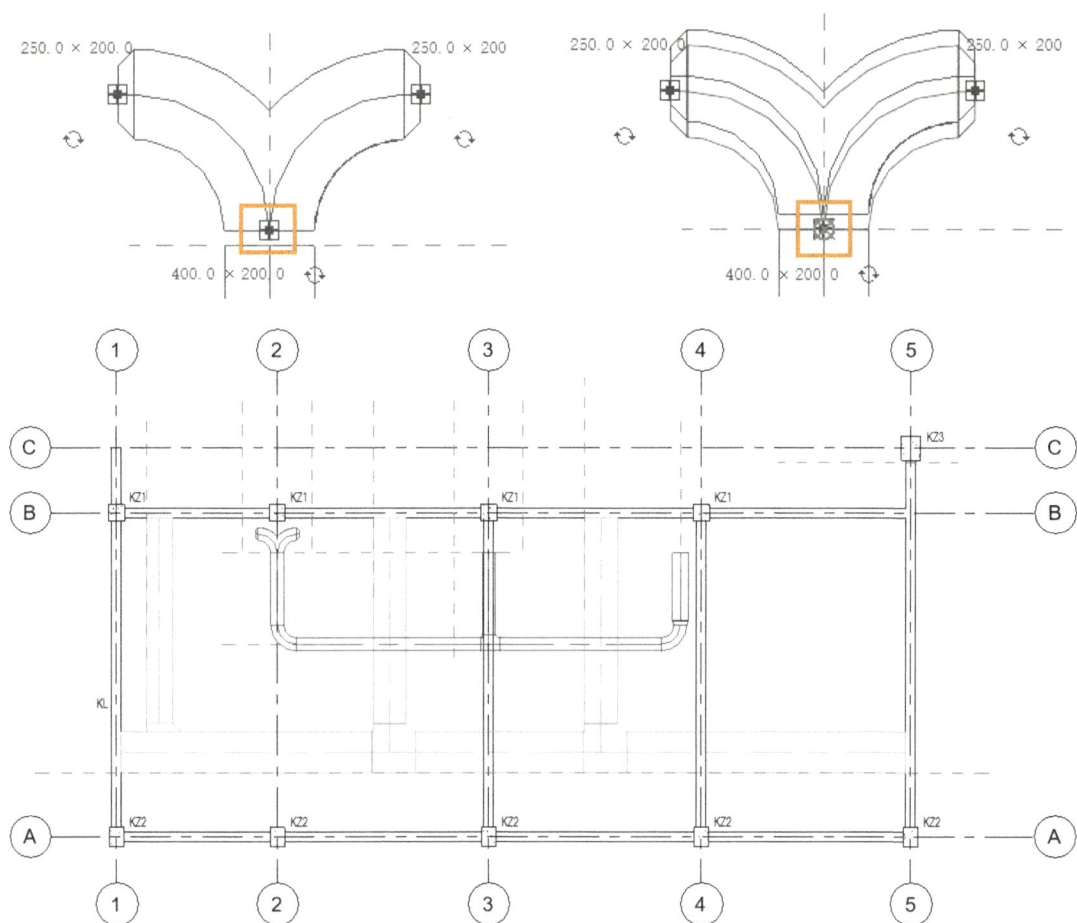

图 4-22　连接风管及过渡件

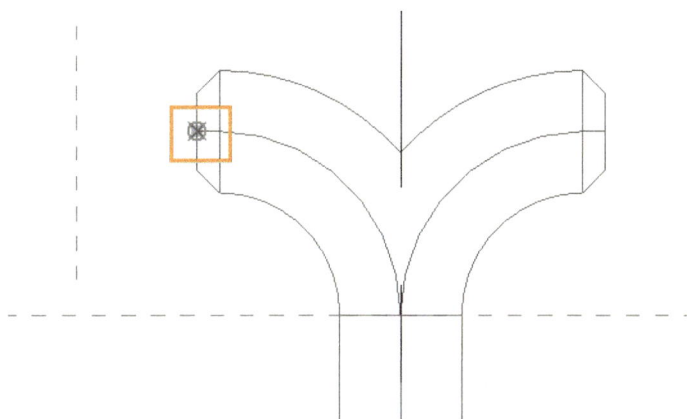

图 4-23　风管与过渡件的连接

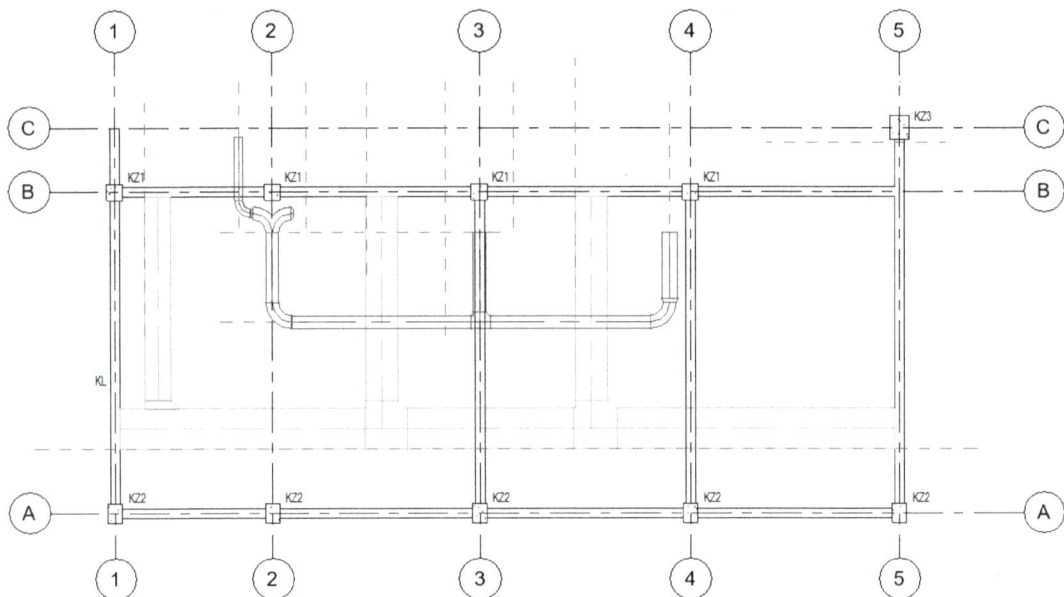

图 4-23 风管与过渡件的连接（续）

按照同样的方法，绘制出②轴线右侧以及③轴线上的过渡件及轴线两侧的风管，如图 4-24 所示。

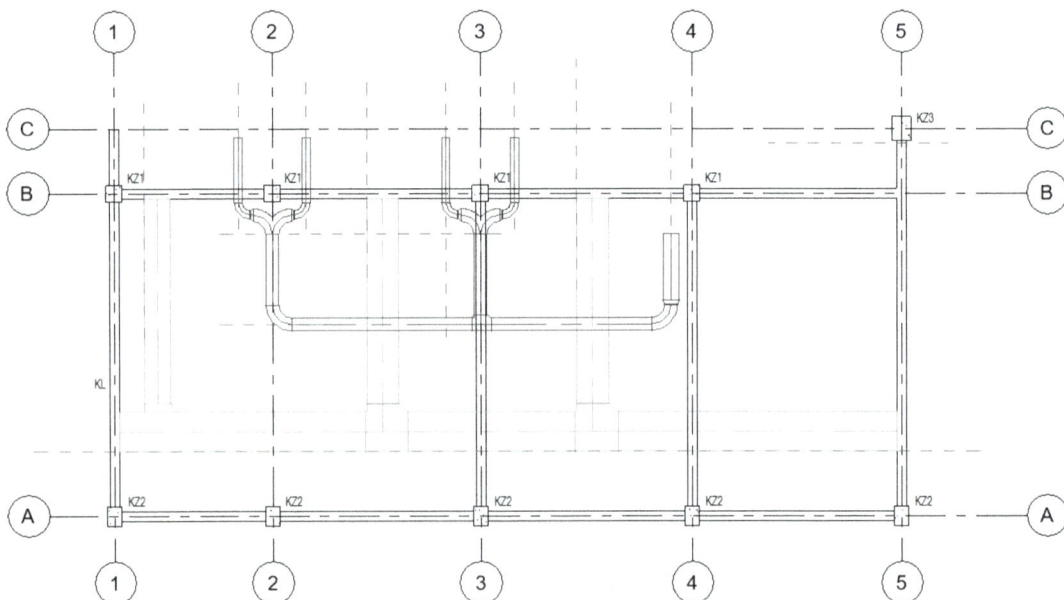

图 4-24 完成与过渡件连接的风管绘制

（4）绘制垂直风管 单击选中④轴线左侧风管，在风管上端中心拖拽点处，右击，选择"绘制风管"，将光标移动至图 4-25 中 1 点处，单击，即可绘制与原④轴线左侧风管同样规格尺寸、同样偏移量的风管（即新绘制风管继承原有风管的属性），如图 4-25 所示。

在选项栏设置"偏移"数值：垂直风管的底标高 200mm，单击"应用"，如图 4-26a 所示，即可完成垂直风管的绘制，绘制完成后的风管平面视图及三维视图分别如图 4-26b 和 c 所示。

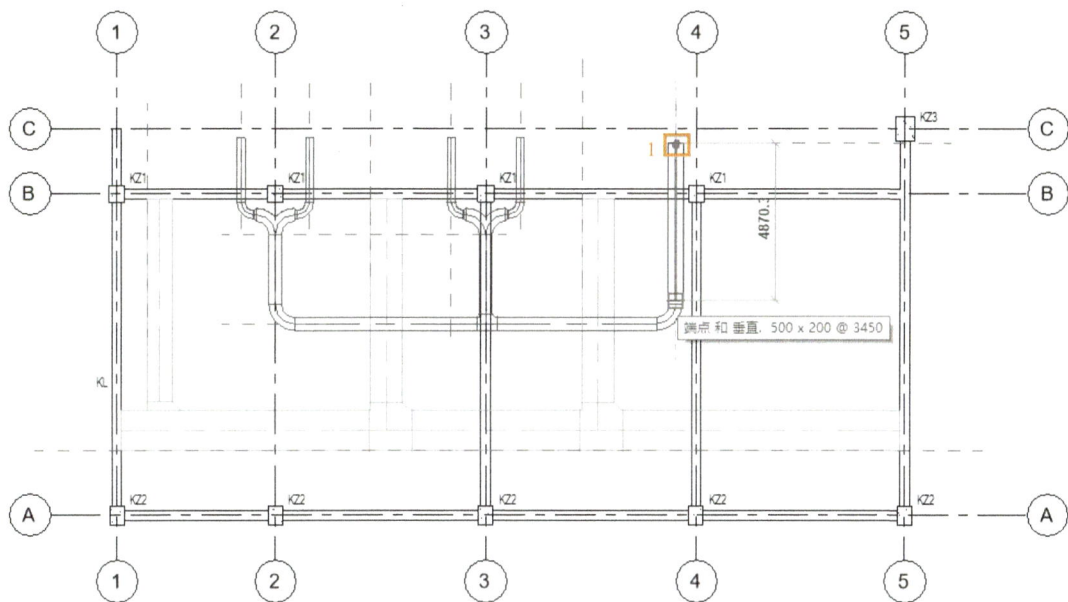

图 4-25　采用"绘制风管"继承原有风管属性绘制风管

a) 设置垂直风管参数

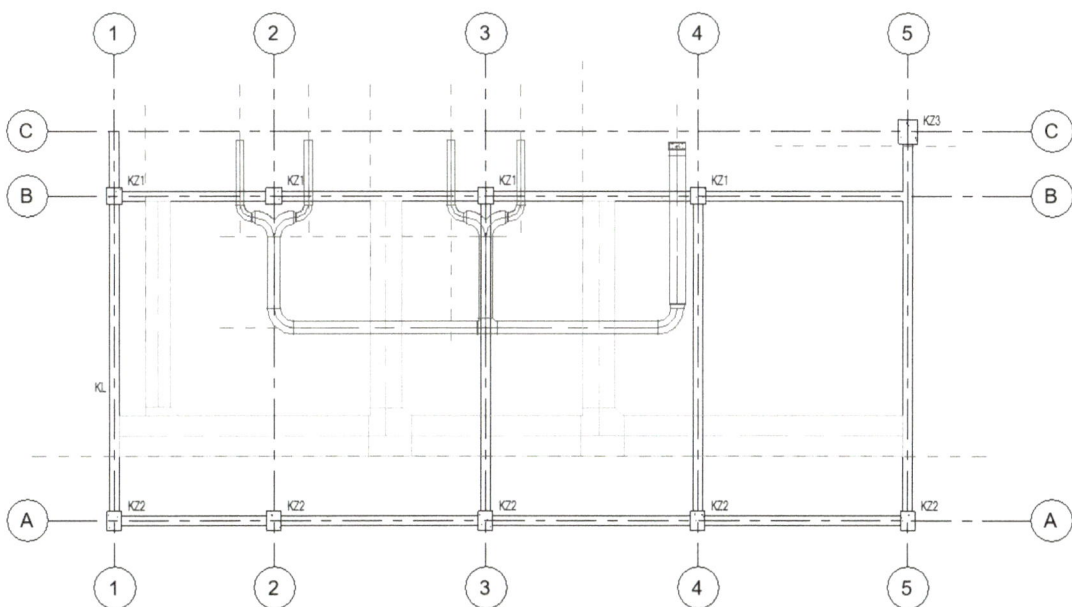

b) 垂直风管平面图

图 4-26　绘制垂直风管

c) 垂直风管三维图

图 4-26 绘制垂直风管（续）

【注意】

1）垂直风管的绘制方法：单击"系统"→"风管" ，在"属性"面板中完成风

管属性的设置（其中"偏移量"的数值大小为风管的起点高程），设置完成后，在视图区域单击确定风管起点位置，然后在选项栏中设置"偏移量"，其数值设置为风管的终点高程，单击"应用"，即可完成垂直风管的绘制。

2）有坡度的风管的绘制方法：按照风管的起始点位置，首先绘制一段直风管，绘制完成后，单击选中风管，此时在直风管的起始点位置可看到风管的起始点高程，如图 4-27所示。

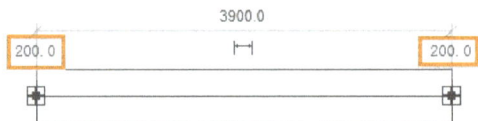

图 4-27 单击显示风管高程

单击风管起始点高程数值，可实现对高程点数值的修改设置，如图 4-28 所示。

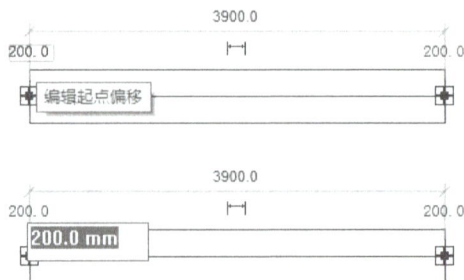

图 4-28 修改风管高程点

按照要求修改相应的起始点高程，可实现带有坡度的风管的绘制，如图 4-29 所示。同样，也可以直接单击坡度数值，实现对坡度的编辑修改。

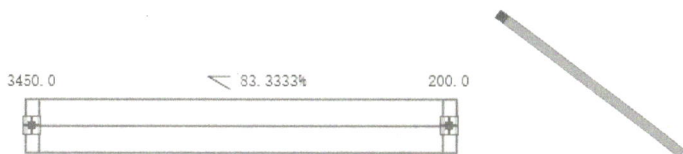

图 4-29　绘制带有坡度的风管

3）"继承高程" ：继承捕捉到的图元的高程。对于垂直立管或者有坡度的风管来说，如果在其基础上绘制一段与之相交的风管，此时，要绘制风管的高程（或偏移量）有时会比较难确定，此时就可以利用"继承高程"命令来绘制。具体如下：单击"系统"→"风管"，在"修改 | 放置 风管"界面下，在工具栏中单击"继承高程" 命令，然后在已绘制完成的垂直立管或带有坡度的风管上，按照相应的位置，单击，开始绘制，如图 4-30 所示。

图 4-30　继承风管高程

4）"继承大小" ：继承捕捉到的图元的大小。单击"系统"→"风管"，在"修改 | 放置 风管"界面下，在工具栏中单击"继承大小" 命令，然后在已绘制完成的风管上，按照相应的位置，单击，开始绘制，绘制的风管继承原有风管大小，无须重新设置。

单击"系统"→"风管" ，在"属性"面板中设置风管类型为"矩形风管 半径弯头 /T 形三通"，并在"属性"面板中设置"水平对正"为"中心""偏移"为"200.0""宽度"为"500.0""高度"为"200.0"，设置"系统类型"为"送风"，然后将光标移动至垂直风管的端口中心点处，当出现圆形选框时，单击，然后按照绘制风管的方式，绘制出任务图中所示风管。风管绘制完成后，单击"修改"→"对齐" 命令，根据参照平面确定的位置，调整风管位置，如图 4-31 所示。

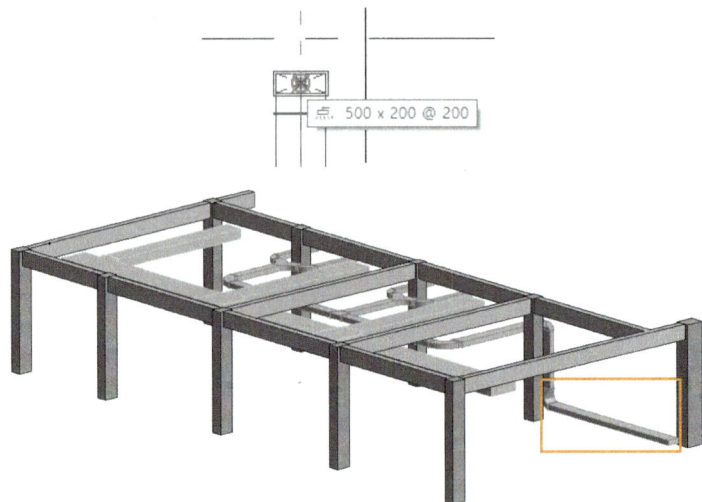

图 4-31　完成 500mm×200mm 水平风管的绘制

风管已全部绘制完成，如图 4-32 所示。

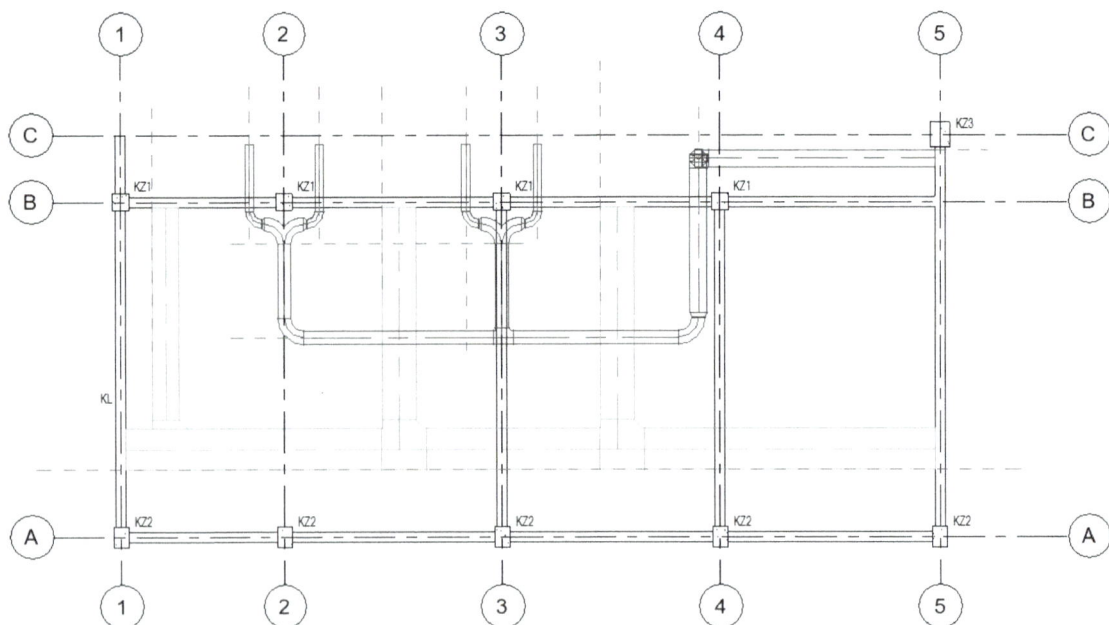

图 4-32　风管绘制完成

3．添加风口

空调风口一般分为两种：出风口（送风口）和回风口。常见的空调风口类型有单层百叶风口、双层百叶风口、散流器等，其中散流器是空调系统中常用的送风口。

单击"系统"选项卡进入"系统"界面，在"系统"界面下单击"风道末端"　命令，进入"修改|放置 风道末端装置"界面。在该界面下，单击"属性"面板下拉小三角，

选择"散流器 - 矩形 180×180",然后单击选择"风道末端安装到风管上" 命令,然后在放置风口的风管位置处单击,完成散流器的放置,如图 4-33 所示。

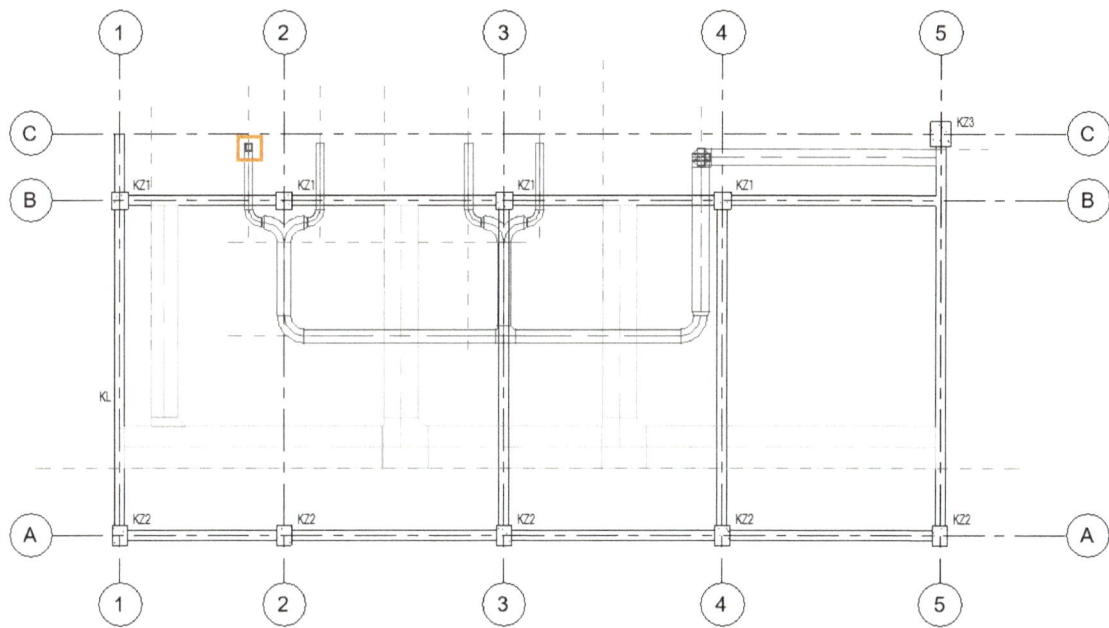

图 4-33　在视图相应位置放置散流器

按照上面的方法,完成其他几个散流器的安装,如图 4-34 所示。

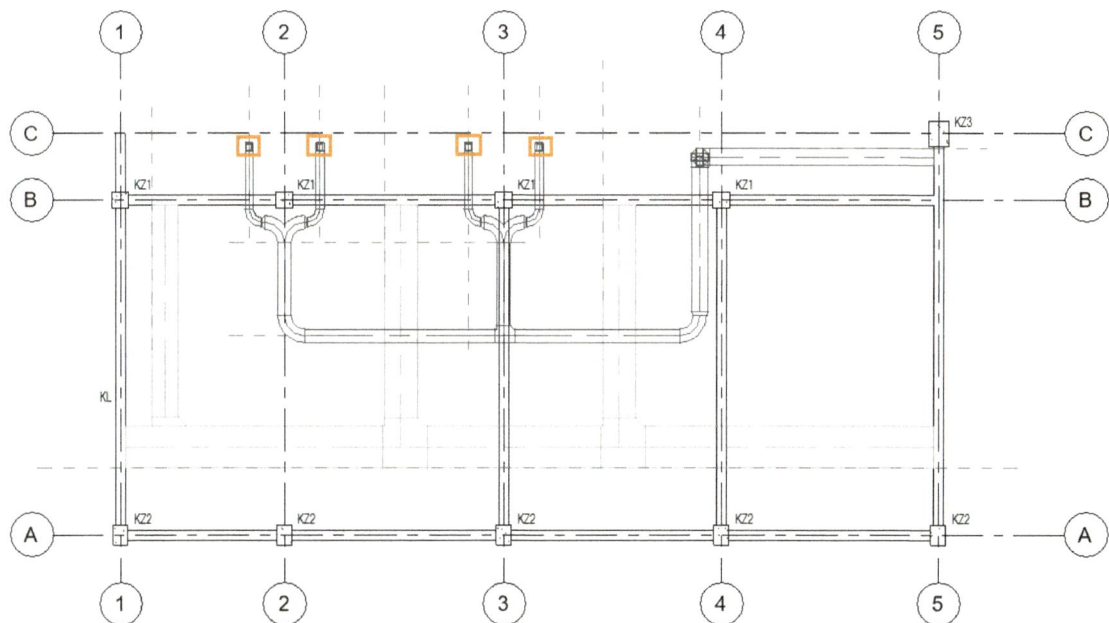

图 4-34　散流器绘制完成

【注意】

1）若软件自带的族库中没有所需要的散流器规格型号，则可以通过"属性"→"编辑类型"，在弹出的编辑类型对话框中，通过复制新建的方式，新建所需要的散流器规格型号。

2）在"属性"下拉小三角中，如果没有所需要的送回风口类型，则可以通过"插入"→"载入族"的方式，将族库中的风口类型载入进来。

3）百叶风口的添加：以单层百叶风口为例，单击"系统"选项卡进入"系统"界面，在"系统"界面下单击"风道末端" 命令，进入"修改|放置 风道末端装置"界面。在该界面下，单击"属性"面板下拉小三角，选择"回风口 - 矩形 - 单层 - 可调 标准"，如图 4-35 所示。

若百叶风口直接安装在风管上，则在"修改|放置 风道末端装置"界面下，单击选择"风道末端安装到风管上" 命令，然后将光标移动至需要安装风口的风管面上，此时需要安装风口的风管面会亮显，在亮显面上相应位置单击，即可实现百叶风口的安装，如图 4-36 所示。

图 4-35　选择风口类型为"回风口 - 矩形 - 单层 - 可调 标准"

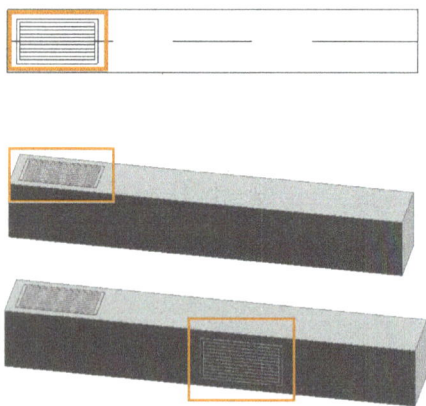

图 4-36　百叶风口的绘制

若百叶风口没有直接安装到风管上，则在"修改|放置 风道末端装置"界面下，取消选中"风道末端安装到风管上" 命令，在"属性"面板中设置风口"偏移"量，如图 4-37a 所示。然后将光标放置在安装风口的风管相应位置上，单击，风口与风管会自

动连接，从而完成风口的添加，如图 4-37b 所示。其三维模型如图 4-37c 所示。

a) 设置风口约束条件　　　　b) 在风管相应位置放置风口　　　　c) 完成风口的创建

图 4-37　完成风口与风管连接

4）风口与风管自动连接的方式与风管类型（风管的布管系统配置）有关，图 4-38a 的风管类型为半径弯头 /T 形三通（"属性"→"编辑类型"→"布管系统配置"→"编辑"→"首选连接类型" 为 "T 形三通"），图 4-38b 的风管类型为半径弯头 / 接头（"属性"→"编辑类型"→"布管系统配置"→"编辑"→"首选连接类型" 为 "接头"）。

5）当风口的偏移（高度）与风管的偏移（高度）数值相差不大时，如果风管的类型采用的是"半径弯头 /T 形三通"，则可能会弹出图 4-39 所示对话框，并且风口与风管无法实现自动连接。此时可以调整风管类型，将风管类型修改为"半径弯头 / 接头"，即可实现风口与风管的自动连接。若仍然弹出警告窗口，则可以单击"删除图元"按钮，则风口将以活接头的方式与风管连接，实现风口的添加。除此之外，也可以通过调整风口偏移量使其与风管偏移量数值相差较大，此时再次单击"系统"→"风道末端"，将光标放置在风管合适位置的中心线上单击，也可以实现风口的添加。

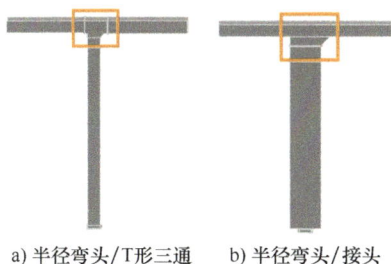

a) 半径弯头/T 形三通　　b) 半径弯头/接头

图 4-38　风管三通示意图

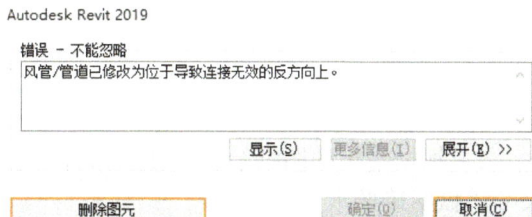

图 4-39　弹出"错误"对话框

风管的绘制和风口的添加已完成，将文件保存至对应文件夹即可。

本项目具体操作视频可扫码查看。

操作视频：视频 40 机电模型

四、知识巩固与拓展

新建如图 4-40 所示的风管及风口模型，未标明尺寸不做明确要求，具体要求：

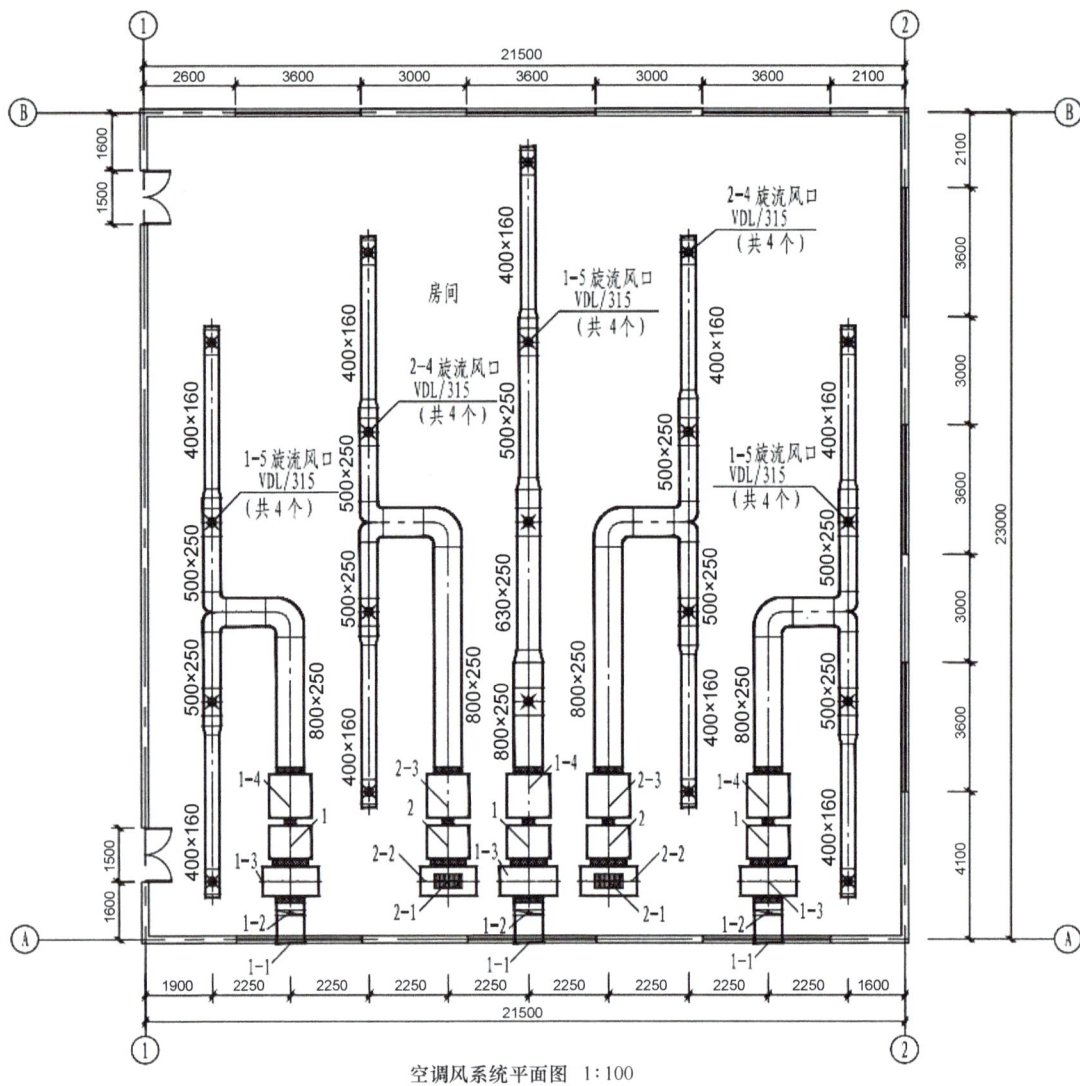

空调风系统平面图 1:100

图 4-40 空调风系统平面图

1）根据给出的图纸绘制出建筑形体，包括墙、门、窗、楼板等，墙高 4.00m，未标明尺寸不做明确要求。

2）建立空调风管及风口模型，风管中心对齐，中心标高为 3.55m。

将建好的模型以"风管及风口模型"为文件名进行保存。

五、课后训练

扫码完成本任务课后作业。

课后作业 15

任务二 风管附件及暖通设备的添加与连接

知识目标：熟悉暖通设备 CAD 施工图的识读方法；掌握暖通设备模型的创建方法。

能力目标：能够利用 Revit 正确创建暖通设备模型并进行参数设置；能够正确将暖通设备与风管连接。

素质目标：具备节能环保意识；具备总结归纳能力。

【大国工匠之代表人物】

潍柴动力股份有限公司高级技师王树军，他攻克了进口高精加工中心光栅尺气密保护设计缺陷，填补国内空白，成为中国工匠勇于挑战进口设备的经典案例。他独创的"垂直投影逆向复原法"，解决了进口加工中心定位精度为千分之一度的 NC 转台锁紧故障，打破了国外技术封锁和垄断。他是维修工，也是设计师，更像是永不屈服的斗士。临危请命，只为国之重器不能受制于人。他展示出中国工匠的风骨，在尽头处超越，在平凡中非凡。

一、任务描述

根据图 4-41 中给定的尺寸数据，在上一任务绘制的模型基础上添加风管附件及暖通设备，并将风管附件及暖通设备与风管连接。具体的风管附件及暖通设备类型见表 4-1，将建好的模型以"风管附件及暖通设备的添加与连接"为文件名进行保存。

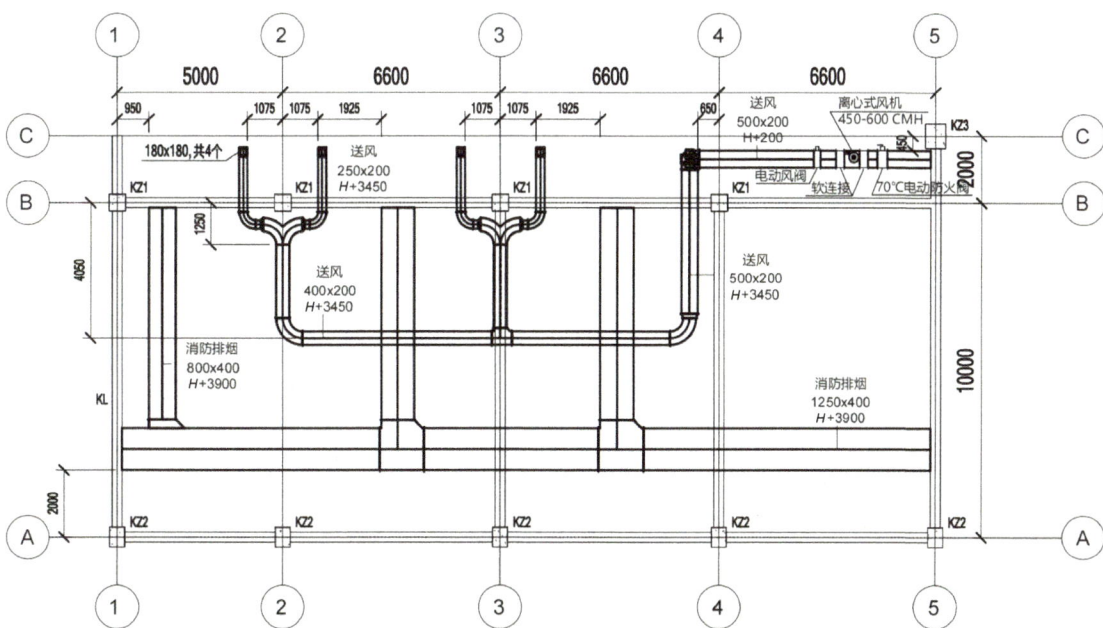

图 4-41 风系统平面图

表 4-1　主要风管附件及暖通设备

名称	图例	型号规格	单位	数量	备注
离心式风机		$L=500\mathrm{m^3/h}$	台	1	
防火阀		70℃电动防火阀	个	1	
风阀		电动风阀	个	1	
软连接		弹性连接件	个	2	

二、课前准备

学生扫码查看预习内容。

预习内容：视频 41 暖通设备绘制及管道连接 -1　　　　预习内容：视频 42 暖通设备绘制及管道连接 -2

三、任务实施

在风系统中，常见的风管附件有阀门、软连接、防火阀等。

1. 添加风管附件

（1）添加风阀

打开上一任务绘制好的风管及风口模型，然后单击"系统"→"风管附件"命令，进入"修改|放置 风管附件"界面，在该界面下，单击"属性"面板下拉小三角，选择"电动风阀-矩形 标准"，如图 4-42a 所示，然后将光标放置在需要放置风阀的风管相应位置的中心线处，单击，则可实现风阀的添加，如图 4-42b 所示。放置风阀完成后的三维模型如图 4-42c 所示。

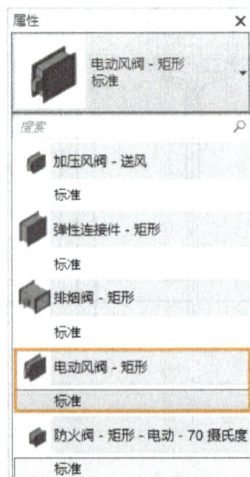

a）选择风阀类型为"电动风阀-矩形 标准"

图 4-42　添加风阀

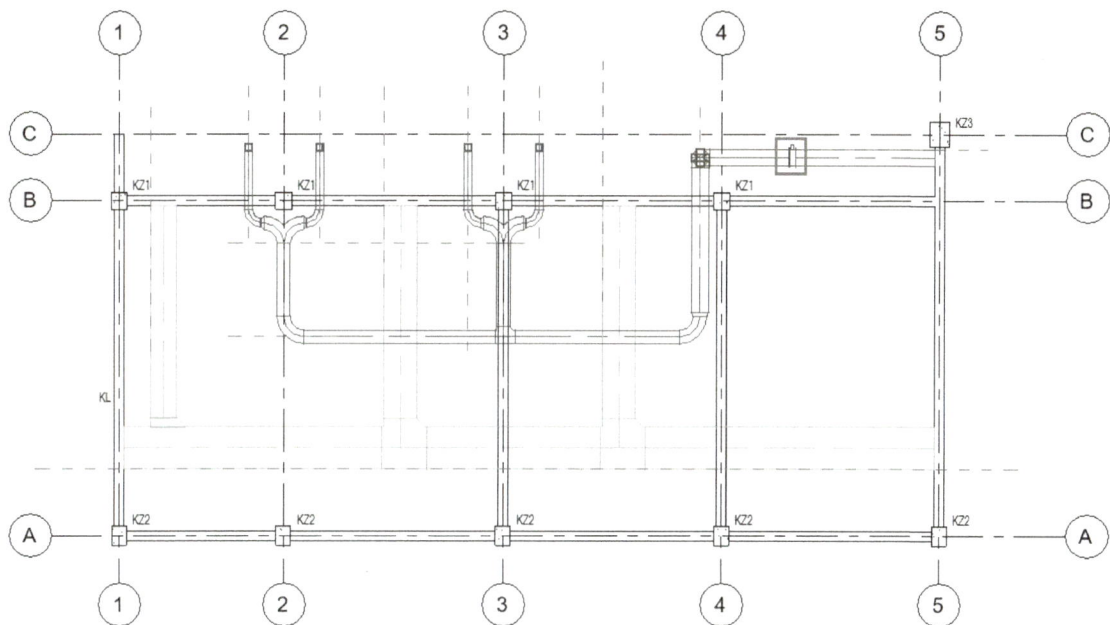

b) 在视图相应位置放置风阀

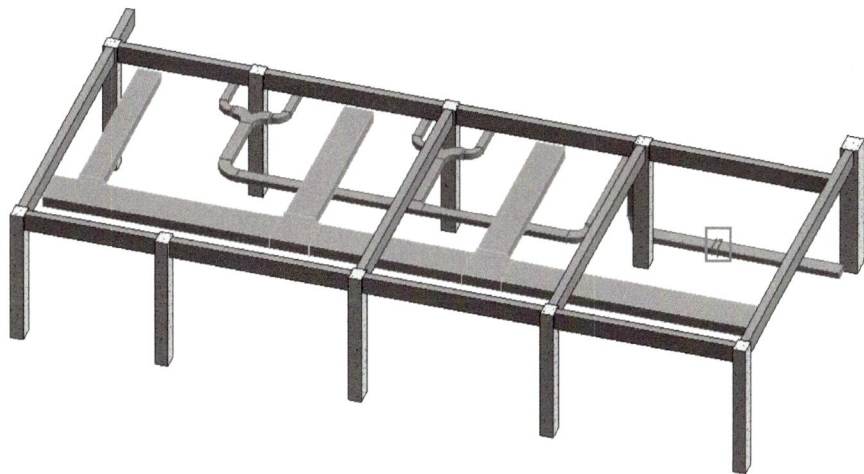

c) 风阀三维模型

图 4-42 添加风阀（续）

【注意】

1）若单击"属性"面板下拉小三角，在"属性"面板中没有所需要的风阀类型，则可以通过"插入"→"载入族"的方式将其载入到项目中。

2）在"修改|放置 风管附件"界面下，勾选选项栏中的"放置后旋转"复选框，如图 4-43a 所示，此时单击放置风阀后，会出现如图 4-43b 所示的旋转框，可实现在任意角度旋转风阀以调整风阀方向。

a) 勾选"放置后旋转"复选框

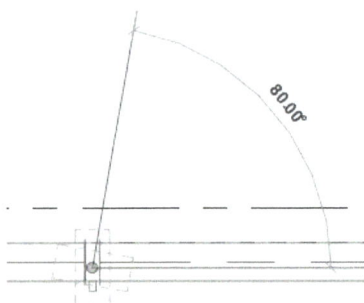

b) 可在任意角度旋转风阀方向

图 4-43　调整风阀方向

3）风阀放置完成后，单击选中已放置的风阀，会出现如图 4-44 所示的旋转图标，单击旋转图标，可实现风阀向任意 90° 方向旋转。

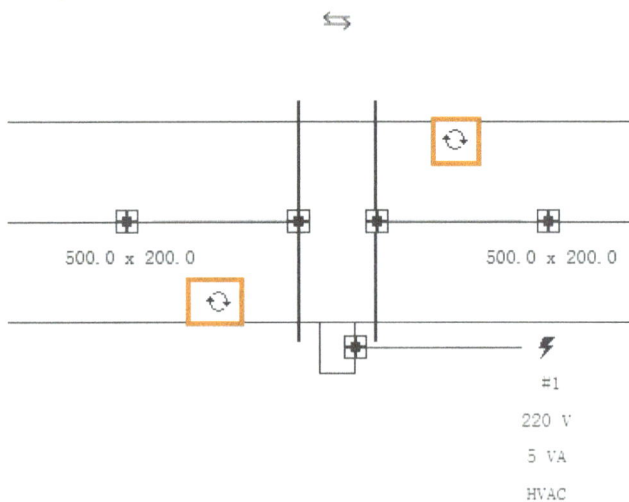

图 4-44　采用旋转命令实现风阀 90° 方向旋转

4）风阀放置完成后，单击选中已放置的风阀，会出现如图 4-45 所示的翻转管件图标，单击该图标，可实现风阀的左右或上下翻转。

5）添加风管附件时，需先绘制好风管，再将风管附件添加在风管上，则风管附件将自动附着安装在风管上。

（2）添加防火阀　防火阀的添加方法与风阀的添加方法类似。单击"系统"→"风管附件"，进入"修改 | 放置 风管附件"界面，在该界面下，单击"属性"面板下拉小三角，选择"防火阀 - 矩形 - 电动 -70 摄氏度 标准"，如图 4-46a 所示，然后将光标放置在需要放置防火阀的风管相应位置的中心线处，单击，则可实现防火阀的添加，如图 4-46b 所示（与风阀类似，若"属性"面板中找不到所需要的防火阀类型，则可以通过"插入"→"载入族"的方式将其载入到项目中）。添加防火阀完成后的三维模型如图 4-46c 所示。

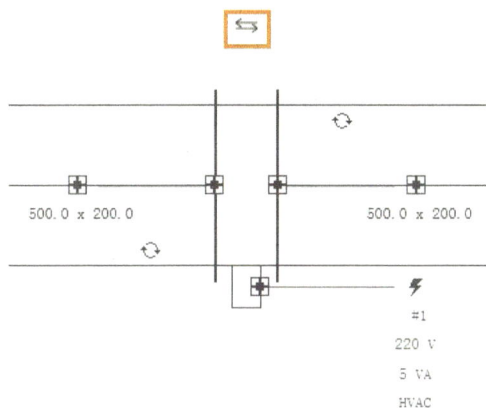

图 4-45 采用翻转命令实现风阀左右或上下翻转

a) 选择防火阀类型为"防火阀-矩形-电动-70摄氏度 标准"

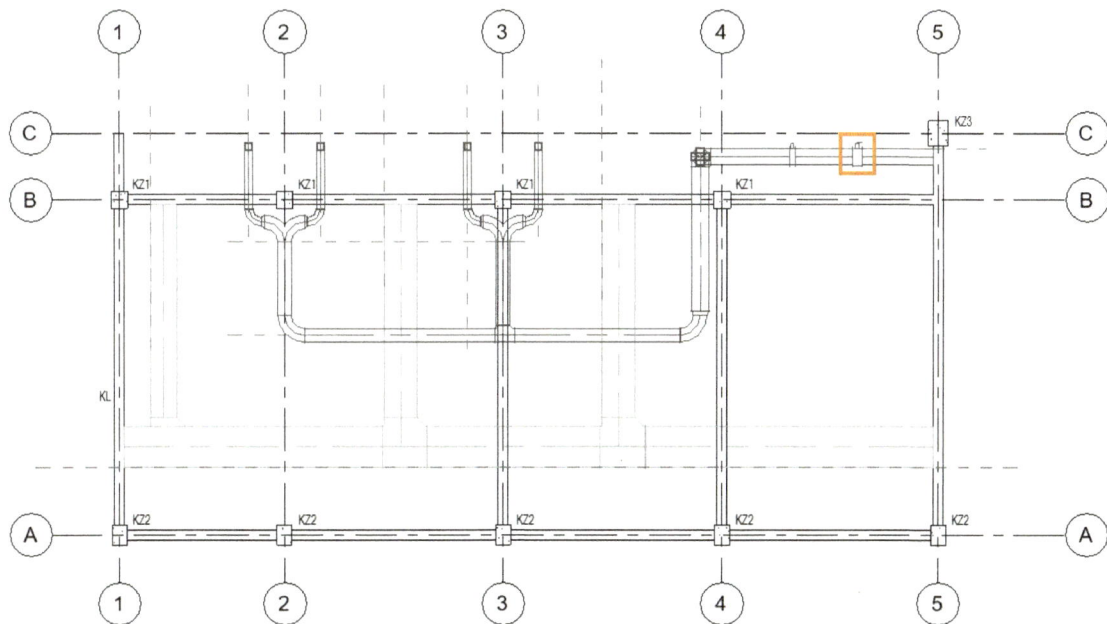

b) 在视图相应位置放置防火阀

图 4-46 添加防火阀

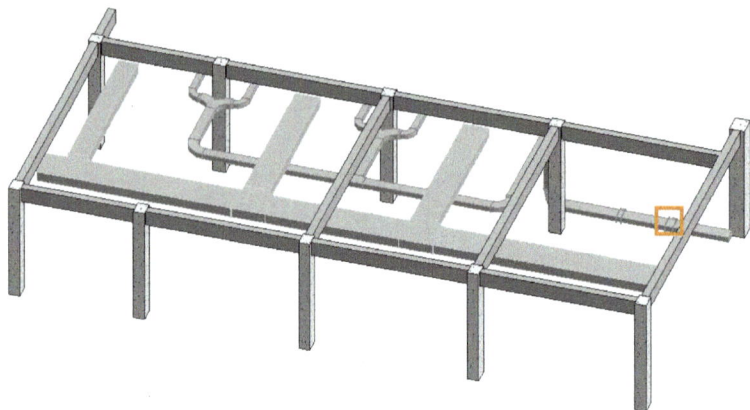

c) 防火阀三维模型

图 4-46　添加防火阀（续）

【注意】单击选中防火阀，其与风阀类似，同样可以通过单击"旋转""翻转管件"等图标实现防火阀的上下、左右翻转以及向任意 90° 方向翻转。

（3）添加软连接　软连接的添加方法与风阀、防火阀的添加方法类似。单击"系统"→"风管附件"，进入"修改 | 放置风管附件"界面，在该界面下，单击"属性"面板下拉小三角，选择"弹性连接件 - 矩形标准"，如图 4-47a 所示，然后将光标放置在需要放置软连接的风管相应位置的中心线处，单击，则可实现软连接的添加，如图 4-47b 所示（与风阀、防火阀类似，若"属性"面板中找不到所需要的软连接类型，则可以通过"插入"→"载入族"的方式将其载入到项目中）。添加软连接完成后的三维模型如图 4-47c 所示。

【注意】单击选中弹性连接件，其与风阀、防火阀类似，同样可以通过单击"旋转""翻转管件"等图标实现弹性连接件的上下、左右翻转以及向任意 90° 方向翻转。

a) 选择软连接类型为"弹性连接件 - 矩形 标准"

图 4-47　添加软连接

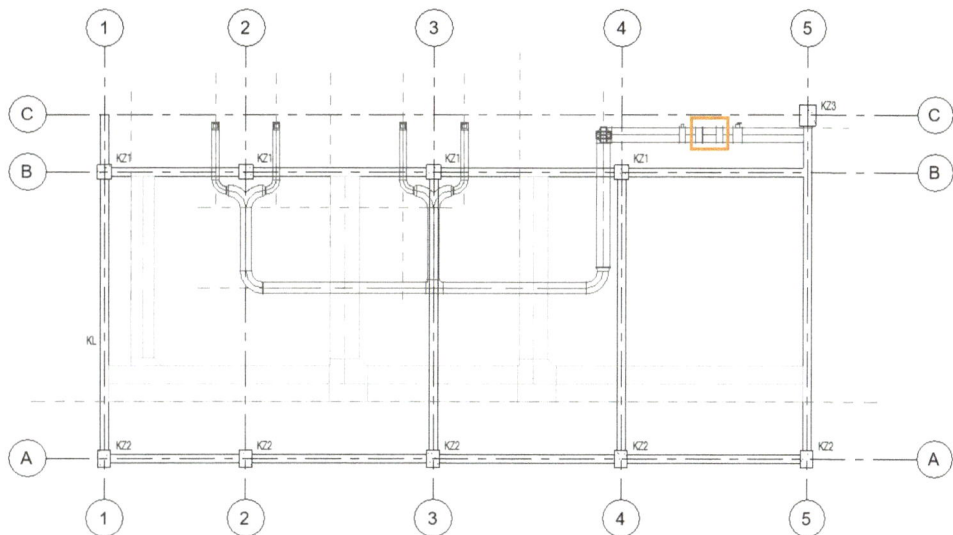

b) 在视图相应位置放置软连接

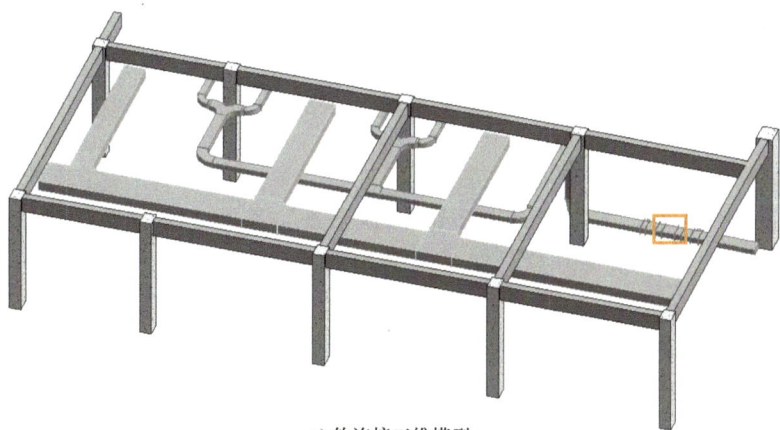

c) 软连接三维模型

图 4-47　添加软连接（续）

2. 添加与连接暖通设备

暖通设备是暖通空调系统的核心组成部分，将暖通设备与送回风系统中的风管、阀门、软连接等连接起来，才能组成完整的暖通空调系统。

单击"系统"→"机械设备" ，进入"修改 | 放置机械设备"界面，在该界面下，单击"属性"面板下拉小三角，选择"离心式风机 - 风管式 450-600 CMH"（450-600CMH 为风量），如图 4-48a 所示，同时可在"属性"面板中设置风机机组"偏移"量（高度）为 200mm，如图 4-48b 所示。

风机机组属性设置完成后，将光标放置在需要放置风机机组的相应位置处，单击，即可实现风机机组的添加（与风管附件类似，若"属性"面板中找不到所需要的风机机组类型，则可以通过"插入"→"载入族"的方式将其载入到项目中）。

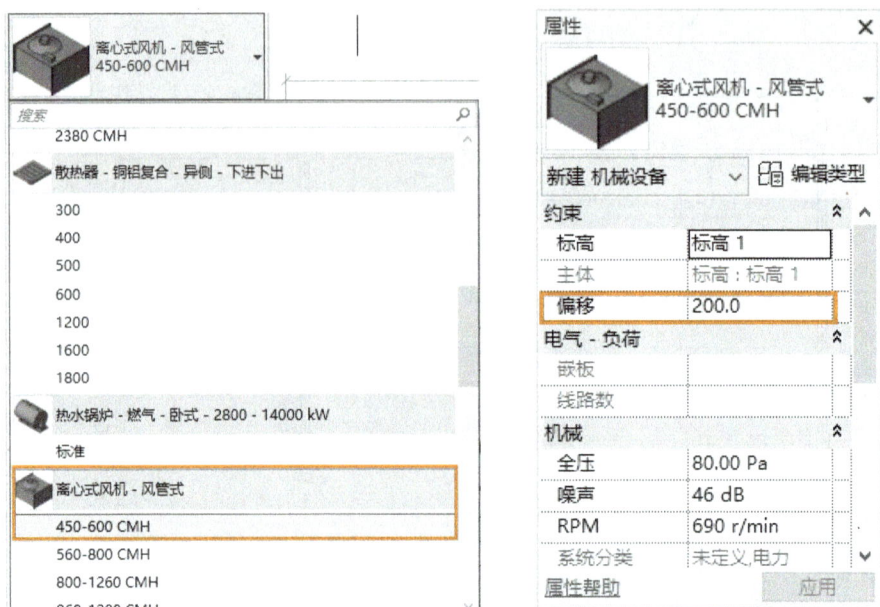

a) 选择风机类型为"离心式   b) 设置风机约束条件
风机-风管式 450-600 CMH"

图 4-48 添加风机

【注意】

1）与风管附件类似，在"修改|放置 机械设备"界面下，勾选选项栏中的"放置后旋转"复选框，此时单击放置风机机组后，会出现旋转框，可实现在任意角度旋转风机机组以调整风机机组方向。

2）选中风机机组，按空格键，则可以调整风机机组的方向。

单击"修改"→"拆分图元"   命令，此时光标变为裁刀样式，在需要放置风机机组的风管相应位置单击，如图 4-49a 所示，将风管拆分，并将放置风机机组位置处的风管删除并放置风机，如图 4-49b 所示。

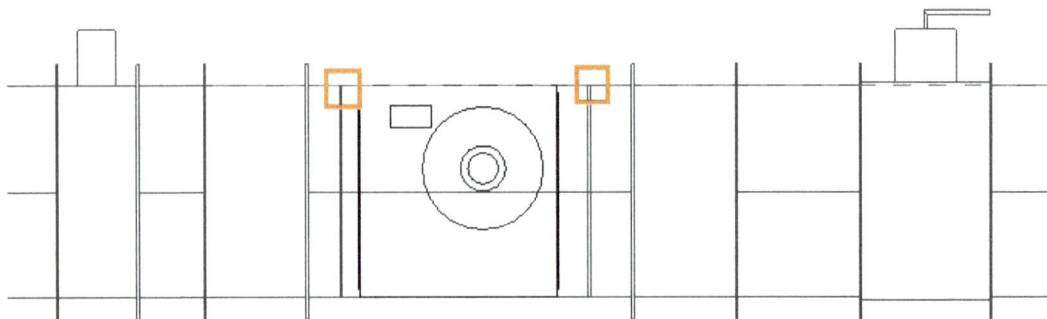

a) 在图示位置拆分风管

图 4-49 拆分风管并放置风机

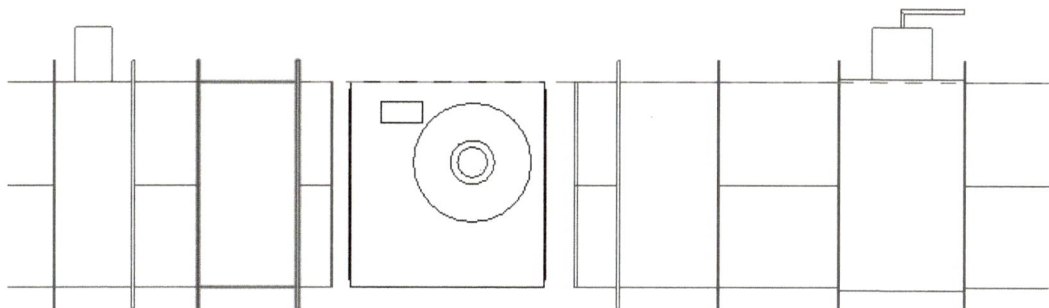

b) 放置风机

图 4-49 拆分风管并放置风机（续）

单击选中需要与风机机组相连的软连接，将光标放置在需要与风机机组相连接的拖拽点处，按住鼠标左键将其拖动到风机机组的拖拽点处，当出现紫色重合小圆框时，松开鼠标左键，如图 4-50a 所示，即可将软连接与风机机组相连，将多余的风管删除即可，如图 4-50b 所示。

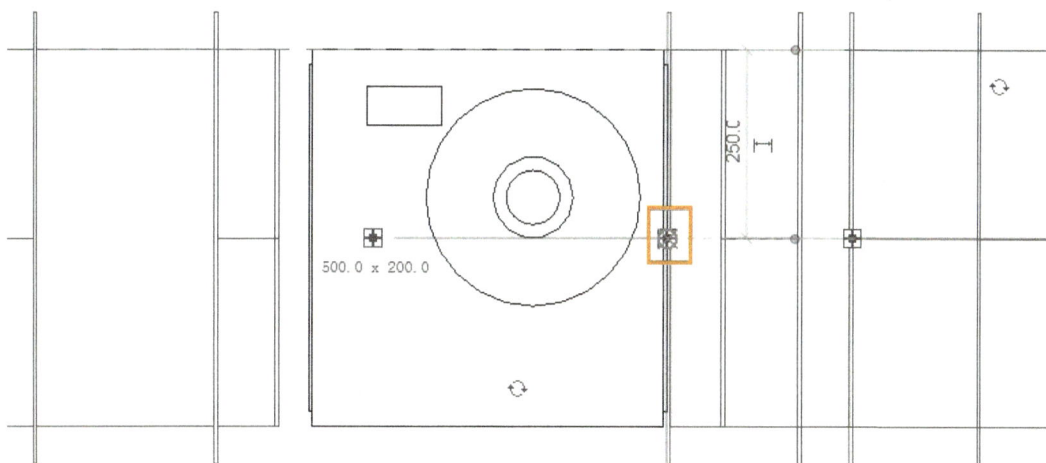

a) 连接软连接与风管的中心拖拽点

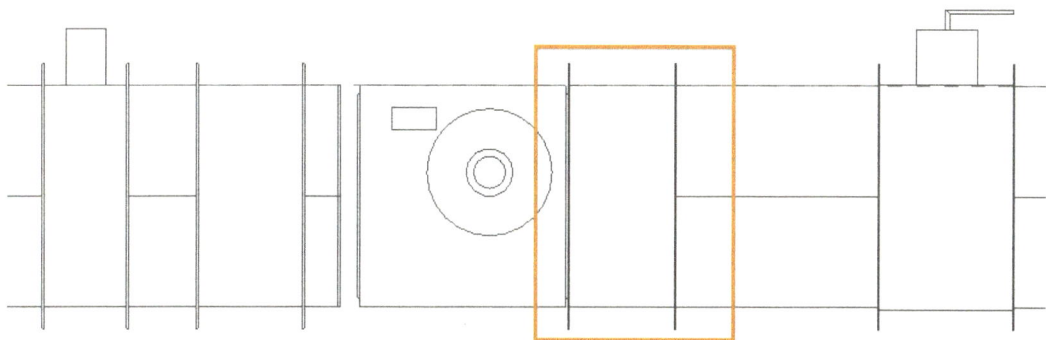

b) 连接风机

图 4-50 连接风管与软连接

按照同样的方法，将风机机组与左侧的软连接相连接，如图4-51所示。

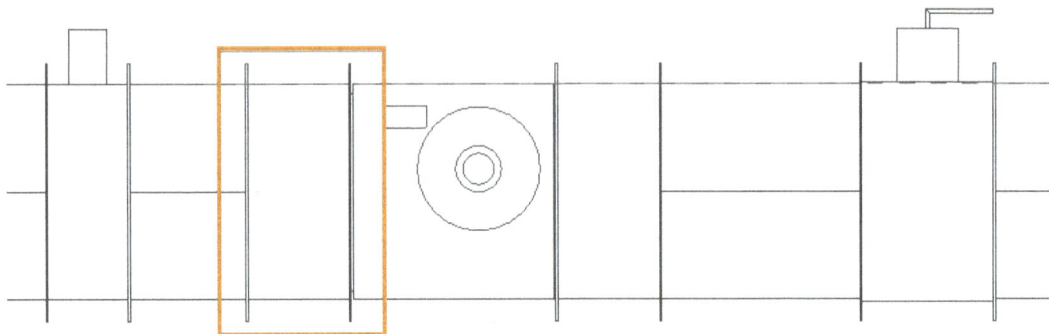

图4-51　连接左侧风机与软连接

风机机组的添加已完成，如图4-52所示。

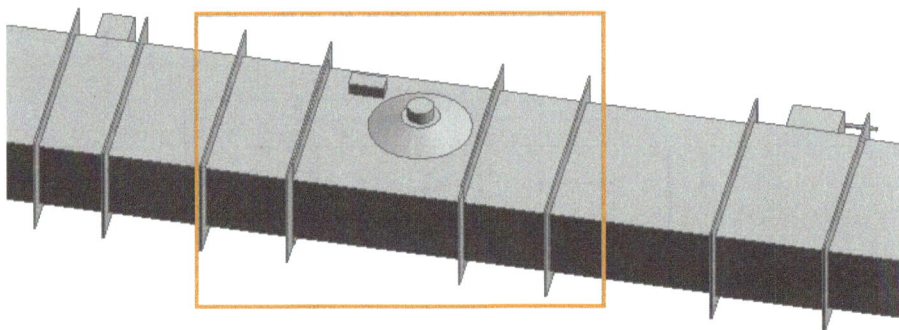

图4-52　完成风机机组的添加

【注意】

1）风机机组和风管直接连接的方法与风机机组和软连接相连的方法类似。

2）若风机机组与风管附件、风管系统连接成功，则将光标放在该送回风系统的任意图元上，不停单击<Tab>键，则可以看到成功连接在一起的送回风系统反显，单击则可以实现将整个系统全部选中，如图4-53所示。

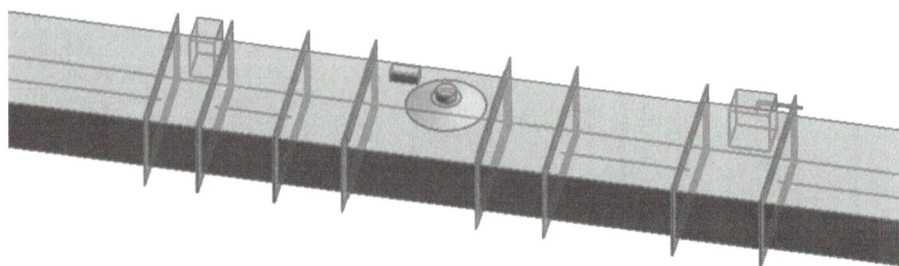

图4-53　使用<Tab>键选中系统

3）绘制风管和添加风管附件、暖通设备没有先后顺序之分，也可以先添加暖通设备、风管附件，然后再绘制风管，最后将暖通设备、风管附件与风管相连接。

风管附件及暖通设备的添加与连接已绘制完成，将文件保存至对应文件夹即可。

本项目具体操作视频可扫码查看。

四、知识巩固与拓展

根据图 4-54 中给定的尺寸创建模型，将建好的模型以"风机房"为文件名进行保存。

操作视频：视频 43 机电模型

1）根据给出的图纸绘制出建筑形体，包括墙、门等，未标明尺寸不做明确要求。

2）参照平面图添加正确的阀件。

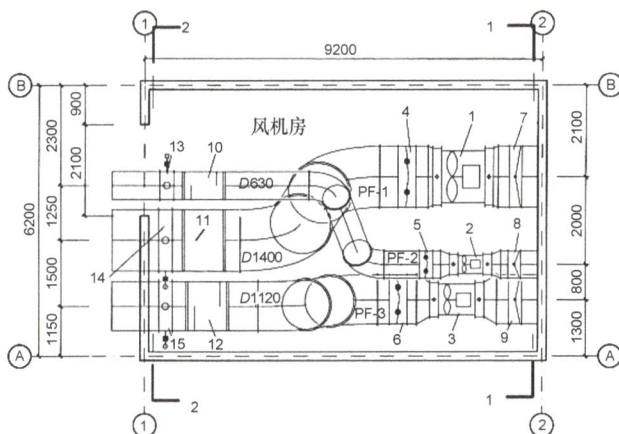

风系统平面图 1:100

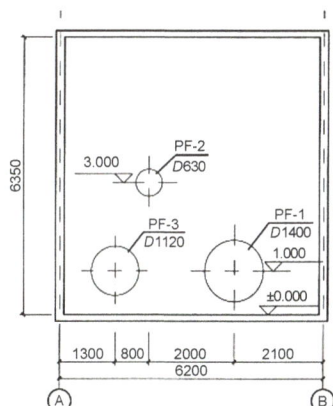

1—1剖面图 1:100

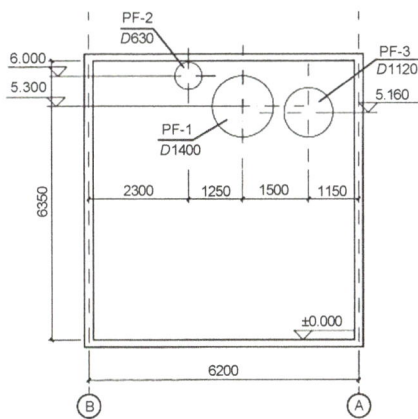

2—2剖面图 1:100

主要材料设备明细表

序号	名称	型号	规格参数	单位	数量	备注	房间
1	混流式风机	SWF-Ⅲ-12	$L=62058m^3/h$, $H=1100Pa$	台	1	PF-1, 380V	风机房
2	混流式风机	SWF-Ⅲ-4	$L=6801m^3/h$, $H=710Pa$	台	1	PF-2, 380V	风机房
3	混流式风机	SWF-Ⅲ-7	$L=31380m^3/h$, $H=600Pa$	台	1	PF-3, 380V	风机房
4	对开多叶齿轮调节阀	JN-1	$D1400$	个	1		风机房
5	对开多叶齿轮调节阀	JN-1	$D630$	个	1		风机房
6	对开多叶齿轮调节阀	JN-1	$D1120$	个	1		风机房
7	圆形止回阀		$D1400$	个	1		风机房
8	圆形止回阀		$D630$	个	1		风机房
9	圆形止回阀		$D1120$	个	1		风机房
10	微缝板消声器		$L=900mm/节$, $D630$	节	1	不锈钢材质	风机房
11	微缝板消声器		$L=900mm/节$, $D1400$	节	1	不锈钢材质	风机房
12	微缝板消声器		$L=900mm/节$, $D1120$	节	1	不锈钢材质	风机房
13	圆形防火阀	FFH-9	$D630$	个	1	70℃熔断	风机房
14	圆形防火阀	FFH-9	$D1400$	个	1	70℃熔断	风机房
15	圆形防火阀	FFH-9	$D1120$	个	1	70℃熔断	风机房

图 4-54 风机房系统图

五、课后训练

扫码完成本任务课后作业。

课后作业 16

任务三　设置风系统颜色

知识目标：掌握风系统的创建方法；掌握不同系统颜色的设置方法。

能力目标：能够灵活应用所学知识对实际工程项目进行风系统的创建及风管颜色的设置；具备知识迁移能力，能够独立解决实际工程问题。

素质目标：通过暖通系统模型创建，学会主动思考、举一反三，能够独立解决问题；具有规范意识及认真严谨的工作态度。

【大国工匠之代表人物】

中国石油集团西部钻探工程有限公司试油公司试油工谭文波，坚守大漠戈壁 20 多年，是油田里的"土发明家"。他领衔发明的具有自主知识产权的新型桥塞坐封工具，投入使用上千井次。听诊大地弹指可定，相隔厚土锁缚"气海油龙"。宝藏在黑暗中沉睡，他以无声的温柔唤醒。他用黑色的眼睛，闪亮试油的"中国路径"。

一、任务描述

根据上一任务创建的风系统模型，将不同的风系统类型设置为不同的颜色，其中送风系统设置为蓝色，消防排烟系统设置为红色，并将建好的模型以"风系统颜色设置"为文件名进行保存。

二、课前准备

学生扫码查看预习内容。

预习内容：视频 44 风系统颜色设置 -1　　　　　　　预习内容：视频 45 风系统颜色设置 -2

三、任务实施

在机电系统模型创建中，由于涉及的系统类型比较多、管线错综复杂，为便于后期管线综合、碰撞检查及运维等方便，针对不同的系统对风管、管道等设置不同的颜色以便于区分。

1. 创建并设置过滤器属性

打开上一任务创建好的风系统模型，单击"视图"选项卡，进入"视图"界面，在该界面下，单击"可见性/图形" 可见性/图形 命令，弹出"楼层平面：1-机械的可见性/图形替换"对话框，在该对话框中单击"过滤器"，然后单击"编辑/新建"按钮，如图 4-55a 所示，弹出"过滤器"对话框（图 4-55b）。

a)"楼层平面：1-机械的可见性/图形替换"对话框

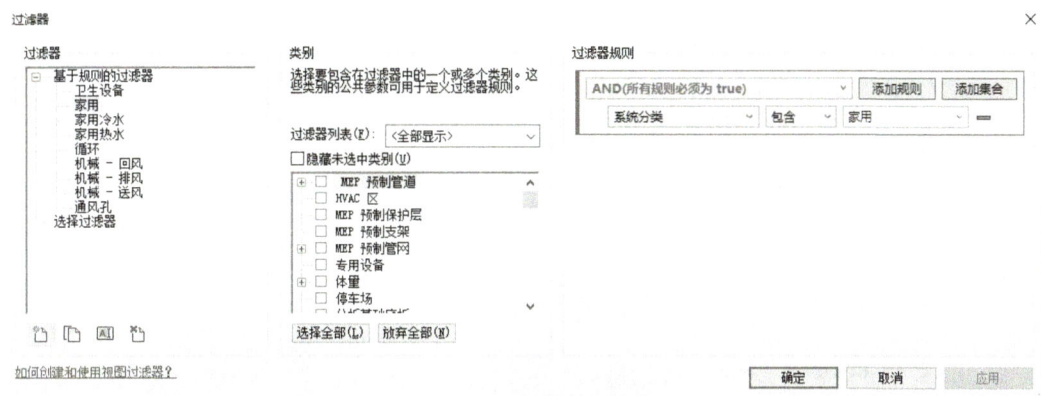

b)"过滤器"对话框

图 4-55 "楼层平面：1- 机械的可见性 / 图形替换"及 "过滤器"对话框

【注意】

1）在视图界面，双击"VV"，也可弹出"楼层平面：1- 机械的可见性 / 图形替换"对话框。

2）在"属性"面板中单击"可见性/图形替换"后面的"编辑"按钮，也可弹出"楼层平面：1-机械的可见性/图形替换"对话框，如图4-56所示。

图 4-56　在"属性"面板单击"编辑"按钮

3）在"楼层平面：1-机械的可见性/图形替换"对话框中选择不需要的过滤器名称，单击"删除"按钮，可以删除所选中的过滤器；单击"向下"按钮，可以移动过滤器的上下位置，如图4-57所示。

图 4-57　删除和移动过滤器

4）单击"视图"选项卡，进入"视图"界面，在该界面下，单击"过滤器" 命令，也可弹出"添加过滤器"对话框。

5）在"楼层平面：1-机械的可见性/图形替换"对话框中单击"添加"按钮，弹出"添加过滤器"对话框，在该对话框中单击"编辑/新建"按钮，也可以弹出"过滤器"对话框，如图 4-58 所示。

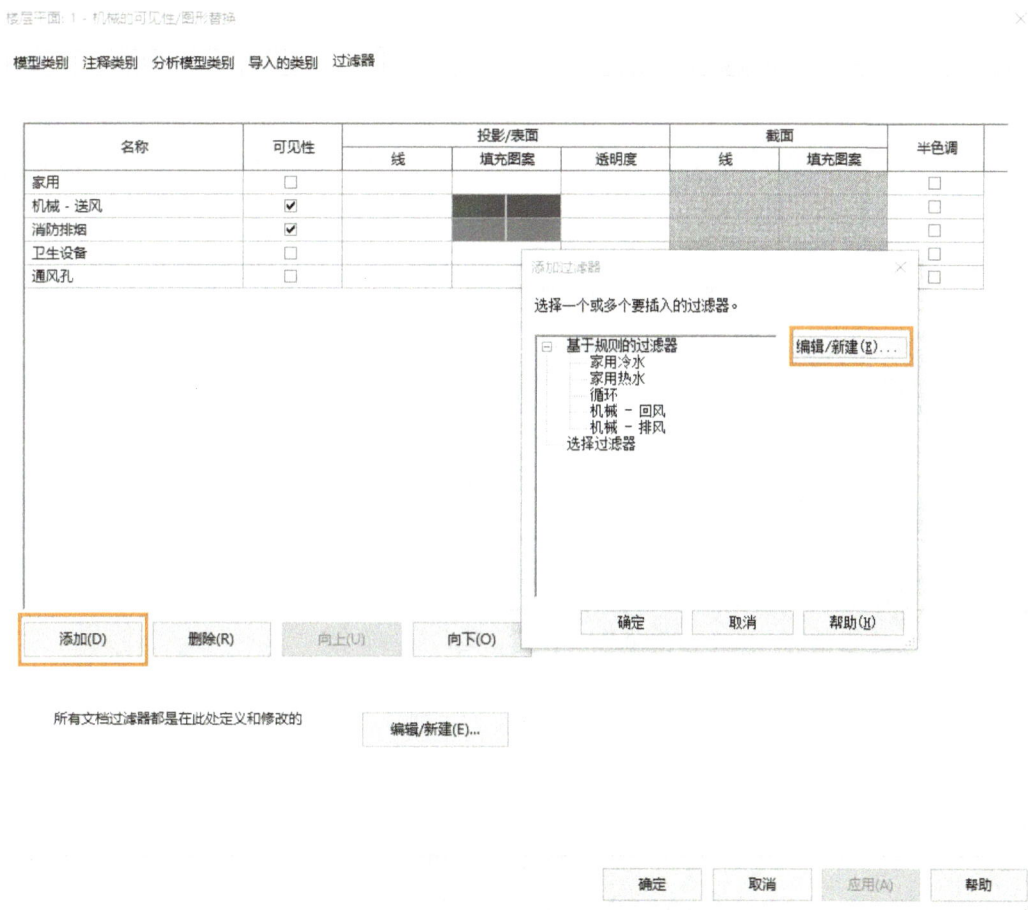

图 4-58　添加过滤器

在"过滤器"对话框中，设置相应的过滤器原则：单击选中过滤器名称"机械-送风"，勾选类别"风管""风管内衬""风管管件""风管附件""风管隔热层"（系统默认，也可根据实际需要勾选相应类别），设置过滤器规则为"系统类型"→"包含"→"送风"（如果明确知道模型中系统类型名称，也可将"包含"设置为"等于"），单击"确定"按钮，完成送风系统过滤器的设置，如图 4-59 所示。

在"楼层平面：1-机械的可见性/图形替换"对话框中继续单击"编辑/新建"按钮，弹出"过滤器"对话框，在该对话框中单击"新建" 图标，如图 4-60a 所示，弹出"过滤器名称"对话框，编辑所需要的名称"消防排烟"，单击"确定"确定，新建"消防排烟"过滤器，如图 4-60b 所示，完成消防排烟过滤器的创建，如图 4-60c 所示。

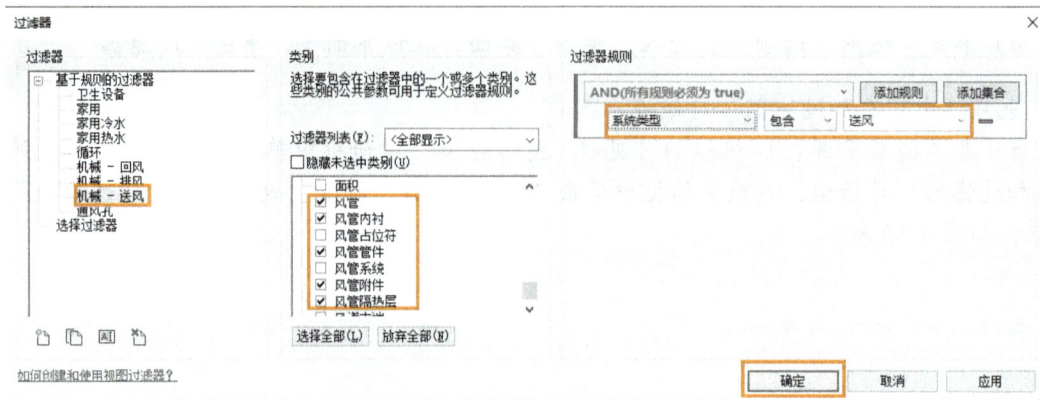

图 4-59　设置送风系统过滤器

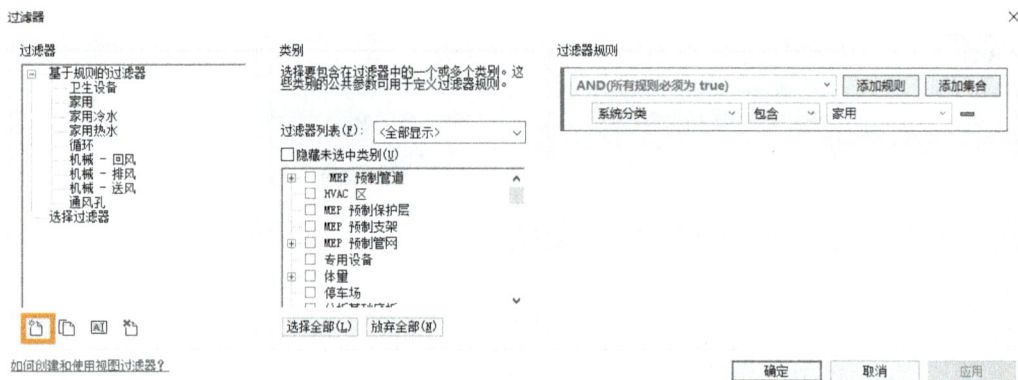

a) 单击"新建"图标

b) 命名新建过滤器名称为"消防排烟"

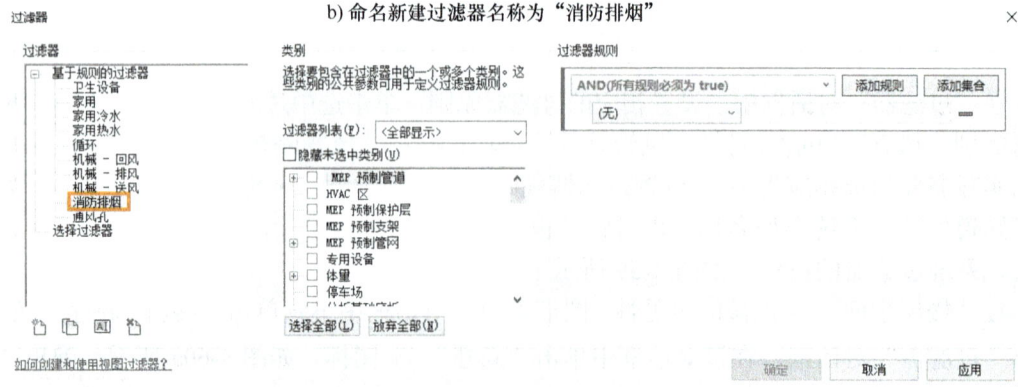

c) 完成消防排烟过滤器的创建

图 4-60　新建消防排烟过滤器

【注意】

1）创建新的过滤器，除采用"新建" 📄 外，还可以采用以下方法：在软件默认的系统上右击，选择"复制"命令，也可创建新的过滤器，并且该过滤器属性继承原有过滤器属性，如图 4-61 所示。创建完成后，可右击对其进行重命名。

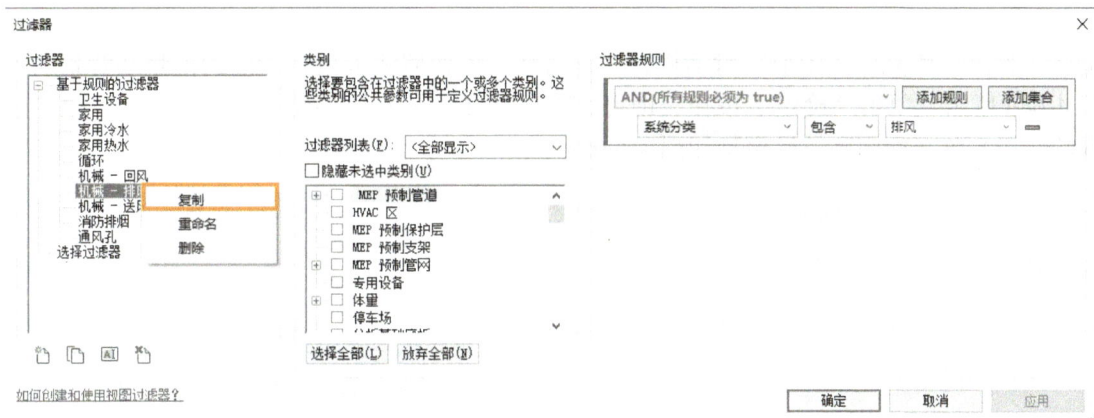

图 4-61 新建过滤器

2）在"过滤器"对话框中，可通过单击"复制" 📄 图标复制软件原有过滤器，其与上述 1）右击复制作用相同；复制完成后通过单击"重命名" 🆎 图标可修改过滤器名称（如果没有复制，直接重命名，则将原有的系统类型名称更改了）；通过单击"删除" ✖️ 图标可删除不需要的过滤器，也可以通过右击实现。

在"过滤器"对话框中，设置相应的过滤器原则：单击选中过滤器名称"消防排烟"，勾选类别"风管""风管内衬""风管管件""风管附件""风管隔热层"，设置过滤器规则为"系统类型"→"包含"→"消防排烟"，单击"确定"按钮，完成消防排烟系统过滤器的设置，如图 4-62 所示。

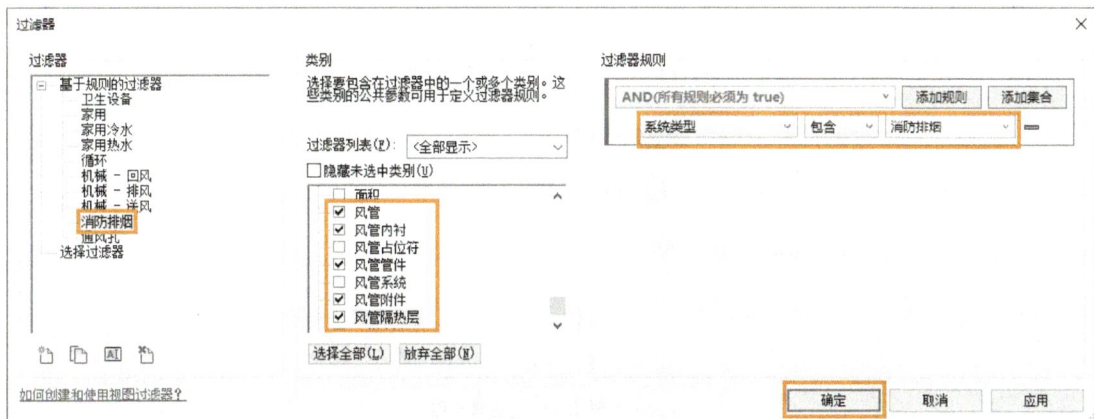

图 4-62 设置消防排烟系统过滤器规则

2. 设置系统颜色

过滤器属性设置完成后，在"楼层平面：1- 机械的可见性 / 图形替换"对话框中单击"添加"按钮（图 4-63a），弹出"添加过滤器"对话框，在该对话框中单击选中"机械 - 送风"和"消防排烟"，单击"确定"按钮将其添加进来（图 4-63b），完成过滤器的添加（图 4-63c）。

在"投影 / 表面"任意区域单击，可看到"替换"按钮，单击"填充图案"下"替换"按钮，弹出"填充样式图形"对话框，在该对话框中按照要求设置相应的前景和背景，如图 4-64a 所示。单击"确定"按钮，即可完成"机械 - 送风"系统颜色设置，完成颜色设置的送风系统平面图和三维模型如图 4-64b 和 4-64c 所示。

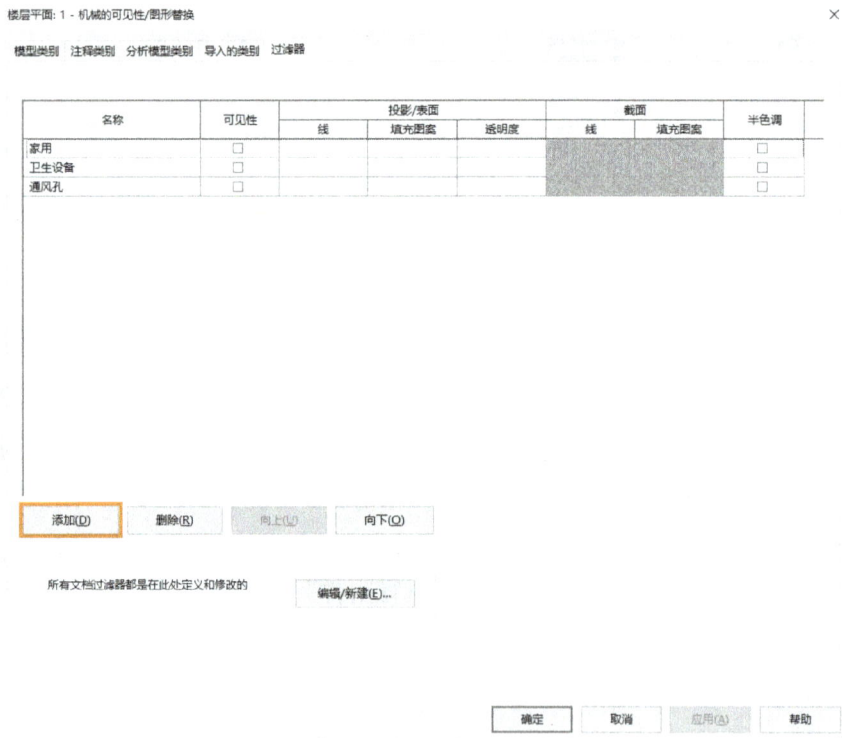

a)"楼层平面:1-机械的可见性/图形替换"对话框

b)选中需要添加的过滤器名称

图 4-63 添加过滤器

c) 完成过滤器的添加

图 4-63 添加过滤器（续）

按照同样的方法，将消防排烟系统颜色设置为红色，其设置方法及完成后的模型如图 4-65a~c 所示。

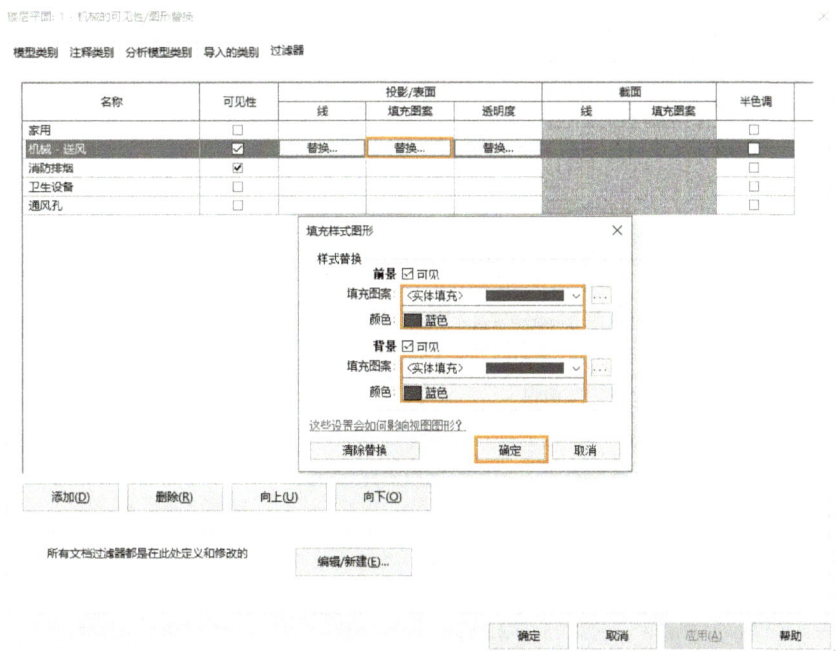

a) 设置送风系统颜色为蓝色

图 4-64 设置送风系统颜色

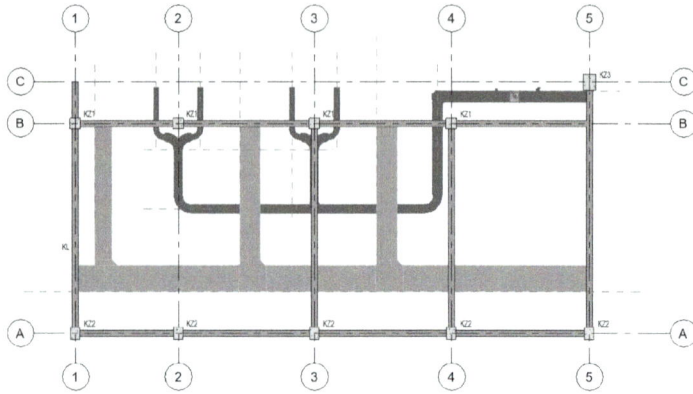

b) 完成颜色设置的送风系统平面图

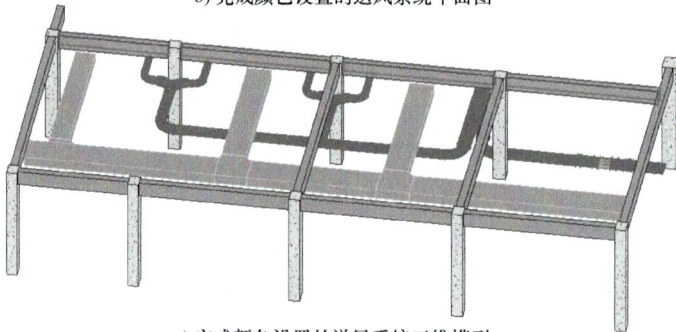

c) 完成颜色设置的送风系统三维模型

图 4-64　设置送风系统颜色（续）

a) 设置消防排烟系统颜色为红色

图 4-65　设置风系统颜色

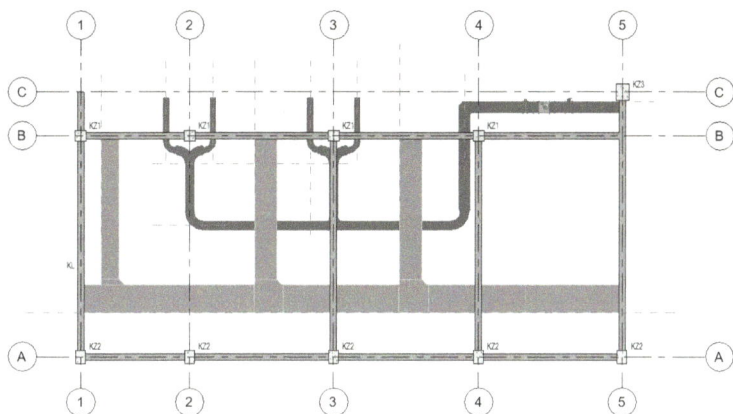

b) 完成颜色设置的消防排烟系统平面图

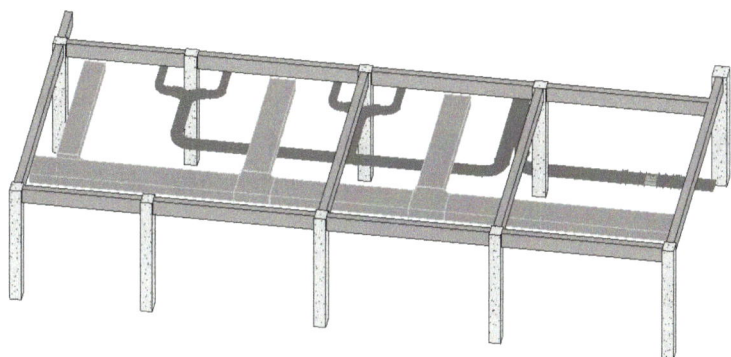

c) 完成颜色设置的送风系统及消防排烟系统三维模型

图 4-65　设置风系统颜色（续）

各系统颜色设置已完成，将文件保存至对应文件夹即可。
本项目具体操作视频可扫码查看。

操作视频：视频
46 机电模型

四、知识巩固与拓展

根据项目四任务二中知识拓展创建的机电专业模型，设置不同的系统颜色，其中将 PF-1 设置为红色，PF-2 设置为绿色，PF-3 设置为蓝色，并将设置好系统颜色的模型以"风机房 - 系统颜色设置"为文件名进行保存。

五、课后训练

扫码完成本任务课后作业。

课后作业 17

项目五 创建水系统模型

任务一 创建水管

知识目标：能列出常见的水管管道类型及规格型号；能列出水管管道、弯头及三通等模型创建的方法步骤。

能力目标：能够根据管道类型按步骤创建水平管道、弯头及三通等模型；能够准确识读图纸并创建带坡度的管道、垂直管道模型且正确设置参数。

素质目标：具有规范、节能环保意识，能够遵守社会公德；具有认真严谨等良好的职业素养。

【大国工匠之代表人物】

敦煌研究院原副所长李云鹤，倾心一件事，干了一辈子。已经 80 余岁（2018 年）高龄的李云鹤，仍坚守在文物修复保护第一线，被誉为我国"文物修复界泰斗"。他是国内石窟整体异地搬迁复原成功的第一人，也是国内运用金属骨架修复保护壁画获得成功的第一人。风刀沙剑，面壁一生。洞中一日，笔下千年。六十二载潜心修复，八十六岁耕耘不歇。以心为笔，以血为墨，让风化的历史暗香浮动，绚烂重生。

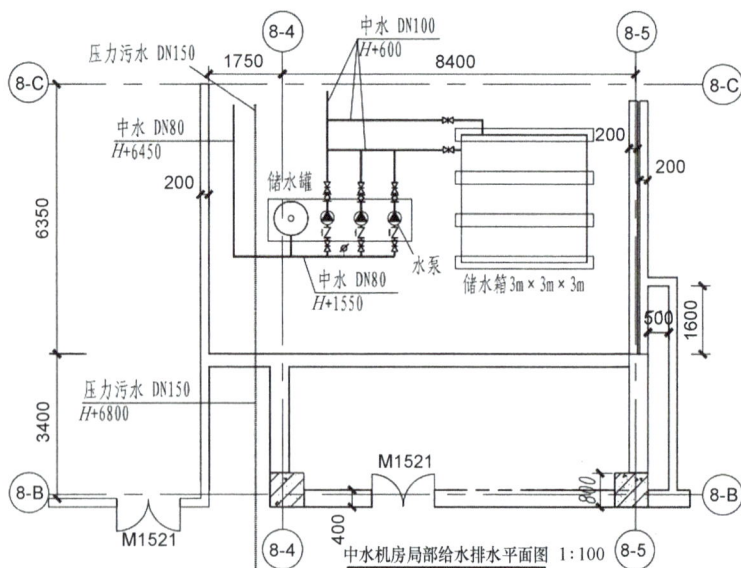

图 5-1 中水机房给水排水平面图

一、任务描述

参照图 5-1 所示创建中水机房局部建筑及机电模

型，其中图中所注标高均为中心标高，具体要求：根据给出的图纸创建建筑模型、中水机房跨越 –1 层和 1 层两个楼层，–1 层层高 4200mm、1 层层高 3600 mm，建筑模型包括标高、轴网、墙、门、柱、楼板等相关构件，要求尺寸、位置正确；根据给出的图纸建立给水排水系统模型，定义给水排水管道（包含管件、管道附件）颜色，中水为绿色、压力污水为蓝色。其他未指明方面自定，将建好的模型以"中水机房管道系统模型"为文件名进行保存。

二、课前准备

学生扫码查看预习内容。

预习内容：视频 47　水管的创建 -1　　　　　　　　预习内容：视频 48　水管的创建 -2

三、任务实施

建筑给水排水工程包括给水工程和排水工程两个系统，同时还可以分为室外给水排水工程和室内给水排水工程两个部分。其中，室内给水排水工程的主要任务是将室外给水系统输送的洁净水供给室内各个用水点，同时将产生的污水排到室外排水系统中，故其又可以分为室内给水系统和室内排水系统。

室内给水系统按照用途的不同可以分为生活给水、生产给水及消防给水系统，具体主要由引入管道、水表、管道附件、管道、消防设备以及储水设备等组成。

室内排水系统按照其所排出的水的性质可以分为生活污水、生产污水、雨水系统，具体主要由排水管道、卫生器具、污水收集器、通气装置等组成。

不同的系统其管道绘制的方法相同，下面我们将以排水管道为例学习水管的绘制方法。

1. 创建建筑模型

启动 Revit 软件，新建以"机械样板"为模板的项目，将其命名为"中水机房给水排水模型"并保存在相应文件夹内。

按照前面所学内容绘制标高、轴网、墙、门、柱、楼板等相关构件，创建建筑模型，如图 5-2 所示。

2. 绘制水管

（1）创建系统类型　与风管的创建类似，在绘制水管之前，为便于后期进行管线综合、碰撞检查及运行维护，首先需要创建管道系统类型。

同样地，管道系统类型的创建方法与风管系统的创建方法类似，在"项目浏览器"中，单击"族"→"管道系统"→"管道系统"，在这里，我们可以看到软件自带的管道系统类型，如图 5-3 所示。

通过复制"卫生设备"，新建 2 个管道系统类型并分别重命名为"中水"和"压力污水"，如图 5-4 所示。

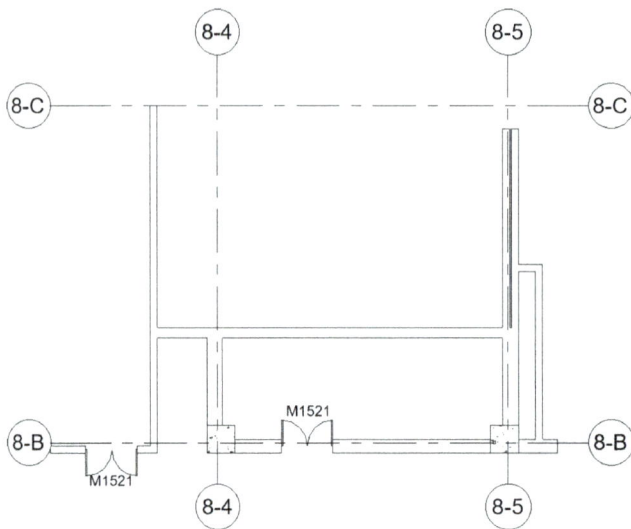

图 5-2　中水机房建筑模型

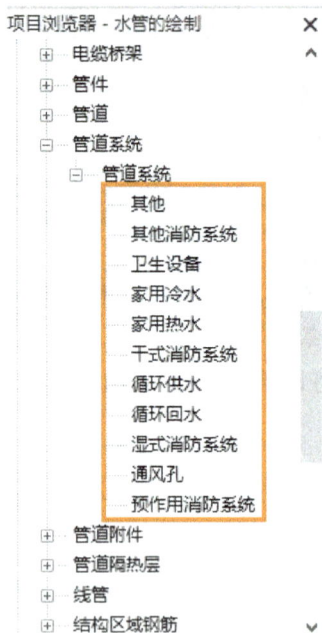

图 5-3　系统默认的管道系统类型　　　　图 5-4　新建中水及压力污水系统

　　（2）绘制压力污水管道　单击"系统"选项卡进入"系统"界面，在"系统"界面下单击"管道" 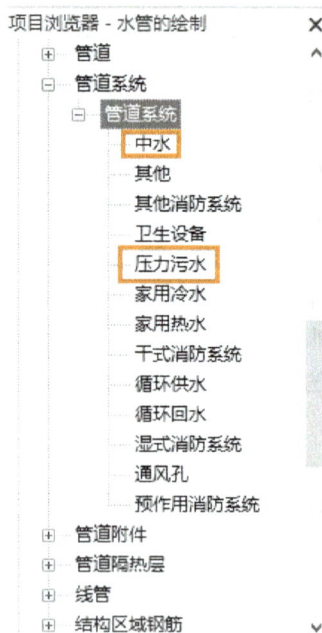 命令，进入"修改 | 放置 管道"界面。在该界面下，在"属性"面板中设置"水平对正"为"中心"，"垂直对正"为"中"，"参照标高"为"-1F"，"偏移"为"6800.0"，设置"系统类型"为"压力污水"，如图 5-5 所示。

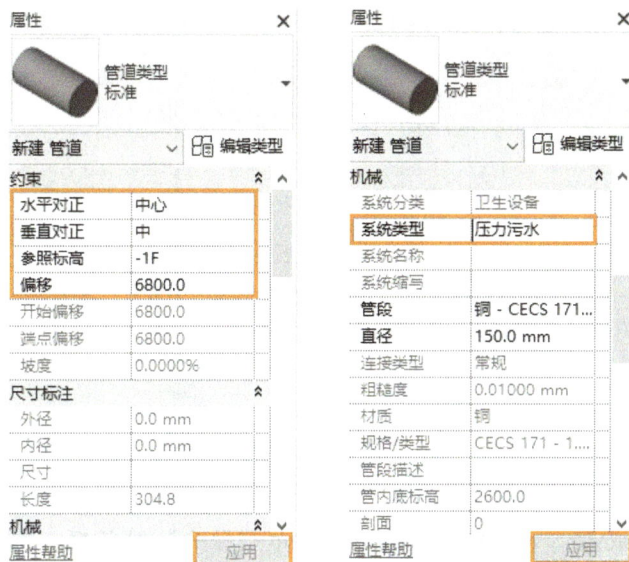

a) 设置压力污水系统约束条件   b) 设置压力污水系统类型

图 5-5 设置压力污水系统约束条件及系统类型

在选项栏中设置管道"直径"为"150.0mm",偏移量与属性中设置的偏移量相同,无须重复设置,如图 5-6 所示。

图 5-6 设置管道规格尺寸

设置完成后,按照图中位置在压力污水管道的起点位置单击,然后在该管道的终点位置再次单击,即可完成压力污水管道的绘制,如图 5-7 所示。

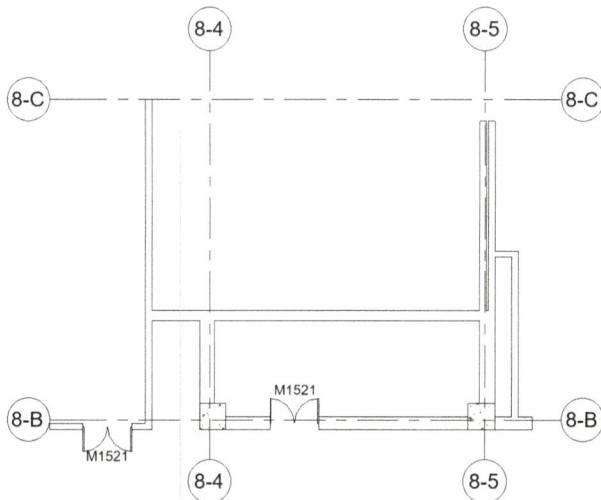

图 5-7 在视图相应位置绘制压力污水管道

此时在视图中管道显示为一条线,我们只需将视图的详细程度 🔲 更改为"精细"即可,在视图中即可看到管道轮廓,如图 5-8 所示。

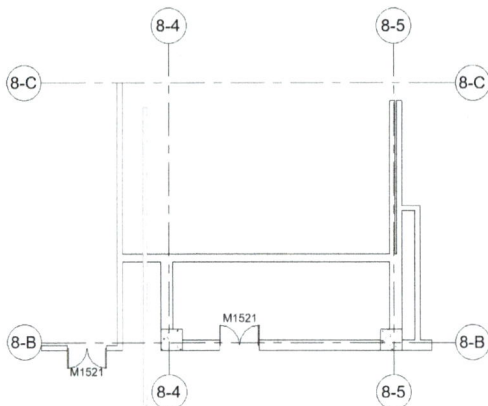

图 5-8　压力污水管道轮廓

【注意】

1）管道绘制完成后，如果弹出如图 5-9 所示"警告"对话框，则单击"视图"→"可见性 / 图形"，在弹出的"楼层平面：1- 机械的可见性 / 图形替换"对话框中，勾选"过滤器"→"卫生设备"后面的小方框，单击"确定"按钮，如图 5-10 所示，即可在平面视图中看到已绘制好的管道。

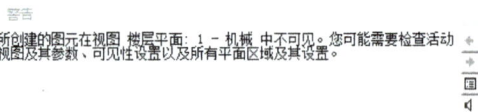

图 5-9　弹出"警告"对话框

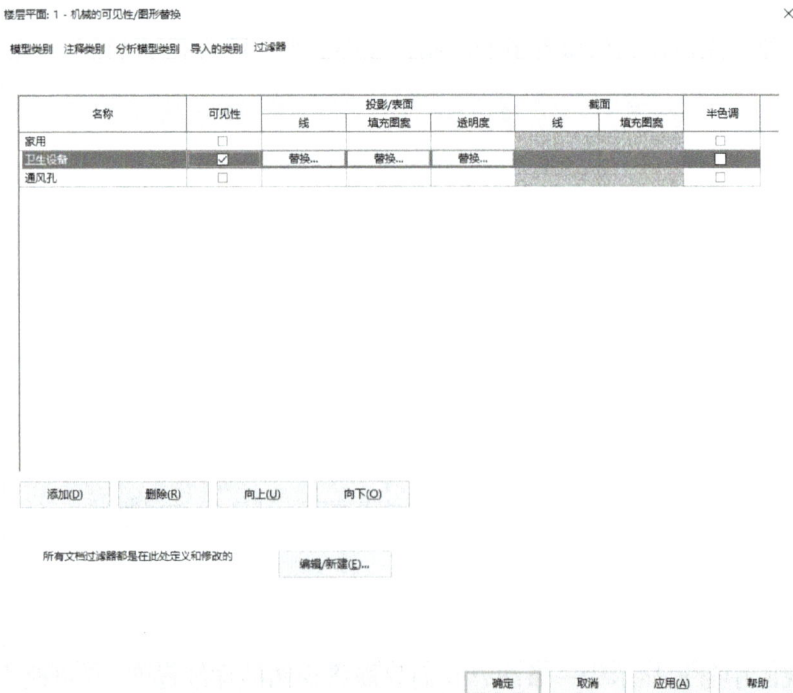

图 5-10　设置卫生设备可见性

2）在"修改|放置 管道"界面下，系统默认采用"自动连接" 方式，它允许管段在开始或结束时通过连接捕捉构件。

3）在"修改|放置 管道"界面下，"继承高程" 和"继承大小" 的功能与放置风管时功能相同。

4）在"修改|放置管道"界面下，系统默认选中"禁用坡度" ，在该设置下，可以绘制垂直或水平直管道，其坡度值默认为0，无法编辑，如图5-11所示。

5）若绘制向上倾斜的管道，则单击"向上坡度" ，并单击"坡度值"下拉小三角选择相应的坡度值，设置完成后，即可进行向上倾斜的管道的绘制，如图5-12所示。

图5-11　禁用坡度

6）若绘制向下倾斜的管道，则单击"向下坡度" ，并单击"坡度值"下拉小三角选择相应的坡度值，设置完成后，即可进行向下倾斜的管道的绘制，如图5-13所示。

图5-12　设置向上坡度

图5-13　设置向下坡度

7）若"坡度值"下拉小三角中的数值无法满足实际需要，则可以通过单击"管理"→"MEP 设置" 下拉小三角，单击"机械设置" ，弹出"机械设置"对话框。在该对话框中，单击"管道设置"中的"坡度"，在对话框右侧，则可以看到系统当前已有的坡度值。单击"新建坡度"按钮，弹出"新建坡度"对话框，在该对话框中，输入所需要的坡度值，单击"确定"按钮，即可将新的坡度值添加进来，如图5-14所示。将坡度值添加进来后，在"修改|放置 管道"界面下，就可以选择相应的坡度值进行管道的绘制了。

8）在绘制管道时，在"修改|放置 管道"界面下，如果单击"在放置时进行标记" ，则绘制管道时将自动进行管道的标注。

9）除以上直接设置管道坡度值进行有坡度的管道绘制方法外，若已知管道首末两端的高程，还可以通过直接修改管道两端高程数值来实现带有坡度的管道的绘制。

（3）绘制中水管道　单击"系统"选项卡进入"系统"界面，在"系统"界面下单击"管道" 命令，进入"修改|放置 管道"界面。在该界面下，在"属性"面板中

设置"水平对正"为"中心"，"垂直对正"为"中"，"参照标高"为"–1F"，"偏移"为"6450.0"，设置"系统类型"为"中水"，如图 5-15 所示。

图 5-14　新建坡度值

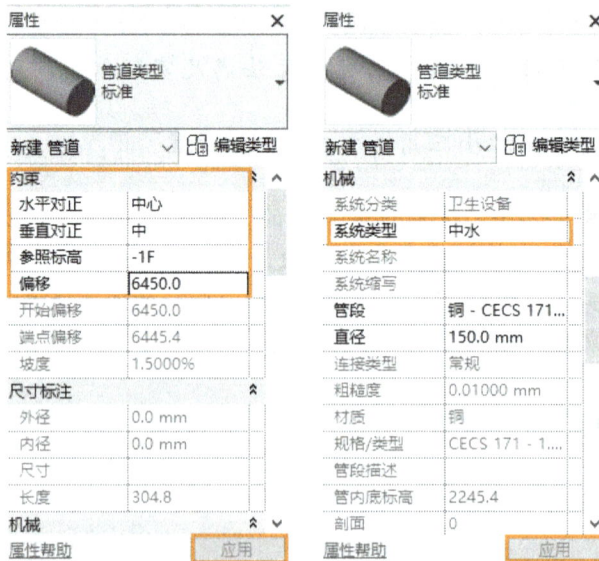

a) 设置中水管道约束条件　　　b) 设置中水管道类型

图 5-15　完成中水管道约束条件及系统类型的设置

在选项栏中设置管道"直径"为"80.0mm"，偏移量与属性中设置的偏移量相同，无须重复设置，如图 5-16 所示。

图 5-16　设置中水管道规格尺寸

设置完成后，按照图中位置在中水管道的起点位置单击，然后移动光标，在相应位置（即管道另一端点处）再次单击，完成 DN80、H+6450mm 的中水管道绘制，如图 5-17 所示。

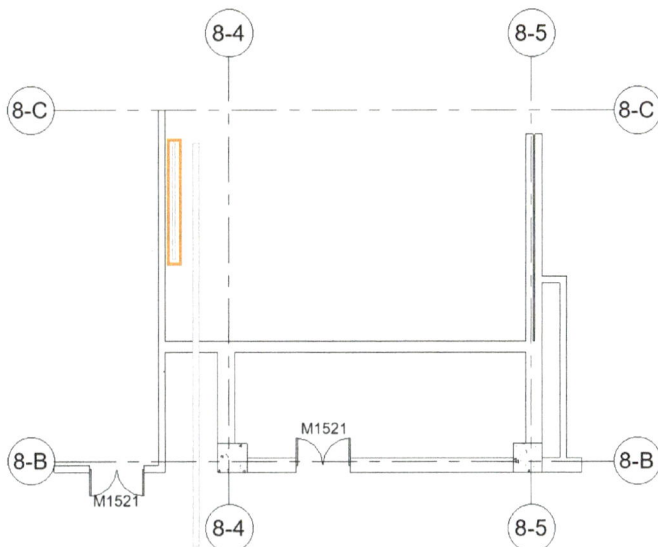

图 5-17　绘制 DN80 的中水管道

单击选中已绘制好的中水管道，在下方拖拽点处右击，单击选择"绘制管道"命令，则可以继续进行管道绘制，此时在选项栏中修改其"偏移量"为"1550.0mm"，如图 5-18a 所示，即可完成中水立管的绘制，绘制完成后的中水立管三维模型如图 5-18b 所示。

a) 设置中水立管偏移量

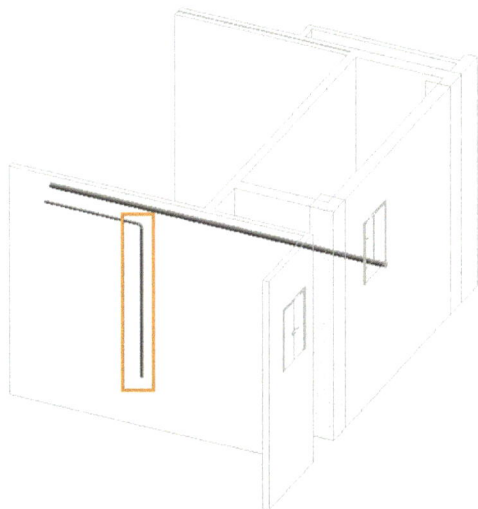

b) 中水立管三维模型

图 5-18　绘制中水立管

继续单击"管道" ![管道图标]命令，在"修改 | 放置管道"界面下，在"属性"面板中设置"水平对正"为"中心"，"垂直对正"为"中"，"参照标高"为"-1F"，"偏移"为"1550.0"，设置"系统类型"为"中水"，如图 5-19 所示。

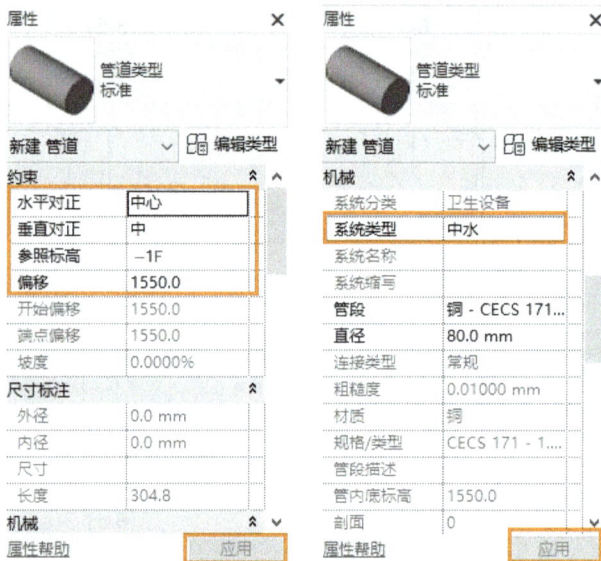

a) 设置管道约束条件　　　　b) 设置管道类型

图 5-19　完成管道约束条件及管道类型的设置

属性设置完成后，移动光标至绘制好的立管中心处，此时会出现蓝色填充的小圆圈（图 5-20a），在该圆圈处单击，然后移动光标至图中相应位置（即管道另一端点处），再次单击，即可完成 DN80、$H+1550mm$ 的中水管道绘制，如图 5-20b 所示。

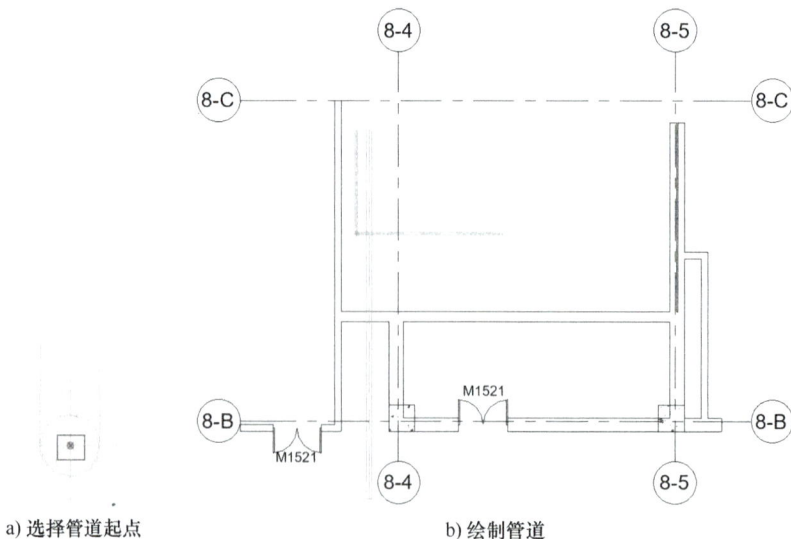

a) 选择管道起点　　　　　　b) 绘制管道

图 5-20　绘制 DN80 中水管道

单击"管道" 命令，在"属性"面板中设置"水平对正"为"中心"，"垂直对正"为"中"，"参照标高"为"-1F"，"偏移"为"600.0"，设置"系统类型"为"中水"，"直径"为"100.0mm"，如图 5-21 所示。

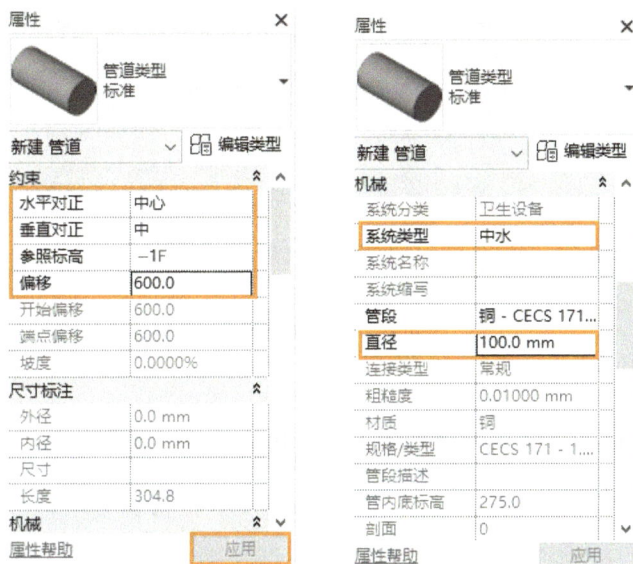

a) 设置管道约束条件　　b) 设置管道类型及管径

图 5-21　完成管道约束条件及管道类型、管径的设置

管道属性设置完成后，在图中相应位置 1 处单击，移动光标至 H+1550mm 管道中心线 2 处时，再次单击，完成管道的绘制，如图 5-22a 所示。由于两端管道间存在高程差，系统自动生成立管并将两端管道连接起来，同时，系统自动生成变径三通，如图 5-22b 所示。

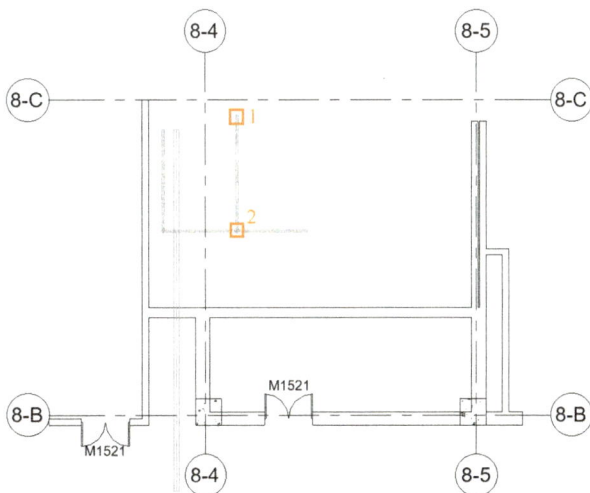

a) 按起点和终点绘制管道

图 5-22　绘制管道

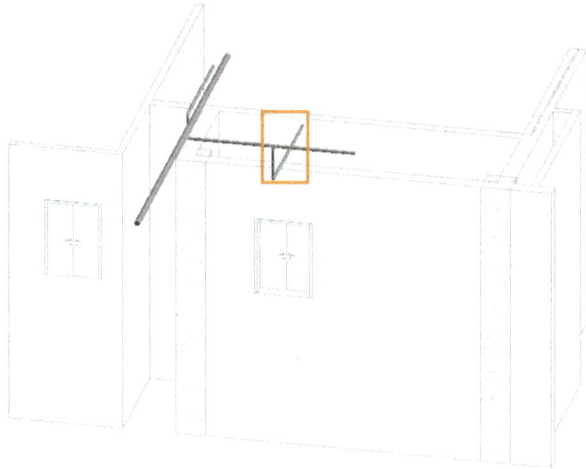

b) 自动生成变径三通

图 5-22　绘制管道（续）

按照以上绘制管道的方法，完成剩余 H+600mm 管道的绘制，如图 5-23 所示。

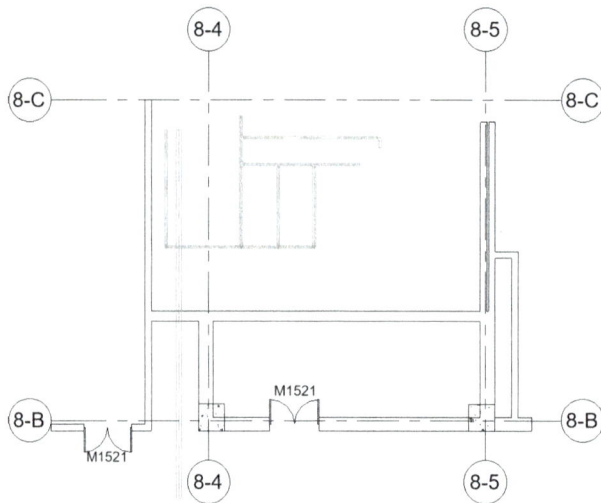

图 5-23　完成管道的绘制

【注意】绘图过程中，单击"管道" 命令绘制管道时，管道属性会继承上次所绘制的管道的属性。

3. 设置管道系统颜色

管道系统颜色的设置方法与风系统颜色的设置方法相同，首先创建、设置并添加过滤器，如图 5-24 所示。

过滤器创建并设置完成后，按要求设置系统颜色，如图 5-25 所示。

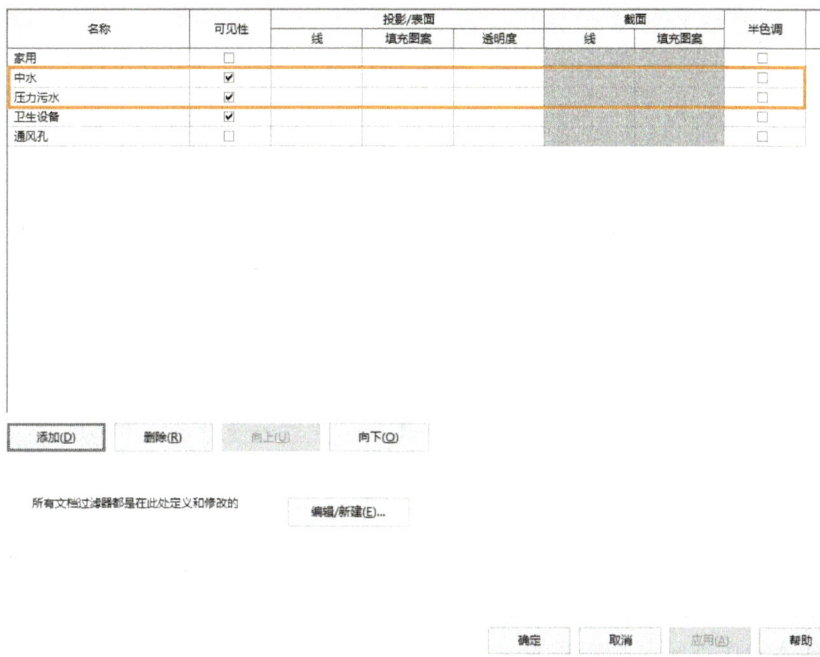

图 5-24 设置并添加过滤器

图 5-25 设置各系统颜色

设置完成后，单击"确定"按钮，即可完成管道系统颜色的设置，如图 5-26 所示。

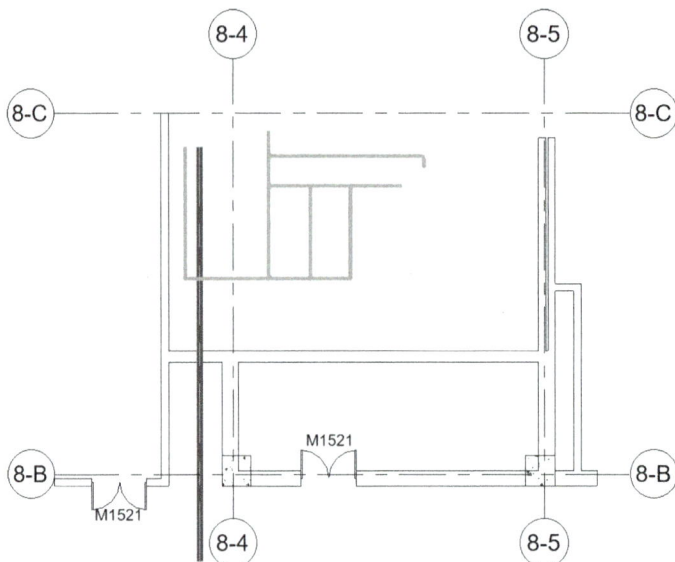

图 5-26　完成管道系统颜色的设置

操作视频：视频 49
中水机房模型

管道已绘制完成，将文件保存至对应文件夹即可。
本项目具体操作视频可扫码查看。

四、知识巩固与拓展

根据图 5-27 创建建筑与机电模型，具体要求：按照给出的空调水系统平面图建立相

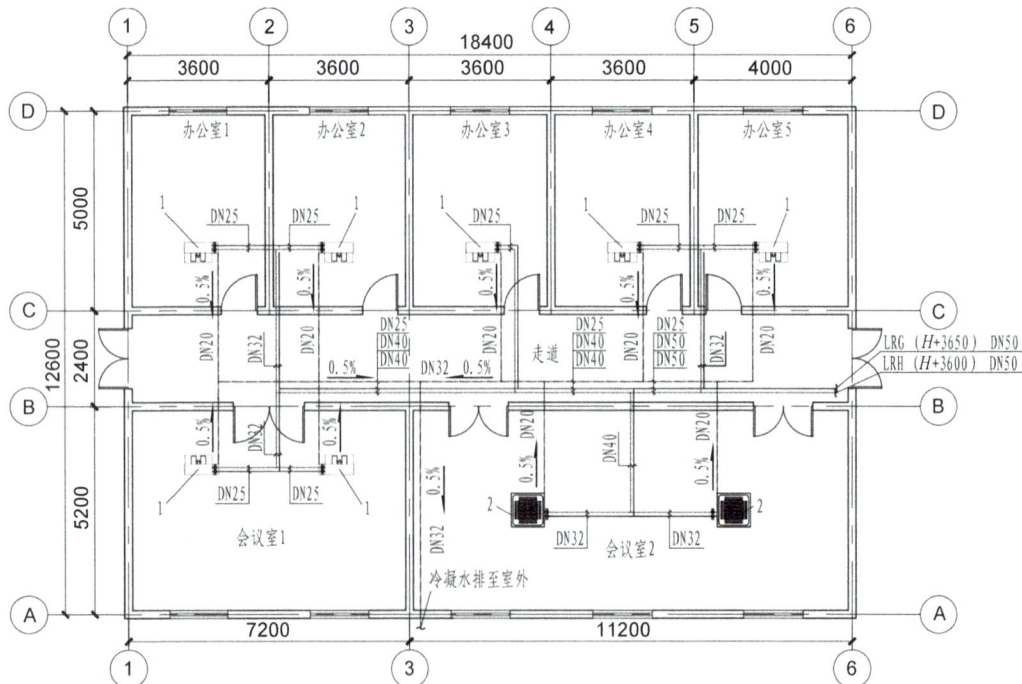

图 5-27　管道系统平面图

应的空调水系统管道模型，LRG 代表空调冷热水供水管，LRH 代表空调冷热水回水管，冷凝水管坡度不小于 0.5%（图中坡度为示意），需在模型中体现；图中房间吊顶高度为 3.3m（无须建吊顶模型），水管、设备均在吊顶内；定义管道系统颜色，冷热水供水为紫色，冷热水回水为绿色，冷凝水为蓝色。未指明方面自定。将建好的模型以"管道系统模型"为文件名进行保存。

五、课后训练

扫码完成本任务课后作业。

课后作业 18

任务二 管道附件及设备的添加与连接

知识目标：掌握水管阀门等管道附件 CAD 施工图的识读方法；掌握水管阀门的创建方法。

能力目标：能够进行 Revit 水系统的创建；能够进行水管阀门模型的创建；能进行水系统颜色的设置。

素质目标：具有规范意识；具备认真严谨的工作态度。

【大国工匠之代表人物】

"蛟龙号"是我国首个大深度载人潜水器，有十几万个零部件，组装起来最大的难度就是密封性，精密度要求达到了"丝"级。而在我国载人潜水器的组装中，能实现这个精密度的只有钳工顾秋亮，也因为有着这样的绝活儿，顾秋亮被人称为"顾两丝"。多年来，他埋头苦干、踏实钻研、挑战极限，追求一辈子的信任，这种信念让他赢得潜航员托付生命的信任，也见证了我国从海洋大国向海洋强国的迈进。

一、任务描述

在上一任务已创建好的中水机房局部建筑及管道系统中，添加管道附件及设备，并将附件及设备与管道进行连接，其中图 5-28 所注

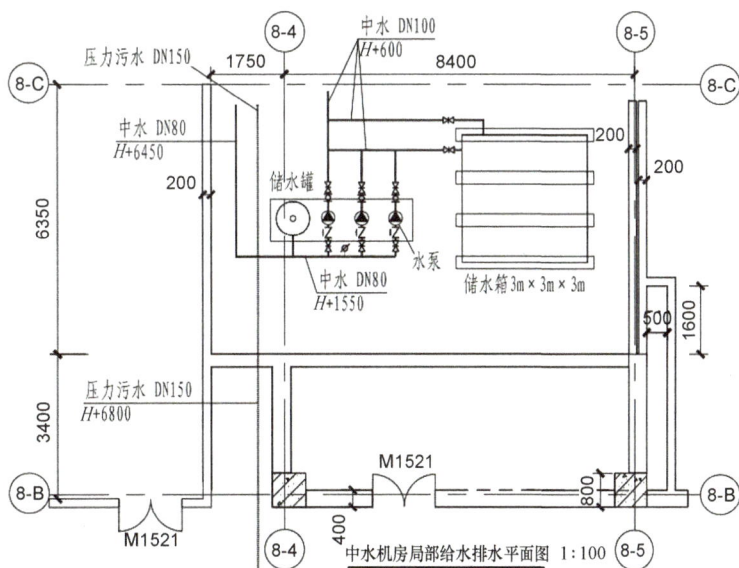

图 5-28 中水机房给水排水平面图

207 <<

标高均为中心标高。其他未指明方面自定，将建好的模型以"中水机房给水排水模型"为文件名进行保存。

二、课前准备

学生扫码查看预习内容。

预习内容：视频 50
水管阀门添加及
设备连接

三、任务实施

1. 添加与连接水系统设备

（1）添加与连接储水箱　打开上一任务绘制好的管道系统模型，然后单击"系统"→"机械设备"命令，进入"修改 | 放置 机械设备"界面，在该界面下，单击"载入族"

 命令，弹出"载入族"对话框，在"膨胀罐"（系统默认位置：C:\ProgramData\

Autodesk\RVT 2019\Templates\China\MEP\ 通用设备 \ 膨胀罐）文件夹下，选择"膨胀水箱 - 方形"，然后单击"打开"按钮，如图 5-29a 所示，在弹出的"指定类型"对话框中，指定相应的类型，单击"确定"按钮，将其载入进来，如图 5-29b 所示。

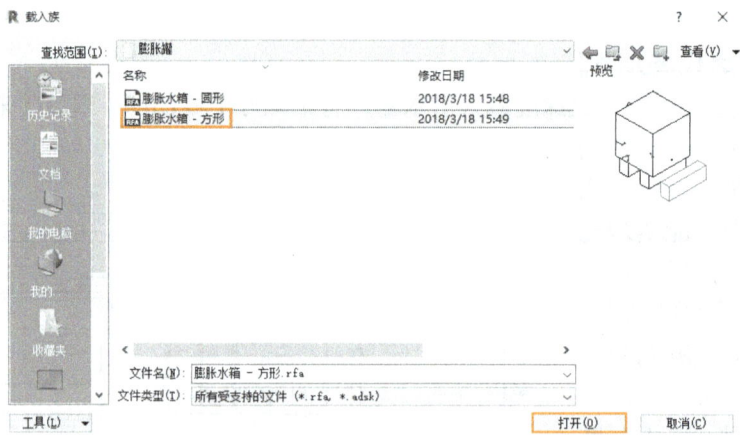

a）载入"膨胀水箱-方形"

b）指定类型

图 5-29　载入指定类型的"膨胀水箱 - 方形"

在该界面下，单击"属性"面板中"编辑类型"，在弹出的"类型属性"对话框中单击"复制"按钮，在弹出的"名称"对话框中输入新建的膨胀水箱名称，单击"确定"按钮，完成新的膨胀水箱类型的创建，如图 5-30 所示。

在"类型属性"对话框中，设置新建的储水箱的长 × 宽 × 高为：3000mm × 3000mm × 3000mm。根据图纸，连接到水箱的管道尺寸均为 DN100，所以设置"膨胀管直径"为"100.0mm"，"溢流管直径"为"100.0mm"，设置完成后单击"确定"按钮，完成储水箱类型属性的设置，如图 5-31 所示。

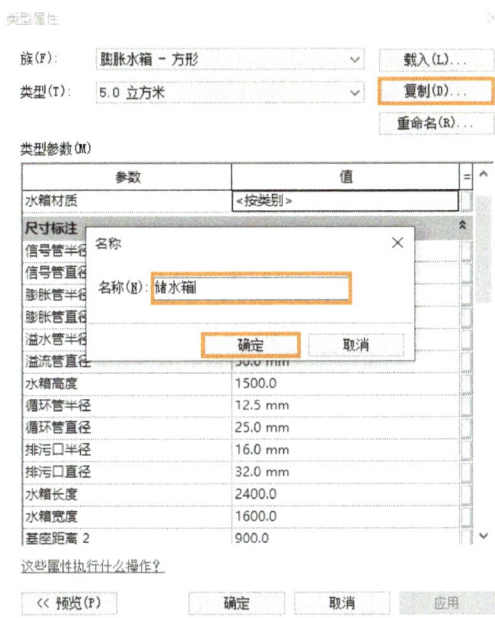

图 5-30　创建储水箱

图 5-31　设置储水箱类型属性

属性设置完成后，将光标移动至视图相应位置，可看到储水箱轮廓，此时单击，完成储水箱的添加，如图 5-32 所示。

【注意】在单击添加设备之前，如果设备轮廓的方向与想要的不符，此时可以通过按空格键切换设备方向，直到与想要的设备方向一致，此时再单击即可。

储水箱添加完成后，可以看到，此时的储水箱底座的数量和图纸不符，双击储水箱，进入到编辑储水箱族界面，选中其中一个底座，采用"复制""移动"等编辑命令完成储水箱底座的编辑即可，编辑完成后，单击"载入到项目"

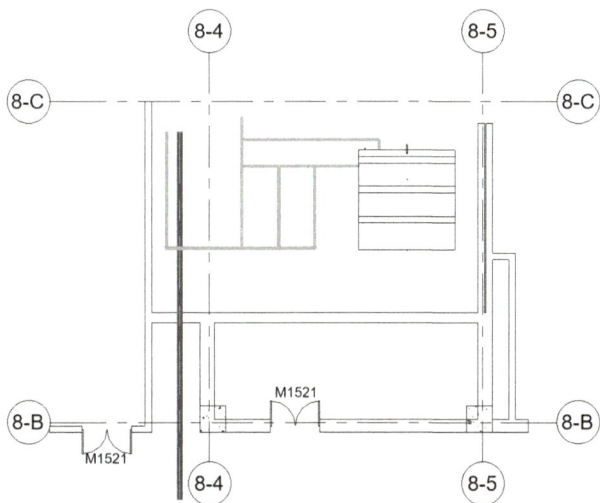

图 5-32　添加储水箱

🔼 ，弹出"族已存在"对话框，在该对话框中单击选择"覆盖现有版本"（图 5-33a），
载入到
项目

即可完成储水箱的编辑，修改完成后的膨胀水箱如图 5-33b 所示。

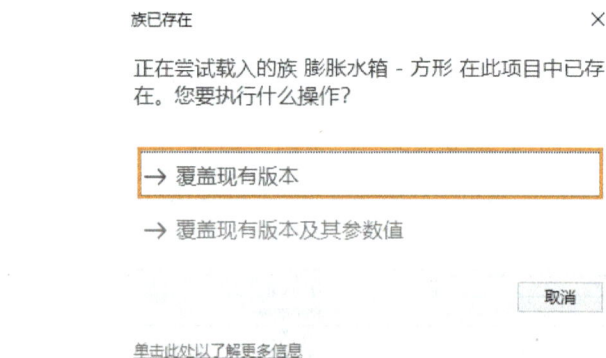

a) 覆盖原有膨胀水箱

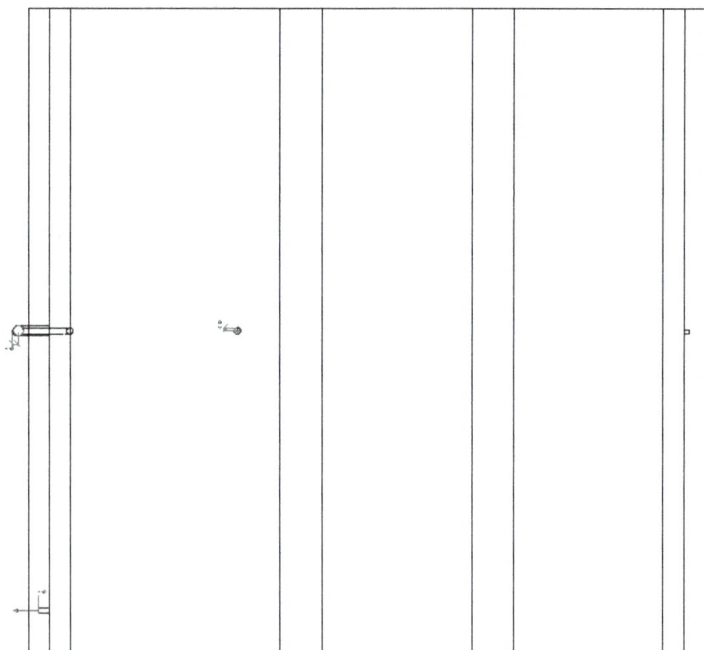

b) 修改后的膨胀水箱

图 5-33　编辑储水箱

【注意】在进行水箱底座编辑时，除双击进入水箱族编辑界面外，还可以单击选中水

箱，进入"修改 | 机械设备"界面，在该界面下，单击工具栏中"编辑族" 🗔 命令，同
编辑
族

样可以进行水箱族的编辑。

储水箱添加完成后，单击选中储水箱，进入"修改 | 机械设备"界面，在该界面下，

单击工具栏中"连接到" 连接 到 命令，弹出"选择连接件"对话框，在该对话框中选择

"连接件 1：未定义：圆形：100mm：膨胀管：流动方向（双向）"，单击"确定"按钮进入
视图界面，如图 5-34a 所示。在视图中，单击拾取视图中与该储水箱连接件相连的管道，
则系统自动将该储水箱与拾取的管道连接，如图 5-34b 所示。

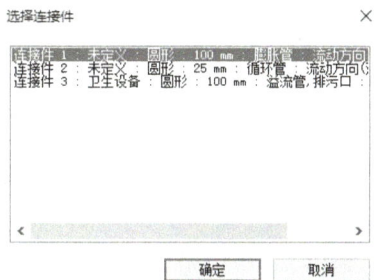

a) 选择连接件

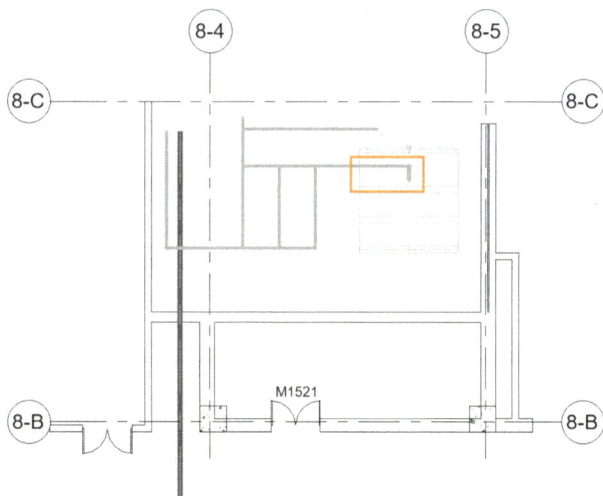

b) 将储水箱与管道连接

图 5-34　储水箱连接件 1 与管道连接

用同样的方法，再次单击选中储水箱，单击"连接到" 连接 到 命令，在弹出的"选择连

接件"对话框中选择"连接件 3：卫生设备：圆形：100mm：溢流管，排污口：流动方向
（出）"，如图 5-35a 所示，单击"确定"按钮后，在视图界面单击拾取需要连接的管道，即
可实现管道与储水箱的连接，如图 5-35b 所示。

（2）添加与连接储水罐　单击"系统"→"机械设备"命令，进入"修改 | 放置 机械设

备"界面，在该界面下，单击"载入族" 载入族 命令，弹出"载入族"对话框，在"水箱"

（系统默认位置：C：\ProgramData\Autodesk\RVT 2019\Templates\China\MEP\ 通用设备 \
水箱）文件夹下，选择"储水箱 - 垂直"，单击"打开"按钮，将其载入进来，如图 5-36
所示。

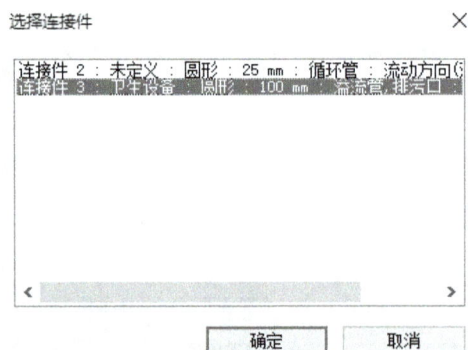

a）选择连接件

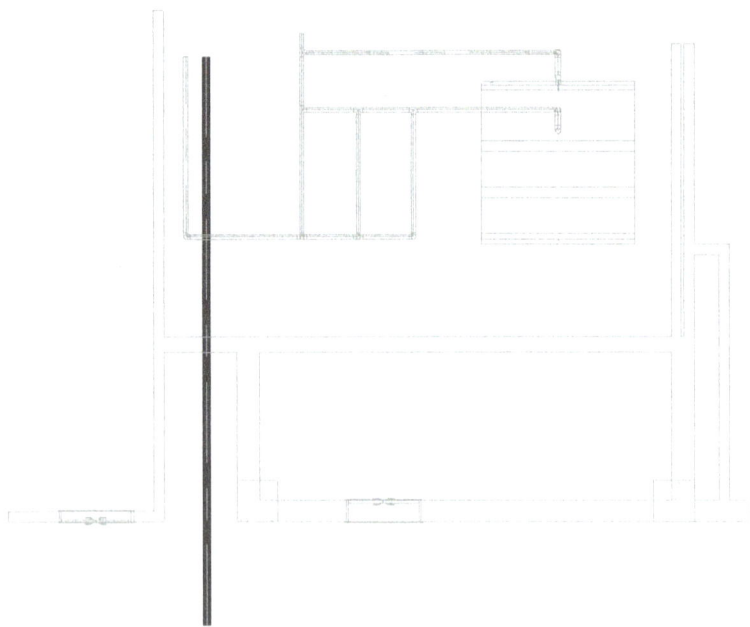

b）将储水箱与管道连接

图 5-35　储水箱连接件 3 与管道连接

　　在该界面下，单击"属性"面板中"编辑类型"，在弹出的"类型属性"对话框中，
新建储水箱系统类型"储水罐"，并设置其"污水直径"为"80"，单击"确定"按钮，完
成新的储水箱类型属性的设置，如图 5-37 所示。

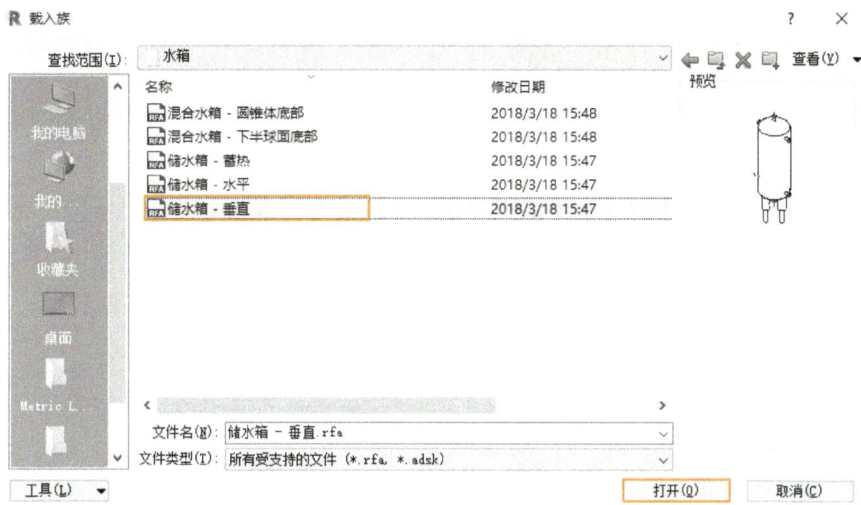

图 5-36　载入"储水箱 - 垂直"

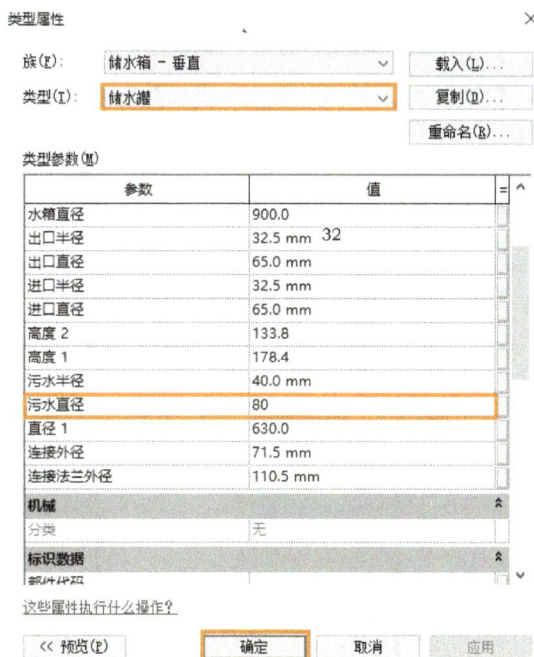

图 5-37　创建新的储水箱并编辑其类型属性

在该视图界面相应位置处单击，完成水箱的添加，如图 5-38 所示。

单击选中"储水罐"，在工具栏中单击"连接到" 命令，弹出"选择连接件"对话框，在该对话框中选择"连接件3：卫生设备：圆形：80mm：出：流动方向（出）"，如图 5-39a 所示，单击"确定"按钮进入视图界面。在视图中，单击拾取视图中与该储水罐连接件相连的管道，则系统自动将该储水罐与拾取的管道连接，如图 5-39b 所示。

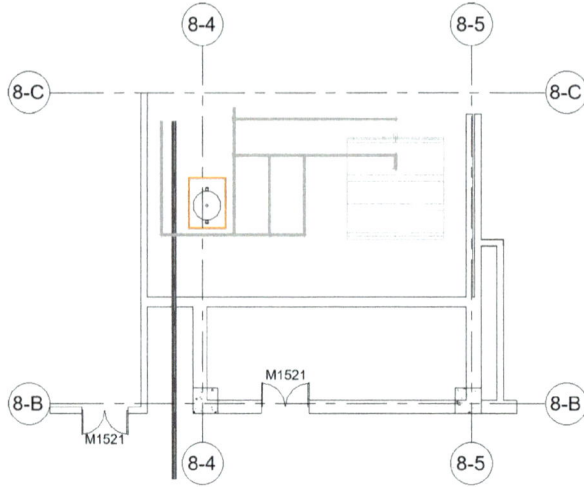

图 5-38　添加水箱

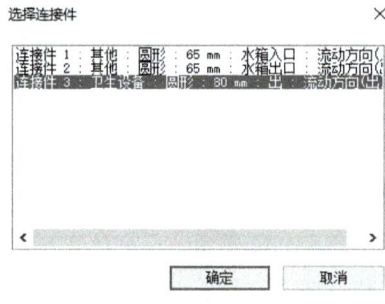

a) 选择连接件

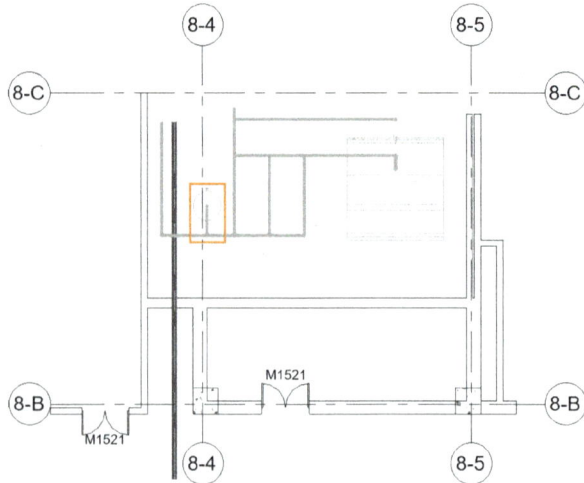

b) 连接管道与储水罐

图 5-39　储水罐与管道连接

（3）添加与连接水泵　单击"系统"→"机械设备"　　命令，进入"修改|放置 机

械设备"界面，在该界面下，单击"属性"面板下拉小三角，找到"管道泵 - 单头"，单击选择"100mm-150m-4 极"，如图 5-40 所示。

修改该管道泵的"偏移"为"600.0"，如图 5-41a 所示。在视图界面相应位置的管道上单击，完成水泵的放置，它自动与管道连接，如图 5-41b 所示。

a) 设置水泵偏移量

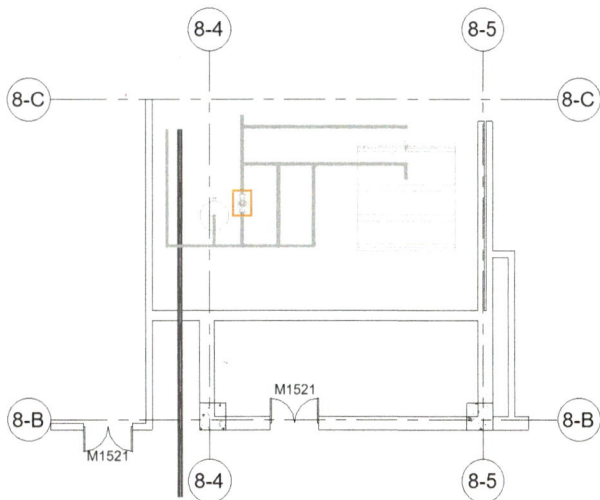

图 5-40　选择"100mm-150m-4 极"单头管道泵

b) 在视图相应位置放置水泵

图 5-41　水泵与管道连接

用同样的方法完成另外两台水泵的添加与连接，如图 5-42 所示。

【注意】改变水泵放置方向的方法有两种：一是在放置水泵之前勾选选项栏中"放置后旋转"前面的小方框，如图 5-43a 所示，单击放置水泵后，可通过移动光标位置，实现水泵方向的改变，如图 5-43b 所示；二是水泵放置完成后，单击选中水泵，然后单击"旋转" ↻ 图标，即可实现水泵上下、左右方向的旋转，如图 5-43c 所示。

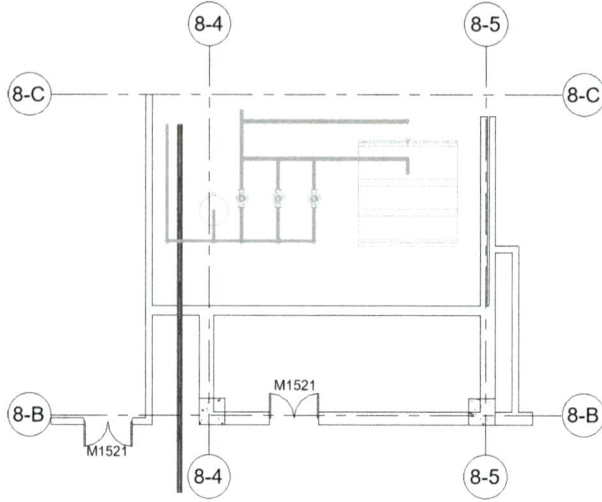

图 5-42　完成水泵的添加与连接

a) 勾选"放置后旋转"

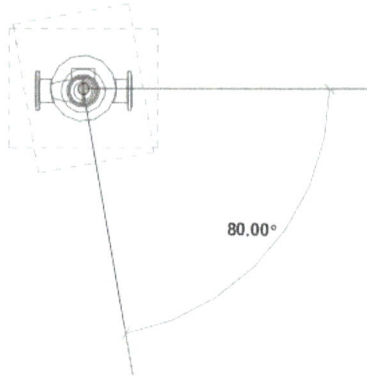

b) 放置后旋转

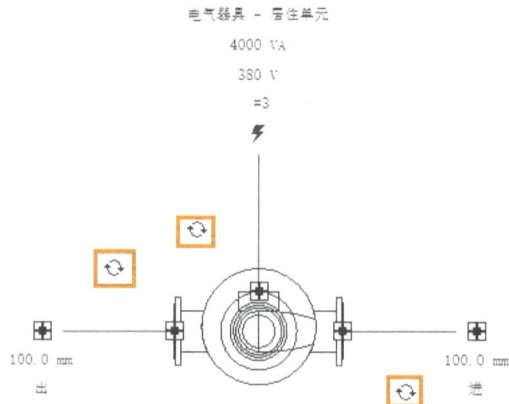

c) 采用"旋转"图标改变水泵方向

图 5-43　改变水泵放置方向的方法

2. 添加与连接管道附件

在水系统中，常见的管道附件有阀门、法兰、接头等。

（1）添加与连接闸阀　单击"系统"→"管路附件" ![管路附件图标]命令，进入"修改 | 放置 管道附件"界面，在该界面下，单击"属性"面板下拉小三角，单击选择"闸阀 -Z41 型 - 明杆楔式单闸板 - 法兰式"→"Z41T-10-100mm"闸阀，如图 5-44a 所示，然后设置其"偏移"为"600.0"，如图 5-44b 所示。

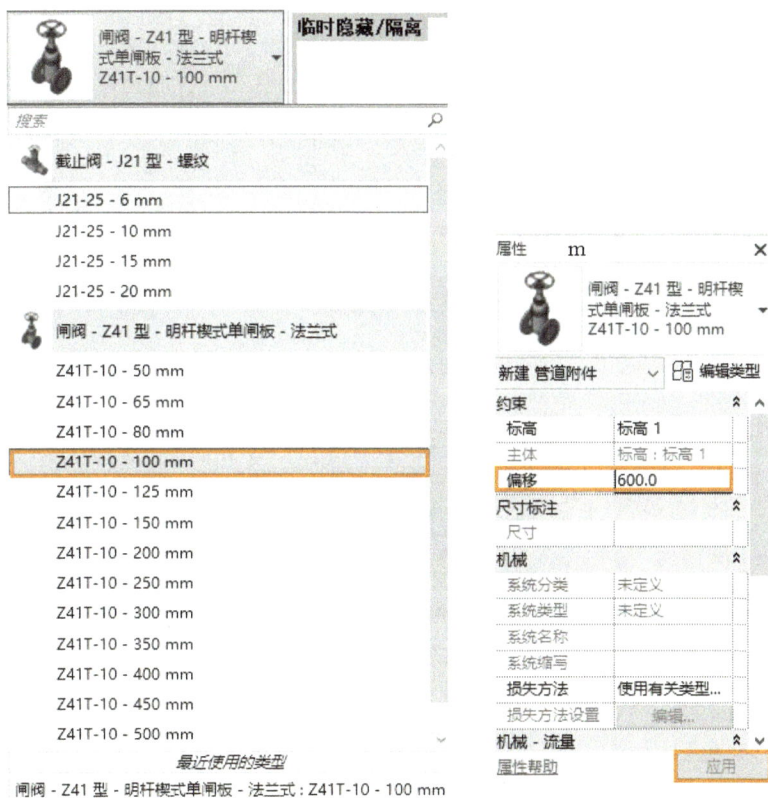

a) 选择"闸阀-Z41 型-明杆楔式单闸板-法兰式"→　　　b) 设置闸阀偏移量
　　"Z41T-10-100mm"闸阀

图 5-44　选择闸阀类型并设置属性参数

属性设置完成后，在视图界面相应位置的管道上单击，完成闸阀的放置，它自动与管道连接，如图 5-45 所示。

按照同样的方法，完成其他闸阀的放置，如图 5-46 所示。

（2）添加与连接可曲挠接头　单击"系统"→"管件" ![管件图标]命令，进入"修改 | 放置 管件"界面，在该界面下，单击"属性"面板下拉小三角，单击选择"管接头 - 常规　标

准"，如图 5-47a 所示，然后单击工具栏中"载入族" 命令，弹出"载入族"对话框，在"卡压"（系统默认位置：C：\ProgramData\Autodesk\RVT 2019\Templates\China\MEP\ 水管管件 \GBT 19228 不锈钢 \ 卡压）文件夹下，选择"管接头 - 卡压 - 不锈钢"，然后单击"打开"按钮（图 5-47b），在弹出的"指定类型"对话框中，指定相应的类型，单击"打开"按钮，将其载入进来。

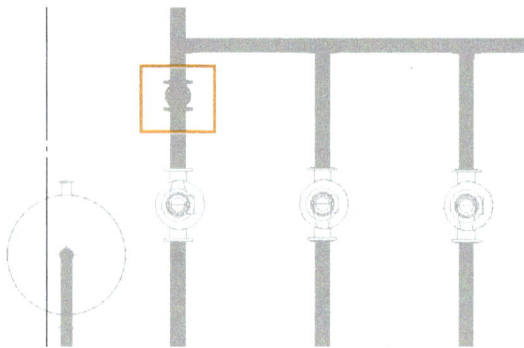

图 5-45　在视图相应位置放置闸阀

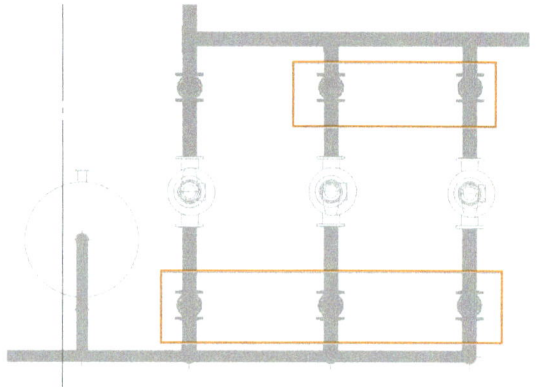

图 5-46　完成闸阀的添加

a）选择管接头类型

图 5-47　选择并载入"管接头 - 卡压 - 不锈钢"

b) 载入"管接头-卡压-不锈钢"

图 5-47　选择并载入"管接头 - 卡压 - 不锈钢"（续）

　　在"属性"面板中设置"偏移"为"600.0"，"公称半径"为"50.0mm"，单击"应用"按钮，完成可曲挠接头属性的设置，如图 5-48 所示。

　　属性设置完成后，在视图界面相应位置的管道上单击，完成可曲挠接头的放置，它自动与管道连接，如图 5-49 所示。

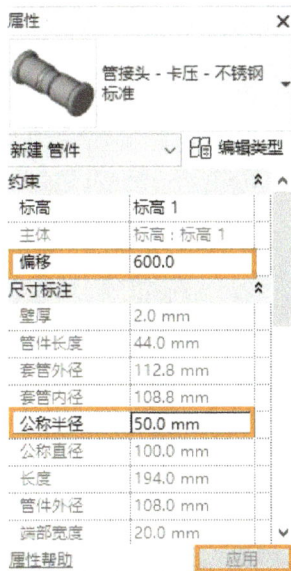

图 5-48　设置接头的约束条件及尺寸

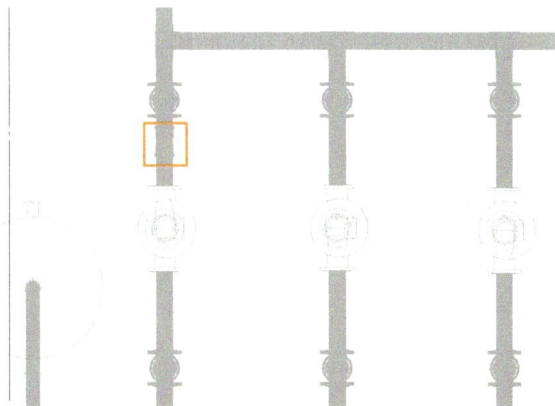

图 5-49　在视图相应位置放置接头

　　按照同样的方法，完成其他可曲挠接头的放置，如图 5-50 所示。

　　【注意】与水泵一样，单击选中可曲挠接头，然后单击"旋转" ↻ 图标，即可实现其方向旋转。

単击选中可曲挠接头，在靠近闸阀的拖拽点处按住鼠标左键不动，将其拖动至与闸阀相连接的中心点位置处，此时连接点处光标外框变为紫色，松开鼠标左键，即可实现闸阀与可曲挠接头的连接，如图5-51所示。

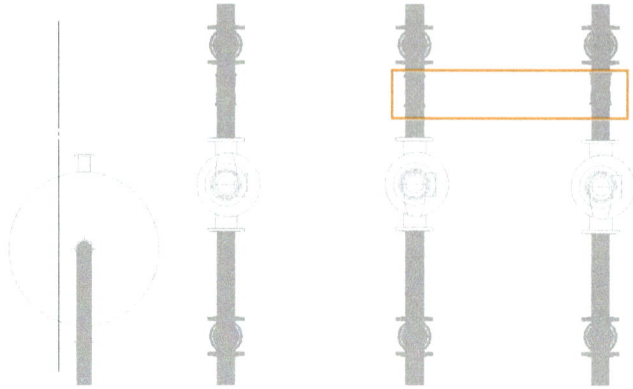

图 5-50　完成接头的添加

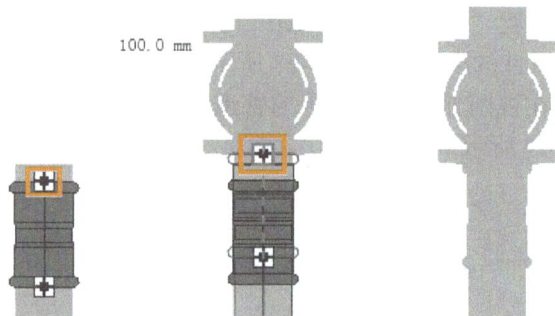

图 5-51　闸阀与接头的连接方法

按同样的方法，完成其他两个闸阀与可曲挠接头的连接，如图5-52所示。

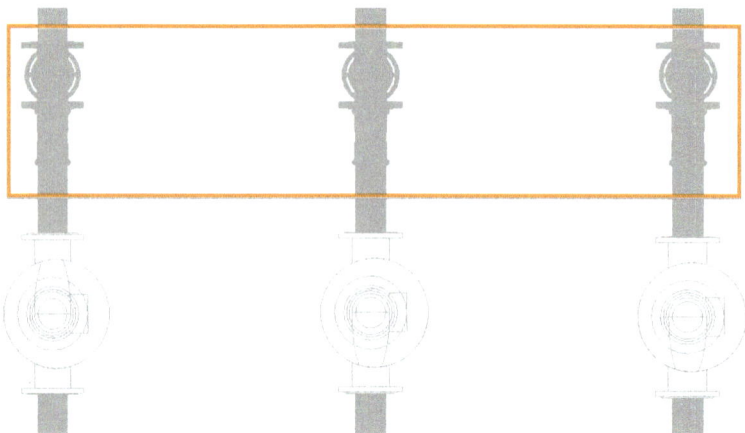

图 5-52　完成闸阀与可曲挠接头的连接

（3）添加与连接止回阀　单击"系统"→"管路附件" 命令，进入"修改 | 放置　管道附件"界面，在该界面下，单击"载入族" 命令，弹出"载入族"对话框，在"止回阀"（系统默认位置：C：\ProgramData\Autodesk\RVT 2019\Templates\China\MEP\ 阀门 \ 止回阀）文件夹下，选择"止回阀 - 缓闭单瓣旋启式 - 法兰式"，如图 5-53a 所示，单击"打开"按钮，弹出"指定类型"对话框，在该对话框中选择"HH44X-10-100mm"，单击"确定"按钮，将其载入进来，如图 5-53b 所示。

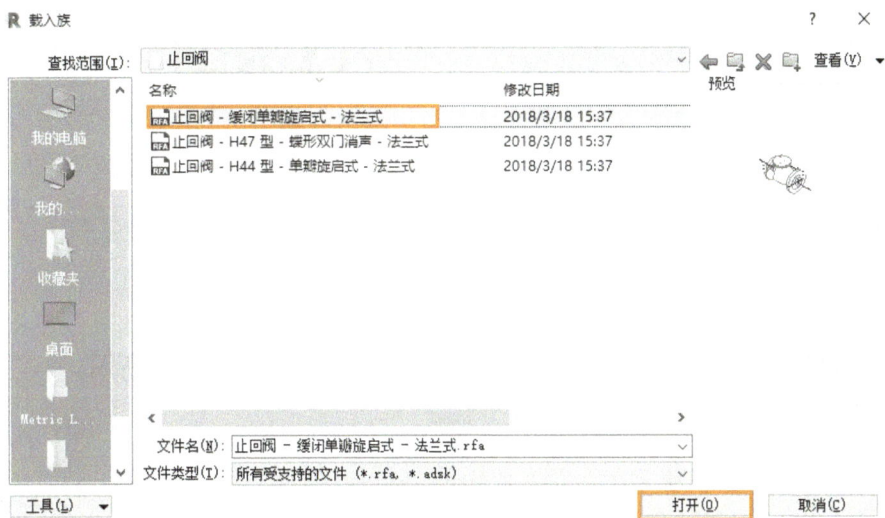

a) 选择"止回阀-缓闭单瓣旋启式-法兰式"

b) 载入"HH44X-10-100mm"型止回阀

图 5-53　选择并载入"止回阀 - 缓闭单瓣旋启式 - 法兰式"

在视图界面的"属性"面板中，设置"偏移"为"600.0"，如图 5-54a 所示，单击"应用"按钮，完成属性设置，在视图界面需要放置止回阀的管道相应位置处单击，完成止回阀的添加放置，它自动与管道进行连接，如图 5-54b 所示。

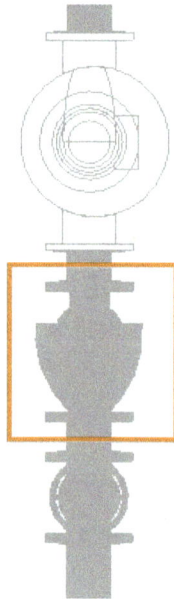

a) 设置止回阀偏移量   b) 在视图相应位置放置止回阀

图 5-54 添加止回阀

按照同样的方法，完成其他两个止回阀的添加与连接，如图 5-55 所示。

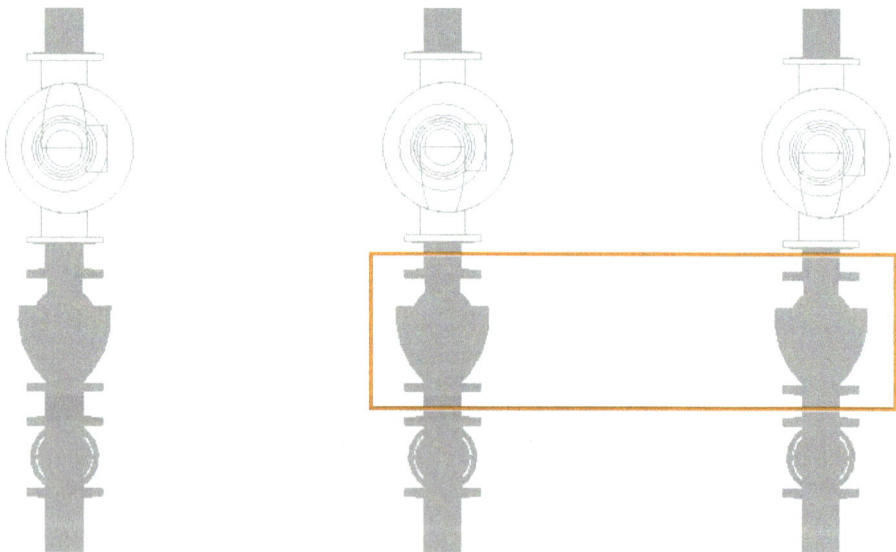

图 5-55 完成止回阀的添加与连接

【注意】与水泵类似，止回阀添加放置完成后，单击选中止回阀，然后单击"旋转" ↻
图标，即可实现止回阀旋转；单击"翻转" ⬍ 图标，可实现止回阀的翻转，如图 5-56
所示。

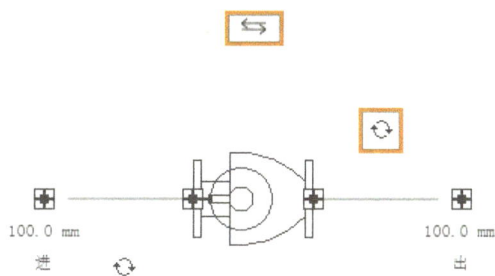

图 5-56　利用 "旋转" 和 "翻转" 图标实现止回阀方向的改变

（4）添加与连接压力表　单击 "系统"→"管路附件" 命令，进入 "修改 | 放置　管

道附件" 界面，在该界面下，单击 "载入族" 命令，弹出 "载入族" 对话框，在

"仪表"（系统默认位置：C：\ProgramData\Autodesk\RVT 2019\Templates\China\MEP\ 卫浴
附件 \ 仪表）文件夹下，选择 "压力计"，单击 "打开" 按钮，将其载入进来，如图 5-57
所示。

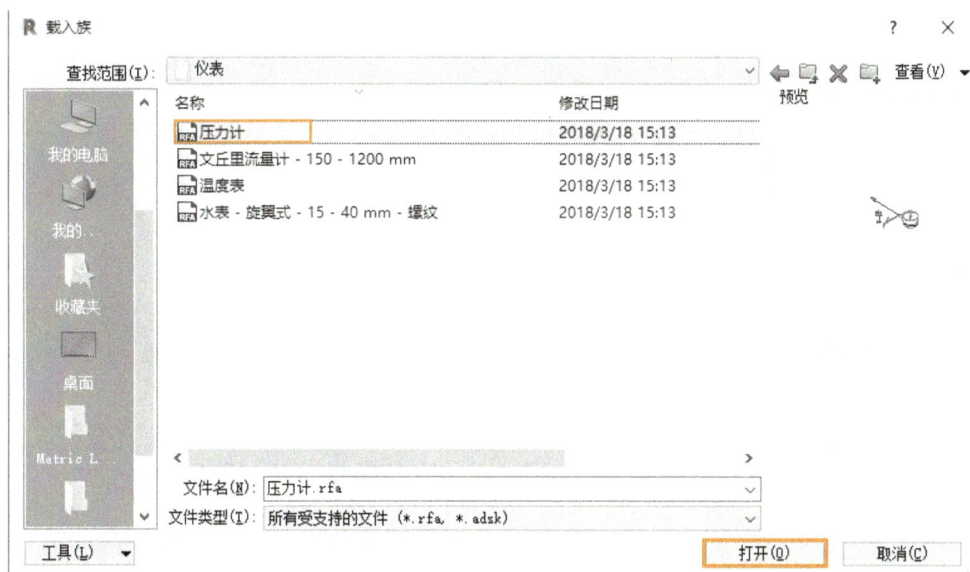

图 5-57　载入 "压力计"

在视图界面，单击 "属性" 面板下拉小三角，选择 "100mm 标度盘 –8mm"，如
图 5-58a 所示，同时设置 "偏移" 为 "1550.0"，单击 "应用" 按钮，完成压力表属性的设
置，如图 5-58b 所示。

根据图纸中压力表所在位置，在视图界面相应位置处单击，完成压力表的添加，如
图 5-59 所示。

a) 选择"100mm 标度盘-8mm"　　　　b) 设置压力表偏移量

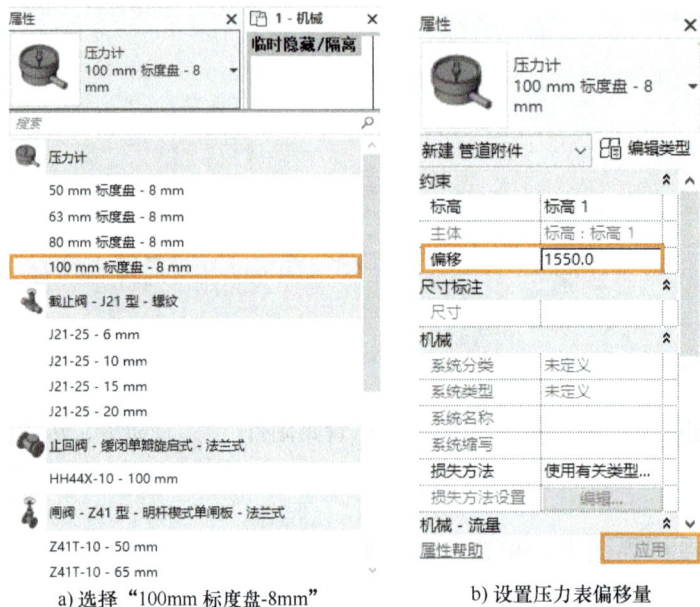

图 5-58　设置压力表属性

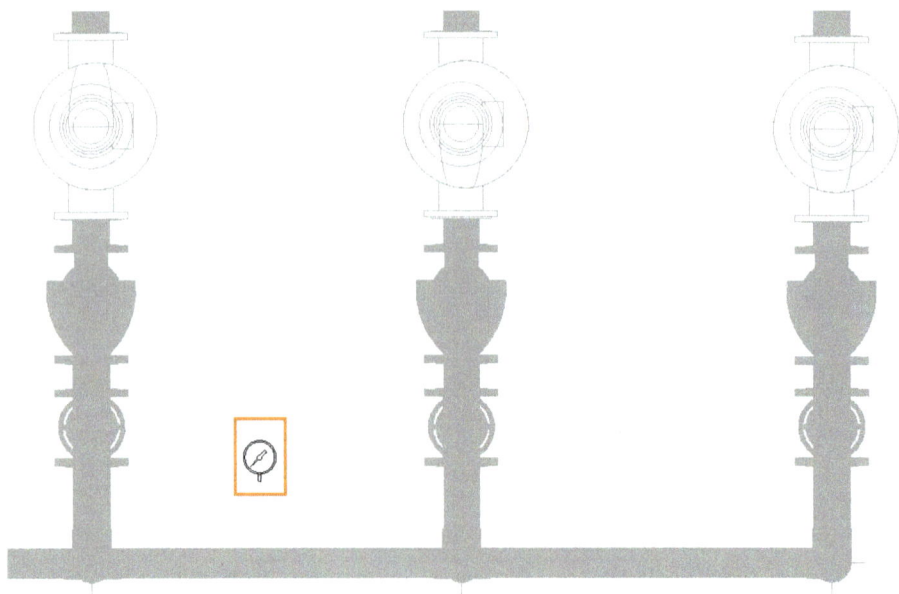

图 5-59　添加压力表

　　单击选中压力表，在工具栏中单击"连接到" 命令，然后单击压力表所连接的
管道，即可实现压力表与管道的连接，如图 5-60 所示。
　　管道附件及设备的添加与连接已绘制完成，连接完成后的平面图和三维视图如图 5-61
所示。将文件保存至对应文件夹即可。

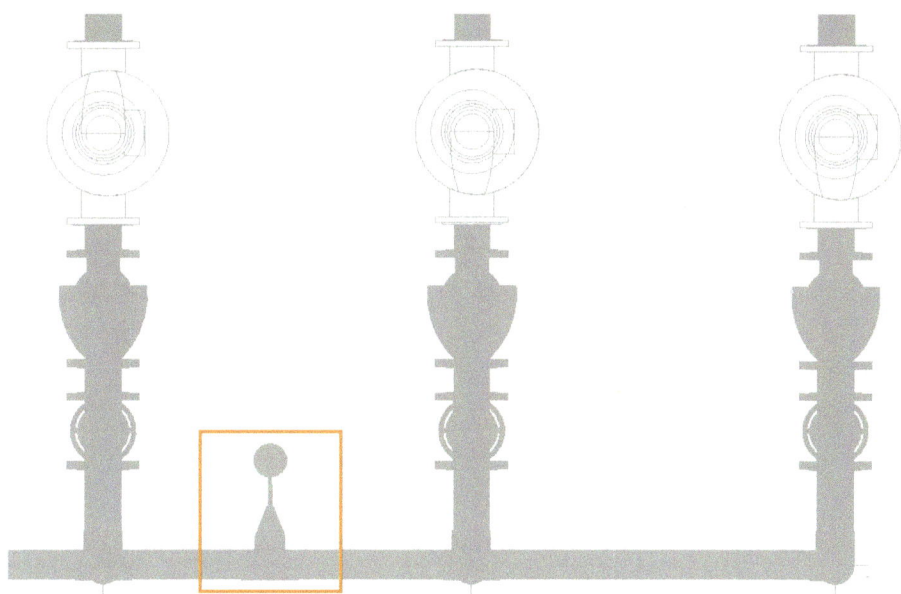

图 5-60　压力表与管道连接

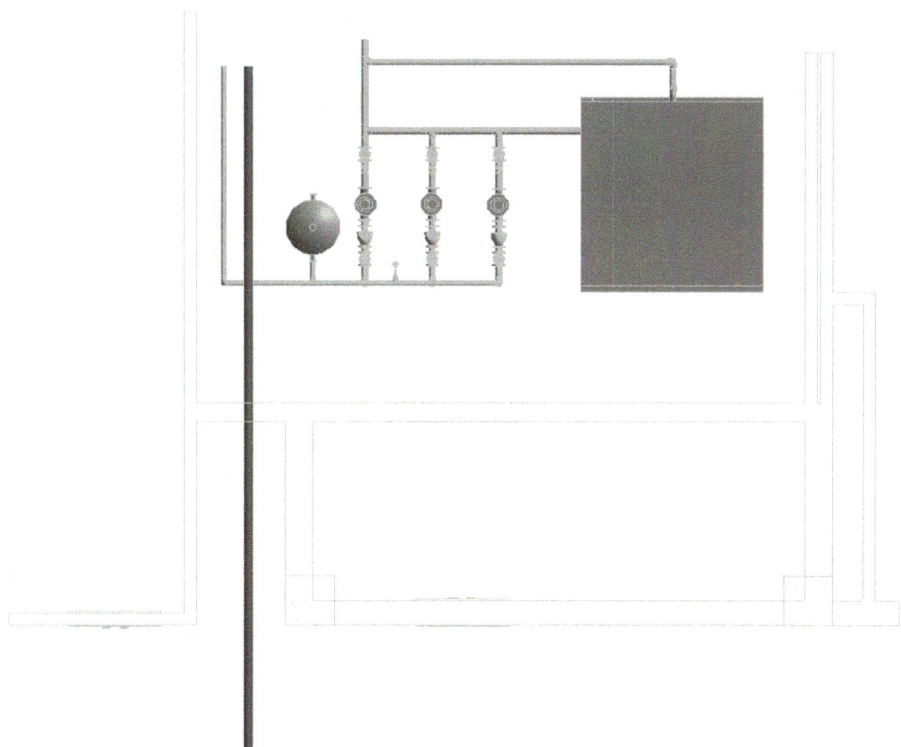

a) 管道附件及设备的添加与连接平面图

图 5-61　完成管道附件及设备的添加与连接

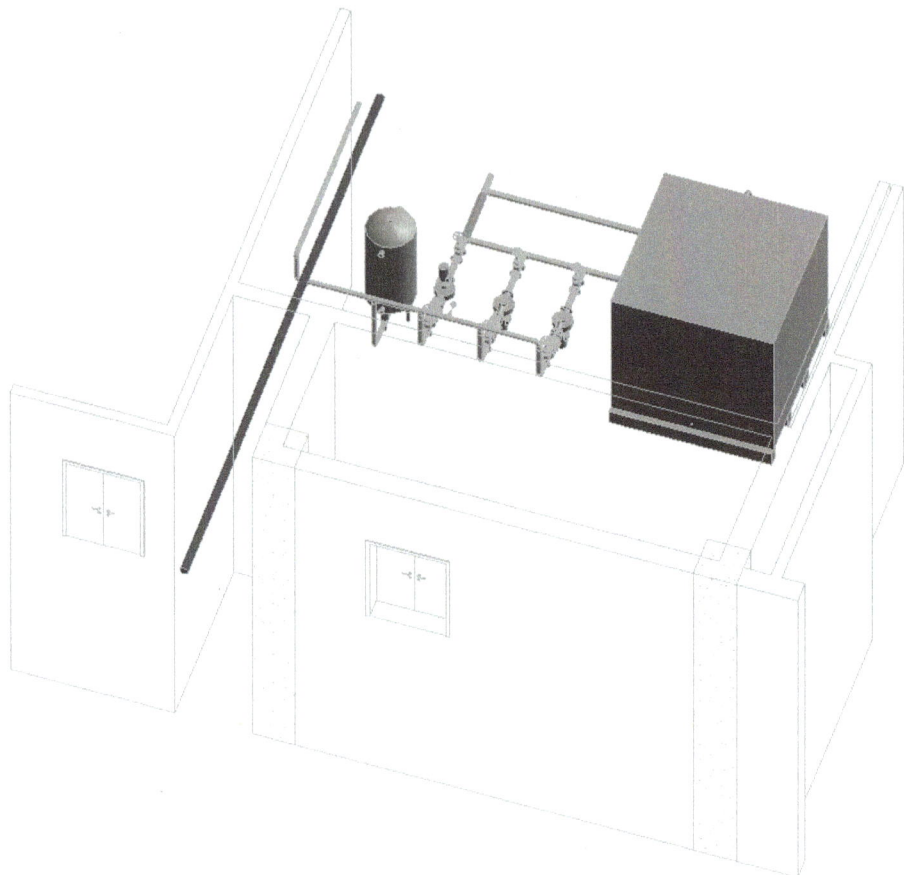

b) 管道附件及设备的添加与连接三维视图

图 5-61　完成管道附件及设备的添加与连接（续）

本项目具体操作视频可扫码查看。

操作视频：视频 51 中水机房模型

四、知识巩固与拓展

　　根据项目五任务一中知识巩固与拓展创建的管道模型，参照图 5-62 添加正确的设备与阀件。将建好的模型以"管道附件及设备的添加与连接"为文件名进行保存。

五、课后训练

　　扫码完成本任务课后作业。

课后作业 19

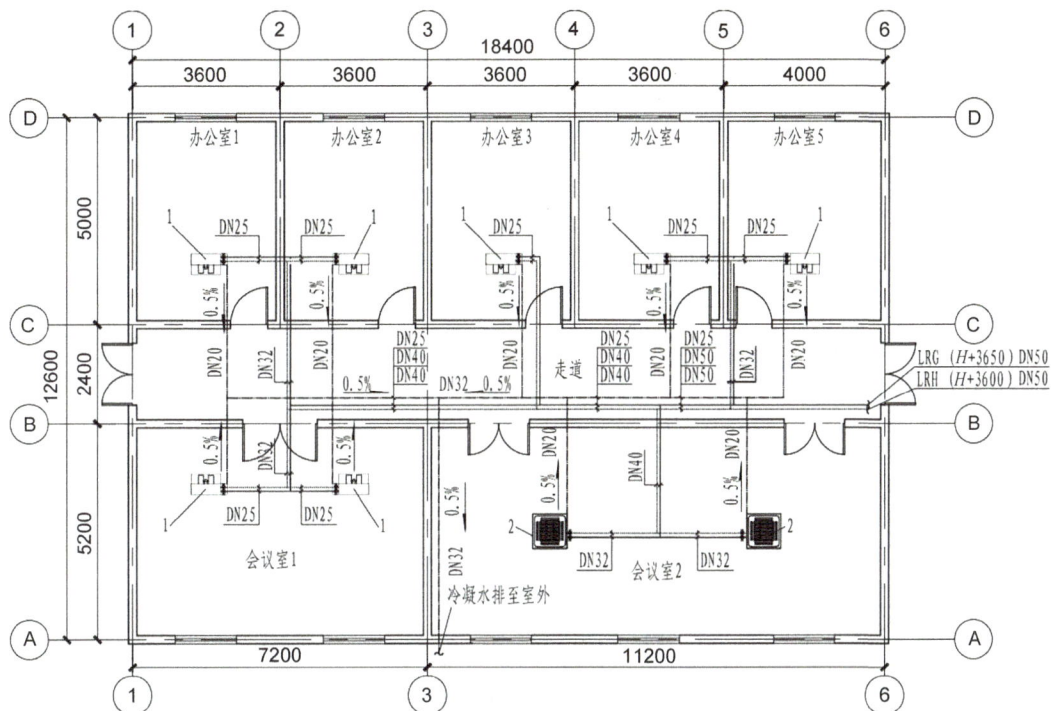

a) 管道系统平面图

主要设备材料表

序号	设备名称	型号规格	单位	数量	备注
1	卧式暗装风机盘管	FP-68WAH, P=30Pa, Q=680m³/h q=3600W, N=68W, 噪声≤42dB	台	7	自带回风口及回风过滤器
2	吊顶暗装风机盘管	FP-102WAH, P=30Pa, Q=1020m³/h q=5500W, N=102W, 噪声≤46dB	台	2	
3	对开多叶齿轮调节阀	320×200	个	1	
4	混流风机	L=2339m³/h, P=169Pa, N=180W	台	1	
5	消声器	320×200, L=1000	台	1	
6	对开多叶齿轮调节阀	160×120	个	7	
7	对开多叶齿轮调节阀	250×200	个	1	
8	双层百叶风口	240×240	个	7	带风口调节阀
9	双层百叶风口	200×200	个	2	带风口调节阀
10	双层百叶风口	120×120	个	7	带风口调节阀

b) 主材设备材料表

图 5-62 给水排水系统图及主要设备材料表

任务三 创建喷淋系统

知识目标:掌握喷淋系统 CAD 施工图的识读方法;掌握喷淋模型的创建方法。

能力目标：能够利用 Revit 创建喷淋系统模型；能够进行喷淋模型参数的设置与编辑。

素质目标：具有规范意识；具备安全意识。

【大国工匠之代表人物】

CRH380A 型列车，曾以世界第一的速度试跑京沪高铁，宁允展是 CRH380A 的首席研磨师，是我国第一位从事高铁列车转向架"定位臂"研磨的工人，被同行称为"鼻祖"。从事该工序的工人全国不超过 10 人。他研磨的转向架装上了 644 列高速动车组，奔驰 8.8 亿 km，相当于绕地球 22000 圈。宁允展坚守生产一线多年，他说，我不是完人，但我的产品一定是完美的。做到这一点，需要一辈子踏踏实实做手艺。

一、任务描述

按照图 5-63 创建建筑及喷淋系统模型，建筑层高 4m，建筑模型包括轴网、墙、门、窗、楼板等相关构件，要求尺寸、位置正确。其中喷淋喷头为下喷头，喷头高度为 3.3m，设置喷淋管颜色为橙色，图中所注标高均为中心标高。其他未指明方面自定，将建好的模型以"会议室喷淋系统模型"为文件名进行保存。

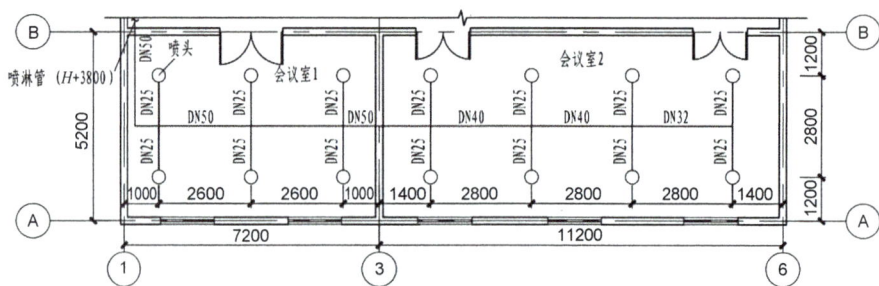

喷淋系统平面图 1:100

图 5-63 喷淋系统平面图

二、课前准备

学生扫码查看预习内容。

三、任务实施

1. 创建建筑模型

启动 Revit 软件，新建以"机械样板"为模板的项目，将其命名为"会议室喷淋系统模型"并保存在相应文件夹内。

预习内容：视频 52 喷淋系统创建

按照前面所学内容绘制轴网、墙、门、窗、楼板等相关构件，创建建筑模型，如图 5-64 所示。

2. 绘制喷头

根据图中给定的喷头位置，绘制参照平面，然后单击"系统"选项卡进入"系统"界面，在"系统"界面下单击"喷头" 命令，弹出如图 5-65a 所示对话框，单击"是"
按钮，弹出"载入族"对话框，在"喷淋头"（系统默认位置：C：\ProgramData\Autodesk\
RVT 2019\Templates\China\ 消防 \ 给水和灭火 \ 喷淋头）文件夹下，选择"喷淋头 -ZST 型 -
闭式 - 普通 - 下垂型"，然后单击"打开"按钮，将其载入进来，如图 5-65b 所示。

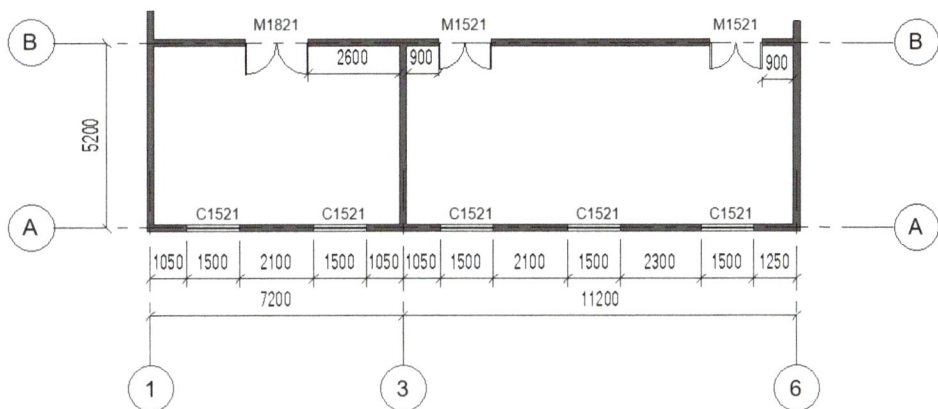

图 5-64　完成建筑模型的创建

a) 弹出"是否载入族"对话框

b) 选择"喷淋头-ZST 型-闭式- 普通-下垂型"喷淋头

图 5-65　载入"喷淋头 -ZST 型 - 闭式 - 普通 - 下垂型"

在视图界面的"属性"面板中，设置"偏移"为"3300.0"，单击"应用"按钮，完成
喷头属性的设置，如图 5-66 所示。

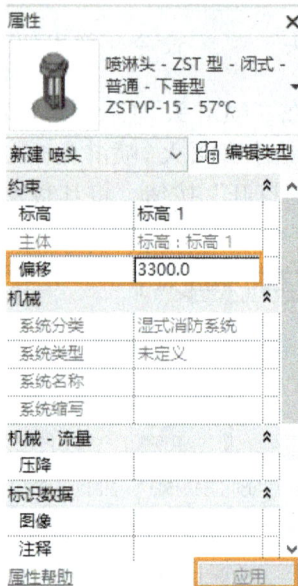

图 5-66　设置喷头属性

　　属性设置完成后，根据参照平面确定的喷头位置，在视图界面相应位置处单击，完成喷头的绘制，用同样的方法，可以绘制另一喷头，如图 5-67 所示。

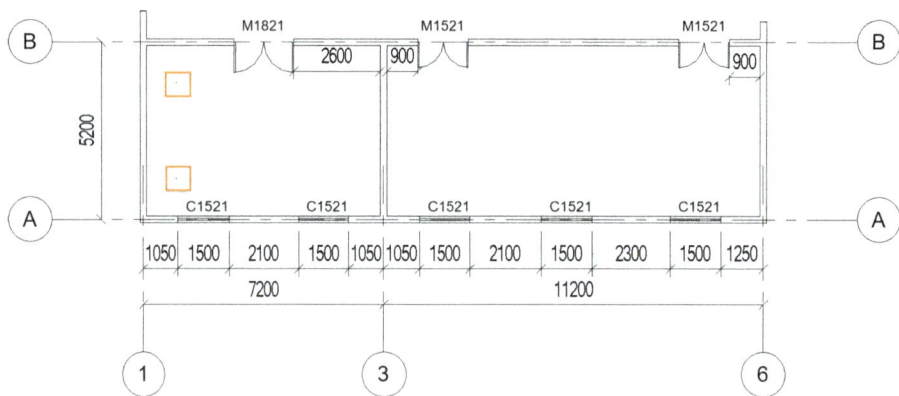

图 5-67　在视图相应位置放置喷头

3. 喷淋系统的创建

　　同样地，在绘制喷淋管道之前，为便于后期进行管线综合、碰撞检查及运维方便，首先需要创建管道系统类型。在"项目浏览器"中，单击"族"→"管道系统"→"管道系统"，复制"湿式消防系统"，新建 1 个管道系统类型并重命名为"喷淋系统"，如图 5-68 所示。

4. 绘制与连接喷淋管道

　　单击"系统"选项卡进入"系统"界面，在"系统"界面下单击"管道"　　命令，进入"修改|放置 管道"界面。在该界面下，在"属性"面板中设置"水平对正"为"中心""垂直对正"为"中""参照标高"为"标高1""偏移"为"3800.0"，设置"系统类型"

为"喷淋系统",单击"应用"按钮,完成喷淋管道属性的设置,如图 5-69 所示。

图 5-68　新建喷淋系统

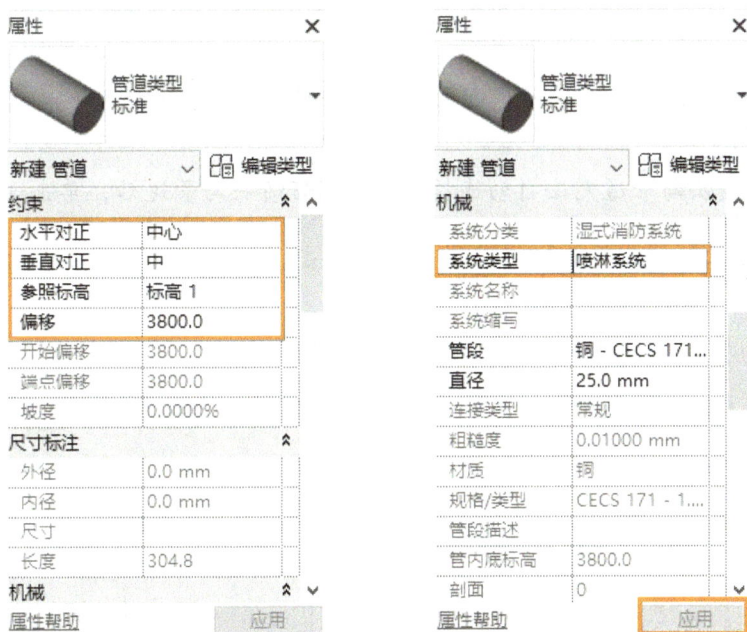

a) 设置喷淋管道约束条件　　　　　　　b) 设置管道类型

图 5-69　设置喷淋管道属性

在选项栏中,修改喷淋管道的"直径"为"25.0mm",如图 5-70 所示。

图 5-70　设置管道规格尺寸

设置完成后,在视图界面喷头 1 中心点处单击,然后移动光标至喷头 2 中心点处,再次单击，即可完成喷头 1 至喷头 2 之间的管道绘制，如图 5-71a 所示，系统自动实现喷头与管道的连接，其连接完成的三维视图如图 5-71b 所示。

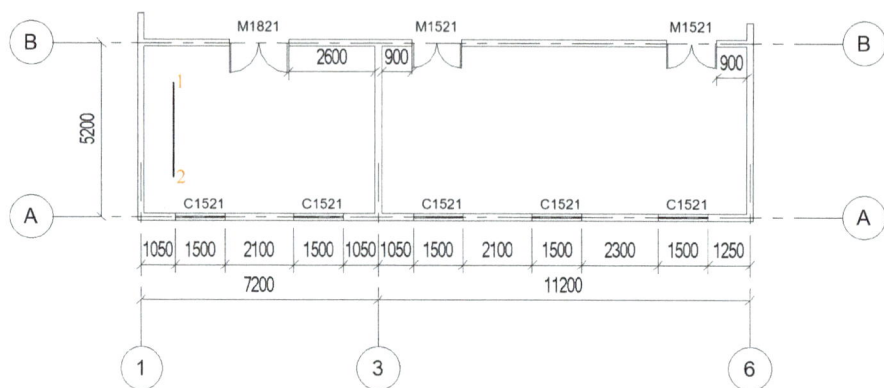

a) 完成喷头1和2之间管道的绘制

b) 绘制完成的喷淋管道

图 5-71　喷头与管道连接

【注意】若喷头与管道无法自动连接，则绘制好喷头与管道后，单击选中喷头，进入"修改 | 喷头"界面，在该界面下，单击工具栏中"连接到" 命令，然后再单击选择喷头需要连接的管道，同样可实现喷头与管道的连接。

根据图纸，利用工具栏中"复制" 命令，完成其他喷头和支管的绘制，如图 5-72 所示。

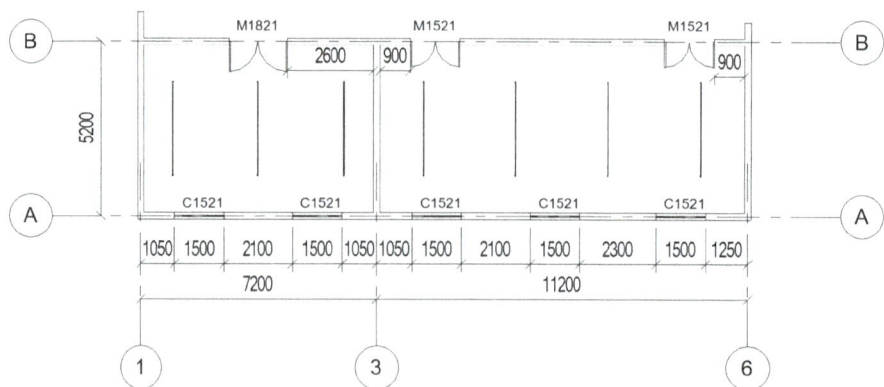

图 5-72　完成喷淋支管的绘制

再次单击"系统"→"管道"命令，在选项栏中修改"直径"为"50.0mm"，其余属性设置与上面支管相同（系统默认沿用上面管道的属性设置），如图 5-73 所示。

图 5-73 设置主管道规格尺寸

根据图纸，在视图界面相应位置完成喷淋主管道的绘制，在主管道与支管相交位置，系统自动生成四通，如图 5-74 所示。

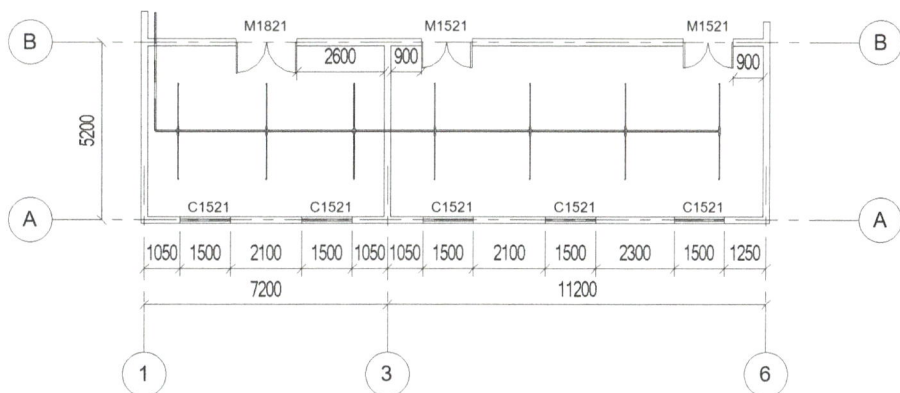

图 5-74 绘制喷淋主管道

在已绘制好的喷淋主管道上，单击选中 3 和 4 之间的喷淋管道（图 5-75a），然后在选项栏中修改"直径"为"40.0mm"（图 5-75b），修改完成后单击视图界面任意空白处，即可将 3 和 4 之间的管道直径由 50mm 修改为 40mm。

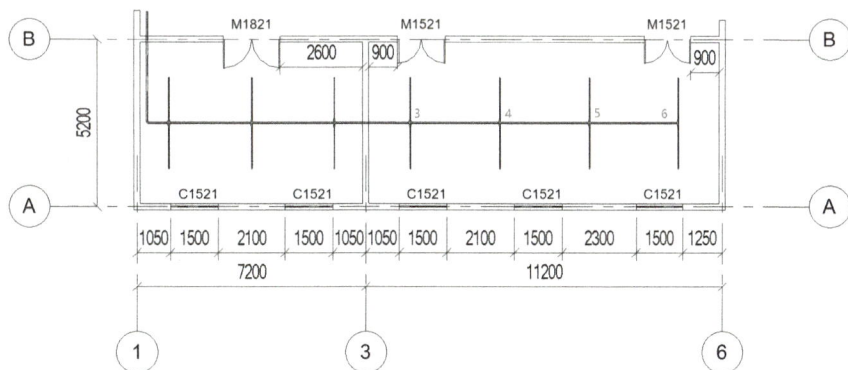

a) 选中 3 和 4 之间的管道

b) 修改管道规格尺寸

图 5-75 修改 3、4 之间的管道规格尺寸

按照同样的方法，将 4 和 5 之间的管道直径由 50mm 修改为 40mm，将 5 和 6 之间的管道直径由 50mm 修改为 32mm，如图 5-76 所示。

按照同样的方法，分别选中 4 和 5 处的四通，在选项栏中将其尺寸修改为 40mm，将

6 处的三通修改为 32mm，即可完成喷淋管道的绘制，如图 5-77 所示。

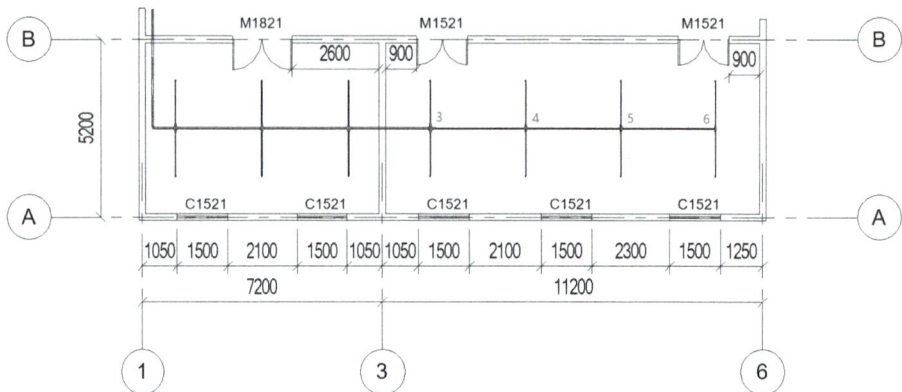

图 5-76　修改 4 和 5、5 和 6 之间的管道尺寸

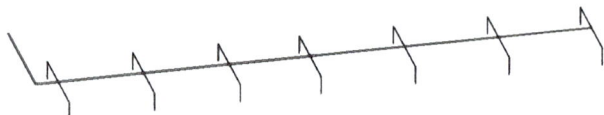

图 5-77　完成喷淋管道的绘制

5. 设置喷淋系统颜色

喷淋系统颜色的设置方法与风管系统、管道系统颜色的设置方法类似。同样，首先需要创建并设置过滤器属性。

单击"视图"→"可见性 / 图形" 命令，在弹出的"楼层平面：1- 机械的可见性 / 图形替换"对话框中单击"过滤器"→"编辑 / 新建"按钮，在弹出的"过滤器"对话框中，设置相应的过滤器原则：复制新建过滤器名称"喷淋系统"，单击选中该新建系统，然后勾选类别"管件""管道""管道附件""管道隔热层"，设置过滤器规则为"系统类型"→"包含"→"喷淋"，单击"确定"按钮，完成喷淋系统过滤器的设置，如图 5-78 所示。

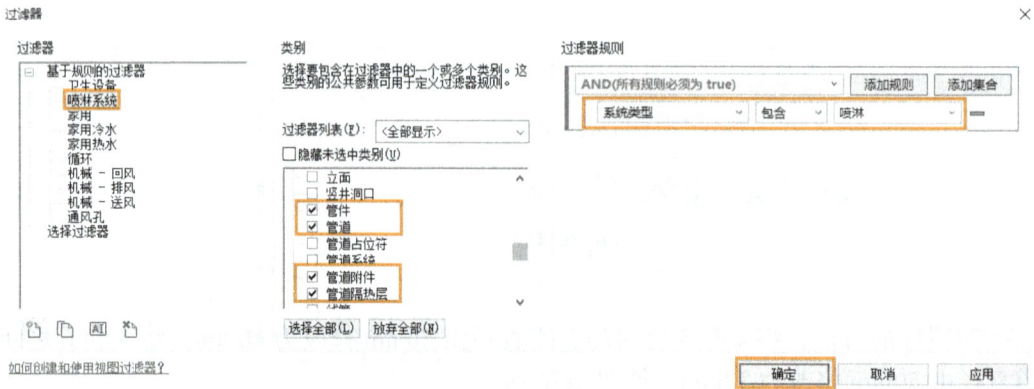

图 5-78　完成喷淋系统过滤器的设置

　　过滤器属性设置完成后，在"楼层平面：1-机械的可见性/图形替换"对话框中单击"添加"按钮（图 5-79），在弹出的"添加过滤器"对话框中将"喷淋系统"添加进来。

图 5-79　添加喷淋系统过滤器

　　单击"投影/表面"→"填充图案"→"替换"按钮，在弹出的"填充样式图形"对话框中，设置其前景和背景色为橙色，单击"确定"按钮，完成喷淋系统颜色的设置，如图 5-80 所示。

图 5-80　设置喷淋系统颜色

喷淋系统已绘制完成，如图 5-81 所示。将文件保存至对应文件夹即可。

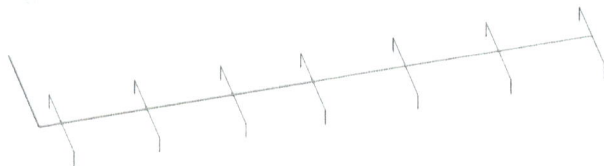

图 5-81　完成喷淋系统的绘制

操作视频：视频 53
中水机房模型

本项目具体操作视频可扫码查看。

四、知识巩固与拓展

参照图 5-82 创建房间喷淋系统模型，结果以"喷淋系统模型"为文件名保存。

具体要求：根据会议室喷淋系统平面图创建喷淋系统模型，其中喷淋头为下喷头，喷头高度为 3.0m；定义喷淋系统颜色为红色。未指明方面自定。将建好的模型以"喷淋系统模型"为文件名进行保存。

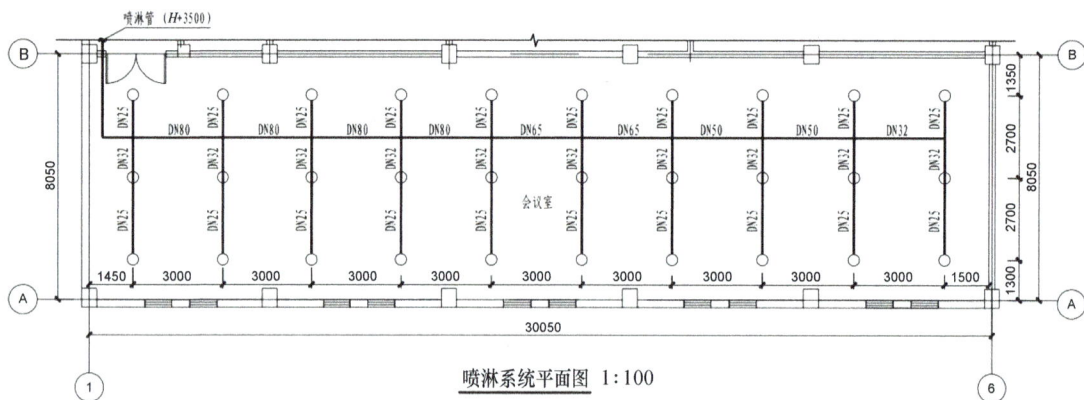

喷淋系统平面图 1:100

图 5-82　会议室喷淋系统平面图

五、课后训练

扫码完成本任务课后作业。

课后作业 20

项目六 创建电气系统模型

知识目标： 掌握电缆桥架的绘制方法；掌握弯头、三通等连接件模型的创建方法。

能力目标： 能够正确识读电缆桥架规格、型号及底标高等图纸信息；能够根据给定图纸创建电缆桥架模型。

素质目标： 具备节能意识及可持续发展思维；具备创新意识。

【大国工匠之代表人物】

周东红是中国宣纸股份有限公司的一名捞纸工。30 年来，经周东红捞的近千万张纸每张质量误差不超过 1g，始终保持着成品率 100% 的记录，他加工的纸也成为韩美林、刘大为等著名画家及国家画院的"御用画纸"。

2015 年，周东红获得了全国五一劳动奖章，现在他依然每天都要长时间下水捞纸。对老周来说，他捞每一张纸都融进了情感，也从中收获了快乐和成就感。他把捞纸当成一种责任，希望老祖宗留下的技艺能更好地传承下去。

一、任务描述

参照图 6-1 创建房间建筑及电缆桥架模型，具体要求如下：根据给出的图纸创建建筑模型，建筑层高 4.5m，建筑模型包括轴网、墙、门、窗、楼板等相关构件，要求尺寸、位置正确；根据给出的图纸建立电缆桥架模型，其中图中所注桥架标高为底标高，未指明方面自定。将建好的模型以"电缆桥架模型"为文件名进行保存。

二、课前准备

学生扫码查看预习内容。

预习内容：视频 54
电缆桥架绘制 -1

预习内容：视频 55
电缆桥架绘制 -2（实战练习）

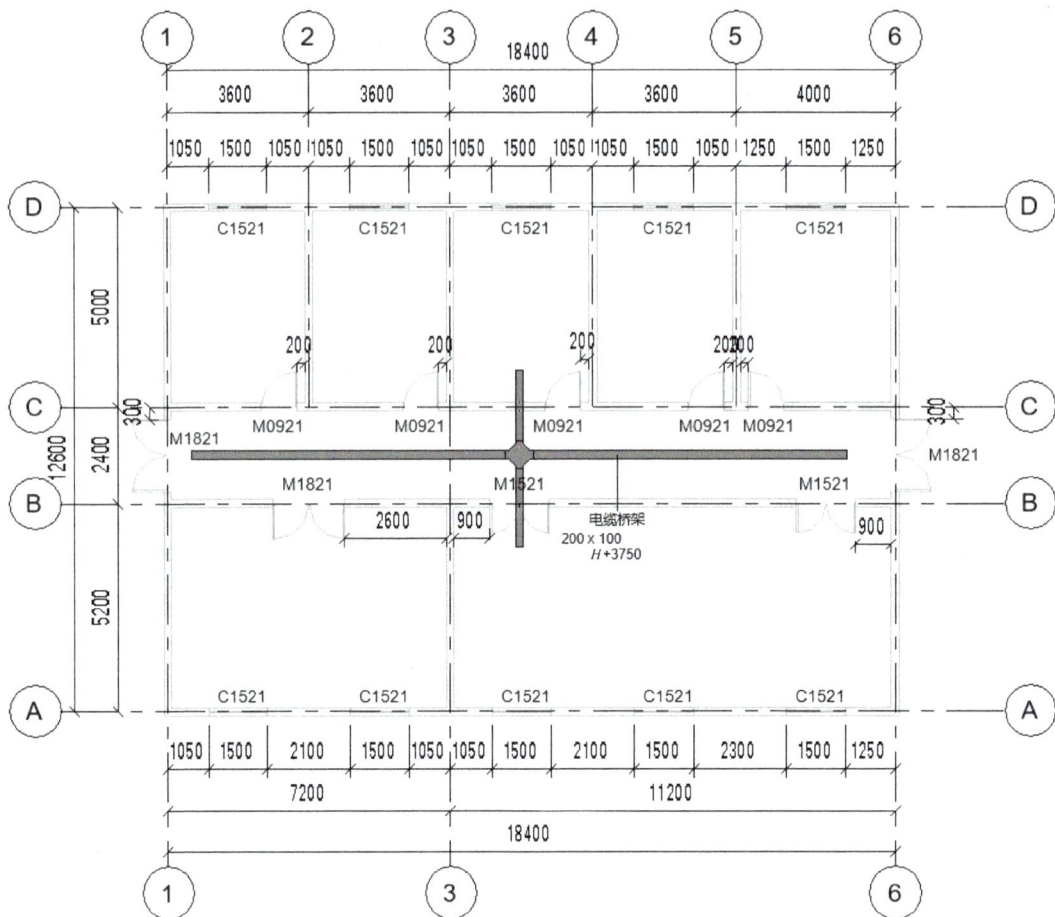

图 6-1　电缆桥架平面布置图

三、任务实施

电缆桥架和线管是电气布线的重要组成部分。

1. 绘制标高、轴网及门窗

启动 Revit 软件，新建以"机械样板"为模板的项目，并将其命名为"电缆桥架模型"并保存在相应文件夹内。

按照前面所学标高、轴网及门窗的创建方法，完成标高、轴网及门窗模型的创建，如图 6-2 所示。

2. 绘制电缆桥架

单击"建筑"选项卡进入"建筑"界面，在该界面下，选择"参照平面" ✍ 参照 平面命令，按图中标注位置绘制参照平面，确定电缆桥架的位置。

单击"系统"选项卡进入"系统"界面，在"系统"界面下单击"电缆桥架"命令，进入"修改|放置 电缆桥架"界面。在该界面下，单击左侧"属性"面板下拉小三

角，选择电缆桥架类型为"带配件的电缆桥架 默认"（图 6-3a），并在"属性"面板中设置"水平对正"为"中心""垂直对正"为"中""参照标高"为"标高 1""偏移"为"3800.0""宽度"为"200.0mm""高度"为"100.0mm"，如图 6-3b 和 c 所示，完成桥架约束条件和尺寸的设置。

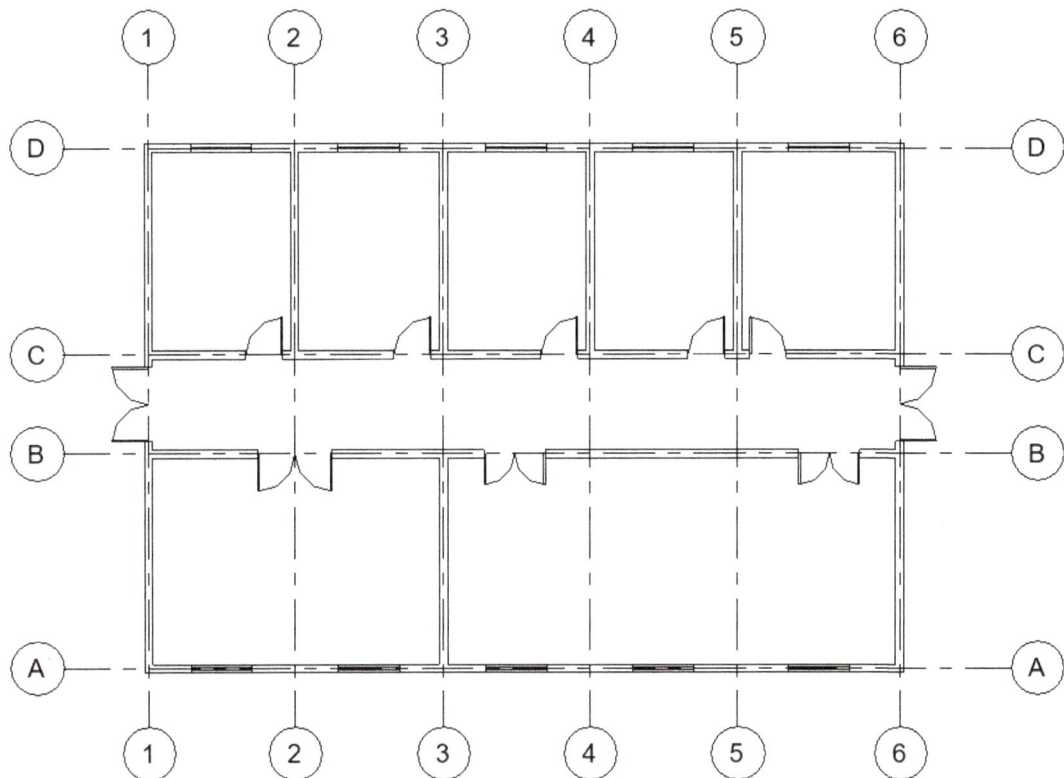

图 6-2　创建标高、轴网及门窗模型

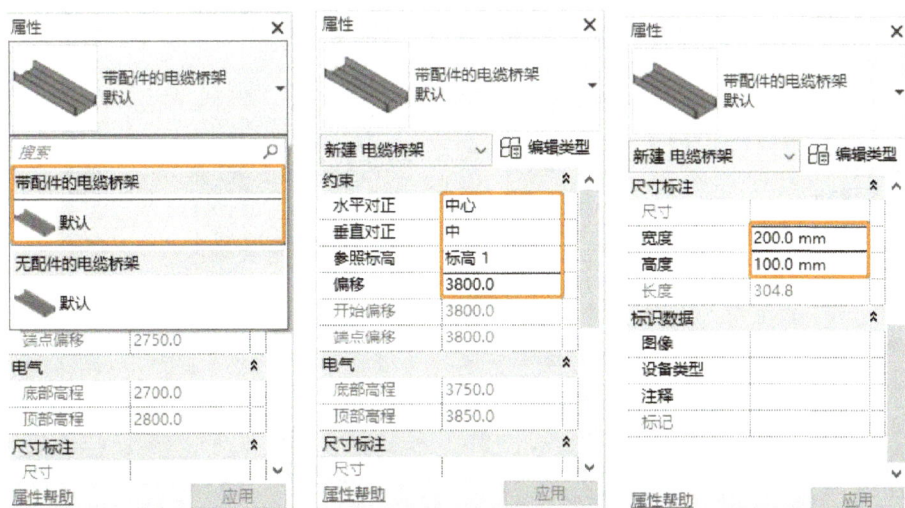

a）选择桥架类型　　　　　b）设置桥架约束条件　　　　　c）设置桥架规格尺寸

图 6-3　设置电缆桥架类型属性参数

【注意】

1）图中电缆桥架尺寸表示含义为：电缆桥架宽度 × 电缆桥架高度，单位为mm。

2）电缆桥架偏移量是指电缆桥架中心线相对标高的高度偏移量，而不是电缆桥架底部相对标高的偏移量。

设置完成后，按照参照平面确定的位置，在视图区域需要绘制电缆桥架的起始位置单击，然后在电缆桥架的终点位置再次单击，弹出如图6-4所示"警告"对话框。

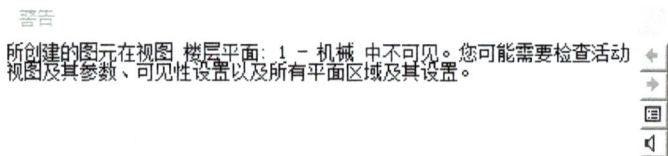

图6-4 弹出"警告"对话框

单击"视图"→"可见性/图形"命令，弹出"楼层平面：1-机械的可见性/图形替换"对话框，在该对话框中勾选"模型类别"中"电缆桥架""电缆桥架配件"前方的可见性小方框（图6-5a），单击"确定"按钮，在视图界面即可看到绘制的 200mm×100mm 的电缆桥架，如图6-5b所示。

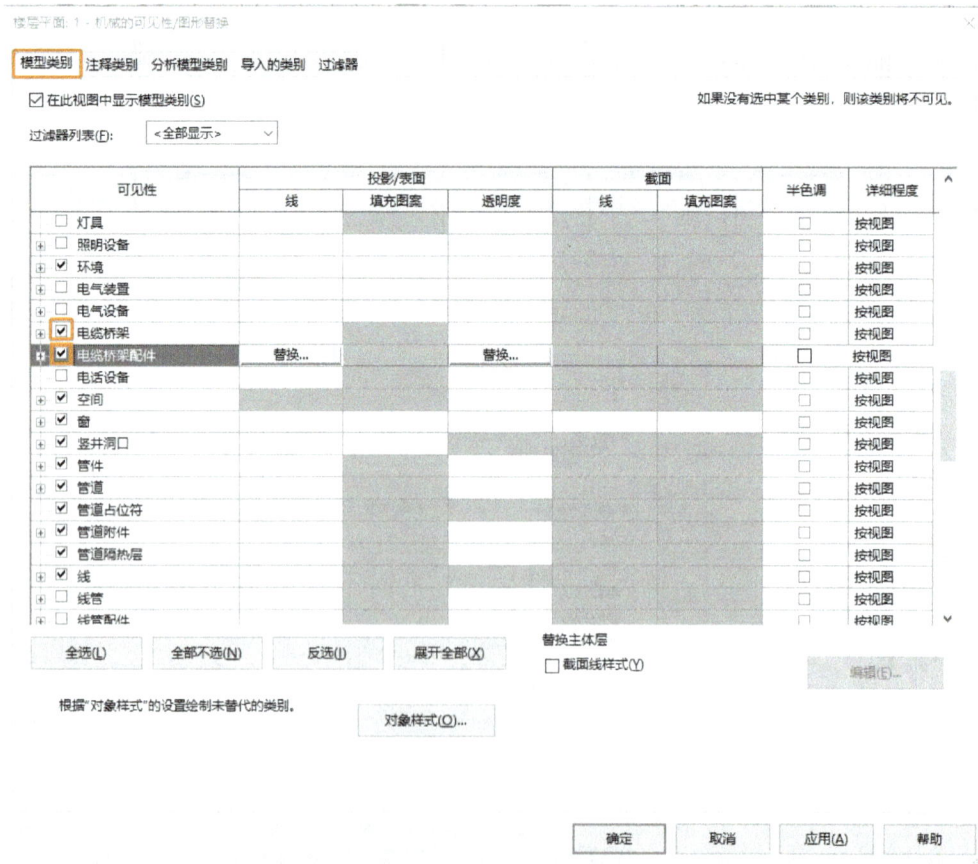

a) 勾选电缆桥架及配件的可见性

图6-5 绘制 200mm×100mm 的电缆桥架

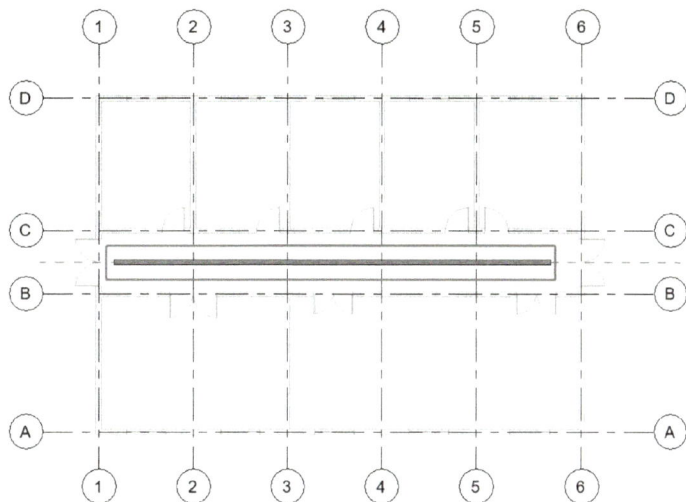

b) 在视图相应位置绘制电缆桥架

图 6-5　绘制 200mm × 100mm 的电缆桥架（续）

在"属性"面板中单击"编辑类型"，弹出"类型属性"对话框，在该对话框中可以修改"水平弯头""T形三通""交叉线"等管件的设置。若在该项目中没有所需要的弯头、三通等，则无法进行管件类型的更改（图 6-6a），可以通过"插入"→"载入族"的方式（系统默认位置：C:\ProgramData\Autodesk\RVT 2019\Templates\China\MEP\ 供配电 \ 配电

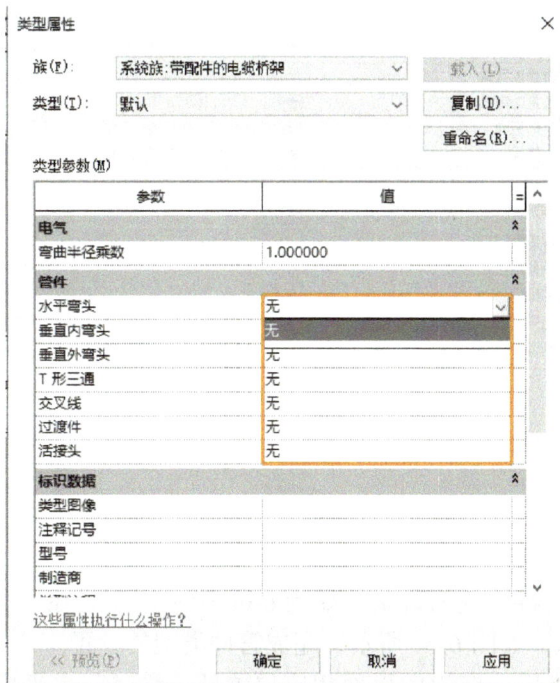

a) 无法更改管件类型

图 6-6　载入管件及设置类型

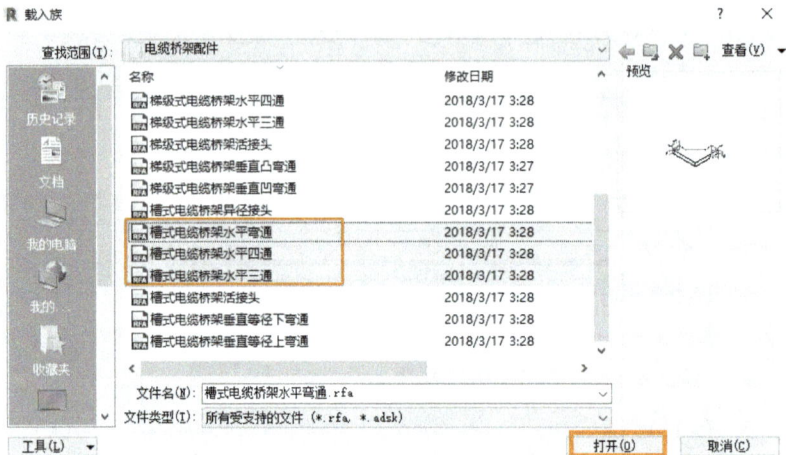

b) 载入管件族

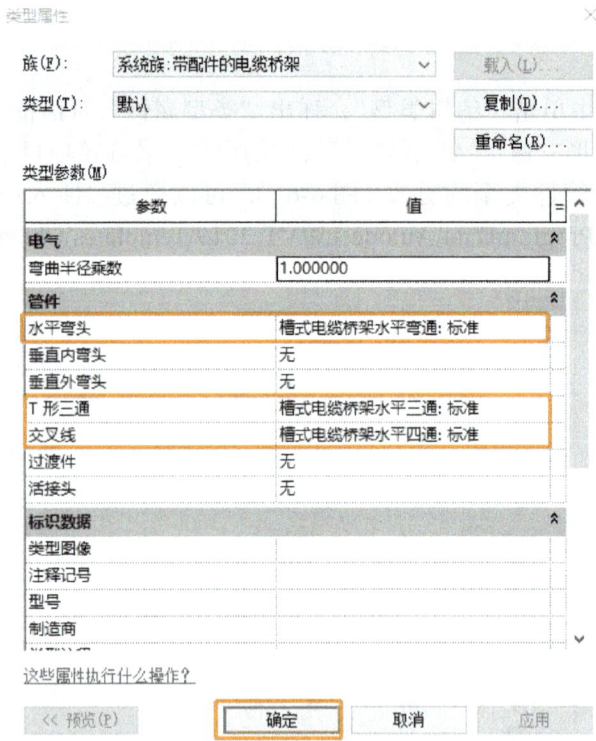

c) 设置管件类型

图 6-6　载入管件及设置类型（续）

设备 \ 电缆桥架配件），将其载入进来，如图 6-6b 所示，此时在"类型属性"中就可以修改设置相应的管件类型，如图 6-6c 所示，完成管件类型的设置。

　　管件类型设置完成后，在视图界面相应位置处，绘制与水平电缆桥架垂直相交的另一电缆桥架，软件将按照在"类型属性"对话框中所设置的交叉线类型自动生成四通，如图 6-7 所示。

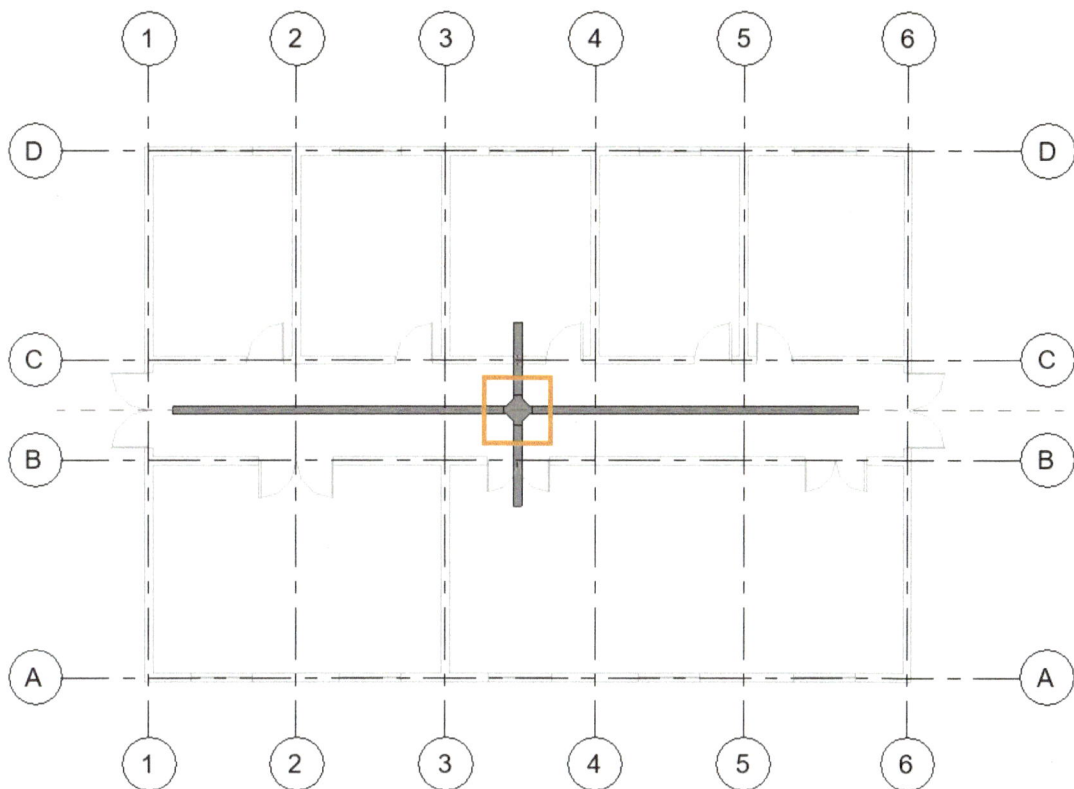

图 6-7 自动生成四通

【注意】

1）电缆桥架弯头、三通的绘制方法与风管弯头、三通的绘制方法类似，垂直桥架的绘制方法也与垂直风管的绘制方法类似。

2）弯头的绘制：在绘制电缆桥架的命令下单击，然后在需要绘制弯头的位置改变绘制电缆桥架的方向，在与之垂直的位置处再次单击，软件会自动生成弯头。

3）三通的绘制：在已绘制好的电缆桥架的中心线处单击，然后向与之垂直的方向继续绘制电缆桥架，在两段桥架相交的位置自动生成三通。

4）单击选中弯头或三通，会看到有"+"图标，单击该图标，可将弯头或三通直接转换成三通或四通；相反，转换成三通或四通后，选中该三通或四通，会看到有"-"图标，单击该图标，可将其再次转换成弯头或三通，如图 6-8a～d 所示。

5）垂直桥架的绘制方法：单击"系统"→"电缆桥架" 命令，在"属性"面板中首先完成电缆桥架属性的设置（其中"偏移量"的数值大小为电缆桥架的起点高程），设置完成后，在视图区域单击确定电缆桥架起点位置，然后在选项栏中设置修改"偏移量"，其数值设置为电缆桥架的终点高程，单击"应用"，如图 6-9 所示，即可完成垂直电缆桥架的绘制。

a) 单击"+"将弯头转换成三通　　　　　b) 单击"+"将三通转换成四通

c) 单击"-"将三通转换成弯头　　　　　d) 单击"-"将四通转换成三通

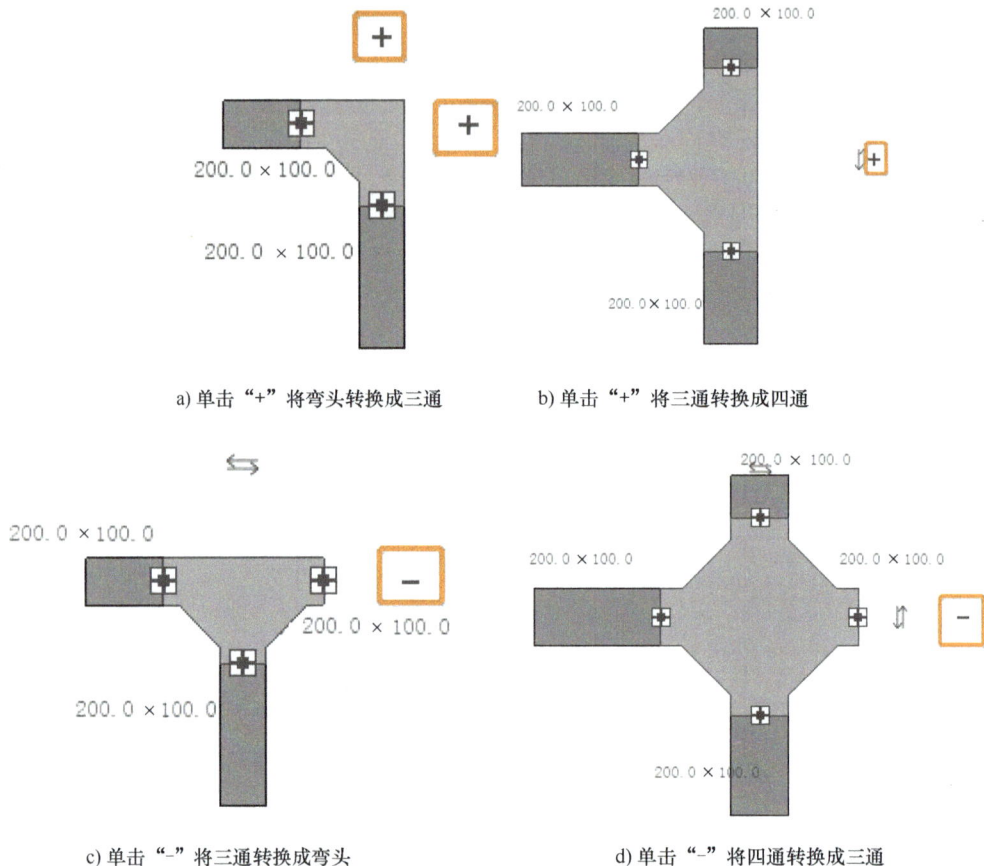

图 6-8　弯头、三通及四通之间的转换

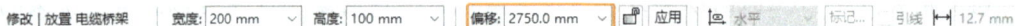

修改 | 放置 电缆桥架　　宽度：200 mm ∨　高度：100 mm ∨　偏移：2750.0 mm ∨　应用　水平　标记...　引线　12.7 mm

图 6-9　设置垂直桥架属性参数

电缆桥架已绘制完成，将文件保存至对应文件夹即可。

本项目具体操作视频可扫码查看。

四、知识巩固与拓展

根据图 6-10 给定的尺寸创建电缆桥架模型，并将建好的模型以"电缆桥架"为文件名进行保存。

操作视频：视频 56
照明模型

五、课后训练

扫码完成本任务课后作业。

课后作业 21

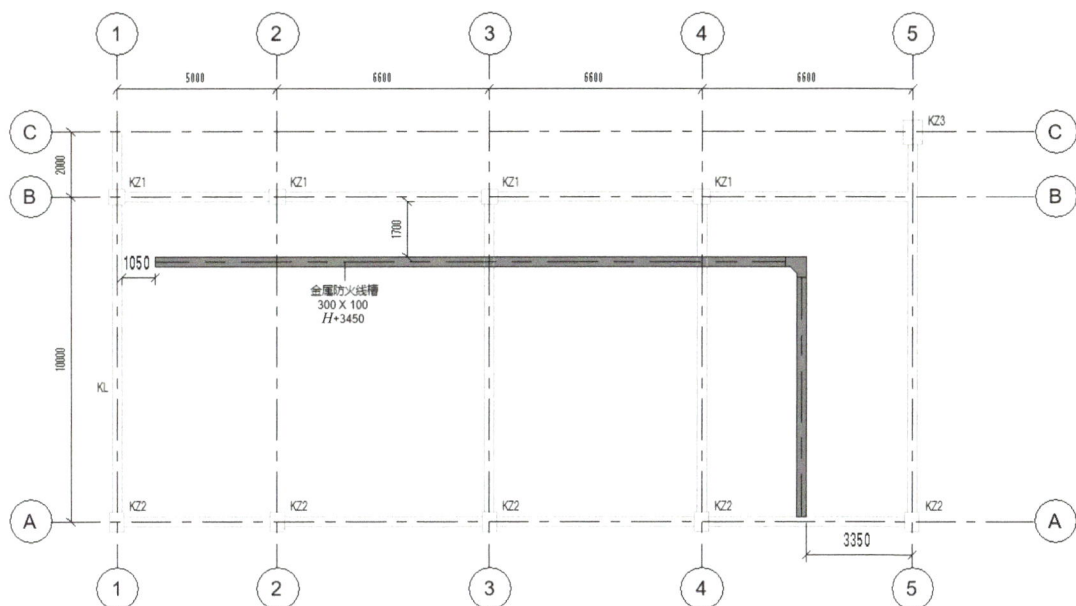

图 6-10 电缆桥架布置图

任务二 添加电气设备及创建系统

知识目标：掌握配电箱、照明灯具等电气设备模型的创建方法；熟悉电气设备参数的设置方法。

能力目标：能够正确识读电气设备图例符号代表的信息；能够根据给定图纸创建电气设备模型及系统模型。

素质目标：具备规范意识；具备创新意识及工匠精神。

【大国工匠之代表人物】

管延安，港珠澳大桥岛隧工程首席钳工。在工作时，管延安要进入完全封闭的海底沉管隧道中安装操作仪器。按照规定，接缝处间隙误差要小于 1mm，他却能做到零缝隙。只有初中文化的他，全凭自学成为这项工作的第一人。他所安装的沉管设备，已成功完成 16 次海底隧道对接。他说，参与国家工程，是自己抛家舍业的初衷，也是甘受寂寞的精神支撑，更是他铭记终身的荣誉。

一、任务描述

在上一任务创建的建筑模型基础上创建图 6-11 所示照明模型，具体要求如下：根据给出的图纸建立照明模型，按要求添加灯具、开关和照明配电箱，灯具高度为 3.5m；将办公室、走道、会议室灯具及开关分为三个电力系统与配电箱连接，按图中所示连接导线，并建立配电盘明细表，未指明方面自定。将建好的模型以"照明模型"为文件名进行保存。

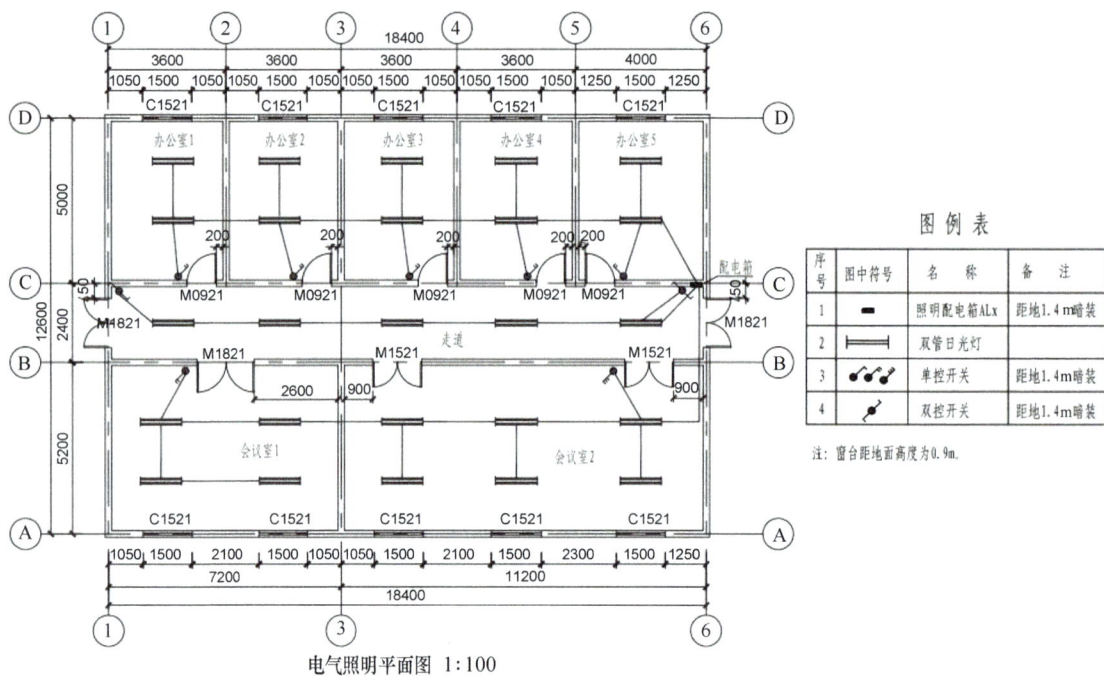

电气照明平面图 1:100

图 6-11　电气照明平面图

二、课前准备

学生扫码查看预习内容。

预习内容：视频 57 电气设备
绘制及系统创建 -1

预习内容：视频 58 电气设备
绘制及系统创建 -2（实战练习）

三、任务实施

1. 添加灯具

启动 Revit 软件，打开上一任务创建的"电缆桥架"模型文件，选中该文件中所有的电缆桥架，单击视图控制栏中的"临时隐藏 / 隔离" 命令（图 6-12a），在弹出的快捷菜单中单击"隐藏类别"（图 6-12b），则可将电缆桥架进行隐藏（图 6-12c）。

a）"临时隐藏/隔离"命令

图 6-12　隐藏电缆桥架类别

b) 选择"隐藏类别"

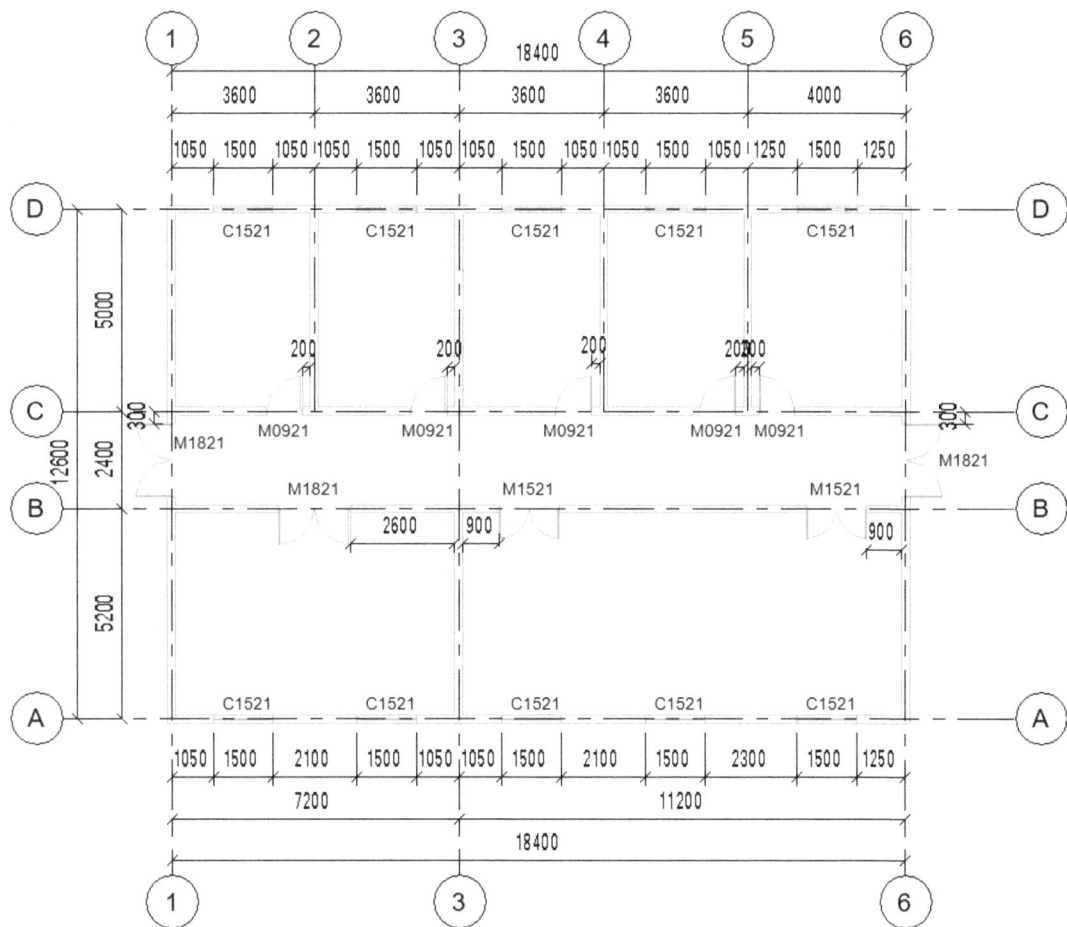

c) 实现电缆桥架类别隐藏

图 6-12　隐藏电缆桥架类别（续）

单击"系统"选项卡进入"系统"界面，在"系统"界面下单击"照明设备" 命令，弹出如图 6-13 所示对话框。

单击"是"按钮，弹出"载入族"对话框，在"导轨和支架式灯具"（系统默认位置：C：\ ProgramData\Autodesk\RVT 2019\Templates\China\MEP\ 照明 \ 室内灯 \ 导轨和支架式灯具）文件夹下，选择"双管吸顶式灯具 -T5"，然后单击"打开"按钮，将其载入进来，如

图 6-14 所示。

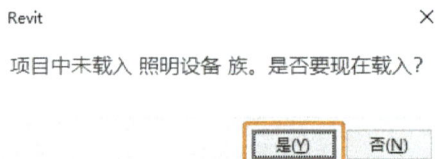

图 6-13　是否载入照明设备族对话框

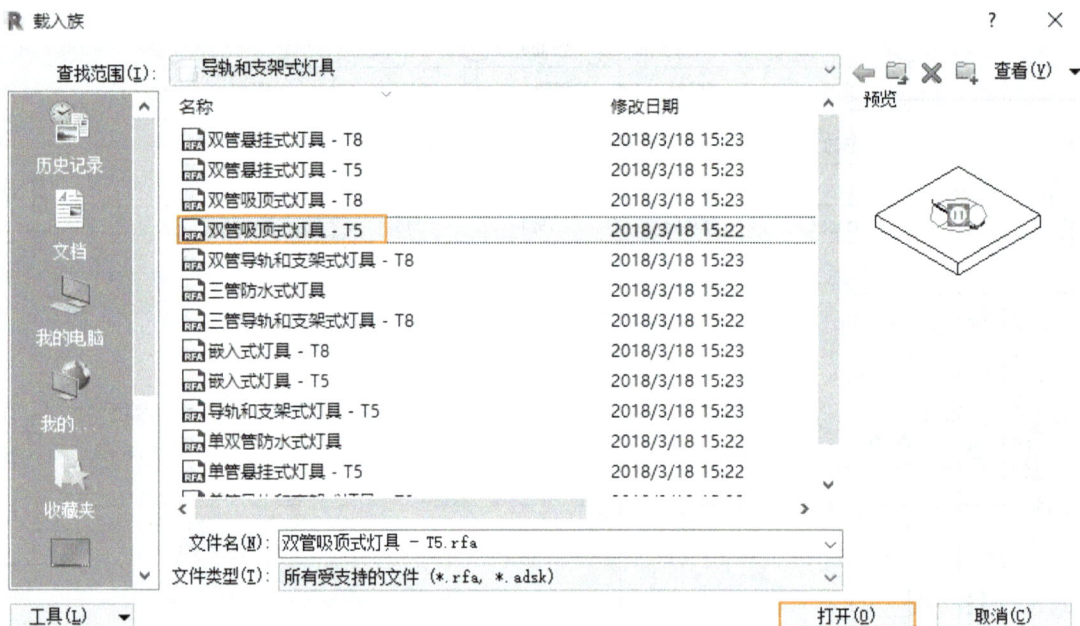

图 6-14　载入"双管吸顶式灯具 -T5"

【注意】灯具类型的选择如无特殊要求，则选择相近类型即可。

单击"建筑"选项卡进入"建筑"界面，在"建筑"界面下单击"天花板" 命令，进入"修改|放置 天花板"界面。在该界面下，单击"绘制天花板" 命令，进入"修改|创建天花板边界"界面。在该界面下，设置天花板的属性，如图 6-15 所示。

【注意】

1）在放置悬挂式或吸顶式灯具时，需首先创建天花板，这是由于该类照明设备必须放置在天花板或墙上，属于基于主体的构件。

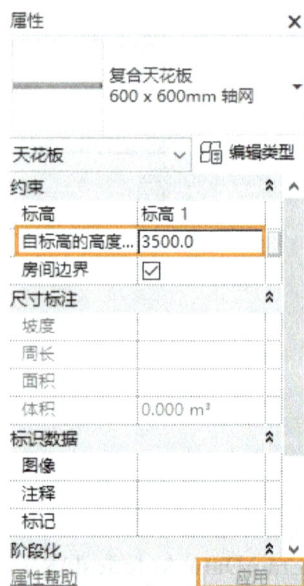

图 6-15　设置天花板约束条件

2）该任务中，天花板类型由于无特殊要求，可自定。在"属性"面板中，天花板约束条件需满足其总偏移量与灯具安装高度相同。

属性设置完成后，在"修改|创建天花板边界"界面下，在工具栏中选择相应的边界线绘制方式，绘制天花板边界，如图 6-16 所示。

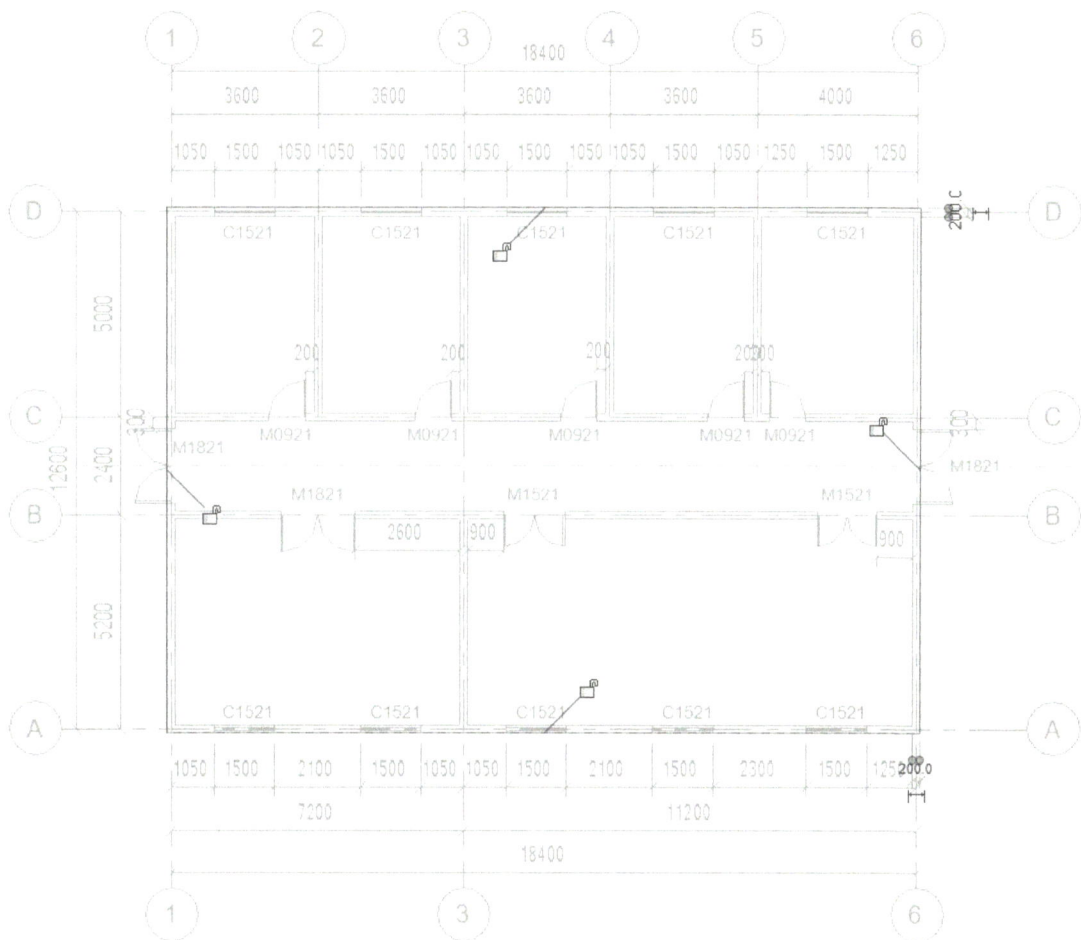

图 6-16　绘制天花板边界

边界线绘制完成后，单击"完成" ✓ 命令完成天花板的绘制。

天花板绘制完成后，再次单击"系统"选项卡进入"系统"界面，在"系统"界面下单击"照明设备" 命令，进入"修改|放置 设备"界面，在该界面下的"属性"面板中，选择灯具类型为"双管吸顶式灯具 -T5 28W-2 盏灯"，设置其约束条件"立面"为"3500.0"，如图 6-17 所示。

属性设置完成后，单击工具栏中的"放置在工作平面上" 命令，然后单击选项栏中"放置平面"后面选择框中的下拉小三角，选择"拾取"命令（图 6-18a），弹出"工作平面"对话框，在该对话框中点选"拾取一个平面"，单击"确定"按钮，如图 6-18b 所示。在三维视图中，拾取已创建好的天花板平面（图 6-18c），会弹出"转到视图"对话框，在该对话框中选择"楼层平面：1-机械"，单击"打开视图"按钮，如图 6-18d 所示，则进入二维平面视图。

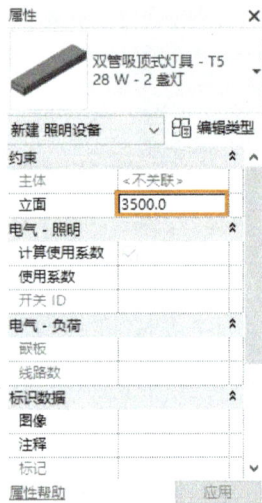

图 6-17　设置灯具类型及约束条件

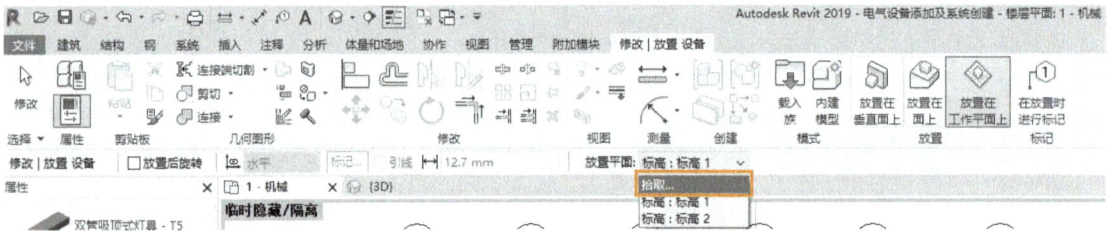

a）选择"放置在工作平面上"命令

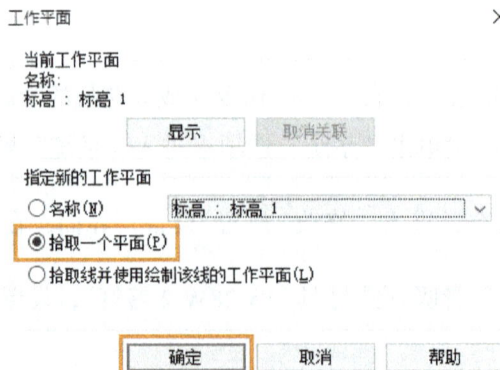

b）点选"拾取一个平面"

图 6-18　拾取要放置灯具的工作平面

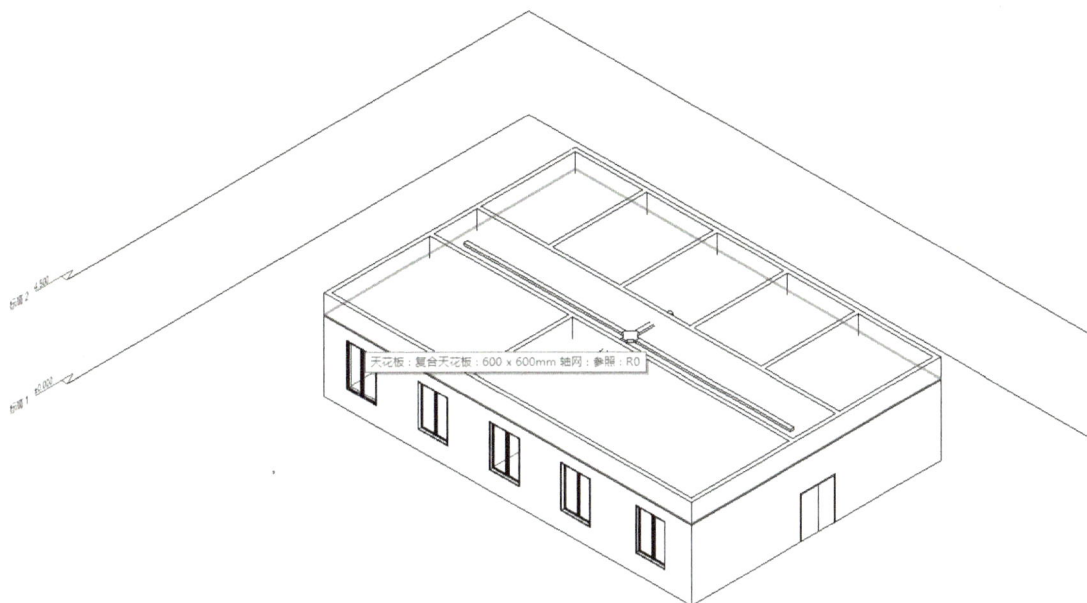

c) 拾取平面

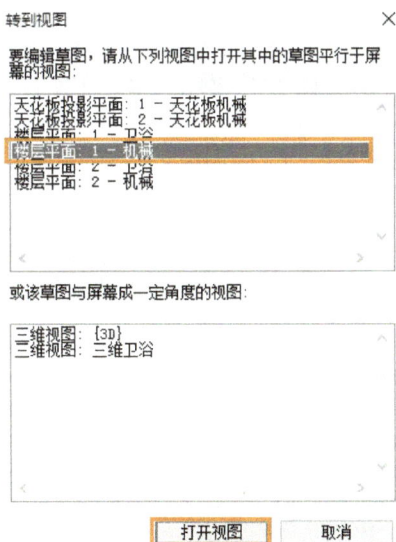

d) 转到相应视图

图 6-18　拾取要放置灯具的工作平面（续）

在二维平面视图中，根据给定图纸中灯具参考位置，放置灯具，完成照明灯具的添加，如图 6-19 所示。

【注意】

1）在二维视图中放置灯具后，如果弹出如图 6-20a 所示"警告"对话框，则单击"视图"→"可见性/图形"命令，在弹出的"楼层平面：1- 机械的可见性/图形替换"对话框中勾选"照明设备"前面的小方框，单击"确定"按钮，如图 6-20b 所示，即可在平面视图中看到已放置的照明设备。

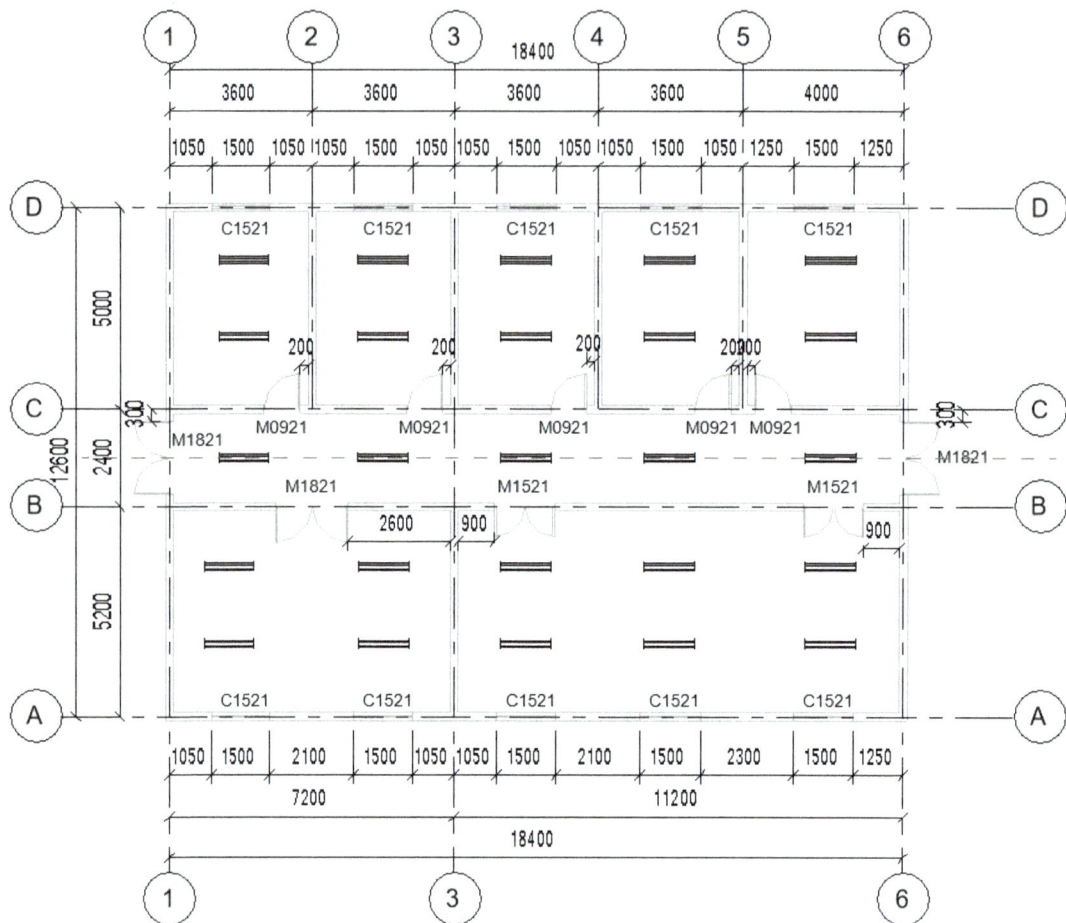

图 6-19　完成照明灯具的添加

2）在"修改|放置 设备"界面下，照明设备的放置方式有三种，分别是"放置在垂直面上""放置在面上""放置在工作平面上"，其主要区别如下：

①"放置在垂直面上"：用于将基于面或者基于工作平面的图元放置在主体图元（如墙）的垂直面上。

②"放置在面上"：用于将基于面或者基于工作平面的图元放置在主体图元（如墙或屋顶）的选定面上。

警告

所创建的图元在视图 楼层平面：1 - 机械 中不可见。您可能需要检查活动视图及其参数、可见性设置以及所有平面区域及其设置。

a) 弹出不可见警告框

图 6-20　设置照明灯具可见性

楼层平面: 1 - 机械的可见性/图形替换   ✕

模型类别   注释类别   分析模型类别   导入的类别   过滤器

☑ 在此视图中显示模型类别(S)   如果没有选中某个类别，则该类别将不可见。

过滤器列表(F):   <全部显示>   ▽

可见性	投影/表面			截面		半色调	详细程度
	线	填充图案	透明度	线	填充图案		
⊞ ☑ 栏杆扶手						☐	按视图
⊞ ☑ 植物						☐	按视图
⊞ ☑ 楼板						☐	按视图
⊞ ☑ 楼梯						☐	按视图
⊞ ☑ 橱柜						☐	按视图
☐ 火警设备						☐	按视图
☐ 灯具						☐	按视图
⊞ ☑ 照明设备	替换...	替换...	替换...			☐	按视图
⊞ ☑ 环境						☐	按视图
⊞ ☐ 电气装置						☐	按视图
⊞ ☐ 电气设备						☐	按视图
⊞ ☑ 电缆桥架						☐	按视图
⊞ ☑ 电缆桥架配件						☐	按视图
☐ 电话设备						☐	按视图
⊞ ☑ 空间						☐	按视图
⊞ ☑ 窗						☐	按视图
⊞ ☑ 竖井洞口						☐	按视图
⊞ ☑ 管件						☐	按视图
⊞ ☑ 管道						☐	按视图

全选(L)   全部不选(N)   反选(I)   展开全部(X)   替换主体层

☐ 截面线样式(Y)   编辑(E)...

根据"对象样式"的设置绘制未替代的类别。

对象样式(O)...

确定   取消   应用(A)   帮助

b) 勾选照明灯具可见性

图 6-20   设置照明灯具可见性（续）

③ "放置在工作平面上"   ◇ 放置在 工作平面上   ：用于将图元放置在选定的工作平面的任何位置。

2. 添加开关

单击"系统"选项卡进入"系统"界面，在"系统"界面下单击"设备" 📱 设备 下拉

小三角，选择"照明" 📄 照明 命令，弹出如图 6-21 所示对话框。

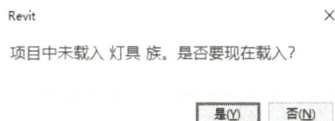

Revit   ✕

项目中未载入 灯具 族。是否要现在载入？

是(Y)   否(N)

图 6-21   是否载入灯具族对话框

单击"是"按钮，弹出"载入族"对话框，在"开关"（系统默认位置：C:\ProgramData\Autodesk\RVT 2019\Templates\China\MEP\ 供配电 \ 终端 \ 开关）文件夹下，选择所需要的开关类型，然后单击"打开"按钮，将其载入进来，如图 6-22 所示。

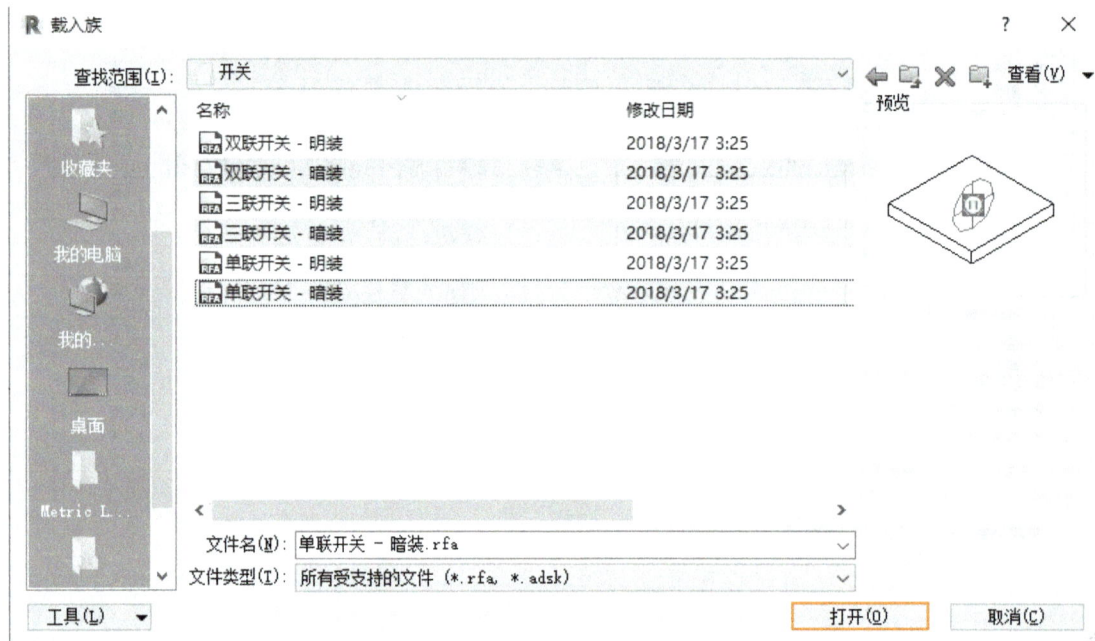

图 6-22　载入开关族

此时进入"修改 | 放置 灯具"界面。在该界面下，系统默认放置方式为"放置在垂直面上" ，在"属性"面板中选择相应的开关类型"双联开关 - 暗装单控"，设置约束条件"立面"为"1400.0"，单击"应用"按钮，完成开关属性的设置，如图 6-23 所示。

属性设置完成后，按照图中位置，放置开关。三联单控开关和单联双控开关的放置方法与双联单控开关的方法相同，根据上述方法，完成开关的放置，如图 6-24 所示。

【注意】放置开关后，如果在二维视图中不可见，则单击"视图"→"可见性 / 图形"命令，在弹出的"楼层平面：1- 机械的可见性 / 图形替换"对话框中勾选"灯具"前面的小方框，单击"确定"按钮，如图 6-25 所示，即可在平面视图中看到已放置的开关设备。

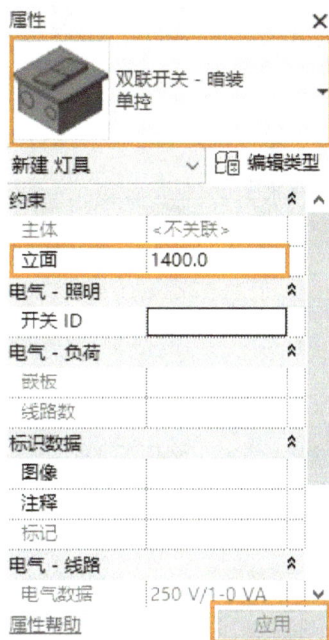

图 6-23 设置开关类型属性参数

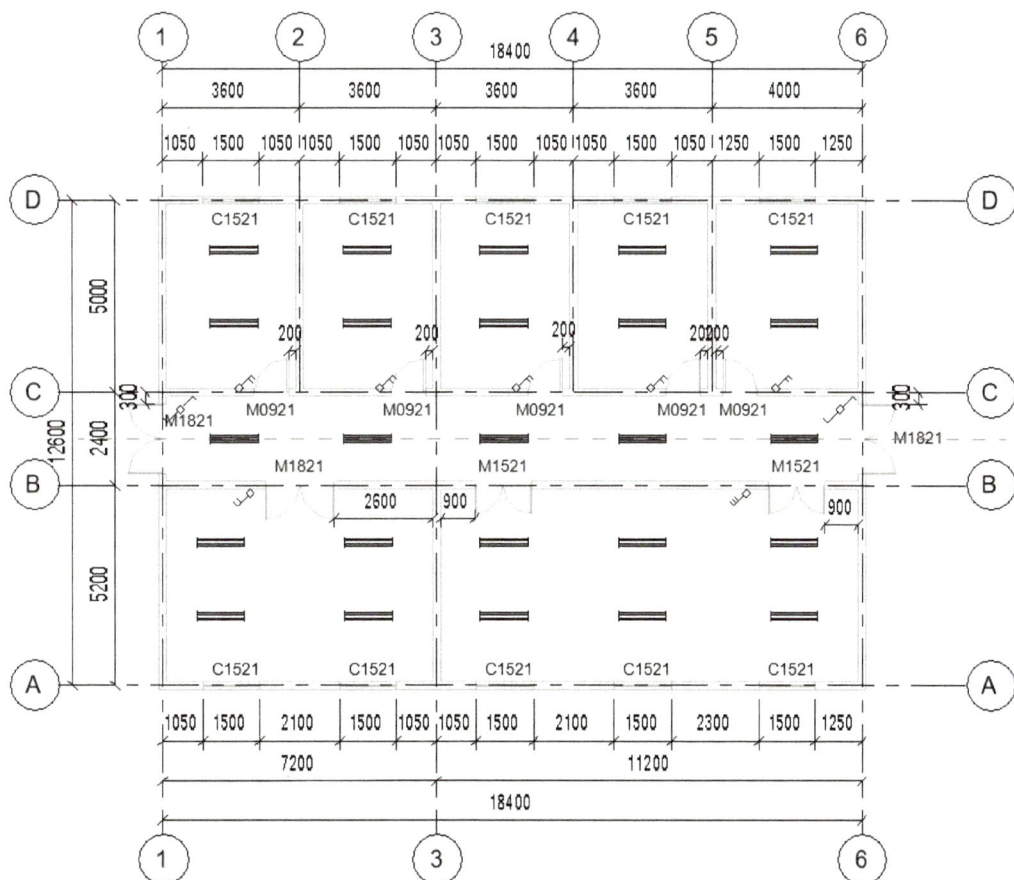

图 6-24 完成开关放置

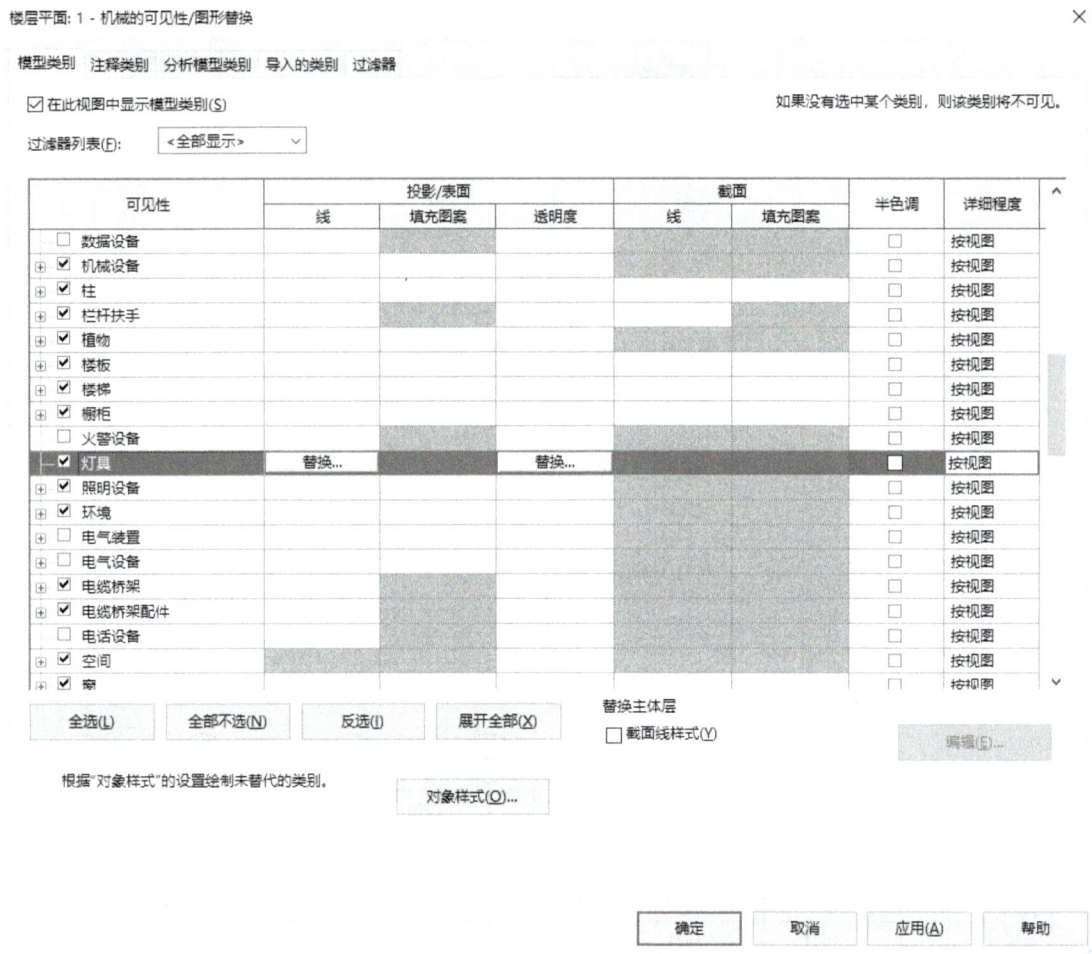

楼层平面: 1 - 机械的可见性/图形替换 ✕

模型类别　注释类别　分析模型类别　导入的类别　过滤器

☑ 在此视图中显示模型类别(S)　　　　　　　　　　如果没有选中某个类别，则该类别将不可见。

过滤器列表(F):　<全部显示>　∨

可见性	投影/表面			截面		半色调	详细程度
	线	填充图案	透明度	线	填充图案		
☐ 数据设备						☐	按视图
⊞ ☑ 机械设备						☐	按视图
⊞ ☑ 柱						☐	按视图
⊞ ☑ 栏杆扶手						☐	按视图
⊞ ☑ 植物						☐	按视图
⊞ ☑ 楼板						☐	按视图
⊞ ☑ 楼梯						☐	按视图
⊞ ☑ 橱柜						☐	按视图
☐ 火警设备						☐	按视图
⊟ ☑ 灯具	替换...			替换...		☐	按视图
⊞ ☑ 照明设备						☐	按视图
⊞ ☑ 环境						☐	按视图
⊞ ☑ 电气装置						☐	按视图
⊞ ☑ 电气设备						☐	按视图
⊞ ☑ 电缆桥架						☐	按视图
⊞ ☑ 电缆桥架配件						☐	按视图
☐ 电话设备						☐	按视图
⊞ ☑ 空间						☐	按视图
⊞ ☑ 窗						☐	按视图

全选(L)　全部不选(N)　反选(I)　展开全部(X)

替换主体层
☐ 截面线样式(Y)　　　　　　　　编辑(E)...

根据"对象样式"的设置绘制未替代的类别。　　对象样式(O)...

确定　取消　应用(A)　帮助

图 6-25　设置开关可见性

3. 添加照明配电箱

单击"系统"选项卡进入"系统"界面，在"系统"界面下单击"电气设备"，弹出如图 6-26 所示对话框。

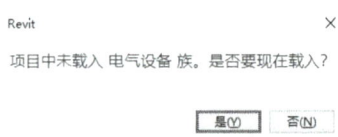

Revit　　　　　　　　　✕

项目中未载入 电气设备 族。是否要现在载入？

是(Y)　否(N)

图 6-26　是否载入电气设备族对话框

单击"是"按钮，弹出"载入族"对话框，在"箱柜"（系统默认位置：C:\ProgramData\Autodesk\RVT 2019\Templates\China\MEP\供配电\配电设备\箱柜）文件夹下，选择所需要的照明配电箱类型，然后单击"打开"按钮（图 6-27a），弹出"指定类型"对话框，根据照明配电箱的尺寸及配电回路数，在该对话框中选择相应的照明配电箱类型，单击"确定"按钮，将其载入进来，如图 6-27b 所示。

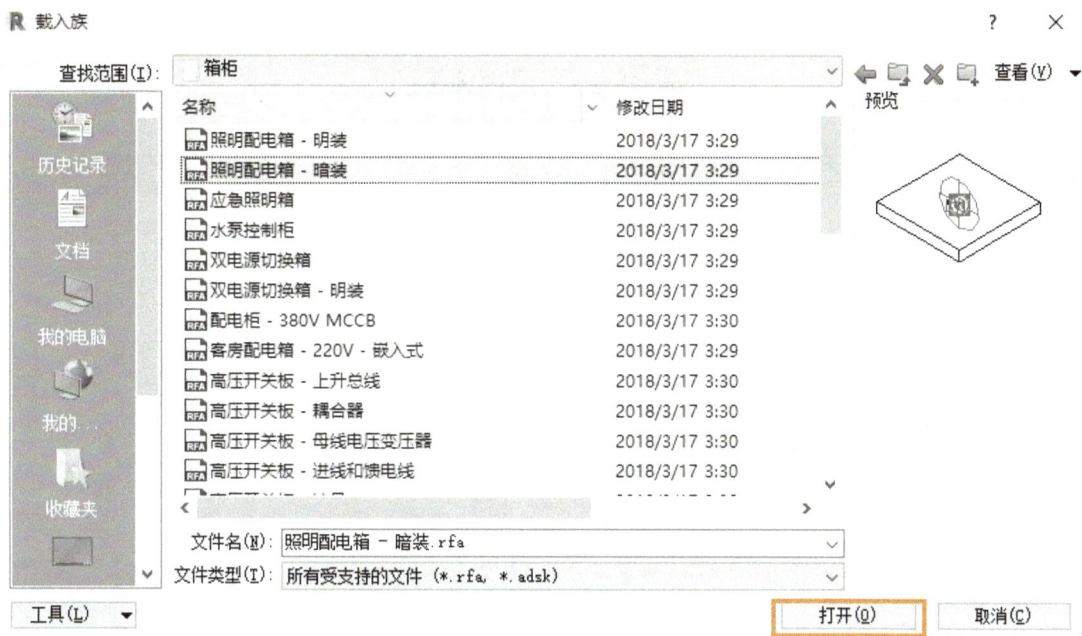

a）选择要载入的照明配电箱类型

b）指定要载入的照明配电箱类型

图 6-27　载入照明配电箱类型

　　此时进入"修改 | 放置 设备"界面。在该界面下，系统默认放置方式为"放置在垂直面上" ，在"属性"面板中选择相应的照明配电箱类型"照明配电箱 - 暗装LB101"，设置约束条件"立面"为"1400.0"，单击"应用"按钮，完成照明配电箱属性的设置，如图 6-28 所示。

　　属性设置完成后，按照图中位置，放置照明配电箱，如图 6-29 所示。

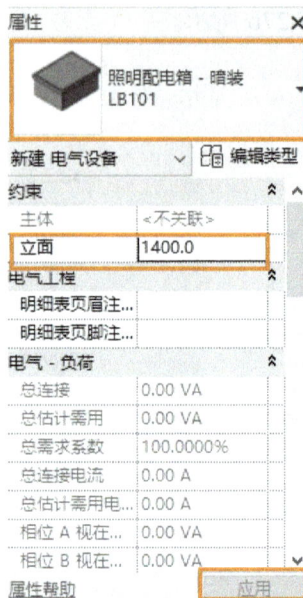

图 6-28　设置照明配线箱类型及约束条件

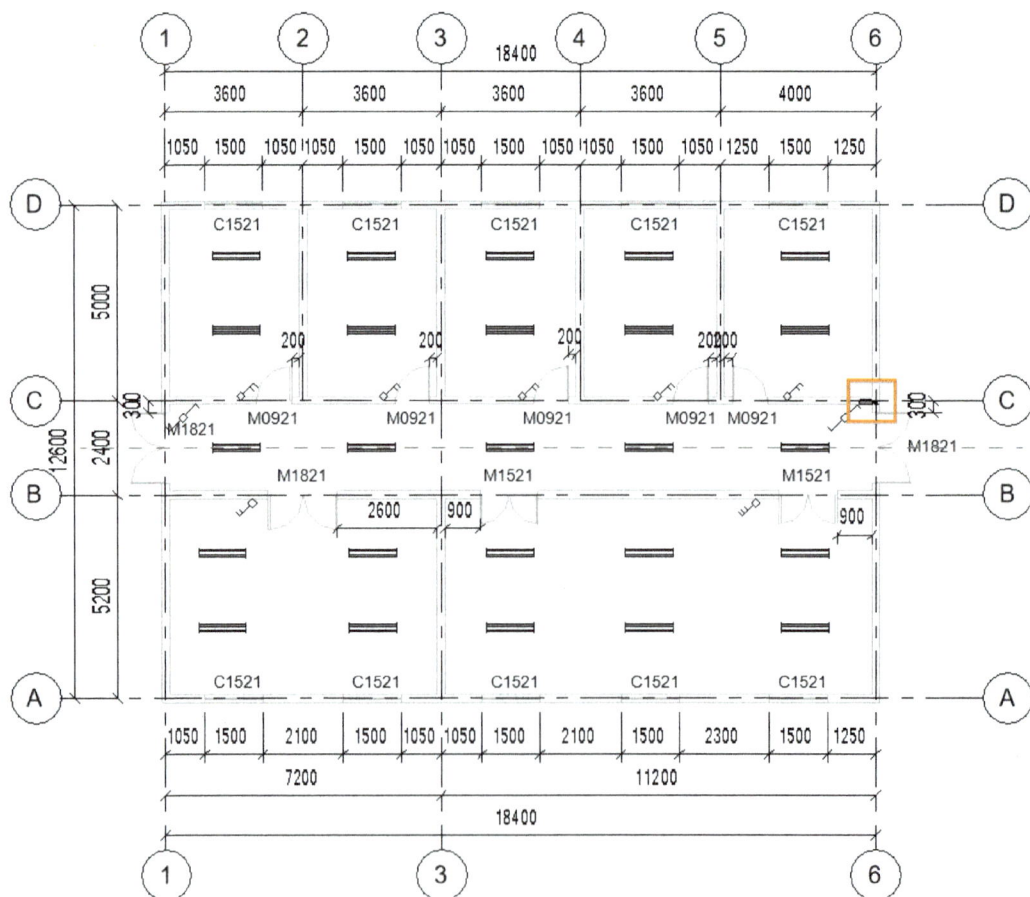

图 6-29　在图中相应位置放置照明配电箱

【注意】

1）放置照明配电箱后，如果在二维视图中不可见，则单击"视图"→"可见性/图形"命令，在弹出的"楼层平面：1-机械的可见性/图形替换"对话框中勾选"电气设备"前面的小方框，单击"确定"按钮，如图 6-30 所示，即可在平面视图中看到已放置的照明配电箱。

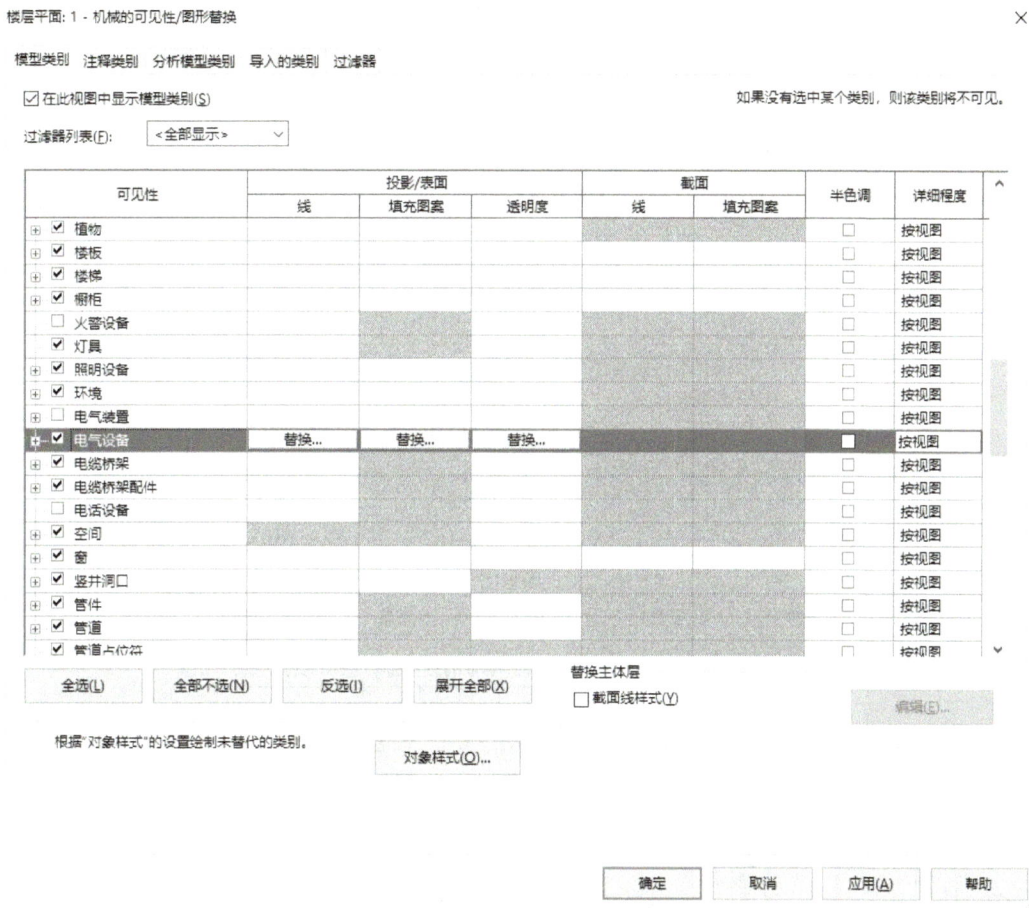

图 6-30 设置照明配电箱（电气设备）可见性

2）单击选中放置完成的照明配电箱，在"属性"面板中单击"编辑类型"，弹出"类型属性"对话框，在该对话框中通过单击"复制"按钮，新建照明配电箱类型，同时可以修改照明配电箱的尺寸、默认高程、电压等级、极数等属性，如图 6-31 所示。

4. 连接导线及创建电力系统

在二维视图中，框选办公室灯具及开关，进入"修改|选择多个"界面，在该界面下，单击工具栏中的"电力" ⏸ 命令，进入"修改|电路"界面，在该界面下，单击工具栏
电力

中的"选择配电盘" 📺 命令，然后单击给选中的办公室灯具供电的照明配电箱，此时，
选择
配电盘

已选择的灯具、开关及照明配电箱之间以虚导线相连，如图 6-32 所示。

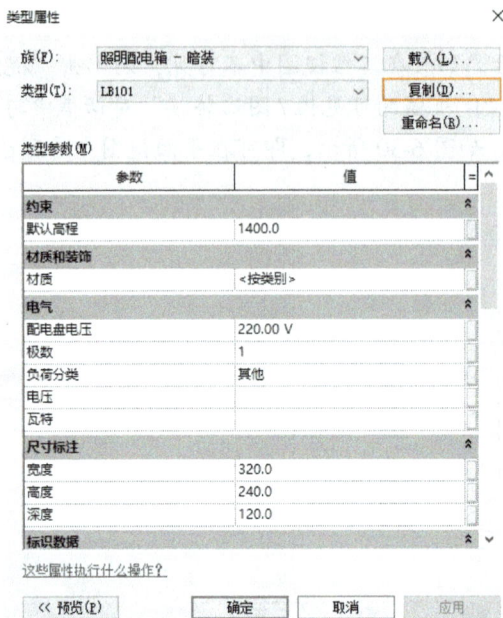

图 6-31　新建并修改照明配电箱类型属性参数

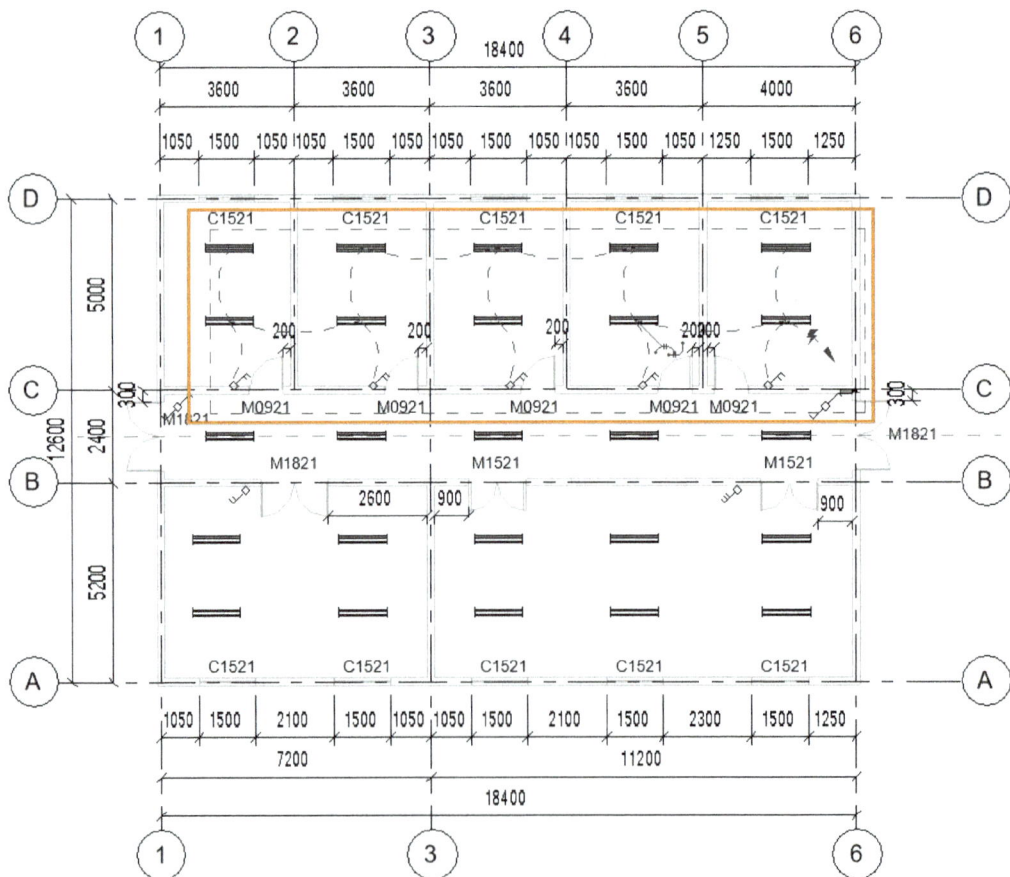

图 6-32　在"电力"命令下各选中电气设备以虚导线连接

单击工具栏中的"带倒角导线" 命令，系统自动将照明配电箱、选中的开关及灯具以导线相连，并自动创建电力系统，如图6-33所示。

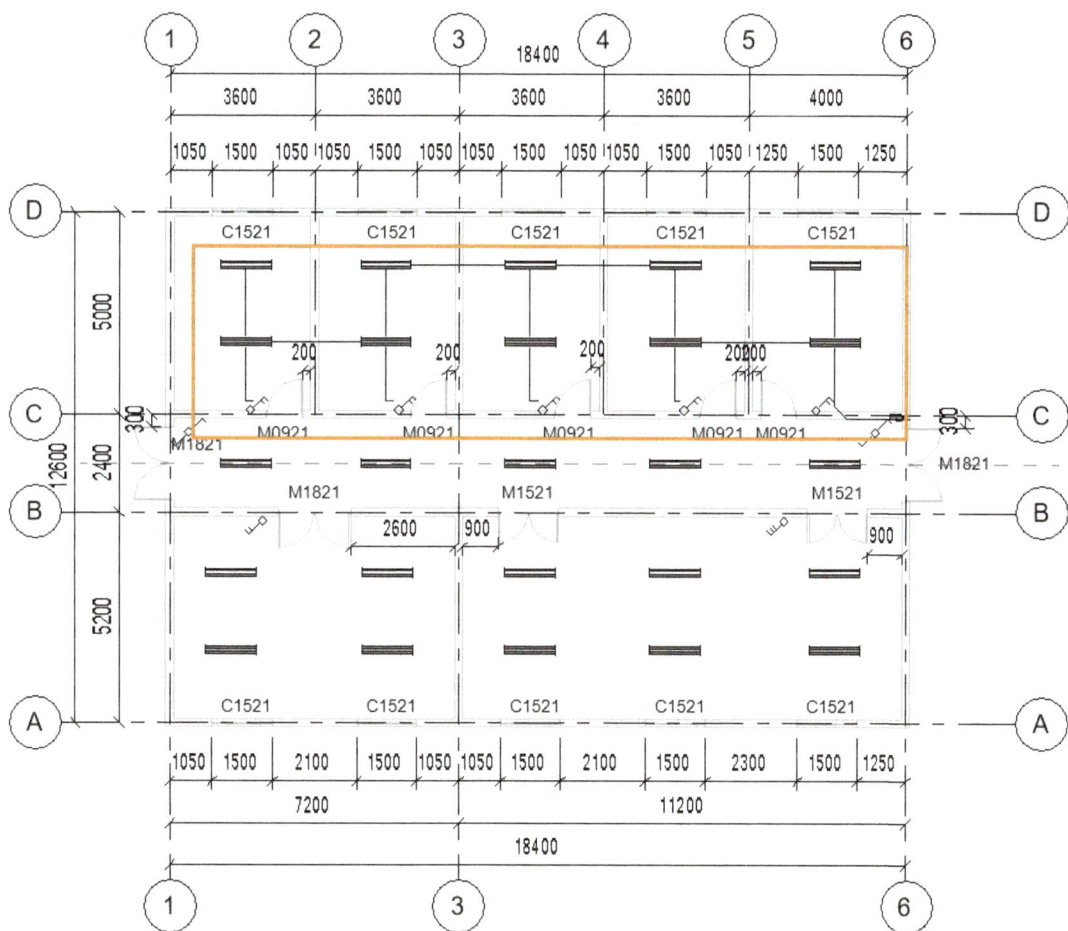

图6-33 创建电力系统

【注意】此时如果在二维视图中导线不可见，则单击"视图"→"可见性/图形"命令，在弹出的"楼层平面：1-机械的可见性/图形替换"对话框中中勾选"导线"前面的小方框，单击"确定"按钮，如图6-34所示，即可在平面视图中看到已连接好的导线。

单击选中某一段导线，在该导线上会出现"导线：移动顶点"小圆圈（图6-35a），拖拽该小圆圈至相应位置可以调整导线形状（图6-35b）。

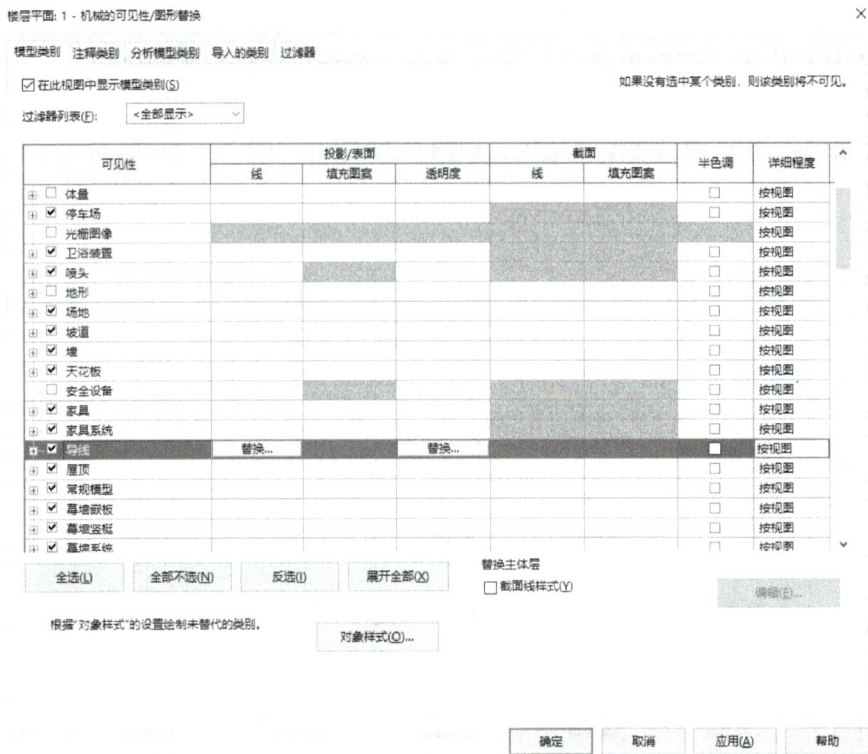

图 6-34　设置导线可见性

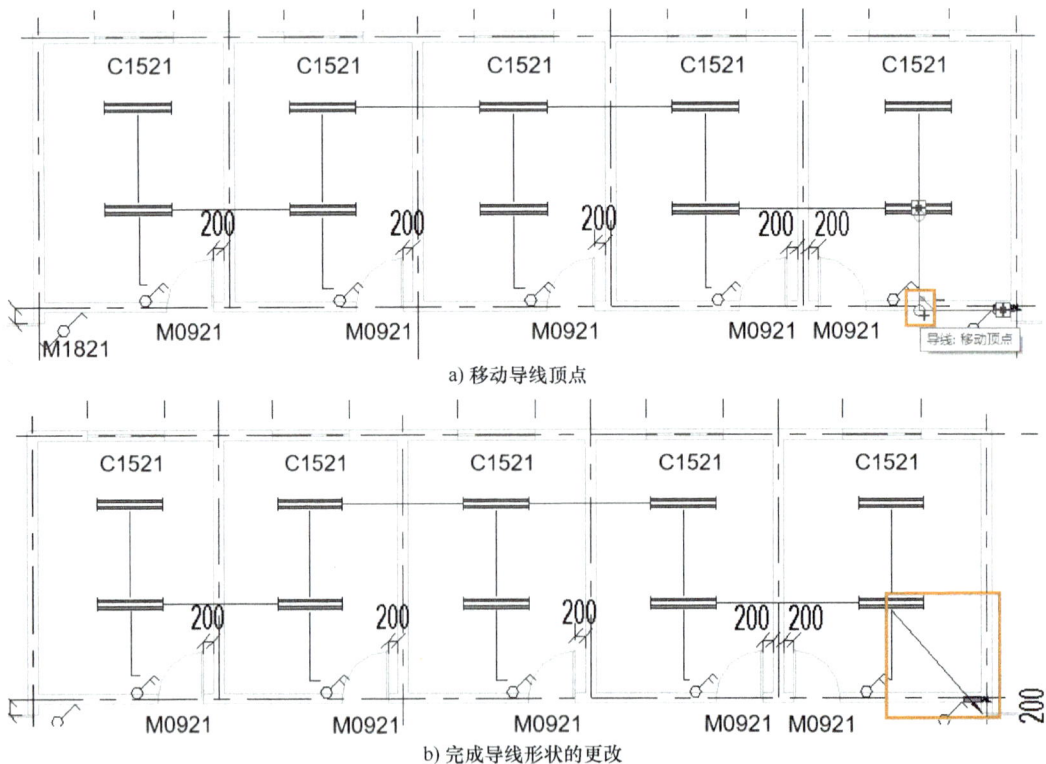

a) 移动导线顶点

b) 完成导线形状的更改

图 6-35　调整导线形状

【注意】

1）若系统自动创建的导线连接方式与图纸不同，则可以通过"系统"→"导

线" ↯ 导线 →"带倒角导线" ↯ 带倒角导线 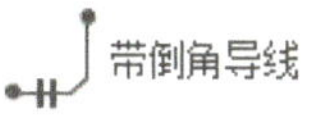 命令进行修改调整，也可以通过"复制""删

除"等命令进行编辑调整。

采用相同的方法可以依次创建走道及会议室的电力系统，如图 6-36 所示。

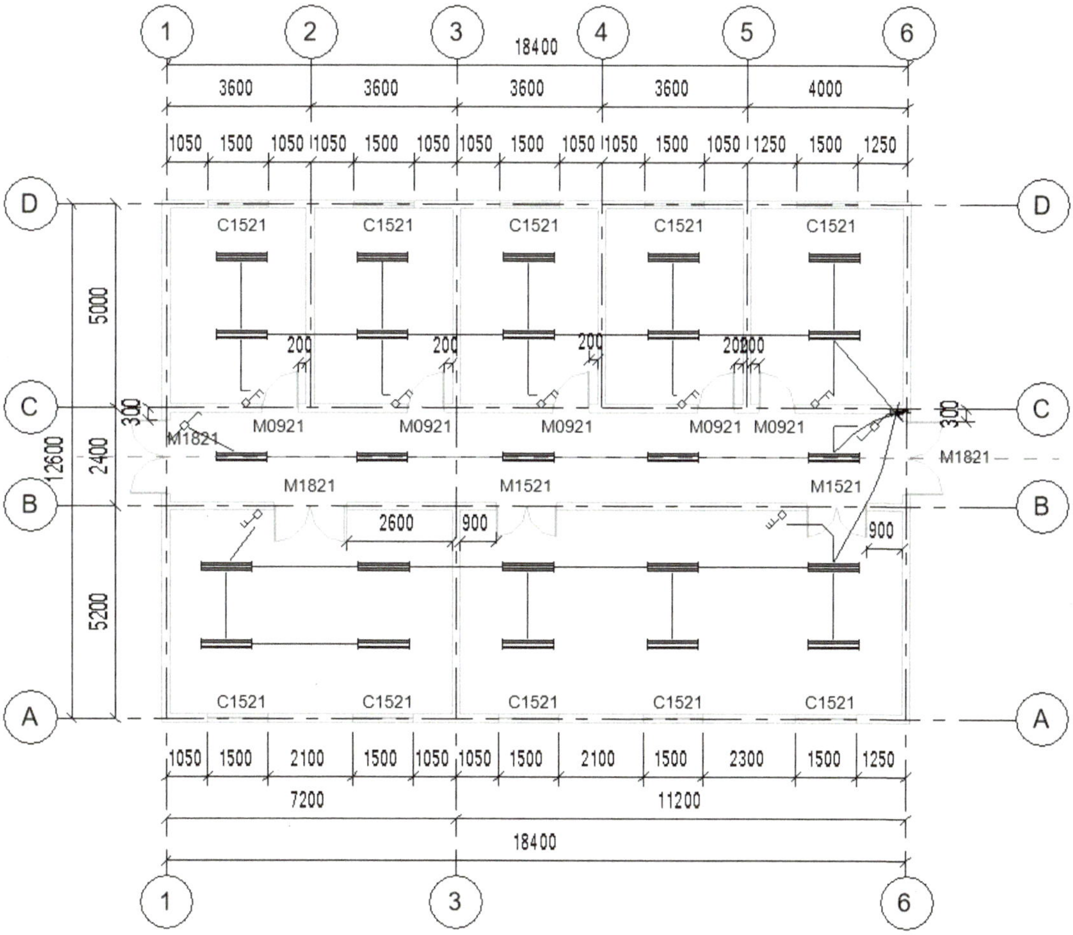

图 6-36 创建其他电力系统

2）导线连接也可以直接采用"系统"→"导线" ↯ 导线 →"带倒角导线" ↯ 带倒角导线

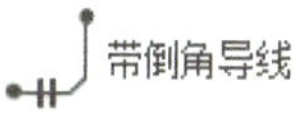

等命令实现，导线连接完成后，再进行电力系统的创建，创建方式与上述方法相同。

3）导线的绘制方式有三种，分别是"弧形导线" ↗ 弧形导线 "样条曲线导

线" ↯ 样条曲线导线 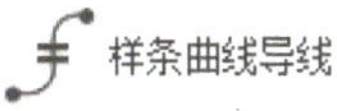 和"带倒角导线" ↯ 带倒角导线 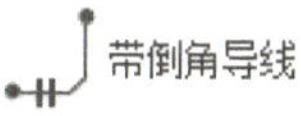 ，具体可根据实际情况选择相应的导

线绘制方式。

5. 创建配电盘明细表

在视图中，单击选中照明配电箱，进入"修改 | 电气设备"界面，在该界面单击"创建配电盘明细表" 下拉小三角，单击"使用默认样板" 使用默认样板 命令，即可创建配电盘明细表，如图6-37所示。

分支配电盘:

位置:		伏特: 220/380 Wye		A.I.C.额定值:	
供给源:		相位: 3		干线类型:	
安装: 暗装		导线: 4		干线额定值:	
配电箱: UL94 V-0				MCB额定值:	

注释:

CKT	线路说明	跳闸	极	A	B	C
1	办公区	20 A	1	560 VA		
2	走道	20 A	1		280 VA	
3	会议室	20 A	1			560 VA
4						
5						
6						
7						
8						
9						
10						
11						
12						
13						
14						
15						
16						
17						
18						
19						
20						
21						
	总负荷:			560 VA	280 VA	560 VA
	总安培数:			3 A	1 A	3 A

图例:

负荷分类	连接的负荷	需求系数	估计需用	该板总数	
HVAC	0 VA	0.00%	0 VA		
照明 - 常规	0 VA	0.00%	0 VA	总连接负荷:	1400 VA
其他	0 VA	0.00%	0 VA	总估计需用:	1400 VA
电力 - 常规	0 VA	0.00%	0 VA	总连接电流:	2 A

图6-37 创建配电盘明细表

在该界面中，可以对照明配电箱的位置、供给源等进行编辑，同时还可以在"线路说明"列对不同的电力系统进行编辑说明。

【注意】

1）单击选中已放置的照明配电箱，在选项栏中需要设置照明配电箱的"配电系统"类型为"220/380Wye" 修改 | 电气设备 配电系统: 220/380 Wy ，若选择"无"，则创建的配电盘明细表为空，没有系统明细。

2）创建配电盘明细表的方式有两种，分别是"使用默认样板" 使用默认样板 和"选择样板" 选择样板 。其中，前者使用默认样板为选定的配电盘生成配电盘明细表，后者使用特定样板为选定的配电盘生成配电盘明细表。

3）用于生成配电盘明细表的默认样板和特定样板，均可以通过"管理"-"配电盘明细表样板" ![配电盘明细表样板] 下拉小三角中的"管理样板" ![管理样板] 和

"编辑样板" ![编辑样板] 进行编辑与修改。

电气设备添加及系统创建已完成，将文件保存至对应文件夹即可。本项目具体操作视频可扫码查看。

操作视频：视频 59
照明模型

四、知识巩固与拓展

参照图 6-38 创建房间建筑及机电模型，结果以"照明模型"为文件名保存在文件夹中。

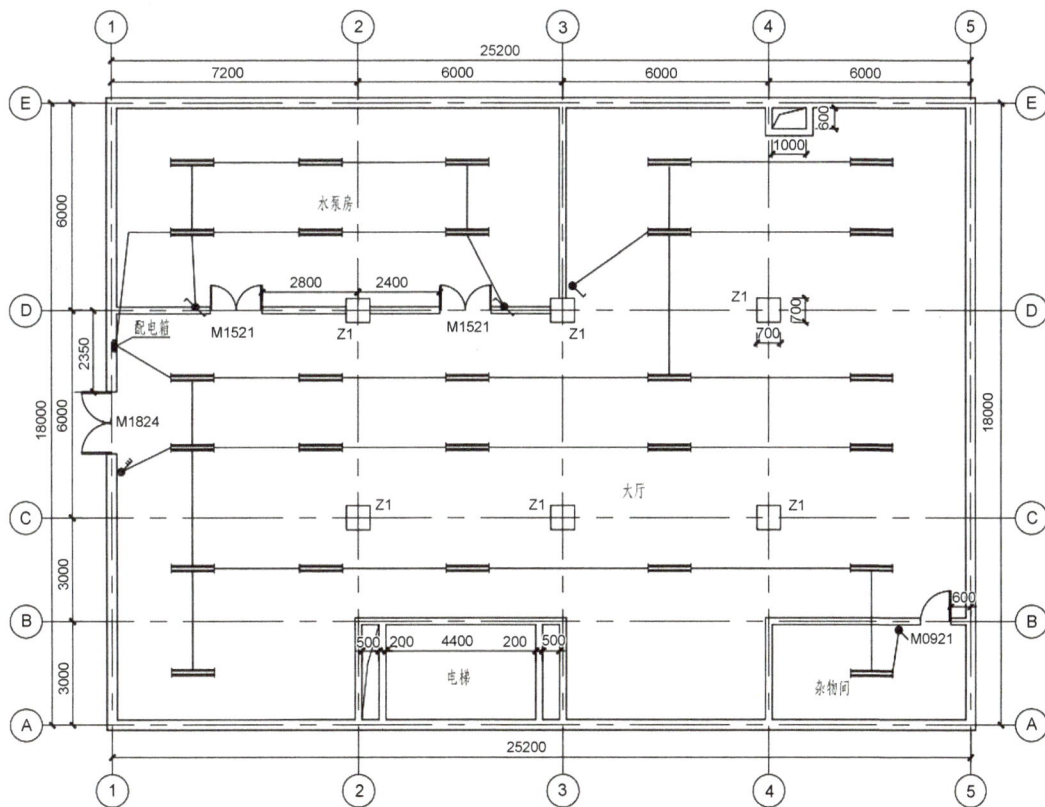

电气照明平面图 1:100

图例表

序号	图中符号	名称	备注
1	■	照明配电箱ALx	距地1.4m暗装
2	⊢⊣	双管日光灯	
3	⟋⟍	单控开关	距地1.4m暗装
4	⟋	双控开关	距地1.4m暗装

图 6-38 电气照明平面图

具体要求如下：根据图 6-38 创建建筑模型，建筑位于地下一层，层高 4.2m，建筑模型包括轴网、墙、柱、门、楼板等相关构件，其中外墙厚度为 300mm，内墙厚度为 200mm，柱 Z1 尺寸为 700mm × 700m，要求尺寸、位置正确；根据图 6-38 建立照明模型，按要求添加灯具、开关和照明配电箱，灯具高度为 2.8m；将水泵房、大厅、杂物间的灯具开关分为两个电力系统与配电箱连接，按图 6-38 所示连接导线，并建立配电盘明细表；创建照明平面图；未指明方面自定。

五、课后训练

扫码完成本任务课后作业。

课后作业 22

参 考 文 献

［1］汤建新.Revit 建筑建模技术［M］.北京：机械工业出版社，2018.

［2］廊坊市中科建筑产业化创新研究中心.建筑信息模型（BIM）建模技术［M］.北京：高等教育出版社，2020.

［3］刘鑫.Revit 建筑建模项目教程［M］.北京：机械工业出版社，2018.